全国高职高专机电类专业系列教材

现代企业现场管理与 ERP 系统

吴 拓 蔡 菊 编

机械工业出版社

本书旨在培养企业生产一线的管理技术人才。作为企业现场管理的教材，本书内容全面、知识丰富、通俗易懂、操作性强、注重理论联系实际，既有系统的理论知识介绍，又有成功的实际案例帮助理解。全书共 6 章，内容有现场管理概述，现场管理基本环节（含生产和技术现场管理、质量现场管理、设备及物料现场管理、安全与环保现场管理），现场管理的制度与队伍建设，其他相关管理概述（含企业经营战略、市场营销管理、企业文化建设、现代企业公共关系），ERP 梗概，ERP 系统应用举例。每章还附有导读案例和案例分析。

本书既可作为大学工科各专业的必修或选修课教材，又可作为工业企业培训企业中层管理人员以及车间、班组管理人员的基本教材，还可作为企业中层管理人员的自学用书。

本书配有电子课件，凡使用本书作为教材的教师可登录机械工业出版社教育服务网 www.cmpedu.com 注册后下载。咨询电话：010-88379375。

图书在版编目（CIP）数据

现代企业现场管理与 ERP 系统/吴拓，蔡菊编. —北京：机械工业出版社，2019.3（2023.7 重印）
全国高职高专机电类专业系列教材
ISBN 978-7-111-61912-3

Ⅰ.①现⋯ Ⅱ.①吴⋯ ②蔡⋯ Ⅲ.①企业管理-计算机管理系统-高等职业教育-教材 Ⅳ.①F270.7

中国版本图书馆 CIP 数据核字（2019）第 020479 号

机械工业出版社（北京市百万庄大街 22 号　邮政编码 100037）
策划编辑：薛　礼　　　　　责任编辑：薛　礼
责任校对：樊钟英　王明欣　封面设计：鞠　杨
责任印制：单爱军
北京虎彩文化传播有限公司印刷
2023 年 7 月第 1 版第 3 次印刷
184mm×260mm・17 印张・412 千字
标准书号：ISBN 978-7-111-61912-3
定价：49.00 元

电话服务　　　　　　　　　　网络服务
客服电话：010-88361066　　　机　工　官　网：www.cmpbook.com
　　　　　010-88379833　　　机　工　官　博：weibo.com/cmp1952
　　　　　010-68326294　　　金　书　网：www.golden-book.com
封底无防伪标均为盗版　　　机工教育服务网：www.cmpedu.com

前言 PREFACE

进入 21 世纪以来，我国市场经济蓬勃发展，企业管理已受到当今实业界的高度重视。然而，综观我国普通高等院校，尤其是高职高专院校，关于企业管理的教育，一般都只停留在企业整体管理的层面上，极少深入到现场管理的教育。如何培养面向基层的应用型技术管理人才，以满足社会对实用型生产现场管理人才的需求，值得教育工作者认真研究。

生产现场作为企业内部的一级生产组织，由工段、生产班组和工人组成。现场管理在企业管理中发挥着承上启下，实施组织落实、过程监控、信息反馈、完成任务和改善现场的重要作用。企业的经营决策，要通过现场具体落实到全体员工中去贯彻实施；企业经营的产品，要通过现场具体组织生产工人去制造完成；企业的经济效益，要通过现场精心组织生产和管理，努力提高产品质量，大力节能降耗，降低生产成本，才能获得最大化；企业的和谐环境，要通过现场深入细致的政治思想工作才能得以实现。可以说，古今中外无论何种经济制度，所有企业都十分注重生产现场管理，都把生产现场管理的好坏视为企业管理好坏、经营能否成功的决定性因素和最基本条件。

本书的编者都曾拥有企业现场管理的经历，深深懂得现场管理是一项十分具体、繁杂、善变、难规范的工作。对内，现场管理涉及生产、质量、物料、设备、安全等管理；对外，现场管理既涉及采购、外协、技术交流，还要兼顾营销、援外等管理。这些都给现场管理带来很大的工作量和难度。20 世纪 90 年代后，随着科学技术的飞速进步，根据当时信息、技术的发展及企业对供应链管理的需求，一种崭新的管理技术——ERP 应运而生。ERP 作为企业管理技术，给企业管理带来了勃勃生机，极大地提高了企业管理的精准度和效率，提升了企业管理的水平，解放了管理者的劳动。通过社会调查，编者了解到企业迫切需要掌握 ERP 技术的管理人才。

为此，编者编写了本书，希望可以实现两个夙愿：一是为高校，特别是为高职高专院校开设现场管理课程提供基本教材；二是为企业增强车间、班组管理人员的基本素质和能力，培训现场管理人员提供辅导材料。

本书在编写过程中力求贯彻四条原则：一是具有明显的"职业"特色，二是贯彻职业教育以"必需、够用"为度，三是以培养职业能力为目标，四是以企业现场实际管理过程为基础。

本书旨在培养企业生产一线的管理技术人才。作为企业现场管理的教材，本书内容全面、知识丰富、通俗易懂、操作性强、注重理论联系实际，既有系统的理论知识介绍，又有成功的实际案例帮助理解。全书共 6 章，内容有现场管理概述，现场管理基本环节（含生产和技术现场管理、质量现场管理、设备及物料现场管理、安全与环保现场管理），现场管理的制度与队伍建设，其他相关管理概述（含企业经营战略、市场营销管理、企业文化建设、现代企业公共关系），ERP 梗概，ERP 系统应用举例。每章还附有导读案例和案例分析。

本书既可作为大学工科各专业的必修或选修课教材，又可作为工业企业培训企业中层管理人员以及车间、班组管理人员的基本教材，还可作为企业中层管理人员的自学用书。

本书由吴拓、蔡菊编写。全书由吴拓统稿。

本书在编写过程中参阅了不少有关企业管理及 ERP 系统的相关著作和教材，从中颇受裨益，尤其是汪清明教授还提供了金蝶 K/3ERP 软件应用的资料，在此一并表示衷心感谢！

由于编者水平有限，书中难免有疏漏和不足之处，希望广大读者、专家、同仁不吝赐教。

编　者

目录 CONTENTS

前　言

第一章　现场管理概述　1

导读案例　1
第一节　现场与现场管理的概念　4
　一、现场的概念　4
　二、现场管理的概念　4
　三、加强现场管理的重要意义　4
第二节　现场管理的特点与原则　5
　一、现场管理的特点　5
　二、现场管理的原则　6
第三节　现场管理新理念与策略　6
　一、现场管理新理念　6
　二、现场管理策略　8
　三、优化现场管理的主要途径　9
案例分析　9
思考与练习　10

第二章　现场管理基本环节　11

导读案例　11
第一节　生产和技术现场管理　19
　一、现代生产的形式与特点　19
　二、现场生产管理的内容与任务　20
　三、现场生产过程的组织　22
　四、生产计划的编制、执行与控制　26
　五、作业现场的管理　30
　六、JIT 生产方式　31
　七、生产管理的三大工具　33
　八、现场的技术管理　36
第二节　质量现场管理　44
　一、质量管理概述　44
　二、产品质量波动与过程质量控制　49

三、质量管理体系与质量保证体系　53
四、现场质量管理的基础工作　56
五、产品质量检验　57
六、质量改进　59
七、质量管理小组　61
八、质量管理的常用工具与技术　62

第三节　设备及物料现场管理　71
一、现场设备与设备管理　71
二、设备的选择与使用　74
三、车间设备的维护与维修　76
四、现场设备的更新与改造　78
五、现场工艺装备的管理　80
六、现场物料管理　84
七、现场在制品的管理　89
八、现场库存管理　90

第四节　安全与环保现场管理　92
一、安全生产　92
二、劳动保护　95
三、环境管理　97
四、清洁生产　98

案例分析　100
思考与练习　105

第三章　现场管理的制度与队伍建设　106

导读案例　106

第一节　现场规章制度概述　109
一、现场规章制度及规章制度建设的意义　109
二、现场规章制度的种类　110

第二节　现场规章制度的制定及贯彻执行　111
一、现场规章制度的制定　111
二、现场规章制度的贯彻执行　112

第三节　现场领导班子的建设　112
一、车间领导干部的角色认知与素质要求　113
二、车间领导班子的组合原则　114
三、车间主任　114
四、班组长　118

第四节　管理职员的培养　120
一、现场管理岗位的设置　120
二、现场管理的岗位职责　121

三、现场管理对管理职员的基本要求　121

案例分析　122

思考与练习　125

第四章　其他相关管理概述　126

导读案例　126

第一节　企业经营战略　129

一、企业经营的概念与经营理念　129

二、企业经营目标与经营战略　132

三、企业经营的环境分析与市场调查　137

四、企业的经营决策　147

第二节　市场营销管理　150

一、市场营销的概念　150

二、现代企业市场营销观念　151

三、企业市场营销管理　153

四、市场营销策略　158

五、用户关系管理　165

第三节　企业文化建设　168

一、企业文化概述　168

二、企业文化的内容　172

三、现代企业文化建设　173

第四节　现代企业公共关系　175

一、现代企业的公共关系　175

二、现代企业的公关艺术　177

三、现代企业公关人员的基本要求　178

四、现代企业公共关系策划　179

案例分析　181

思考与练习　183

第五章　ERP（企业资源计划）梗概　185

导读案例　185

第一节　ERP 的历史沿革　187

一、ERP 的基本概念　187

二、ERP 的历史沿革　189

第二节　ERP 的功能模块　196

一、ERP 的功用　196

二、ERP 的功能模块　199

第三节　ERP 蕴涵的管理思想　202

一、ERP 与管理思想　202

二、ERP 蕴涵的重要管理思想 202
第四节 ERP 产品介绍 206
一、金蝶 K/3 ERP 系统简介 206
二、其他典型 ERP 系统简介 207
案例分析 210
思考与练习 211

第六章 ERP 系统应用举例 212

导读案例 212
第一节 金蝶 K/3 ERP 系统的安装与配置 214
一、K/3 ERP 系统需要的软硬件环境 214
二、K/3 ERP 系统的安装与配置方法 216
三、K/3 ERP 系统的运行 219
第二节 生产作业管理 221
一、生产作业管理的业务流程及内容 221
二、生产作业管理系统的功能及结构 224
三、生产作业管理系统的应用 226
第三节 物料需求计划 234
一、物料需求计划的基本原理与计算方法 234
二、物料需求计划的应用 237
第四节 销售业务管理 242
一、销售管理的业务流程 242
二、销售管理系统的功能与结构 246
三、销售管理系统的应用 249
案例分析 259
思考与练习 260

参考文献 261

第一章 现场管理概述
CHAPTER 1

学习目标

【知识目标】

1. 了解现场和现场管理的概念；了解加强现场管理的重要意义。
2. 熟悉现场管理的特点和原则。
3. 熟悉现场管理的新理念及现场管理的策略。

【能力目标】

1. 通过学习，能够基本掌握现场管理的原则，能够初步进行班组的现场管理。
2. 通过学习，能够初步学会现场管理的基本策略。

导读案例

【导读案例1-1】 欢乐宝贝玩具有限公司车间主任谈车间管理人员

谈谈怎样才能搞好车间管理，以及一个优秀的车间管理人员应该具备哪些素质。

1. 良好管理的三个基本条件

我们可以把一个企业理解成一支军队。军队要打仗并且要取得胜利，这和生产车间要出效益一样需要管理。以三国演义中的蜀军为例，它有制度，有文化。有个挥泪斩马谡的故事，马谡立下军令状，完不成任务当然要受惩罚。诸葛亮通过斩马谡，体现了他用人不唯亲、惩人不护己的作风，这也反映出蜀军纪律严明、公正无私的治军文化。

与军队打仗一样，企业发展也需要建立好的车间管理，这包括三个基本条件，具体如下：

第一，必须要有制度。车间管理如果没有制度，在管理的时候便无法可依，那肯定是不行的。所以，一定要有制度来管理车间。建立车间管理制度必须要考虑它的可行性和实用性。

第二，必须要有企业文化。这就像人一样，必须培养自己的品德。一个人为什么要有品德，因为如果没有品德，人家不和你交朋友，你就难以在社会上生存和发展。生产车间是生产企业的核心部门，也是体现企业文化的地方，比如车间里团结互助、狠抓质量等就是企业文化的一部分。企业文化影响着车间管理的效果。

第三，车间必须有一支执行力很强的团队。即使你的制度定得好，企业文化也深入车间工人的心中，但是你的工人素质不好，执行力很差，那你的管理还是难开展。所以，车间管理既需要有条条框框的制度和企业文化，又需要有较强执行力的团队。

2. 优秀管理人员应具备的素质

生产车间工作纷繁复杂，企业负责人不可能亲自管理车间，大多数工厂会请懂行的人士帮助管理。有人认为这是现代企业发展的趋势，即由职业经理人管理生产。那么，作为一名优秀的车间管理者应该具备哪些素质呢？我个人认为，一名优秀的车间管理者必须具备以下三个方面的才能。

第一，车间管理人员要熟悉业务。如果车间管理者熟悉、精通整个生产流程，比如多少原料能够生产多少成品，那么这样的管理者对企业发展就很有帮助。如果你不熟悉生产流程、成本核算，你就很难去管理车间工人，更无法确定要制定什么样的车间管理制度。我认为，作为一名玩具车间的管理者，重中之重是要熟悉业务。例如，一个车间要生产音乐小公鸡玩具，管理者必须知道这个玩具怎么裁、怎么做。两捆布应该裁 240 件，可以做 240 个玩具，结果工人只做了 210 件，那么管理者就知道少做了 30 件，这些布哪儿去了？一问有关人员，原来是他们把布料裁成碎片丢到地上了。

车间里的管理就是这样，管理者要懂得生产，知道应该怎么做。布料不应该拉得过紧；这个布应该放左边，那个应该放右边，才不会导致混乱；工人应该戴头盔，女工应该戴帽子，才不会把头发卷进机器里面去等。

如果车间的剪裁工合理利用布料而产出更多产品，管理者要奖励他，这样就能调动员工的积极性，促进企业更好地发展。如果管理者不熟悉业务，只是停留在表面，那是管理不好车间的。所以，熟悉业务对一个车间管理者来说是很重要的，它可以使企业的生产成本降低和效益最大化。

第二，车间管理者要能灵活指挥和调度现有工序和工人。车间管理人员仅仅熟悉业务还是不够的，要在熟悉业务的基础上，制定规章，进行梳理，安排工序和生产，还必须能灵活指挥和调度现场工序和工人。生产车间就像一个战场，每时每刻都可能出现不同的情况，而这些突发事件可能很多都是管理者想都没有想过的。比如，突然之间一名女工晕了，或者一名女工的头发被卷进了机器里面，这就需要管理人员当机立断地处理。在我的玩具工厂里，我们的管理人员全部在车间，即使要用到计算机的管理人员也在车间，因为我的理念是这样的：这个世界是干活干出来的，绝对不是看计算机看出来的。玩具工厂车间是生产部门，管理人员都在车间的好处是显而易见的。一是能够把管理人员和生产现场融合起来，车间的任何情况都可以及时反馈给管理者，可以使问题马上得到解决。二是管理人员可以发现车间的一些问题，包括静态和动态两个方面。例如，车间里掉了一个东西在地上，别人没发现，你发现了；你发现这个工人打哈欠，你过去问一下，原来他是患了流感，你让他回去休息，别传染给其他的人，这些是静态的。对车间管理人员来说，更重要的是动态地看问题，还需要未雨绸缪，在原有基础上适当做一些调整也许会达到更好的效果，这就是所谓动态地发现问题。三是管理人员融入工人中去，和工人搞好关系，这也是管理的需要。四是促使车间各个环节更加紧凑地运行，工人脚踏实地地工作。

第三，车间管理者要有号召力。车间管理者除了要懂业务、能安排生产，还必须要有号召力，这样才能成为一名出色的管理人员。诸葛亮是管理者，他分配任务给张飞；张飞带领一队人马，张飞对他下面的士兵来说也是管理者。张飞一声大吼，所有的人都跟着他跑，这就是号召力。在车间管理上也一样，要注意培养起个人的号召力，即"管"得住人。那么，这种号召力怎样才能建立呢？我认为号召力的建立首先还是要熟悉业务，其次还要有个人品德。个人品德一方面是指对技术的熟悉和掌控的程度，另一方面是指别人对你做事方式和品德的认可，这两个是产生号召力的基本条件。其实说到本质上，车间管理就是一门通过别人完成任务的艺术。车间管理者水平的高低，不在于你能让高素质的工人把事情办好，更重要的是让素质一般的工人把事情做好，让每一位工人在执行同一项命令时，能够按照车间管理者的意志和要求，把工作保质、保量、按时完成好，这才是优秀的车间管理者管理才能的体现。

【导读案例1-2】 金工班组以"严"和"亲"的理念加强班组管理

南通柴油机股份有限公司金工班组以"严"和"亲"的理念加强班组管理，取得了较好的效果。主要经验如下：

班组管理中的"严"，不是表面化的严厉，而是严格的管理制度、严谨的工作态度。一个班组就是一个战斗集体，要有组织和纪律。

车间各项规章制度都是前人用经验和教训总结出来的，包括交接班制度、考勤制度、设备巡视和检查制度、定期制度、各种操作规范及操作票执行制度、考核和分配制度、工作票制度等。要使这些管理制度得到认真贯彻和充分完善，不是靠简单的严厉训斥和乏味的说教所能达到的，而是要让班组中的每一名成员都清楚自己在班组中的工作不是简单的个人行为，个人工作中的松懈和随意不仅会给自己带来危害和损失，还会影响到整个班组的利益和荣誉，乃至给整个企业的安全生产带来影响，而企业的盛衰又势必影响着每个人的切身利益。

只有将各项规章制度落实到班组每个人的心头，让每个人明确自己的职责，树立起高度的工作责任心，各项制度才会得到严格执行，才会发生作用、产生效力。同时，要做到班组管理工作中的"严"，就要求作为既是班组管理工作的具体实施人，又是班组一员的班长严于律己，从我做起，树立榜样。班组的工作成绩是班组管理工作好坏的一面镜子，懒散、工作不负责、事事推诿的班长是带不好班组的。班长要在工作中以德服人、以能服人、以理服人。德，即要有端正的品德，认真工作的态度，不以私利为重；能，即要有全面的技术才能和专业知识，丰富的经验，遇事不慌不躁；理，即对待班组成员要摆事实、讲道理，不武断专行，随意训斥。只有这样，班长才能在班组中树立威信，使"要每个人去做"，变成"每个人要去做"，使班组的严格管理得到真正的落实。

班组管理中的"亲"，是指班组中要有亲和力，让班组成员感觉班组是真正的职工之家，在班组中形成和谐的工作气氛。如果职工带着抵触和不愉快情绪上班，"各人自扫门前雪""事不关己，高高挂起"，那班组工作还从何谈起？所以在搞好班组严格管理的同时，应当多一些人性的管理。

班组犹如一个大家庭，是一个由具有不同特点的人组成的群体。群体中每个人的生活经历不同，个性也不尽相同，都有自己特定的心理特征。这就要求班长在工作中不能以自己的处世标准来要求别人，要善于发现对方的长处，因势利导，尊重职工个人的兴趣和爱好，并考虑到每个人的心理状态，注意解决人们在交往中产生的矛盾。针对班组中青年人多，上进心强，而且自尊心也较强的情况，应鼓励年轻人多学、多问，提倡有经验、有技术的同志多讲、多教，杜绝以往"留一手""一招吃遍天下"的保守做法，让大家清楚这个教和问的过程其实也是经验交流的过程，在向别人讲和教的同时也就是对自己知识和经验的加深和巩固。这样就能最大限度地把职工团结在班组群体的周围，使职工感到班组中有关心、温暖、理解和信任，从而产生一种依恋班组的真挚感情，把职工的个性发展寓于班组的共性之中，形成个性与共性相一致的共同利益，充分调动全班同志的积极性，创造团结和谐的集体气氛，使得全班人员齐心协力，更好地完成班组工作。

班组管理中的"严"和"亲"，很大程度地影响着班组工作的开展，处理好班组管理中的"严"和"亲"，将给班组管理工作带来事半功倍的效果。

第一节　现场与现场管理的概念

一、现场的概念

现场的概念有广义和狭义两种。广义地讲，凡是企业用来从事生产经营的场所，都可称为现场，如厂区、车间、仓库、运输线路、办公室以及营销场所等。狭义地讲，现场是企业内部直接进行产品基本或辅助生产过程的场所，是企业实现生产经营目标的基本要素之一。大众所默认的通常是狭义的现场，主要是指车间一类的制造产品的场所，拥有完成生产任务所必需的厂房（场地）、机器设备、工具和一定的生产人员、技术人员、管理人员。

现场是企业经营活动的第一线。可以说，在一个企业中80%以上的工作在现场，80%以上的人员在现场，80%以上的设施在现场，80%以上的产品来自现场，80%以上的事件也是发生在现场。

二、现场管理的概念

现场管理就是指用科学的管理制度、标准和方法对生产现场六个核心要素5M1E，即人（Men）、设备（Machine）、物料（Material）、工艺方法（Method）、检测手段（Measurement）、工作环境（Environment）等进行合理有效的计划、组织、协调、控制和检测，使其处于良好的结合状态，达到优质、高效、低耗、均衡、安全、文明生产的目的。

现场管理是生产第一线的综合管理，是企业管理的重要内容。

三、加强现场管理的重要意义

企业的主要活动都是在现场完成的，现场是企业管理活动的缩影，看现场的状态，就能够清楚地知道该企业的管理水平，从而了解企业的经营状况。因此，加强现场管理有着十分重要的现实意义。

1）企业要维持正常运作，必须使企业的资金、人员、设备等所有资源都处于良好的平衡状态。如前所述，企业 80%以上的人力、物力资源都放置在现场，加强现场管理，就能以有限的资源获得最佳的经济效益。

2）现场最能反映出员工的思想动态。人是有情感、有思维的。当一个人感到不顺心，心里不痛快时，就会有意或无意地反映到他的工作上，就可能会意气用事，直接或间接地影响产品质量和生产效率。通过现场管理，可以直接发现和及时解决员工的思想问题，以免影响工作和生活，避免发生不必要的事故。

3）现场能提供大量的经营信息。通过对现场深入细致的调查了解，可以获得真实、准确的第一手材料，给企业管理层进行正确的经营决策带来极大的帮助。

4）现场是问题萌生的场所。现场是企业经营活动的第一线，经营活动可能萌生的问题大都直接来自现场。当问题出现时，需要及时采取对应的措施，使其得到纠正而向着好的方面发展，这样就可以使企业尽可能少地蒙受损失。

5）现场管理关系到企业总经营目标的实现。通过现场管理，很好地引导广大员工有组织、有计划地开展经营活动，具体细化完成企业的各阶段经营目标，才能实现企业的总体经营目标。现场是企业所有经营活动的出发点和终结点，只有重视现场管理，努力提高现场管理水平，企业才能为自身的生存和发展打下坚实的基础。

第二节 现场管理的特点与原则

一、现场管理的特点

现场管理工作具体，事情繁琐，状态复杂，情况多变。综观其管理过程，不难发现现场管理有如下突出的特点：

1）规律性和随机性并存。企业的生产都是按照生产工艺和生产流程井然有序地进行的。无论是人员安排，设备使用，产品任务的下达，还是产品质量的控制，都是有章可循，具有一定的规律性的。然而，从事生产的人的思想是与其当时的生活和精神状态密切相关的，员工的思想可能会因某人某事突然产生波动；人的行为也会因其心理、生理、技术状态的变化而产生波动；生产中的设备、工具也可能因为使用日久或使用不当，突然发生故障；正在加工中的产品可能因为人为或者设备故障出现质量问题等。这些事件都是随机的，而这些随机性事件在生产现场几乎天天都有可能发生，必须通过现场管理加以及时解决。

2）可控性和突发性并存。一般情况下，员工的工作状态、设备的完好状态、质量的保证、生产安全等都是可以通过规章制度、工艺规程、国家标准等加以控制的。但是，生产现场总免不了会出现一些出乎意料的突发事情，尤其是安全事故或设备事故，现场管理很多精力都会花费在处理这些突发性事情上。

3）原则性和灵活性并存。企业的一切活动都必须依靠员工去开展。社会的复杂性决定了员工思想的复杂性，因此人的思想觉悟也不会一样高，在生产活动中难免会犯这样或那样的错误。这时，现场管理人员理当及时处理。一方面，必须坚持原则，按规章制度办事；另一方面又必须认真调查，充分了解其犯错的原因，根据情节酌情灵活处理。千万不可死套条文，伤害员工的积极性，要以提高认识、教育群体、避免重犯为目的。

4）目标共勉与闲散效应并存。企业员工大多都能以企业为家，与企业同生存、共发展，以企业的经营目标作为自己的人生奋斗目标。然而，有一种社会"闲散效应"却也可能在现场出现，它不仅使生产现场的整体绩效大打折扣，削弱团队的战斗力和凝聚力，而且还助长部分人在团队中的依赖心理和惰性，造成管理效率下降，有时会在工作中产生大的漏洞，造成生产混乱，严重时可能形成人身事故的隐患。因此必须采取相应措施予以克服。

5）规范化和创新性并存。一个走上正轨的企业，通常都已具备成熟的管理经验和生产经验，有一整套合理的工艺流程，有完备的生产设施，管理和生产基本上都已经规范化。然而事物总是发展变化的。社会的发展进步往往要求人们不断推陈出新，改革创新。一个故步自封的企业最终必将难逃被淘汰的命运。因此，尽管技术革新有风险，但技术革新一刻也不能停。现场管理在实施规范化管理的同时，还必须努力开展技术创新。

二、现场管理的原则

生产现场是一个直接与人和机器打交道的场所，现场管理人员时刻都有可能面对突然发生的问题和矛盾。为了及时妥善地处理好生产现场出现的种种问题，解决生产过程中发生的各类矛盾，保证现场生产秩序良好，现场管理工作必须坚持以下原则：

1）坚持以理服人原则。对于现场发生的大小事件，必须先做调查研究，客观地做出结论，以理服人，绝不可简单粗暴，动辄批评。这样不仅不能解决问题，反而可能激化矛盾，甚至伤害员工，影响团结。

2）坚持以法治厂原则。现场所有人员，工作时必须严格遵守规章制度，操作时必须严格遵守工艺规程，验收时必须严格遵守国家标准。凡有违反者，必须依规予以处罚，不可感情用事。对于事出有因的事件，通过集体研究，可酌情处理。

3）坚持安全第一、质量第一原则。现代企业经营正处在一个以销定产的时代，正因为如此，有时企业手头订单多时，就会任务很紧，压力很大，需要加班加点。这时是员工最容易生病，最容易发生事故，最容易出现质量问题的时候，这就要求现场管理人员必须充分注意员工的身体健康和安全生产，一定要秉持"安全第一""健康第一""质量第一"的理念，既抓好生产，又注重"安全""健康"和"质量"。

4）坚持志存久远、持续发展原则。现场管理抓好当下是主要的，但不能把眼光和注意力只放在眼前。在当今科学技术日新月异的时代，只有用发展的眼光分析事物，树立创新意识，不断完善规章制度，不断改进工艺规程，不断更新改造机器设备，不断开展技术革新，企业才能不断进步，确保不被淘汰。

第三节 现场管理新理念与策略

一、现场管理新理念

企业的经营管理理念是贯穿企业经营活动全过程的指导思想，是对经营过程中发生的各种关系的认识和态度的总和。企业要实现现代化，必须首先实现经营管理现代化；要实现经营管理现代化又必须首先实现经营思想现代化。作为企业的现场管理，理所当然要树立现代企业经营管理理念，进行经营管理思想的变革。现场管理应贯彻以下新的管理理念：

1) 以人为本。现代企业十分强调人的因素，强调企业从内到外的一切活动都要以人为本，以人为中心，主张人本主义，即创造以人文关怀为主的社会环境和企业环境，尊重人、关心人、爱护人、信任人。从企业内部来看，企业不应是简单制造产品、追求利润的机器，职工不应是这架机器的附属。相反，企业应该成为企业成员发挥聪明才智、建功立业、实现事业追求、和睦相处、舒适生活的大家庭。现场领导要十分尊重职工的人格，关心职工的工作、学习和生活，关心职工的身心健康，保护职工的积极性和创造性，鼓励职工奋发向上，给职工提供成长、发展的条件和机会。

2) 全员参与。全员参与就是集中现场所有人员的智慧，最大限度地发挥团队的能力，让全体员工为了公司的发展而齐心协力地参与经营，以提高效益为核心，积极开展研发、生产、营销，积极参与质量管理、设备管理、安全生产管理等，在工作中感受人生的意义以及成功的喜悦。这是企业现代化的一个重要标志。

3) 权变观念。权变观念在当代管理哲学中又称为权变方法论。现代管理学认为，没有一成不变、普遍适用的"最好"的管理理论和管理方法，有效的管理只能依照内外环境变化而实施随机应变的权变管理。在当前改革开放的大潮中，要搏击时代的风浪，就必须不断分析企业所处的内外环境，不断改变经营策略和管理方法，使企业适应变化的形势，才能立于不败之地。

4) 效益优化。企业是独立核算的商品生产和经营单位，其根本目标是发展商品生产、创造财富、增加积累。企业的经营活动必须以提高经济效益为中心。企业管理的根本任务在于创造最优的经济效益和社会效益，为社会提供有价值的贡献，这就是管理的效益最优化原理。企业的经营活动要服从社会主义的生产目的，为提高整个社会的生产力水平和改善劳动人民的物质、文化生活提供优质产品，为扩大社会主义再生产积累更多的资金；同时，还要有效地利用人力、物力、财力资源，以提高社会综合经济效益。

5) 绿色环保。随着我国经济的高速发展，有效利用能源，减少环境污染，降低安全生产事故频次，防止突发环境事件，确保生命财产安全的重要性日益凸显，控制、治理和消除各种对环境不利的因素，努力改善环境、美化环境、保护环境，已成为人们日常生活的重要话题。在这种社会环境下，现场环境保护的问题自然也就提上了议事日程。优良的工作环境是顺利完成生产任务、提高工作效率的重要因素。现场是职工从事生产活动的第一场所，现场管理必须努力创造条件，为员工营造一个安全、卫生、舒适、轻松的劳动环境，使大家能够健康并且无后顾之忧地放心积极工作。清洁生产是20世纪90年代初出现的一种说法，它是由"污染防治"概念演变而来的一种创新性思想，该思想将整体预防的环境战略持续应用于生产过程、产品和服务中，以提高生态效率和减少人类及环境的风险。清洁生产是以节能、降耗、减污为目标，以管理和技术为手段，实施企业生产全过程污染控制和综合利用，使污染物的生产量最小化的一种综合措施。

6) 安全第一。安全生产是企业管理的一项义务和重要任务，它包括人身安全和设备安全。只有保证了人和机器设备的安全，生产才能顺利进行。安全生产是国家领导和管理生产建设事业的一贯方针。以人为本，保护工人的安全和健康是最大的政治问题；人是劳动者，发展生产首先要爱护劳动者；保证劳动生产安全，是国家经济建设和企业生产发展的一个极为重要的条件和内容。因此，搞好安全生产，对国家和企业都有着十分重要的意义。

7）信息化观念。当今时代是一个信息化时代，随着科学技术的发展，信息的传播速度越来越快，信息量以空前规模成倍地增长。以信息为先导，以信息为媒介，以信息为纽带已成为时代的特征，信息的作用已渗透到社会的一切领域，人们通过信息扩展了智慧，不断创造出更多的社会财富。能否及时掌握、准确传递各种技术的和商业的信息，关系到企业管理工作的成败。从现场管理活动的需要来看，管理者主要应注意决策活动之前所需的超前信息，决策之后的反馈信息，日常内、外部重大事件的突发信息。

8）创新意识。创新意识是指人们根据社会和个体生活发展的需要，引起创造前所未有的事物或观念的动机，并在创造活动中表现出的意向、愿望和设想。它是人类意识活动中的一种积极的、富有成果性的表现形式，是人们进行创造活动的出发点和内在动力，是创造性思维和创造力的前提。创新意识是以思想活跃、不因循守旧、富于创造性和批判性、敢于标新立异、独树一帜的精神和追求为主要表现。只有具备强烈的创新意识，才能敢想前人没想过的事，敢创前人不曾创成的业。这是科学技术发展到今天的必然产物，也是时代赋予企业家和有为个体的要求。因此，现场管理者必须注意培养这种积极意识，引导职工努力改革创新。

二、现场管理策略

现场管理工作是一项十分具体、复杂、繁琐、多变的工作，尤其是要时刻与人打交道。因此，必须学会使用各种管理策略，才能对现场进行有效管理，保证员工心情舒畅地完成各项工作任务。综合起来，现场管理的策略主要有以下几项：

1）统一领导与民主管理相结合的策略。现代工业生产是建立在高度技术化基础上的社会化大生产，生产力水平越高，生产的社会化程度越高，越需要严格实行统一领导。没有高度集中的行政管理，没有强有力的统一领导和指挥，就难以协调整个现场的生产技术活动。然而，企业内部现场管理的集中领导和统一指挥是建立在高度发扬社会主义民主基础上的。离开了自下而上的广泛的民主管理，就不可能建立有效的、有利于生产的集中管理。只有在民主基础上的集中，才能得到广大职工真心实意的拥护，才能真正发挥广大职工的积极性和创造性。

2）思想政治工作与经济奖惩相结合的策略。职工的思想问题是在生产活动中产生的，或者是从生产技术活动中反映出来的，所以现场的思想政治工作必须结合生产活动来做，必须将用经济手段管理现场生产技术活动同思想政治工作结合起来。对于为企业做出重大贡献，给企业带来良好经济效益的先进工作者可给予一定经济奖励，对于造成经济损失的事故责任人也可给予必要的经济处罚。

3）刚柔并济，原则性和灵活性相结合的策略。管理过程中，应做到刚强而不固执，柔和而不软弱。有柔无刚容易出现迁就，有刚无柔容易造成僵局。执行规章制度的时候，要"禁"与"导"相结合。坚持原则而不僵化，灵活机动而不偏向，这是现场管理中处理好问题和矛盾的重要技巧。

4）大事清楚，小事糊涂的模糊管理策略。在坚持大原则的前提下，灵活巧妙地处理一些令人左右为难的事情。是非、好恶本来就是相对的，对于现实生活、工作中的一些模糊事件必须运用模糊管理技巧，"大事要清楚，小事要糊涂"。小事不变通，事无巨细，都要辨明是非,可能会把本来简单的事情复杂化,造成不必要的矛盾。

5)上下左右连环监督策略。管理活动中不可缺少监督、缺少反馈。没有监督,指令得不到及时贯彻。没有反馈,指令贯彻可能走样,或者弄虚作假;没有反馈,就会事事心中无数,难以正确决策。因此,现场管理要善于利用"外脑",建立上下左右互相监督的机制。

6)抓主要矛盾。牵牛鼻子的策略。现场管理事情太多,管理人员要善于正确处理中心工作与一般工作的关系,学会权衡利弊,抓主要矛盾。牵牛要牵牛鼻子,忙要忙到点上,才能做到忙而不乱。

三、优化现场管理的主要途径

良好的现场管理不是一蹴而就的,必须经过一定时间的努力营造才能实现。优化现场管理主要通过以下途径:

1)以经济效益为推手,各项工作均衡展开。现场管理应将企业下达的经济指标分解到各项工作中,以效益为核心推动各项工作,既抓产量和质量,又抓成本和节约,时时处处精打细算,力争少投入多产出,坚决杜绝浪费和不合理开支,生产物美价廉的优质产品。

2)以科学合理为准绳,有效管理现场资源。现场的组织措施、管理措施、经济措施、技术措施等都应当符合既科学又合理的原则,只有这样,才能做到现场管理的科学化,真正符合现代化大生产的客观要求。同时还要做到操作方法和作业流程合理,现场的人力、物力资源利用有效,现场定置安全科学,从而使员工的聪明才智能够充分发挥出来。

3)以标准化、规范化作保障,持续有效地保持良好的生产秩序。标准化、规范化是对生产现场的最基本管理要求。为了有效协调地进行生产活动,现场的诸要素都必须坚决服从一个统一的意志,克服主观随意性。这样才能从根本上提高生产、工作效率和管理效益,从而建立起科学而规范的现场作业秩序。

4)以人为本,优化现场全员的素质。现场管理的复杂性和艰巨性凸显了规章制度的局限性。庞杂的作业现场,众多的工种和岗位,使得管理者不可能做到时时监督、处处检查。因此,优化作业现场的根本就在于坚持以人为本的科学管理,要定期定向地对员工进行培训,不断更新员工的技能和知识,并对员工的绩效进行考评,合理地执行奖罚制度,充分调动、激发全员的积极性、主动性和责任感,充分发挥全体员工现场管理的主体作用,同时重视现场员工思想素质和技术素质的提高。

5)以班组为重点,优化企业现场管理组织。班组是企业现场管理的保证。班组的活动范围在现场,工作对象也在现场,所以加强现场管理的各项工作都无一例外地通过班组来实施。班组是企业现场管理的承担者。明确每个现场班组管理成员的职责、权限和个人业绩考量标准,以确保现场班组管理成员对工作的正确理解,并作为进行评估的基础,按照规定的标准考量个人业绩。鼓励员工在事业上取得更大的成绩,形成合适的团队机制,以提高现场管理的工作效率。因此,优化现场管理必须以班组为重点。

案例分析

【案例分析】 现场管理的十忌

一忌:不能俯下身子深入生产一线了解具体事由而乱安排、瞎指挥。

二忌：管理工作不务实，欺上瞒下，做表面文章，甚至虚报数据，损公肥私。

三忌：在遵纪守规方面缺乏自律，"只许州官放火，不许百姓点灯"，不能很好地起到模范带头作用。

四忌：作风不严明，爱占员工便宜，甚至公开索要，大兴腐败之风。

五忌：独权专制，不能很好地听取员工提出的合理化建议，甚至对优秀员工打击报复，限制其正常发展。

六忌：处事不公平，出现问题往往是对人不对事，大搞裙带关系。

七忌：遇事一筹莫展，畏首畏尾，不敢大胆管理。

八忌：政令不通，上级指示要求不能及时传达、落实下去，与上级步调不一致。

九忌：凡事不能很好地权衡利弊。安排工作找不到重点，往往首尾不得兼顾，大伤人力、物力。

十忌：惧怕别人评价。不敢大胆起用人才及技术标兵。

【案例分析问题】

对照现场管理"十忌"，看看你自己可能会犯哪几忌。

思考与练习

1. 何谓现场？何谓现场管理？简要分析加强现场管理的意义。
2. 简要说明现场管理的特点。
3. 现场管理应贯彻哪些原则？
4. 简要介绍当今社会正在推行的现场管理新理念。
5. 举例说明现场管理应采取的策略。
6. 怎样才能优化现场管理？

第二章 现场管理基本环节
CHAPTER 2

学习目标

【知识目标】

1. 了解现代生产的形式与特点；熟悉车间生产管理的内容、任务与生产过程的组织。
2. 掌握生产计划的编制；熟悉生产计划的执行与控制；熟悉 JIT 生产方式。
3. 熟悉车间现场管理的方式；掌握现场管理中看板管理、5S 管理及其他管理模式。
4. 了解车间技术管理的内容；掌握车间工艺管理的任务与原则。
5. 掌握质量管理和全面质量管理等概念；熟悉全面质量管理的原则及基础工作。
6. 掌握质量检验的方法以及常用的质量检验工具和技术。
7. 了解现场设备及其分类；熟悉现场设备管理的目标、任务与内容。
8. 熟悉现场常用的工艺装备；熟悉现场常用工艺装备的管理方法。
9. 熟悉现场物料的分类及其特征；熟悉现场物料管理活动的内容。
10. 熟悉安全生产技术；了解车间安全生产的主要工作。
11. 熟悉劳动保护的任务与内容；了解改善劳动条件与防治职业病的方法。
12. 了解环境保护的意义及环境保护工作；了解清洁生产的内容及特点。

【能力目标】

1. 通过学习，能够初步掌握编制车间生产计划的方法。
2. 通过学习，能够运用质量检验工具和技术对产品质量进行客观分析和过程控制。
3. 通过学习，基本上能够管理车间常用的工艺装备。
4. 通过学习，能够对车间物料进行分类管理。

导读案例

【导读案例 2-1】 南通通达动力股份有限公司强化车间现场管理

谈到现场管理，这似乎是一桩苦差事。何谓苦？因为现场管理涉及人、机、料、法、环诸因素，问题多，工作量大。抓一下可能好一点，稍微疏忽就会滑下来，时起时伏，时好时坏,这成了现场管理难以克服的怪圈。南通通达动力股份有限公司不断吸收和借鉴世界上先进的经营理念、管理方法,努力实现企业管理与国际接轨。随着企业不断推进现代科学管理,现场管理越来越得到重视。公司从3个阶段推进现场管理。

1. 以现场清扫、整理为主要内容的文明生产

推进现场管理的第一阶段,主要是针对两类问题,逐条消除。

第一类问题:因生产繁忙引起对现场管理重视程度有所下降。地面整洁问题,如积水、破损、油污、定置线模糊等;零件保护问题,如零部件着地、油污、积灰、手印、带屑、堆放不齐、占用通道、敲毛碰伤等;墙面墙角问题,如墙面污损、积灰、卫生死角、茶杯摆放等;设备管理问题,如设备搬迁、设备点检、严重滴漏、积灰、油污、设备上随意放物品等。

第二类问题:现场管理意识不强。工位器具问题,如外协料架管理不善、周转不畅、物品叠放、料架不洁等;外协车辆问题,如车辆滴油、车辆废气、占用通道等;包装装箱问题,如物料堆放、包装垃圾、包装过多等;车间橱窗问题,如橱窗利用不足、张贴不齐、标语陈旧等。

2. 以"5S"为主要内容的现场区域定置管理,区域定置、责任到人

公司以车间为单位,将生产现场管理职责划分到车间、工段。公司现有车间包括钣金、金工、装配、电控、动力、储运6个。公司现有生产过程仓库包括钢材仓库、立体仓库、辅料仓库、电子元器件仓库4个。每个车间、仓库都对车间生产管理全面负责,同时对车间、仓库区域的现场管理负责推进落实,具体落实车间"5S"管理、定置管理要求。

公司仓库都配有现场区域平面图,将现场区域按照生产流程、岗位区域、场地布局、设备设施、机台料架等内容划分为现场定置区,每个区都确定有责任人,责任人均为各车间内的岗位操作者或具体管理人员。责任人对于定置区内的物流堆放、标志标牌、机床设备、清洁卫生、安全环保等具体落实。

公司以车间为单位,推进车间、班组现场管理。在钣金、金工、装配、电控等主要生产车间,将生产进度、管理要求通过车间底层管理信息系统在班组岗位现场的终端计算机上进行动态调配、管理。有的还通过班组生产看板,反映车间生产管理状态信息和管理要求。

3. 以信息流和物流结合为主要内容的现场综合管理

公司总体上开发和应用计算机管理信息系统(CMIS)进行销售、制造、物流、质量的信息传递与处理,制订公司的销售、生产、采购计划。计算机管理信息系统由管理信息系统(MIS)和工程信息系统(EIS)两部分构成,作为公司所有生产经营业务活动和管理信息交互平台。MIS偏重于经营管理支持,EIS偏重于产品开发和生产的技术管理支持。

公司精益生产活动已经启动,在生产制造环节以MIS的计算机管理软件(SAP R/3)平台为基础,集合EIS技术支持系统,构架车间底层管理信息系统。生产计划严格根据当月销售合同订单生成,分解到各制造车间单元。对于需要外部采购的原材料,由生产供应部门根据生产计划编制采购计划实施采购活动。在现场管理上,主要生产岗位和生产设备均已实现公司计算机联网,实时实地输入和控制生产制造数据。车间生产现场显示主要的生产进度信息,便于目视管理。车间现场提供生产管理图板,记录发布生产现场质量管理信息。原材料、半成品、成品的需求信息、进度信息,报交、检验等生产环节全面按照计算机信息流进

行节点管理，而实物物流在钣金、金工、装配、电控、储运及外协供方之间做出配送、调度、周转。现场零部件都在专门车辆、料架内存放搬运。

【导读案例2-2】 从破产到异军突起，皆源于质量

据报道，我国一家生产电冰柜的公司曾因负债2500万元，被母公司视为"包袱"，决定宣告破产而"一卖了之"。其原因是当时生产的产品质量低劣，出现了在某市一天售出200台，又在6天内全部退货的罕见窘状。那时，不合格产品堆满了工厂大院，职工放长假达8个月之久，讨债者强行封库，企业负责人37次被传上法庭。在公司走投无路的情况下，上级母公司只好忍痛将其出售，以卸包袱。

几年后，该公司却在全国家电市场竞争中异军突起，成了国内生产电冰柜企业中的佼佼者，市场占有率达到18.4%，产量增长63倍，销售收入增长61倍，利润增长2351倍，税金增长210倍，总资产增长15倍，全员劳动生产率提高6.18倍。1994年实现利税9900多万元，1995年仅利润就达到2亿元。该公司从1992年起，连年被评为采用国际标准的先进单位。面对如此巨大的变化，该公司的广大职工说，公司发展、壮大的事实充分说明，一个企业的悲剧在（产品）质量，成功也在（产品）质量，而抓好质量的关键是企业的第一把手。

【导读案例2-3】 美菱冰箱技术开发的成功

美菱集团公司是安徽合肥的一家以电冰箱生产为主的集团企业，大约在国内冰箱市场接近饱和时才步入冰箱产业，起步较晚。但是，经过多年的奋斗，美菱集团公司已经成为与国内数家冰箱名牌企业并存的冰箱市场中的一朵"红花"。

美菱集团公司发展的道路并不平坦。在严酷的冰箱市场饱和的现实面前，美菱并没有沉沦，而是坚持走企业技术开发的道路，大胆更新产品观念和市场观念，在刚性的市场需求面上找出一道"缝隙"——保鲜冰箱。

美菱保鲜冰箱应用了六招"保鲜"技术：①透湿过滤，控制蔬菜和瓜果水分的散发，使食物始终保持鲜嫩效果；②冰温保鲜，美菱保鲜冰箱的冷藏室特设冰温室，既能保持食物原有营养成分及鲜美味道，又避免解冻带来的食物组织结构的破坏；③消毒除臭，不仅能够去除冰箱中的异味，而且能分解并吸收冰箱中的乙烯气体，大大减缓水果、蔬菜的熟化过程，使其在相当长的时间内保持新鲜；④杀菌内胆，美菱冰箱的全部内胆采用具有杀菌作用的新材料制造，食物既能迅速摆脱细菌活动的破坏，又能保持营养成分及鲜美口味；⑤速冻保鲜，使食物快速通过"易污染及变温区"，大大减少污染及变质的可能性，从而达到保鲜效果；⑥深冷保鲜，在食物表里均形成大量微小晶体，使其细胞结构不被破坏，始终保持新鲜。

美菱集团公司从开发保鲜技术入手，通过两次技术创新，并将创新技术转化为新产品——保鲜冰箱，从而开拓出一个新市场，得到了又一份市场份额。美菱集团由小到大，由弱变强，由赶"末班车"到进入中国家电队伍中的第一方阵。据统计，1998年上半年，全国冰箱销量比1997年同期下降7%，而美菱冰箱销量却上升了12%。冰箱市场的这种逆势变化，证明了美菱技术开发的成功。

【导读案例2-4】 华能大连电厂的设备检修管理信息化建设

电力企业是设备、技术、资金密集型的企业，具有产、供、销同一瞬间完成的特点。为了保证连续不断地供电，必须保证电力生产设备处于良好的运行状态，因此，电力生产设备的可靠性是每一个电厂都十分关注的问题。可以说，设备管理是电厂生产管理的核心。

多年来，华能大连电厂为造就数字化发电企业，建设具有国际竞争力的现代化火力发电厂，在设备检修管理方面取得了许多成功的经验。他们的具体做法是：

1）以检修管理为重点。
2）加强设备缺陷管理。
3）实行设备定检管理。
4）认真做好机组的大小修管理。
5）严格实行工作票管理制度。
6）加强设备档案管理。

经过10多年的摸索，华能大连电厂的设备检修管理由原来的以计划检修为主要方式逐渐过渡到以状态检修为主体，以计划（定期）检修为基础，以故障检修、改进性检修为辅助的优化检修的综合检修体系。

华能大连电厂设备信息管理系统建设与应用的实践证明，先进的生产设备必须与现代企业管理思想有机地结合起来，建立适合自己特点的设备管理系统，才能够科学地管理好设备，为提高电厂长周期安全生产创造有利的条件，从而创造可观的经济效益。

"以管理带动信息化，用信息化手段支撑管理思想，用业务流程保证管理思想的实现，使信息化全面保证企业的管理工作"，这是华能大连电厂管理信息系统升级的总体方针。华能大连电厂将设备管理作为企业生产管理的核心，下一步准备以综合计划管理为龙头、以计划性推进为主线、以安全管理为基础、以资产管理为重点、以全面预算管理为核心，从这五个方面入手来拓展设备管理系统，进一步提升管理理念。

【导读案例2-5】 同飞电容器有限责任公司制造部装配车间物料管理

据统计，国内生产加工企业的物流成本占企业总成本的30%～50%，物流所耗费的时间是生产所耗费时间的三倍以上，因此企业推行物流改革，车间推行物料管理是必然的发展趋势。制造部门是企业的基础部门，保证生产车间物料顺畅地输入、周转、输出，是推行物料管理的主要内容。为确保车间物料管理工作的顺利开展，同飞电容器有限责任公司制造部装配车间按照以下程序来开展物料管理工作：首先要做的是必要性分析，然后是可行性分析，了解物料管理的现状、确定物料管理的目的、制订实施的计划、计划实施、计划监控、定期绩效评估、不良反馈、不良对策、小结、循环跟进。

1. 车间物料管理的现状

工作开展情况：车间物料管理工作早已存在，且每个生产段都配备了相应的物料员，但车间直到2006年12月才正式设立物料管理组。当时的物料管理制度不健全、物料管理意识淡薄等相关问题导致物料管理工作进展不大，到2006年年底才开始逐渐正规起来。通过试行和调查，报表的格式已经统一，现在的报表主要有：由班组各工位做成的"工位日盘点表"，由各班班长做成的"生产跟进表"和"工位配套卡"，由物料员做成的"班组物料盈亏统计表"，由物料班长做成的"班组生产跟进汇总表"及跟批的"工位配套卡"。部分管理人员的物料管理意识也有了明显的提高，而且能够积极地配合物料管理工作，但还有部分管理人员以消极的态度，对车间内部的物料管理没有信心。经调查，车间物料管理主要存在以下问题点：

1) 执行不力。上面要做到，中间喊口号，下面不知道。

2) 概念不清。物料组从无到有，车间物料如何管理，目前还没有形成明确的管理制度和管理方法，涉及的范围也比较模糊。

3) 定位不明。车间物料组是一个什么样的组织？是像内部PQC一样做监督部门，还是像资材一样做后勤部门，还是像打包组一样做中转部门？

4) 以自我为中心，缺乏团队精神。

① 当出现本班亏料时，班组会想尽一切方法挪平，甚至可以拿其他班组的部品，就是不向领导反映，由领导调配。而其他班组又会挪另外班组的料，从而导致恶性循环，亏料找不出原因。

② 出现问题想办法开脱，而不是想办法去处理、补救。受损的是整个大组织（不合格品退到上个工序段进行返修，而报表上没有备注，致使亏料，问其原因，"这不是我的问题，是因为他们没开单，是因为他们没签名……"）。

5) 制度不明，标准不明，没有明确的激励机制。对于推行物料管理，班长要做哪些，线长要做哪些，主管要做哪些，做到什么样的效果才算做好，做好了会怎样，做不好的又会怎样，都不明确。

6) 报表种类多，内容重复。目前每天下班前班长要填写的各类表格大约为6份，仅统计部品进、出、存的就有4种。而这些表格的部分内容都有重复，主要体现的都是领料数、完成数、班组在制数和盈亏数。这样不仅增加了他们的工作负担，也给他们带来了抱怨情绪和抵触心理。

7) 人员紧张，放弃物料管理。因该项工作开展时间不久，没有明确的约束制度，且部分管理人员监督甚少，所以在人员紧张的情况下，首先放松的就是物料管理。

以下是装配车间推行物料管理以来班组常出现的问题。班组物料连续三天不齐套；报表与实物不符；报表未按时完成；漏填、错填导致当日物料盈亏不平衡；当日盘点盈亏差异数大，且班长找不出原因；当日报表线长未确认；料架零乱，不同状态部品放同一盒内；料架标识不明，未贴现品票；地面上掉有单品，造成严重的浪费现象；本班的单品、组件或成品错放在其他班组的料架；不合格品退到前一工序段时双方班长未确认，造成当日的盘点盈亏大又找不出原因；修理工的周转料与规定的数量差异大；物料员指定要确认的班组，班长不配合当日盘点确认数量或未等物料员确认就已经下班；当日合拢段各班组的在制数超过4000；个别班组的在制和次日计划没有及时填报；发现严重问题点跟线长反映连续两天得不到结果；班长请假情况下线长没有调配相关人员做当日的盘点工作，导致没有盘点，报表没有做；恶意包庇不良问题，报表数量虚假，失去真实性；班组转机型后私自转料至其他班组时，未经过物料组确认；返修机与正常投产的报表做在一起，成品与组件的报表做在一起，无法区分；其他部门的借料未及时还回，不明具体还回日期，且报废的不知如何补；班组员工的"工位日盘点表"未做，班长的"工位配套卡"也未做。

2. 制造部装配车间物料管理实施计划

1）标杆管理。以中日合资企业太阳电子有限公司的车间物料管理为榜样，以其相关制度、规定为基础，结合自身的条件和特点，制定出本车间的物料管理制度和标准。

2）规范报表。班组下班时间较晚，而且在下班前还要填写各类报表，仅关于统计数据的报表就有8种之多，而这8种统计数据的报表内容有重复的。针对上述情况，应做以下改善：

① 取消重复填写的报表，减轻班长负担。

② 物料相关的报表统一留在物料组，统一时间填写。

3）定期考核。物料组每天、每周、每月对物料工作做得不好的班组予以评分考核，考核标准参照《车间物料管理考核规定》。

4）共同检讨，全员参与。

① 在周一例会上，各线长要汇报上周的班组物料盈亏情况及不良问题的处理结果。

② 对每次物料管理的要求各个线长要及时地传达到员工，并说明利弊。

③ 出现严重不良问题时，物料组有必要当天召集所有责任人进行检讨。

5）定期对各班组的报表、丢料现象、盈亏等进行通报，并给予相应的处罚与奖励。

【导读案例2-6】 洛阳轴承厂球轴承车间在制品管理

洛阳轴承厂球轴承车间根据多年实践和兄弟厂的经验，结合企业整体优化和定置管理的要求，在制品管理中坚持以下5条标准：

1）组织健全。组织健全是指管理体制、人员配备、人员素质必须符合在制品管理工作的需要。尤其是每个分厂应设置专职的在制品管理人员，负责在制品的综合管理、监督、检查。克服少数单位把半成品库视为轻工作，把老、弱、病、残职工安排到仓库的做法，建立起一支有一定生产管理经验、身体好、素质高、有文化的仓库管理队伍。

2）仓库设施健全。仓库设施健全是指各类半成品仓库有围墙、有库门、有门锁，符合仓库安全要求。

3）制度健全。制度健全是指原始记录制度、工票管理制度、在制品交接班制度、废品管理制度、返修品管理制度、半成品仓库管理制度、仓库岗位责任制度、原材料领发制度、在制品盘点制度等，必须做到有章可循，违章必究，浪费受罚，节约有奖的文明生产管理秩序。

4）计量检测手段健全。计量检测手段健全是指仓库内磅秤、标准箱、标准车等计量工具齐全。

5）经济效益好、亏损费用少。经济效益好、亏损费用少是指每个分厂和车间仓库的在制品亏损减少到本单位历史最好水平或同行业先进水平。

总而言之，在制品管理应做到科学化、正规化、标准化。要求达到各个半成品仓库所保管的产品不丢失、不混乱、不锈蚀、不碰伤；产品摆放整齐、清洁、卫生、安全；库内产品放有卡片，账、卡、物三项一致，符合现场定置管理的要求；给工序间送活要按照工票上的计划数与生产工人当面交接清楚，收支相符。半成品库要定期盘点，不虚报、不漏报，数字准确。仓库储备合理，产品衔接配套，确保有节拍地均衡生产。

在制品管理水平的高低反映出一个企业车间的管理水平和经济效益，因而需要不断完善与提高以适应生产的发展。洛阳轴承厂球轴承车间按照以下4个方面的途径实现在制品的优化管理：

1）领导重视。分厂和车间的各级领导，必须对在制品管理足够的重视，要教育车间职工树立当家理财的思想，对工作中存在的问题，要采取措施抓紧解决，下决心切实抓好在制品管理。

2）强化车间内部控制手段。在车间内要运用统计监督、成本监督、生产计划监督、内部审计监督，对每个班组的在制品管理现状、制度建设、管理秩序、损失情况进行有效的、定期的监督检查。要发挥每个专业管理的职能作用，经常分析工作中存在的问题，帮助各个班组进一步完善在制品的优化管理。同时表扬先进，总结经验，在全车间推广，促使实现优化管理的新局面。在检查中可以单独按专业进行，也可以组成联合调查组协同工作，实行一条龙检查法，即从本单位的第一道工序开始，逐仓库、逐工序进行，直至最后一道工序。这样可以发现在制品在流动周转过程中的漏洞，特别是发现数字是否准确，可以防止弄虚作假现象的发生。

3）培养一支热爱仓库管理工作、身体好、素质高、有文化、有生产管理经验的仓库管理员队伍。要逐步使他们树立当家理财主人翁的观念。同时对于不适合在仓库工作的人要及时更换。

4）实行仓库管理与经济效益挂钩的奖惩制度，做到严格考核，奖罚分明。对于库管工、搬运工、生产工人、班组等实行一条龙考核，共同为实现在制品的优化管理，为提高企业经济效益贡献力量。

【导读案例2-7】 某炼油厂催化三车间安全管理的经验

某炼油厂催化三车间是由两套联合装置组成的生产车间。为维护安全生产，提高炼油厂的经济效益，车间领导班子从提高管理水平着手，加强培养职工的责任心、自觉性和班组自我管理的能力，坚持高标准、严要求，从严管理、细化管理、加强考核，建立行之有效的安全生产管理体系。催化三车间在安全生产工作中取得了可喜的成绩，积累了丰富的经验。

1. 领导重视抓安全

1）建立健全安全生产组织管理体系。围绕安全工作，车间制订了安全生产方针：安全第一、预防为主、全员动手、综合治理；安全生产目标：三个为零、一个减少，即重大人身伤亡事故为零、重大生产设备事故为零、重大火灾爆炸事故为零，减少一般事故发生。加强对职工的责任心、自觉性教育，培养班组自我管理的工作能力，形成了安全生产人人有责的氛围。在学习提高认识的基础上，建立了安全生产组织管理体系，做到"二主、四尽、三坚持"，即主要领导亲自抓，分管领导具体抓，安全生产谁主管谁负责；对安全生产工作尽职、尽心、尽责、尽力；在任何时候、任何地方都坚持"安全第一，预防为主"的方针，坚持安全工作高标准、严要求，从严管理、从严考核，坚持党、政、工、团齐抓共管的综合治理的工作作风。

2）抓好全员安全教育、宣传活动。搞好安全教育是安全管理工作的重点，为了确保安全生产，车间组织职工学习各类安全生产规章制度。坚持"四不放过"原则，促进全员素质的不断提高，由"要我安全"过渡到"我要安全""我会安全"，从而完成了由量变到质变的过程，使车间安全工作有了质的飞跃。安全生产是一项长期的基础工作，定期开展各项安全活动是增强职工安全意识的有效途径。催化三车间根据炼油厂安全生产工作的实际情况，开展了形式多样的宣传活动，如"安全宣传月"活动、"安全生产周"活动和"119"消防宣传日活动等。另外，车间注重加强季节性工作宣传教育，如防台防汛、防暑降温、防冻防凝等工作宣传。对每一次活动、每一项工作做到有组织落实、有活动落实、有计划、有内容、有总结，警钟长鸣、居安思危。

2. 明确责任抓落实

1）建立健全安全生产管理制度。车间领导班子在繁忙紧张的工作中，不忘安全工作。组织力量，完善和健全各项规章制度、安全操作规程；修订安全生产责任制及安全生产责任制考核条例，做到"一岗一考核制"；同时，组织全体职工对安全责任制学习并进行考试，强化全体职工的安全意识。健全全员安全生产责任制管理机制，使安全管理做到"四个有"，即人人有职责、事事有标准、处处有督促、时时有检查。抓好"四个环节"，即强化思想意识环节、现场动态管理环节、重点区域监控环节、事故隐患整治环节。把安全管理趋向制度化、规范化、标准化，确保各级安全生产责任制全面落实到位，逐步形成了综合安全管理的新格局和自我完善、自我约束、各负其责的良好局面，提高车间安全管理水平，确保年度安全管理目标顺利实现。

2）明确各级安全职责。安全生产责任制是岗位责任制的一个重要组成部分，是安全生产管理中最基本的一项制度。安全生产责任制是根据"管生产必须管安全""安全生产，人人有责"的原则和经济责任制紧密挂钩的。有了安全生产责任制，可与每个人的利益、荣辱联系起来，从而增强了全员安全生产的责任心，使安全管理、安全生产纵向到底、横向到边，做到责任明确、群管成网、奖罚分明，从不同的角度，人人努力，做好安全生产。

3. 强化意识抓管理

1）抓好生产现场安全管理。加强对设备设施的管理，制定各项规章制度，确保设备设施安全可靠，处于良好备用状态。加强对检测仪、便携式报警仪的管理和日常维护保养，各类器具采取由岗位负责、班长检查、车间日常抽查相结合的管理方法，确保仪器完好，处于正常工作状态。生产现场安全管理涉及面广，内容多。所以安全工作要时时提，要求全体职工从思想上重视，行动上落实。

2）抓好安全设施的配置和管理。多年来，炼油厂坚持所有新建、扩建、改建的工程项目，从设计、施工、审查验收投用到安全环保项目、措施都与主体工程同时设计、施工、审查验收投用。根据催化三车间的生产工艺特性，在设计施工中采用了固定式可燃气体报警仪84台，固定式硫化氢报警仪12台。为了确保各类报警仪器处于正常工作状态，制定了严格的规章制度，规定了停用、抢修的具体操作方法，及审验手续；同时要求现场操作人员对其加强检查，仪表、计量、安全等有关科室，对各类报警仪器实施抽查校验。

3）抓好班组安全学习管理。抓班组安全学习，是提高全体职工安全意识的关键。对于安全生产的认识从宣传教育上，要横向到边、纵向到底。在班组安全活动的内容和形式上要"新""活""趣"。班组安全活动的内容一般在活动前就要准备好，收集好有关信息、资料，如学习安全生产知识、分析事故预案、查找身边的危险因素及制订防范措施、提出安全合理化建议、反事故演练、交流巡检经验体会等。在安排活动时注意两个问题：一是内容要有系统性，保持前后内容的连贯，使职工通过安全活动对安全管理、事故预防等知识有一个全面系统地了解；二是结合班组日常工作，针对现状，从解决实际问题出发，使内容紧扣身边的人和事，保持内容的灵活性。同时开展班组安全活动，要新颖、新奇，车间结合实际，摸索出一些有新意、有趣味的安全活动方式，通常车间安全活动一般采取以下五种形式：讲授式、讨论式、答辩式或笔试式、事故演练或安全预分析式、班组间安全竞赛活动。总之，各种方法的采用要立足车间实际情况，灵活掌握。

4）抓好安全监督管理、强化考核。加强安全监督，是确保安全生产的关键工作。车间建立了日检查、周检查、月检查、季节性检查等台账，注意安全检查要查思想、查制度、查机械设备、查设备安全、查安全教育培训、查操作纪律、查工艺纪律、查巡线挂牌、查劳动保护、查消防设施、查隐患、查事故苗子、查漏点等。对检查出来的问题和隐患，应进行登记建立台账，同时作为整改备查的依据，整改结束后，由专人进行复查，确认整改合格后，在台账上销号。为了确保安全生产责任制能始终如一地贯彻执行，制定了与经济责任制紧密相扣的规章制度。每季度评选出各类明星，有安全明星、技术明星、管理明星、操作明星、节能明星、环保明星等，以此促进全员比、学、赶、帮、超的良好学习风气。在安全生产上，严格按规章制度办事，对做出重大贡献的人员进行重奖。同时车间对违章人员不仅给予严肃的批评教育，谈认识、写检查，还要与经济责任制挂钩，对其进行经济处罚。

4. 抓技术培训保安全

催化三车间装置新而多，工艺技术先进，要确保安全生产及检修时的开停工工作，必须强化技术培训，才能保证熟练地操作。车间领导班子十分重视教育培训工作，一方面组织技术人员进行技术指导，另一方面，加强科学管理，组织职工相互学习交流，进行每月一次的岗位考试，并与经济责任制挂钩。车间特别重视加强对事故预案的学习，目的是提高职工正确迅速地处理各类事故的能力。在车间领导的倡导下，职工中已经形成勤学安全技术、业务知识的氛围。

车间是企业组织生产、保护职工在生产过程中的安全与健康的直接场所，更是企业在保护安全的前提下，获得高质量产品、更好经济效益的阵地。安全管理工作就是为了预防和消除生产过程中的工伤事故、工业中毒与职业病、燃烧与爆炸等所采取的一系列组织与技术措施的综合性工作。

组织学生对导入案例进行分组讨论，安排各小组收集资料并做报告，最后在教师的指导下进行综合评价。案例分析、讨论重点使学生进一步理解安全管理的内容，理解劳动保护的概念和内容、理解车间安全生产管理措施、理解车间安全技术措施计划、理解车间班组安全管理工具等知识，并对车间和班组安全生产管理的典型案例有一定的认知和分析能力，在案例分析的同时培养学生的团队合作精神。

第一节　生产和技术现场管理

一、现代生产的形式与特点

生产是社会生活中最为普遍的活动，生产一般是指将一系列的输入按照特定的要求转化为某种输出的过程。这是一个增值的过程，通过物态、功能和价值的转化而实现增值。生产管理是研究和提高生产过程的有效性和效率。

科学技术的进步和社会的发展，使得现代生产的概念逐渐扩展为既包括有形产品的生产，又包括提供服务、知识及信息等无形产品的活动。大部分的制造厂商都兼有服务功能，许多产品是硬件、软件和服务的集成。因而，在探讨、学习生产管理时，必须先了解现代生产的形式和特点，明确现代生产管理的内容和任务。

现代生产不仅追求低成本、高效率，更强调多品种、适应性和对市场变化反应的迅速敏捷。企业的生产必须是一个增值的过程，如果企业生产的产品不能满足市场的需求，不能实现其商品价值，其生产就不仅是没有意义的，甚至是一种浪费和破坏。现代企业生产面对的是这样的生产环境：

（1）企业面对的市场是一个买方市场　买方市场的特征在于，消费者是起支配作用的一方，生产者必须根据消费者的需求来安排生产，提供消费者所需要的产品，否则企业的生产将无法获得效益。

（2）企业提供的产品其寿命周期变短　由于市场的激烈竞争，企业都在努力将自己的产品在越来越短的时间内推向市场，所以产品的再设计在不断发生，产品在市场上的有效寿命常常遇到融入了最新设计特征的改进品种的冲击，难以期望有一个若干年稳定的高需求量。

（3）企业生产应用的技术在不断更新　科学技术成果转化为生产力的速度在不断地加快，形成了工业产品的更新换代正以前所未有的速度向前发展。如果说一个新产品从构思、设计、试制到商业性投产，在19世纪大约要花70年的时间，如蒸汽机技术从理论到产品开发大约花了80年的时间；而现在则只需花3年甚至更短的时间，如晶体管的应用就只花了3年时间，激光器的应用则仅仅用了1年的时间。

现代企业生产所处的新环境，形成了生产市场导向化、生产柔性化、产品独创化、经营多角化的现代生产形式和特点。

生产市场导向化的生产环境要求企业以市场需求、顾客需求为产品设计、生产的始点，以顾客满意为产品设计、生产的终点，表现为采用多品种、小批量的生产方式和从单纯的产品生产转向产品、服务的双重生产。

生产柔性化的生产环境要求企业能随机应变，适应市场的多元化需求并能快速交货，采用具有柔性、弹性、适应性的生产形式，以精益生产方式为代表，其特点是既突破"批量小、效率低、成本高"的生产管理逻辑，又改变大量生产的刚性，使产品的成本更低、质量更好、品种更多、适应性更强。

生产产品独创化的生产环境要求企业生产具有竞争力的产品，以知识化产品的生产为代表。如果说机器化生产的特征是高的生产效率和大的生产能力，那么知识化生产的特征则不仅是高的生产效率而且是高科技含量，一方面表现在产品含有大量的知识与技术，另一方面表现在使用高技术水平的生产设施和高素质的生产人员。在现代市场中，产品竞争的要素不仅是价格，更多的是产品中包含的技术和知识，靠"模仿"的产品往往是缺乏竞争力的，企业必须有研发能力，才能生产出在市场上具有竞争力的产品。

二、现场生产管理的内容与任务

1. 生产管理的概念

生产管理是以企业内部生产活动为中心、以提高效率为目标的执行性管理活动，是现代企业管理大系统中处于十分重要地位的主要子系统之一。其定义有广义与狭义之分。

广义的生产管理是指对生产活动进行计划、组织和控制，以保证能高效、低耗、灵活、准时地生产合格的产品和提供顾客满意的服务，也就是指与产品制造或服务提供密切相关的各个方面管理活动的总称。

生产作为一个有效的转化过程，其系统可由图2-1表示。生产管理系统就是对生产系统的输入、转换、输出和反馈进行科学的计划、组织和控制，以达到生产目的的管理活动系统。现代有效的生产管理，应该使生产系统不仅是一个单纯的产

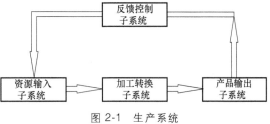

图2-1　生产系统

品输出系统，而且是一个自行完善的系统，即在完成转化之后在得到有效的输出同时，还应该得到有用的经验和更好的方法，使之成为学习型的系统。

狭义的生产管理是指以生产产品或提供服务的过程为对象的管理，如生产技术准备、生产过程组织、生产计划、生产作业计划、生产调度、生产进度控制等。本章主要介绍狭义生产管理的内容。

2. 生产管理的内容

生产管理作为现代企业管理系统中的一个子系统，与经营管理、技术管理、销售管理等其他子系统有着密切的、相辅相成的关系。生产管理主要是保证和维持企业的生产活动与企业内部的人力、材料、设备、资金等资源的静态与动态的平衡，充分利用企业内部的条件，按要求、按计划、最经济地完成生产的转化。生产管理的内容，按其概念可概括为以下五项工作：

1）计划管理。计划管理主要是根据预测和经营计划制订生产计划和生产作业计划。如确定产品的品种、产量、质量、产值计划；生产进度计划；具体的生产作业计划以及实现计划所需的资源计划等的生产计划工作。

2）生产准备。生产准备主要包括工艺技术方面的准备、人力的准备、物料和能源的准备、设备及运输方面的准备等。这些准备工作是正常生产活动所必要的基本条件。

3）生产组织。生产组织主要是进行生产过程与劳动过程的组织。生产过程组织主要是解决产品生产过程各阶段、各工序之间在空间和时间上的衔接协调；劳动过程组织是在此基础上正确处理劳动者之间、劳动者与劳动工具、劳动者与劳动对象之间的关系。它们既要保持相对稳定，又要适应市场需求的变化而变化。

4）生产控制。生产控制主要是围绕完成生产计划任务，对生产过程实行的全面控制，包括对生产作业进度、产品质量、物资消耗、成本、资金占用和设备运行等各方面的控制。

5）现场管理。现场管理主要是对从事产品生产、加工有关活动的场所进行现场调度、质量分析、安全监督等，使生产活动有秩序、按计划地进行。现场管理是生产控制的重要手段，是收集反馈信息的重要来源。

3. 生产管理的任务

生产管理的基本任务，就是通过计划、组织、控制等管理功能对生产系统进行有效的管理，根据生产过程的要求，把生产过程的人力、材料、设备、资金和信息等要素进行有机的、最佳的整合，经济、合理、按时地生产出顾客满意、适销对路的产品，满足社会的需求

和获取企业发展所需的经济效益。主要包括以下三个方面：

1）按需生产。按需生产是指根据市场需求和订货合同，制订计划和组织生产，保质、保量、按期提供用户所需的产品和服务。

2）均衡生产。均衡生产是指按照生产计划规定的进度，使各个环节和各个工序均衡生产，以建立正常、高效的生产秩序，提高设备利用率和工时利用率，降低消耗，减少在制品占用，加速资金周转，提高经济效益。

3）安全文明生产。安全文明生产是指建立各项科学合理的生产管理制度和良好的生产秩序，做到文明生产、安全生产，保证生产过程顺利进行。

简而言之，生产管理的主要任务，就是使产品的质量、生产成本和交货期达到企业的预期目标。这是衡量企业生产管理成效的三大指标。

生产管理是现场管理工作的重头戏，它直接关系到生产任务的落实、产品质量的保证、生产流程的贯通、经济效益的创造以及企业经营目标的实现。现场生产管理工作主要有：制订生产计划，进行生产调度，实施5S管理、看板管理，进行工艺管理等。

三、现场生产过程的组织

生产过程是企业最基本的活动过程，生产过程组织是企业生产管理的重要内容，是研究企业怎样从空间和时间上合理地组织产品生产，使投入的人、财、物、信息等各种生产要素有机地结合起来，形成一个协调系统，使产品运行距离最短、花费时间最少、耗费成本最省，从而获得最好的经济效益。

1. 生产过程及其构成

（1）生产过程的概念　任何一个工业产品的生产都必须经历一定的生产过程。一般地讲，生产过程是人们对社会经济资源不断加工，使其转换成为社会所需资源（产品或劳务）的过程，是一系列相互联系的劳动过程和自然过程相结合的全部过程。生产过程的概念有广义及狭义之分，广义的生产过程是指从生产准备开始，直到把产品加工出来为止的全部过程；狭义的生产过程是指从原材料投入生产开始，直到产品加工出来为止的全部过程。

（2）生产过程的构成　由于企业的专业化水平和技术条件以及生产性质和产品特点各不相同，生产过程的具体构成会存在较大的差异，根据生产过程各阶段对产品所起的作用，生产过程一般由四个部分构成：

1）生产技术准备过程。生产技术准备过程是指产品投入生产前所进行的各种生产技术准备工作，如产品设计、工艺设计、标准化工作、定额工作、设备布置，乃至新产品试制和工人的培训等。

2）基本生产过程。基本生产过程是指直接对劳动对象进行加工处理，把劳动对象变成基本产品所进行的生产活动，如机械制造企业的铸锻、机械加工、装配，轻纺企业的纺织、织布等。

3）辅助生产过程。辅助生产过程是指为保证基本生产过程的正常进行所提供的各种辅助产品和劳务的生产过程，如生产所需动力的供应、工具和刀具的制作、设备的维修、水质的处理等。

4）生产服务过程。生产服务过程是指为基本生产和辅助生产提供的生产服务活动，如原材料、半成品、外协件的供应、运输、储存、检验等。

以上是构成生产过程的四个子过程，它们之间有着密切的联系，基本生产过程是主体，其他过程是都围绕基本生产过程进行的。基本生产过程又由若干工艺过程组成，而每个工艺过程又可划分为若干工序。工序是组成生产过程的基本单位。

2. 合理组织生产过程的要求

不同的企业其生产过程也不相同，但任何产品的生产都是由一定人员、设备，按一定的工艺进行加工的，任何生产过程都要求各要素得到合理的组织，使生产过程始终处于最佳状态。合理组织生产过程是指把生产过程从空间和时间上很好地结合起来，使产品以最短的路线、最快的速度通过生产过程的各个阶段，并且使人力、物力和财力得到充分利用，达到高产、优质、低消耗的要求。这是保证企业获得良好经济效益的前提。生产过程的合理组织应考虑以下几方面的要求：

1) 生产过程的连续性。生产过程的连续性是指产品在生产过程各阶段、各工序之间的流动在时间上紧密衔接，形成一个连续不断的生产过程。也就是说产品在生产过程中始终处于运动状态，没有或很少有不必要的停顿和等待时间。生产过程的连续性是提高生产率、降低生产成本的基础，需要有相应的生产技术、生产的自动化等条件。

2) 生产过程的比例性。生产过程的比例性也称为生产过程的协调性，是指生产过程中的各个生产阶段和各工序之间在生产能力上保持适当的比例关系。生产过程的比例性是保证生产平衡进行、保证生产连续性的基础，也是充分利用生产能力、减少人员和设备等的浪费、提高劳动生产率和设备利用率的前提条件，它取决于生产的设计及组织水平。

3) 生产过程的平行性。生产过程的平行性是指生产过程的相关阶段、相关工序尽可能实行平行作业。生产过程的平行性的优点是：可充分利用时间和空间，大大缩短产品的生产周期，提高生产率。生产的平行性取决于生产的连续性和生产的组织方式。

4) 生产过程的均衡性。生产过程的均衡性也称为生产过程的节奏性，是指产品在生产过程的各个阶段，在相同的时间间隔内大致生产相同的数量或递增数量，使各个工作地的负荷保持均衡，避免前松后紧。生产过程的节奏性是最充分地利用生产能力的基础，能使人员、设备等要素得以最合理的利用，有利于提高产品质量，缩短产品的生产周期。

5) 生产过程的适应性。生产过程的适应性是指生产过程对市场需求的适应性，即生产过程能在短时间内，以最少的资源消耗，从一种产品的生产转换为另一种产品的生产。这就要求生产加工的组织必须具有灵活性、可变性、多样性。这是变化的市场需求对企业生产过程柔性化的要求。

以上各项要求是相互关联、相互制约的。对不同的企业以及企业在不同的条件下，各有不同的指导意义，企业应根据自身的实际情况加以综合应用，合理地组织生产过程，以求得系统的整体效益。

3. 生产过程的空间组织和时间组织

企业产品的生产过程，既要占用一定的空间，又要经历一定的时间。合理组织生产过程，就需要将生产过程的空间组织与时间组织有机地结合起来，充分发挥它们的综合效率。

（1）生产过程的空间组织　企业的生产过程是在一定的空间内，经过许多相互联系的生产单位来完成的。企业的生产单位包括生产技术管理部门、基本生产部门、辅助生产部门和生产服务部门。企业的基本生产部门是从事基本产品生产的单位，包括生产车间、工段、班组等。合理的生产过程空间组织应使生产单位及其设施在空间布局上形成一个有机的整

体,经济合理地完成各项生产任务。生产过程的空间组织有三种形式:

1) 工艺专业化。工艺专业化也称为工艺原则,是按照生产过程各工艺的特点来设置生产单位的一种形式,其特点是在生产单位内设置相同的生产设备,配备相同工种的工人,按照相同的工艺加工不同的产品。这种空间组织方式能适应产品品种变化的需要,增强企业对市场变化的应变能力;有利于专业化的技术管理,有利于同工种工人的技术交流;便于充分利用设备和生产空间。但由于只能完成一种或部分工艺的加工,所以在生产过程会出现频繁运输、待机待料现象;并且一般生产周期较长,资金占有量大,产品成本较高;对交货期和在制品管理控制难度较大。

2) 对象专业化。对象专业化也称为对象原则,是按照产品的种类来设置生产单位的一种形式,其特点是在生产单位内设置着不同的生产设备,配备不同工种的工人,按照不同的工艺,对同一产品进行加工。这种空间组织方式具有运输距离短、运输量少、等待时间短、生产连续性好、易于采用先进高效的专用设备和先进的管理组织方式等优点,有利于提高经济效益。但由于对象专业性很强,所以也存在市场变化适应能力差、不能充分利用生产面积及设备能力的问题。

3) 综合形式。综合形式是综合运用工艺专业化和对象专业化方式来设置生产单位的一种形式。具体分为:在对象专业化的基础上采用工艺专业化设置生产单位;或在工艺专业化的基础上采用对象专业化设置生产单位。两种形式各有侧重,企业可视自身情况选定。综合形式可以取两者之长而补各自之短,是一种较为灵活的生产专业化形式,有较强的实用性。

采用何种空间组织形式,应根据企业的生产类型、具体生产技术条件、产品的结构及工艺复杂程度、企业的专业发展方向等因素确定。

(2) 生产过程的时间组织　科学合理地组织生产过程,不仅要对企业内部各生产单位在空间上进行有效的组织,而且要对加工对象在不同车间和不同工序之间从时间上进行有效的控制,以提高产品在生产过程的连续性和平行性,实现有节奏地生产,缩短生产周期,提高劳动生产率和设备利用率。

要想缩短产品生产周期,首先要合理确定加工对象在生产过程中的移动方式。零件的移动方式有三种:

1) 顺序移动方式。顺序移动方式是指一批加工对象在一道工序全部加工完毕之后,整批进入下一道工序继续加工的移动方式。这时,加工对象的加工周期可以这样计算

$$T_{顺} = n \sum_{i=1}^{m} t_i \tag{2-1}$$

式中　$T_{顺}$——顺序移动方式的加工周期;

　　　n——批量;

　　　m——工序数;

　　　t_i——第 i 道工序的单件加工时间。

采取顺序移动方式,加工对象运输次数少,设备对加工对象的加工不间断,组织管理工作简单;但生产过程的平行性差,加工对象等待时间长,因而其加工周期长,资金周转速度缓慢。这种移动方式比较适合于加工对象的批量不大,单件加工工时较短,加工对象的重量和价值都很小的情况。

2) 平行移动方式。平行移动方式是指每个加工对象在上道工序完成之后,立即转到下

道工序继续加工的移动方式。也就是说，一批加工对象在各道工序上同时加工、平行作业。这时，加工对象的加工周期可以这样计算

$$T_{平} = n \sum_{i=1}^{m} t_i + (n-1) t_长 \tag{2-2}$$

式中　$T_{平}$——平行移动方式的加工周期；

　　　$t_长$——所有工序中单件工时最长者。

采取平行移动方式，由于各工序间的加工是平行进行的，所以加工对象的等待时间短，加工周期短，资金的周转速度快。但是，由于运输次数多，运输工作量大，部分工序的部分设备在加工时有间歇，且间歇时间分散，不易利用。这种移动方式适用于加工对象单件工时较长，加工对象批量较大，加工对象的重量和价值均较大的情况。企业如果交货期比较紧，需要赶工时，这种移动方式还是很奏效的。

3）平行顺序移动方式。平行顺序移动方式是指以能使下道工序连续加工为前提，组织平行作业的移动方式。这时，加工对象的加工周期可以这样计算

$$T_{平顺} = n \sum_{i=1}^{m} t_i - (n-1) \sum_{j=1}^{m-1} t_j \tag{2-3}$$

式中　$T_{平顺}$——平行顺序移动方式的加工周期；

　　　t_j——相邻两道工序中单件工时较短者。

平行顺序移动方式克服了顺序移动和平行移动的缺点，吸收了它们的优点，是一种较好的加工对象移动方式。

从以上三种移动方式的特点比较来看，各有优缺点。从加工周期来看，平行移动方式、平行顺序移动方式较好；从组织工作来看，顺序移动方式较简单，平行顺序移动方式的管理难度大，最复杂。企业应根据其生产特点、生产过程的空间组织形式等因素进行选用。加工对象在生产工序之间的移动方式是在加工对象有了一定的批量，而且存在两个以上的生产工序时才需要研究的问题，如果整个加工过程只有一道工序，就不存在加工对象在工序间移动的问题。

（3）流水生产的组织与控制

1）流水生产及其特征。所谓流水生产，是指加工对象按照一定的工艺路线和统一的节拍，连续不断地顺序通过各个工作地的一种生产组织方式。流水生产具有以下特征：

① 工作地专业化程度高。在一条流水线上只固定生产一种或几种产品，每一个工作地只固定完成一道或几道工序。

② 生产过程连续性高。流水线上的在制品像流水般由一道工序运送至下一道工序，工序间的运输都采用传送带，加工对象做单向连续移动，极少有间歇现象。

③ 生产的节奏性强。加工对象在各道工序按一定的时间间隔投入和产出，各工作地完全按节拍生产，从而保证了流水线的连续性和均衡性。

④ 设备和场地按工艺过程顺序排列。流水线的设备和场地均按加工对象的工艺过程顺序排列，加工对象在各工序间做单向移动，保证运输路线最短。

⑤ 产品的工艺过程是封闭的。各工作地按加工对象的加工工艺顺序排列，并能在流水线上完成某一工艺过程的全部或部分工序。

⑥ 流水线上各工序之间的生产能力是平行成比例的。

2）组织流水线生产的条件。实现流水线生产需要具备一定的条件，最主要的有：

① 产品品种相对稳定，产量足够大，产品可以保证流水线有足够的负荷。

② 产品结构比较先进，设计基本定型，工艺性相对稳定，保证专用设备和工艺装备能发挥其潜在效益。

③ 工艺过程能划分为简单的工序，便于按照工艺同期化要求进行工序的分解与合并，使各工序的工时相差不大，以满足生产节拍的要求。

④ 产品必须标准化、系列化，原材料、协作件也必须标准化、规格化，并能及时供应，以保证工作地的运转正常。

⑤ 生产场地必须足以容纳流水线设备和运输装置，以保证生产顺利进行；机器设备必须完好，保证产品符合质量标准。

3）流水线的分类。企业生产条件不同，组织流水生产的形式也会不同。流水线按照不同的标志可做如下分类：

① 按生产对象是否移动，可分为固定流水线和移动流水线。

② 按生产过程的连续程度，可分为连续流水线和间断流水线。

③ 按生产对象是否轮换，可分为不变流水线和可变流水线。

④ 按流水线上生产对象的品种数目，可分为单一对象流水线和多对象流水线。

⑤ 按流水线节拍的性质，可分为强制节拍流水线和自由节拍流水线。

⑥ 按流水线的机械化程度，可分为手工流水线和自动化流水线。

四、生产计划的编制、执行与控制

1. 生产计划的概念与作用

生产计划是企业在计划期内应完成的产品生产任务和进度的计划。它具体规定企业在计划期内应完成的产品品种、质量、产量、产值、利润和进度等指标。

在社会主义市场经济条件下，生产计划应通过市场调查和市场需求的预测结果来确定，应根据销售计划来编制，因此生产计划是企业生产联系市场需求的纽带。企业的生产计划是企业经营计划的重要组成部分，是企业年度综合计划的核心，是编制其他企业计划的依据，也是企业在计划期内全体员工实现生产目标的行动纲领，它对于挖掘企业内部潜力、合理利用企业资源、科学组织生产活动、生产适销产品、提高企业经济效益，有着十分重要的作用。

2. 生产计划工作的内容和编制原则

（1）生产计划工作的内容 生产计划工作的内容主要包括：调查和预测社会对产品的需求；核定企业的生产能力；确定企业经营目标，制订经营策略；选择制订计划的方法，正确制订生产计划、库存计划、生产进度计划和计划工作程序，以及计划的实施与控制策略。

生产计划一般为年度计划，它是企业年度经营计划的重要组成部分，是编制物资材料采购计划、供应计划、库存计划、外协计划、人员计划、设备计划和资金计划的主要依据。

（2）生产计划编制的原则 生产计划是企业计划管理工作的一部分，生产计划编制工作必须遵循计划管理的基本原则，同时还应结合生产计划工作自身的特点，贯彻以下原则：

1）以需定产，以产促销的原则。以需定产，就是企业在制订计划、安排任务时，应按照市场调查与预测的结果，根据市场对产品品种、质量、数量与交货日期的需要来进行。市场的需求是不断变化的，企业的生产计划必须根据市场的变化而不断地调整，这样才能满足市场需要和用户要求。企业既要以销定产，又要以产促销。也就是说，企业应该结合自身的特长，充分发挥企业人才、技术和管理资源的优势，开发新产品和生产具有一定特色的优质产品，唤起社会的新需求，指导用户的需求方向。只有这样，企业才能扩大销售，才能扩大生产，增加企业收益，提高企业的经济效益。

2) 合理利用生产能力原则。生产能力是指企业在一定时期内，在一定的组织技术条件下，一定的资源投入所能获得的最大产出量。生产能力代表着企业内部的生产条件，因此生产能力是编制生产计划的一个重要制约因素。

企业的生产能力划分为设计能力、查定能力和计划能力三种。设计能力是指企业设计任务书和设计技术文件中规定的生产能力，是按照企业规划设计中规定的产品方案和各种设计数据来确定的；查定能力是指由企业重新调查核定的生产能力，是根据企业现有生产技术和生产组织以及可能采取的各种先进技术和改进措施来确定的；计划能力又称为现有能力，是指企业计划年度内实际可达到的生产能力，是根据企业现有的生产技术条件和企业在计划年度内所能实现的各种改进措施的效果来确定的。

企业的生产计划必须与企业的生产能力相适应，才能合理地、充分地发挥和利用企业的生产能力。为此，企业的生产计划必须做到：

① 计划产品的工艺过程与企业设备的性能相一致。
② 计划产品的产量与企业设备的能力相一致。
③ 生产进度的安排均匀，使设备的负荷均衡。
④ 生产计划必须与销售计划、人力资源计划、物资供应计划、库存计划、设备计划、资金计划等相互衔接和协调一致。

3) 综合平衡原则。生产计划指标的确定受到各方面因素的制约，既涉及产、供、销，又涉及人、财、物，这就必须对它们进行综合平衡。综合平衡的一个方面就是要弄清楚企业内部生产的可能性和潜在能力，以生产任务为中心，与设备能力、技术准备、物资供应、资金和劳动力等方面进行综合比较，发现存在的不足和困难，从而及时提出措施加以解决，保证生产计划的顺利完成。综合平衡的另一个方面就是要对产品品种、产量、质量、成本、消耗、利润、资金等各项经济指标进行综合比较，要在尽可能提高经济效益的目标下，对生产计划的各指标予以合理调整，使确定的生产计划指标能够保证企业经营目标的实现。

4) 计划安排最优化原则。所谓生产计划安排最优化，是指在一定的资源条件下，对生产进行合理安排，求得最佳经济效益。生产计划安排最优化包括企业生产各产品的产量最优配合和计划安排的动态最优化，也就是根据企业的有限资源，既寻求生产数量满足成本与利润指标的要求，又要使生产成本与存货成本最少而设备负荷率最大。

3. 生产计划的指标体系

生产计划的指标体系由产品品种、产量、质量、产值等指标构成。

1) 产品品种指标。产品品种指标是指企业在计划期内应当生产的产品品种和品种数。这项指标反映了企业向社会提供多样化产品，满足不同消费需求的能力，也反映了企业的生产技术水平、专业化协作水平和管理水平。

2) 产品产量指标。产品产量指标是指企业在计划期限内应当生产的合格产品的数量和工业性劳务的数量。这项指标反映了企业生产经营有效成果的数量和规模，也反映了企业生产能力及生产发展水平,它是企业进行产销平衡、物资平衡、计划成本和利润以及编制生产作业计划和组织日常生产活动的重要依据。

3) 产品质量指标。产品质量指标是指企业在计划期内生产的每种产品应该达到的质量标准。这项指标反映了企业在使用价值上满足社会需要的程度,是衡量企业工作质量的综合指标之一。它不仅反映了企业的技术水平和管理水平,也从侧面反映一个国家的工业技术水平。

4) 产品产值指标。产品产值指标是综合反映企业在计划期内生产成果的价值指标,实质上是用货币表示企业生产的产品数量。该项指标由商品产值、总产值、净产值等指标表示。商品产值是指企业在计划期内生产的、可供出售的合格产品及工业性作业的价值,由企业自备原材料生产的成品价值、用供货商的原材料生产的成品的价值和已完成的工业性作业的价值三个部分组成。总产值是指在企业计划期内以货币形式表现的产品总量,由计划期内完成的成品价值和对外出售的半成品价值,工业性作业的价值和自制半成品、在制品、工艺装备等期末与期初结存量的差额价值三个部分组成。净产值是指在企业计划期内工业生产活动创造的价值,是从总产值中扣除生产过程已消耗的物化劳动的价值之后的余额,它反映企业的生产成果。

上述各项指标有着相互依存的关系,构成了生产计划的指标体系。确定以上指标时必须遵循价值规律,依据客观数据资料,力求适应市场发展需要和符合企业的实际情况。

4. 生产计划的编制

编制生产计划一定根据企业经营目标的要求,遵循以销定产的原则,合理安排企业在年度计划内生产的产品品种、质量、产量、产值和产品的出产期限等指标。

编制生产计划通常按以下步骤进行:

1) 进行市场调查,收集市场信息。通过市场调查,全面收集与企业经营有关的各种信息资料,为编制生产计划提供全面、准确、可靠的依据。

2) 核定生产能力。通过生产能力的核定,初步认定企业在计划期内直接参与产品生产的全部生产性固定资产,在一定的组织、技术条件下能够生产合格产品的能力。

3) 拟订计划指标,制订备选方案。根据掌握的信息和数据,初步拟订各项生产计划指标,提出几个可选的备选方案。

4) 综合平衡,优选计划方案。从企业的实际出发,按照生产经营活动中各种比例关系的要求,对企业生产活动进行系统分析、统筹兼顾,合理考虑企业生产任务与销售计划、财务计划、设备能力、物资供应计划、劳动力资源、产品成本的综合平衡,从多个备选方案中优选出最佳的生产方案,确保生产计划任务与企业经营目标的实现。

5) 修改完备,批准实施。通过综合平衡后优选出来的生产计划方案,必须征集有关部门、各生产车间等各方面的意见,通过反复修改、协调,使之完备而成为正式的生产计划,经企业最高决策机构批准再组织实施。

5. 生产计划的执行与控制

生产计划的执行与控制是计划管理工作的主体,具体有以下几方面的工作:一是通过生产作业计划将生产计划指标分解落实;二是通过建立考核制度、全面经济核算制度和计量工作制度,科学、客观、全面地对企业的生产计划执行情况进行监督和控制,及时发现问题,采取措施纠正偏差,确保企业生产计划的全面完成;三是计划期结束后对生产计划进行重新评价和整理，总结经验，修正错误，并使生产计划更加标准化、规范化，为下一期计划的制订与执行提供依据。生产计划的执行与控制主要是通过生产作业控制来实现的。

生产作业控制是指在生产作业计划执行过程中，对有关产品生产的数量和进度方面的控制。它主要包括投产前控制、生产过程控制和生产调度工作等几项内容。

（1）投产前控制　投产前控制是生产作业控制的首要环节，应着重抓好投产前的生产准备工作。投产前的准备工作内容有：原材料及其他物资的准备情况、生产设备的准备情况、劳动力的准备情况、技术文件的准备情况。将这些工作逐项落实才能投产。

（2）生产过程控制　生产过程控制是指对原材料投入生产到制成品入库为止的全过程所进行的控制。这对于按时、按量投入生产和出产产品、保证生产过程的各个环节紧密衔接、做到均衡生产是十分有效的手段。生产过程控制主要应做好以下两方面的工作：

1）生产进度的时间控制。时间控制是指从时间上控制生产进度，一般包括投入进度控制、出产进度控制和工序进度控制。可以通过线条图和加工工艺过程卡加以控制。

2）生产进度的数量控制。数量控制是指从某一"时点"各生产环节结存的在制品、半成品的品种和数量变化来掌握和控制生产进度。通常采用 ABC 法（即 ABC 分析法：Activity Based Classification，又称柏拉图分析法、主次分析法）、看板法进行控制。

（3）生产调度　生产调度是企业对各个生产环节、有关生产部门的日常生产活动进行全面检查和指导，组织并落实生产作业计划的工作。

1）生产调度工作的任务。生产调度工作的任务是以生产作业计划为依据，合理组织企业的日常生产活动，检查、掌握计划的执行情况，及时处理生产过程中已发现的或可能发生的问题，不断地维持生产过程中各个环节的生产均衡进行，使生产计划得以实施。

由于企业的产品实现过程是一个由许多过程组成的网络状系统，其影响因素多且经常变化，所以生产作业计划在实施中会遇到各种不可预知问题，干扰着生产作业计划的实施。生产调度的作用正是不断地清除干扰，克服各种不平衡现象，使生产过程中的各个环节和各个方面能相互协调，保证各生产作业计划的完成。

车间生产调度员按生产计划下发生产调度单，将生产任务合理地安排到班组，甚至直至个人，做到调度有序，实现全面均衡有节奏地生产。生产调度单应注明零件名称、数量、工时定额、操作者、派单人、派单时间等，连同零件图样一同交付班长或操作者。生产调度单既是任务书，也是车间相关管理人员统计、检查生产进度的依据。

2）生产调度工作的内容。

① 及时准确地将管理层有关生产的指令、调度命令及调度通知转达到相关的车间、作业班组，并协助贯彻执行。

② 检查生产作业计划的执行情况。检查前一天的生产完成情况，了解当天的生产进度，做好次日的生产安排，在企业这称作"一天三调度"。对检查中发现的问题应立即分析原因，采取措施尽快解决。

③ 检查生产准备工作。督促并协助各车间、作业班组及时做好各项生产准备工作，为生产的顺利进行创造条件。

④ 检查设备的运行情况。检查并督促各生产单位合理使用生产设备，了解设备的完好率，做好设备的管理工作。

⑤ 检查劳动力配置情况。检查各个生产单位人员的配置情况，协助进行必要的调整和

补充。

⑥ 检查对轮班、各种作业及作业进度情况的检查记录和统计分析工作，及时向上汇报生产进度和存在的问题。

生产调度工作的基本要求是要有计划性、预见性、及时性，要能及时发现各种偏差和问题，快速向有关部门反映，准确地分析原因，果断采取措施进行处理。

3) 生产调度工作的方法。为了满足生产调度工作的基本要求，常采用以下工作方法：

① 生产调度会。生产调度会是由企业主管生产的负责人召集、各部门的负责人及调度人员参加的会议。调度会上，各部门应汇报对上次调度会议决议的执行情况、生产任务完成情况，提出需要解决的问题，对当前生产中关键的、急需解决的问题进行讨论、分析，做出本次调度会议的决议，布置各部门贯彻执行。这是常规性的生产调度方法，生产调度会按一定的间隔期定期召开。

② 现场调度。现场调度是到生产现场去讨论和解决问题的调度方法，由生产负责人到现场与第一线操作人员、技术人员和调度人员一起讨论研究生产中急需解决的问题，然后由生产负责人做出决定，再由有关部门贯彻执行。这是一种特殊的生产调度方法，用于有特殊需要时。

③ 班前、班后会议。利用交接班前后简短的班组会议，在班组内沟通应完成的生产任务及生产任务的完成情况，生产中存在的问题及应注意的事项等，有利于调动员工的工作热情和及时解决问题。

④ 调度值班制度。生产调度工作应与生产同步进行，对全天生产的企业，白天和晚上总调度室都应设专人值班，及时处理全企业生产中出现的问题，调度人员要深入生产车间、作业班组进行生产调度工作。

五、作业现场的管理

1. 作业现场管理的主要工作

作业现场管理的主要工作包括：

1) 生产作业准备和服务。
2) 作业现场的布置。
3) 生产任务的临时调配。
4) 鼓励职工的劳动热情。

作业现场的有效管理是实施生产作业计划，实现均衡生产的重要保证。企业不同，作业现场的情况也不相同，作业现场管理的具体方法也不同，但都具有基础性、整体性、群众性、规范性和动态性等特点。下面介绍的看板管理和"5S"活动就是现代企业正在积极推广和开展的一项卓有成效的作业现场生产管理方法。

2. 作业现场管理的要求

一般来说，作业现场管理主要有以下要求：

1) 每部机床、每个工位旁只能存放当日在制品，其他物品按分类划定区域摆放。成品及半成品要及时运转，废品和垃圾要及时清除。

2) 图纸、工艺文件、工具、量具、刀具、派工单、随同卡等不得随处乱丢乱放。

3) 生产现场保持文明整洁，不得随地吐痰、污染墙壁和门窗等，物品摆放整齐规范、通道畅通，及时清除垃圾、油污、积水，每个班次下班（或交接班）时，必须将生产（工作）岗位环境打扫干净。

4）设备设施、仪器仪表、工具、台、柜、架、箱等经常保持整齐清洁，不得有积存的铁屑、灰尘及其他杂物。设备管理要做到无油垢、无锈蚀，杜绝"跑、冒、滴、漏"，安全防护装置要齐全可靠。

5）生产工作场所不得随意牵挂绳索、张贴标语、图表，在墙上贴挂要整齐有序，过时的及时清除，破旧的及时修复或更换。

6）生产工作场所地面平坦，无绊脚物，为生产工作设置的坑、壕、池要有可靠的防护栏或盖板。

7）按规定操作，站或坐姿要端正，不得坐在除凳（椅）子之外的物品上或地上；操作设备要做到"三好""四会"（详见本章第三节中"二、设备的选择与使用"）。

8）根据工艺要求，规定戴手套操作的必须戴手套，规定执行换鞋制度的工作场所必须换上工作鞋。

9）严格执行安全文明生产规章制度，正确穿戴工作服和工作帽，上班不准穿高跟鞋、拖鞋、裙子、短裤，不准赤膊赤脚，不准戴戒指、耳环、项链等首饰。正确使用劳动防护用品，操作旋转绞碾设备不准戴手套。

10）严守岗位，生产（工作）中不准串岗、围堆闲谈、嬉戏打闹、吃食物、看与工作无关的书报和干私活。

11）坚持对新上岗和变岗人员的管理教育，严禁违章作业和冒险蛮干；坚持对特种作业人员的安全技术培训，无证不准上岗。

12）生产作业场所的废旧物资不准随意乱丢乱放，必须分类交到回收点，由物资回收公司每天及时回收处理。

13）一切运载车辆，不管手动还是机动，均应注意安全行驶，不允许乱停乱放。安装行车的车间更要注意，防止发生碰撞或其他吊装事故。

14）加强对危险物品的管理，严格执行《化学危险物品安全管理条例》，危险作业和临时用电要办理审批手续，动火作业必须办理动火证。

作业现场是一个动态的环境，其实际的情况每时每刻都发生着变化，随着作业内容的变化，可能会出现新问题。事故的预测、预防工作必须贯彻到作业现场。加强作业现场管理，理顺人、机、料、作业环境之间的关系，建立起一个文明、整洁、有序、舒畅的生产作业现场，不仅对提高安全程度起着巨大的作用，而且对提高生产率有着深远的影响，真正使安全和生产做到高度的统一。

六、JIT 生产方式

1. JIT 生产方式的产生和发展

JIT（Just in Time）生产方式即准时生产方式，是日本在20世纪50~60年代研究和实施的新型生产管理方式。日本丰田汽车工业公司于1961年在全公司推广、实施JIT系统，到1976年，该公司的年流动资金周转率高达63次，为日本平均水平的8.85倍，为美国的10倍多。日本企业在国际市场上的成功，引起西方企业界的浓厚兴趣。西方企业家认为，日本在生产中达到JIT是其在国际市场上竞争的基础。20世纪80年代以来，西方一些国家很重视对 JIT 的研究，并将其应用于生产管理。

2. JIT 生产方式的目的与主要内容

（1）JIT 生产方式的目的　JIT 的核心目的就是消除生产过程中的无效劳动和浪费，具体目标包括：

1) 废品率最低（零废品）。
2) 库存量最低（零库存）。
3) 准备时间最短。
4) 生产提前期最短。
5) 零件搬运量最低。
6) 机器损坏率低。
7) 批量小。

（2）JIT 生产方式的主要内容　为了达到降低成本和消除浪费的目标，JIT 形成了一种生产组织与管理的新模式，JIT 生产方式所要表达的含义就是适时适量生产，即"在必要的时间按照必要的数量生产必要的产品"。JIT 生产方式的主要内容包括：

1) 在生产制造过程中，实行生产的同步化和生产指令的后工序拉动方式。为了实现适时适量生产，首先要实现生产同步化。而生产同步化又通过"后工序领取"方式实现，即"后工序只在需要的时候才到前工序领取所需的加工品，前工序只按照被领取走的数量和品种进行生产"。这样，生产计划只下达到总装配线，以装配为起点，在需要之时向前工序领取必要的零部件，而前工序提供该零部件后，为了补充生产被领取走的量，必然向更前一道工序去领取所需的加工品，如此一层一层向前工序领取，直至原材料部门，实现同步化生产。

2) 为了实现适时适量生产，要求实现均衡化生产。生产均衡化是指总装配线在向前领取零部件时，应均衡地使用各种零部件，混合生产各种产品，以便协调生产产业。

3) 根据生产任务配置作业人员和设备，使生产资源合理利用。JIT 要求尽量做到"少人化"，即用尽量少的员工完成较多的生产任务。这就需要培养多面手员工，发展多功能设备。

4) 在生产的组织结构上，采取专业化和协作化的方式。公司只生产关键部件，其余通过委托或协作方式由其他公司进行生产，从而简化了公司的生产任务。

5) 在产品的设计和开发方面，采用项目负责人负责与并行工程结合的方式。这样既可提高开发质量，又可缩短开发周期。

6) 保证产品质量。JIT 生产方式将质量管理贯穿于每一道工序中，在降低成本的同时保证产品质量不会下降。

7) 提倡采用对象专业化布局，用以减少排队时间、运输时间和准备时间。在工厂一级采用基于对象专业化布局，以使各批工件能在各操作时间和工作时间顺利流动，减少通过时间；在流水线和工作中心一级采用微观对象专业化布局和工作中心布局，以减少通过时间。

3. JIT 生产方式的主要控制手段

JIT 生产方式的主要控制手段有以下几种：

1) 零库存管理。JIT 生产方式要求库存减少到最低限度，目标是实现无库存生产。因为库存量太大，会占用大量资金，降低资金的利用率；库存的搬运和管理需要消耗人力、物力和财力；库存还存在巨大的市场风险，如果该产品被淘汰，就意味着生产该产品的资源全部损失；库存最大的弊端在于掩盖了管理中存在的问题。

2）生产同步化，缩短工作周期。生产同步化就是机械加工的过程和装配的过程几乎同时作业，而且这种作业是平行的。为了缩短生产周期，JIT生产方式还要求每道工序不设库存，前一道工序加工完成后立即送往下一道工序，该方法又称为"一物一流"。

3）弹性作业人数。弹性作业人数要求按照每月生产量的变动对生产线和工序的作业人数进行调整，保持合理的作业人数，从而通过排除多余人员来实现成本的降低，同时还通过不断减少原有的作业人数来实现成本降低。这就要求有特定的设备安排和配置，要求作业人员能胜任多方面的工作。

4）看板管理方式。丰田汽车工业公司在20世纪50年代从超级市场的运行过程中发现，超级市场按照一定的看板来发布和表示生产的信息是一种很好的现场管理和控制手段，于是衍生出了现代的看板管理方式。JIT生产方式之所以能如此风靡于整个世界，而且取得如此成就，这些都与看板管理方式有着密切的联系，看板管理使得整个生产过程的无库存管理成为可能。

七、生产管理的三大工具

这里着重介绍当前正在流行的三大现场生产管理工具，即标准化、看板管理和5S管理。

1. 标准化

（1）标准化的含义　所谓标准，就是将企业里所有的各种各样的规范，如工艺规程、规定、规则、标准、要领等，形成文字的东西。制定标准，而后依标准付诸行动则称之为标准化。有人认为，编制或改定了标准即已完成标准化，显然这种观点是不正确的，只有经过指导、训练，让这些标准约束和规范企业里所有人员的行为，才能算是实施了标准化。

改革创新与标准化是企业提升管理水平的两大轮子。改革创新是使企业管理水平不断提升的驱动力，而标准化则是防止企业管理水平下滑的制动力。没有标准化，企业不可能维持在较高的管理水平。

（2）标准化的目的　在企业里，所谓制造就是以规定的成本、规定的工时，生产出品质均匀、符合规格的产品。如果制造现场的作业，如工序的前后次序随意变更，或作业方法或作业条件随人而异、随意改变的话，一定无法生产出符合客户要求的产品。因此，必须对工艺流程、作业方法、加工条件加以规定并贯彻执行，使之标准化。标准化有以下四大目的：

① 储备技术。
② 提高效率。
③ 防止再发。
④ 教育训练。

2. 看板管理

（1）看板管理的功能　看板管理是实现JIT生产方式的一种很好的作业现场管理和控制手段。在生产过程中，管理人员可以通过看板发布生产信息，与作业现场的员工进行及时的信息交流与沟通。看板管理在作业现场管理中主要有如下功能：

1）传递生产与运送的工作指令。车间将厂部生产管理部门根据市场预测与订货制订的生产指令下达到各有关工序，各工序的生产都根据看板上发布的产量、时间、顺序以及运送数量、运送时间、运送目的地、搬运工具等信息来进行，以便实现"适时适量生产"。

2) 防止过量生产和过量运送。看板管理必须按照"没有看板不能生产，不能运送"的原则来操作。一般看板所表示的只是必要的数量，因此通过看板可以自动防止过量生产与过量运送。

3) 进行"目视管理"。看板管理必须遵循的另一条原则是"看板必须在实物上存放""前工序按照看板取下的顺序进行生产"。于是，作业现场的管理人员对生产的优先顺序一目了然，只要一看看板，就能知道后工序的作业进展情况，易于管理。

4) 改善生产管理机能。看板上在制品数量的减少，意味着某工序设备出现故障，生产出不合格产品，下一道工序的需求将得不到满足。根据看板显示的数据可及时发现生产过程中的问题，便于管理人员及时采取措施解决问题。

显然，看板管理是控制现场生产流程的透明化管理工具。看板管理旨在传达"何时生产何物，生产多少数量，以何种方式生产、搬运"的信息，是管理可视化的一种表现形式，即对数据、情报等的状况一目了然地表现，主要是对管理项目特别是情报进行的透明化管理活动。看板管理使管理状况众人皆知，是在企业内部营造竞争氛围，提高管理透明度非常重要的手段。JIT生产方式是以降低成本为基本目的，在生产系统的各个环节全面展开的一种使生产有效进行的新型生产方式。JIT又采用了看板管理工具，看板犹如巧妙连接各道工序的神经而发挥着重要作用。

看板管理方法是在同一道工序或者前后工序之间进行物流或信息流的传递。JIT是一种拉动式的管理方式，它需要从最后一道工序通过信息流向上一道工序传递信息，这种传递信息的载体就是看板。没有看板，JIT是无法进行的。因此，JIT生产方式有时也被称为看板生产方式。

一旦主生产计划确定以后，就会向各个生产车间下达生产指令，然后每一个生产车间又向前面的各道工序下达生产指令，最后再向仓库管理部门、采购部门下达相应的指令。这些生产指令的传递都是通过看板来完成的。

随着信息技术的飞速发展，当前的看板方式呈现出逐渐被计算机所取代的趋势。现在最为流行的MRP（Material Requirement Planning，物料需求计划）系统就是将JIT生产之间的看板用计算机来代替，每一道工序之间都进行联网，指令的下达、工序之间的信息沟通都通过计算机来完成。

（2）看板管理的分类　实际生产管理中使用的看板形式很多。

1) 按照责任主管的不同，一般可以分为公司管理看板、部门车间管理看板、班组管理看板三类。

2) 按照功能的不同，一般可以分为生产计划看板、生产线看板、工序管理看板、质量信息看板、制度看板、作业现场实时显示看板、现场布局看板、取货看板等。

生产看板是指在工厂内，指示某工序加工制造规定数量工件所用的看板。取货看板是指后工序的操作者按照看板上所列型号、数量等信息，到前工序或协作单位领取零部件的看板。

生产流水线在看板的联系和"拉动"下协调地运转。在一条生产线上，无论生产单一品种还是多品种，如果均按这种方法所规定的顺序和数量进行生产，既不会延误生产，也不会产生过量的库存，就能做到按照"Just in Time"进行循环。

（3）实施看板管理应遵循的原则　看板是JIT生产方式中独具特色的管理工具，看板的操作必须严格符合规范，否则就会陷入形式主义的泥潭，起不到应有的效果。实施看板管理应遵循以下六个原则：

1）没有看板不能生产也不能搬运；前工序按看板的顺序进行生产。

2）后工序只有必要时才向前工序领取必要数量的零件。

3）前工序应该只生产足够的数量，以补充被后工序领取的零件。

4）不合格品不送往后工序，后工序一旦发现次品必须停止生产，找到次品送回前工序。

5）看板上使用的零件数量应该尽量小，以防止生产过量。

6）应该使用看板以适应小幅度需求变动。

3. 5S管理

（1）5S的含义　5S活动源自日本。所谓5S，就是整理（Seiri）、整顿（Seiton）、清扫（Seiso）、清洁（Seiketsu）、素养（Shitsuke），因为这五个日语词的罗马拼音的第一个字母都是"S"，所以把这一系列活动简称为5S活动。

1）整理。整理是指明确区分需要的和不需要的物品，在生产现场保留需要的物品，清除不需要的物品。其目的在于充分利用空间，防止误用无关物品，塑造清爽的工作场所。

2）整顿。整顿是指对保留的有需要的物品进行合理、有序的定置摆放，使作业地的物品整齐、有条理，创造整齐的工作环境。

3）清扫。清扫是指对生产现场"看得见"与"看不见"的地方进行清扫，清除垃圾、废物及污垢，使作业地干净、明亮，使生产现场始终处于无垃圾、无灰尘的整洁状态，减少对工人健康的伤害。

4）清洁。清洁是指持之以恒地进行整理、整顿和清扫，保持整理、整顿和清扫的效果，让工作场地使人产生愉快的心情，有利于提高工作效率。

5）素养。素养是指养成认真、规范、主动工作、自觉执行工厂规章制度的良好习惯，要求全体员工高标准、严要求维护现场的环境整洁和美观，自觉实施整理、整顿、清扫、清洁活动。

这五项平常、简单的内容组合起来，循环、连续而持久地进行，就会产生优质、高效、低成本和安全生产的显著效果。

（2）开展5S管理活动的意义　5S管理活动，旨在通过规范现场、现物，营造整洁、清晰的工作环境，培养员工良好的工作习惯，其最终目的是提升人的品质，以达到：

① 革除马虎之心，养成凡事认真的习惯。

② 养成遵守规定的习惯。

③ 养成自觉维护工作环境整洁明了的良好习惯。

④ 养成文明礼貌的习惯。

（3）5S管理活动的特点　将5S管理活动运用于生产的现场管理之中，对提高企业的生产率是很有成效的。但是要真正实现5S，不是一朝一夕的事，需要长期、大量、细致地做好多方面的工作，必须抓住5S管理活动的特点，实实在在地开展活动。

1）整体性。5S活动是由整理、整顿、清扫、清洁和素养五项内容组成的，必须依照顺序逐一实施,不可简化或跨越其中的任何一项内容。破坏了5S活动的整体性,也就违背了这种方法的原理,是不可能取得提升员工品格、提升企业形象、提高效率、减少浪费、降低成本等效果的。

2) 持续性。5S活动不是阶段性、突击性的活动,而是与日常工作融为一体,连续、持久进行的活动,是一个不断循环的过程。要在持续中循环,在循环中提升;要由形式化到制度化再到习惯化。

3) 关键性。5S活动的五项内容中,前三个S是基础,第四个S是关键,第五个S是核心。

充分认识5S管理活动的这些特点,实实在在地开展5S活动,才能真正取得成效。日本及我国众多企业的实践经验说明,5S管理是进行生产管理,特别是生产过程现场管理的一项行之有效的活动,也是企业成功的重要活动之一。

(4) 开展5S管理活动的方法　5S管理活动可按以下步骤逐步深入开展,并将目视管理、"红牌"方式、检查表等方式方法与技巧运用其中。

1) 领导重视,认识正确,充分发动群众。
2) 建立机构,落实职责,细心做好策划工作。
3) 大造声势,耐心做好宣传,使5S活动成为群众的自觉行动。
4) 组织实施,开展竞赛。
5) 检查评比,总结经验。
6) 循环持续。

(5) 5S管理活动的拓展　为了进一步实现规范化现代企业管理,不少企业现在将5S管理活动加以拓展。

有的正在推行6S管理活动,即6S＝5S+Safety。Safety(安全),即对员工身心健康、生命财产等安全可能构成直接危害或潜在伤害的情形或现象予以分析,避免其发生。

还有的提出7S,即7S＝5S+Safety+Service(服务),把做好生产服务也纳入现场管理活动中。

八、现场的技术管理

技术管理是企业管理也是现场管理的一个重要组成部分,它与企业的经营管理、生产管理等有着密切关系。技术管理为企业的经营提供发展后劲,为企业的生产过程提供技术上的保证。现场的技术管理主要以创新思维为导向,对生产工艺、新产品开发、技术革新和技术改造等进行管理,使现场的技术水平在原有基础上获得改进和提高。

1. 生产工艺管理

现场按照产品的工艺图样,根据现有设备和技术工人的情况,制订和执行现场作业标准及工艺流程,从而使生产的产品,按照客户的需要进行,保证进度和质量。在进行工艺管理的过程中,应严格遵循3N(即"三不")管理原则。

(1) 不(NO)接受不合格产品
① 熟悉上一道产品技术。
② 能检查上一道工序的质量。
③ 对上一道工序工件的确认。

④ 反馈不合格信息。

（2）不（NO）制作不合格品

① 岗位技能与岗位等级相符。

② 按工艺指导书作业。

③ 确认材料工装夹具。

④ 精心维护调整设备。

（3）不（NO）转交不合格品

① 正确使用量具量仪。

② 做好本岗岗位检验。

③ 认真做好质量记录。

④ 上、下互查确保质量。

切实树立市场质量意识，做到从原材料进厂开始把关，不接收、不使用、不制造、不移交不合格品，确保产品质量和信誉。

2. 新产品开发

产品的技术含量和先进程度，从一个侧面反映一个企业技术力量的强弱，许多企业早已将其当作自己的生命线和兴业之道。企业生产管理的任务，就是生产品质优良、能满足市场需要的产品。要实现这个任务，企业就要不断开发新产品、改造老产品，不断提高产品的质量和品质。

（1）新产品开发的概念、特征及分类　所谓新产品，是指对现有产品在原理、用途、性能、结构、材质等某一方面或几方面具有新的改进的产品。新产品是一个相对概念，在不同时期、地点、条件下具有不同的含义。从企业的角度来看，只要产品整体概念中任何一部分有所创新、改革或改进等，都属于新产品。

新产品一般具有先进性、创新性、经济性和风险性等特征：

1）先进性。先进性是指由于产品采用新原理、新技术、新材料、新工艺，从而具有新的结构、新的性能、新的质量、新的技术特征等，因此和老产品比，达到了更加先进的水平。

2）创新性。创新性是指新产品在一定程度上运用了新的科技知识，吸收了新的科技成果。

3）经济性。经济性是指新产品能给企业带来更好的经济效益和社会效益，有较高的推广价值。

4）风险性。风险性是指新产品的开发与研制可能会给企业带来一定的风险，如新产品采用的新科技成果并不一定成熟而存在技术风险，用户对新产品的用途和性能缺乏了解而存在市场风险，新产品在市场开发时可能遭遇困难以致达不到销售额而存在盈利风险等。

按照新产品创新和改进的程度，一般可以将新产品分为四类：

1）全新新产品。全新新产品是指市场上从来没有出现过的、具有明显技术优势、采用了新原理和新结构或新材料的产品。

2）换代新产品。换代新产品是指产品基本原理不变，在原有产品基础上，部分采用了新技术、新材料，使产品功能、性能、品质等有明显改善的产品。

3）改进新产品。改进新产品也称为老产品改造，是指在原有产品基础上采用各种新技术,对产品的性能、材料、结构等方面进行改进而获得的产品。

4) 仿制新产品。仿制新产品也称为改进型产品,是指对市场上已有的产品加工模仿制造或稍做改变制造的产品。

以上四种类型的新产品的科技含量也许会相差悬殊,但它们有一个共同点,即都能给消费者带来新的满足和新的利益。

(2) 新产品开发的意义与条件　企业的产品开发一般包括开发新产品和改进老产品。在市场经济条件下,尤其是在经济全球化的趋势下,企业的产品开发无论是对企业的生存与发展,还是对国民经济的发展都具有十分重要的意义。

1) 新产品开发是满足市场需求的途径。随着人民生活水平的不断提高,人们对生活消费品的要求也越来越高。不断推出新产品,丰富物资市场,满足人民日益增长的物质文化生活的需要,是现代企业必须首先考虑的。企业必须尽量采用先进技术手段,不断提高产品性能,增加产品品种,调整产品结构,使产品"升级换代",发展适销对路的产品,才能赢得顾客,满足社会的各类需求。

2) 新产品开发是企业生存和发展的支柱。在经济全球化的今天,产品在市场中的寿命周期越来越短,产品更新换代的速度越来越快,市场竞争越来越激烈。在这种环境中,企业要生存和发展,必须在竞争中取胜。在市场竞争中,成败的决定性因素是企业能否生产出性能更好、质量可靠、物美价廉的产品来满足用户。企业要增加产品销售额,提高经济效益,就必须不断调整产品结构,力争做到产品"人无我有、人有我优、人优我新""生产一代、试制一代、研究一代、构思一代",保持和扩大企业产品的市场占有率,提高企业的竞争力。

3) 新产品开发是科学技术进步的反映,是社会经济发展的需要。最近二三十年来,科学技术的各个领域出现了新的飞跃,世界范围内正在掀起的新技术革命,促进了高科技产品的诞生和应用。积极开发新产品,将科研成果转化为现实生产力,能反映我国的科学技术水平。新材料、新工艺、新技术的应用对于节约资源和能源、提高产品质量和生产率、开拓国际市场、促进经济快速发展,都有着十分重要的意义。

4) 新产品开发是不断提高企业技术水平,增强企业竞争能力的要求。近年来,科学技术发展迅速,并且以更快的速度和更广泛的范围应用于各个领域。企业要适应科技发展的潮流,就必须不断使用新技术,尤其是高新技术改造老产品,开发新产品。产品开发对于提高职工的技术水平,提高工程技术人员的技术能力,促进企业技术进步,提高企业的竞争能力,将产生积极的影响。

5) 新产品开发是提高企业社会效益和经济效益的途径。一般来说,开发的新产品总会比老产品具有更好的结构、更优良的性能、更可靠的质量。新产品的使用将会提高效率或节约能源,给用户带来经济效益,从而产生良好的社会效益;新产品的生产必然降低原材料消耗,提高劳动生产率,从而降低成本,提高企业的经济效益;给用户带来经济效益的新产品扩大了企业产品的销路,增加产量,也为企业带来经济效益,并使企业进入良性循环。

开发新产品是企业成功的必由之路,能给企业带来巨大的效益,也存在较大的风险,必须具备以下条件才能保证新产品开发成功:

1) 必须有市场需求。新产品必须适销对路。为此,企业开发新产品前必须做好市场调查研究,做到有的放矢,研究开发出有特色、式样新、性能好、功能全、能让顾客产生购买欲望的产品,新产品才有一定的生命力。

2）必须具备开发能力。企业必须根据自身的科技队伍、技术设备、生产条件、原材料供应和经济实力等，研制力所能及的新产品，这是开发新产品的保证。

3）必须能带来经济效益。提高经济效益是企业经营的目标，也是新产品开发的动力。开发新产品，必须尽可能利用原有的生产能力，综合利用生产资源，设法降低产品成本，增加企业盈利。

4）必须采用国际标准。新产品开发从产品的技术指标到产品的包装都必须采用国际标准，争取得到 ISO 的认证，使企业的产品顺利进入国际市场，这是企业战略发展的需要。

（3）新产品开发的原则和方式　企业为了开发适销对路的产品，在开发时必须遵循以下几项原则：

1）社会需求原则。任何一项产品要想占有市场，要想有较长的市场寿命，必须以社会需求为出发点，适应国内外目标市场的国情、消费习惯、社会心态和产品价值观，以市场为导向，这样才能立于不败之地。

2）技术优势原则。新产品要占领市场，不仅在产品质量和性能上要比竞争对手高，而且成本要低、价格要适中。显然，这都取决于企业是否具有技术优势。企业在技术上有优势，产品质量胜人一筹，成本比别人低，才能在市场的激烈竞争中取胜。

3）快速开发原则。由于市场竞争激烈，一般来说，某种新产品的开发可能同时在几个企业中进行。因此，要想抢先占领市场，就必须加快开发的速度，否则刚开发出来的新产品可能就成了落后的淘汰产品。当然，快速开发并非单纯速度快，而是好中求快，新产品有性能优势和质量优势才能占领市场。

4）经济效益原则。效益最大化是市场经济条件下企业经营活动的基本原则。开发新产品，必须利用价值工程等技术方法进行技术经济分析，充分考虑经济上的合理性。企业应当以输入最少的劳动和物资能源消耗，获得最大的有用价值和利润为新产品开发的经济原则。

5）标准化原则。新产品开发必须提高产品通用化、标准化、系列化水平，必须采用国际标准，以便让产品顺利进入国际市场。

6）良性循环原则。产品开发的良性循环是指产品能正常更新换代，也就是说企业开发新产品要有连续性。当开发的第一代新产品投入生产时，应做到第二代新产品已开始小试，并且开始第三代新产品的规划。这样才能保证企业不断有新产品陆续问世，使企业越来越兴旺发达。

随着科学技术和经济的高速发展，产品开发的发展趋向主要表现在：

1）高效化和多功能化。高效化和多功能化是指增加产品功能，给用户提供更大的方便，实现一物多用、一机多能，产品向高效率、高质量方向发展。

2）微型化和简易化。微型化和简易化是指在不改变产品基本性能的前提下，开发小巧轻便的产品；在产品性能要求越来越高的前提下，向结构简单、操作方便的方向发展。

3）多样化和系列化。多样化和系列化是指增加产品品种、型号，并将相关产品组成系列，以满足人们多层次的需求。

4）舒适智能化。舒适智能化是指开发的产品科技含量高，用户可以根据需要选择其功能，使用起来方便、舒适，给人们带来健康、愉快和美的享受，满足消费者精神上和心理上的需求。

5）节能化和环保化。节能化和环保化是指开发的产品应节省能源和原材料，新产品在生产和使用过程中不产生环境污染和公害。

新产品开发的方式很多，企业可根据内外部条件适当选择。

1）独立研制。独立研制也称为自行研制，是指企业完全依靠自己的科研技术力量，密切结合企业的实际，研究开发具有企业自己特色、在某方面具有领先地位的新产品或产品系列。独立研制分为三种情况：一是从基础理论研究到应用技术研究，再到产品开发研究的全部过程都由自己的力量完成；二是利用社会上基础理论研究的成果，自己只进行应用技术研究和产品开发研究；三是利用社会上应用技术的研究成果，自己只进行产品开发研究。

显然独立研究如果成功，可使企业一举居于独占的地位，但需要企业拥有雄厚的实力，且风险较大，必须有强有力的盈利产品作为财力后盾。

2）技术引进。技术引进是指从国外或其他地区引进市场已经成熟的技术，为本企业开发新产品，或是直接引进生产线生产新产品。这种方式可以利用有限的资金和技术力量，较快地掌握先进的生产技术，缩短与国外产品的技术差距，提高企业的竞争力，也有利于进入国际市场。

3）联合开发。这是一种将企业内外技术力量结合起来开发新产品的技术协作方式。这种方式通常由企业提供经费，科研单位与大专院校的专家提供技术支持，有利于发挥各方面的长处，优势互补，资源与效益共享，加速新产品的开发进程。这是一种双赢的开发策略。

4）独立研制与技术引进相结合。企业也可以坚持两条腿走路的方针，采取独立研制与技术引进相结合的策略，在充分消化引进技术的基础上，结合企业的技术特点进行某些创新。这种方式既能很好地发挥引进技术的作用，又能促进企业自己的技术开发，保证产品的先进性，以适应市场需求的变化。

5）模仿制造。照样品仿制国内外的新产品。这是迅速赶上竞争对手的一种有效的新产品发展方式。一般来说，仿制费用低，成功率高，但上市总是落后一步，市场占有率也会较低。采取这种方式时必须注意维护知识产权，仿制时如果能有所创新，则可收到后发制人的效果。

企业可根据自身的具体条件选择以上五种新产品开发方式，也可结合应用，也可并行采用，以利于产品的不断推陈出新。

（4）新产品开发的程序　新产品开发是一项投资大、风险大的复杂工作，为了提高开发新产品的成功率，必须按照科学程序循序渐进地进行。一项新产品的开发通常要经过以下九个阶段。

第一阶段：市场调研

对市场信息进行系统的收集与分析是开发新产品的基础，也是新产品开发能否成功的关键。市场调研主要了解市场需求和技术信息：

1）消费者喜欢的产品，购物倾向，潜在需求量。
2）消费者的收入水平及购买能力。
3）本企业原有产品的销售情况及用户对原有产品的意见。
4）竞争对手的产品状况。
5）当前可用于新产品的新技术、新材料、新工艺。

市场调研的目的是为制订新产品开发方案提供依据。

第二阶段：构思创意

构思的来源可能有以下几种：
1）顾客的建议。
2）高等院校或科研机构的成果。
3）本企业市场调查后做出的市场预测以及针对竞争者的产品调整企业所做出的新设计或对策等。

企业在寻求构思创意时应确定的内容有：
1）企业重点投资的领域是什么，应该发展到什么程度。
2）开发新产品要达到的目标是什么。
3）计划投入多少资金和其他资源。
4）要确保多高的市场占有率。
5）采用什么样的开发策略。

第三阶段：价值分析

价值分析（Value Analysis，VA）又称为价值工程（Value Engineering，VE），是一种以提高对象价值为目标的技术经济分析方法。因为用户需要的不是产品本身，而是它的功能，而且用户是按照与实现这些功能相适应的代价来支付金额的，所以企业必须认真研究用户对产品功能的要求，用不同的材料满足相同的功能，以达到代替短缺物资和降低产品成本的目的，设计和生产物美价廉的产品。

由此可知，提高产品价值的途径主要有：
1）提高功能，降低成本。
2）保持功能不变，降低成本。
3）保持成本不变，提高功能。
4）增加较少成本，大幅度提高功能。
5）功能稍有下降，但成本大幅度下降。

为了保证新产品开发能获得较好的效益，企业必须对新产品的构思创意进行价值分析，力求以最低寿命周期成本实现新产品所要求的必要功能。

第四阶段：筛选创意

这一步骤是指对已经征集到的若干创意方案通过价值分析后进行评估，研究其可行性，并挑选出可行性高的创意方案来。构思方案的筛选是新产品开发过程中一次重要的决策，关系到产品开发的成败，也关系到新产品开发能否获得经济效益。企业应有专门部门负责新产品开发方案的评估和规划，按照科学的评估程序对构思方案进行认真的筛选，以减少决策的失误，提高成功的机会。

第五阶段：概念形成

新产品构思经过筛选后，需要进一步发展成更具体、更明确的产品概念，用文字、图像、模型将其阐述出来。然后将形成的产品概念提交目标市场有代表性的消费者群中进行测试、评估，使构思方案更完善、更先进、更能被消费者接受。

第六阶段：制订营销规划

在对产品需求、投资效益、成本和盈利等方面进行研究、考评的基础上，根据市场分析的结果，草拟一个将新产品投放市场的营销战略报告书，主要内容包括：①描述市场的规模、结构、头几年的市场占有率等。②描述新产品的计划价格、分销战略及促销预算。③长期销售额、利润目标以及不同时期的市场营销组合策略。

第七阶段：产品研制

新产品概念通过市场分析得到确认之后，企业即可将文字、图表、模型等描述的产品概念通过设计、试制变成物质产品，即新产品样品。与此同时还要进行包装的研制和品牌的设计。产品试制一定要严格把关，一切工艺文件和工艺过程都要经过鉴定合格才能正式投入小批量生产。

第八阶段：市场试销

将试制的新产品在有代表性的市场试销。通过试销了解产品的性能改良、结构创新等被用户接受的情况，了解产品的销售状况及市场前景，发现产品及其包装等方面的缺陷，为正式上市做好准备。

第九阶段：投放市场

试销成功以后，就可以大量投产上市。新产品在正式投入大量生产和投放市场前，企业应对产品投放市场所需的资金、对投放市场的时间和地点、对销售市场的目标顾客和营销策略等做好统一规划。

（5）新产品开发的策略　由于新产品的类型、品种不同，企业的实力和特长各异，因而新产品开发的策略是多种多样的。这里仅介绍几种常用的策略。

1）产品寿命周期策略。产品寿命周期是指一种产品由投入市场开始到被淘汰退出市场为止所持续的时间。根据产品寿命周期理论，研究和预测产品寿命长短及其发展趋势，相应地可以采取以下策略：

① 改进产品质量、性能、包装、实用性，或扩大其用途，降低产品的成本和价格等，以延长产品寿命周期。

② 加强售后服务，做好产品的更新换代，保持销售的增长势头，力争在现有产品进入衰退期之前将新产品投入市场，以免让市场销售出现空白区。

2）产品组合策略。产品组合是指将两种以上产品的功能、效用巧妙地组合在一件产品上，使产品的功能向纵横两方面延伸和扩展，这样便可以大大增加产品的附加值和吸引力。它可以是性能组合、用途组合、配套组合等多种形式，以形成多种产品或一种多功能、高性能产品。

3）产品延伸策略。产品延伸是指以某种产品及其生产工艺为基础，上下延伸、左右扩展的产品开发策略。它可以是品种延伸、功能延伸、材料延伸等多种形式。该策略投资少、见效快、收益高，特别是以某种名牌产品为龙头开发系列产品时，更能扩大产品阵容，增强市场渗透能力和竞争能力。

4）进攻-防御策略。进攻策略又称为抢先策略，目的是让企业保持技术上的领先地位。采取这种策略的企业一般都有较强的科研开发能力，有雄厚的财力，肯冒风险。防御策略又称为紧跟策略。采取这种策略的企业并不投资抢先研制新产品，而是当市场出现新产品时，就立即进行仿制或加以改进。这样，既不需要长期大量投资，又可在产品处于萌芽状态时加以改进，消除其缺陷而后来居上，但它要求企业有高水平的科技专家，能不失时机地发现和解决别人尚未考虑到或尚未解决的问题，并有能力高效率地研制出新产品。

5）最低成本策略。一种产品能占领广大市场，其诀窍在于产品具有较强的实用性、较高的质量和较低的价格。在实用性和质量相当的情况下，产品价格就成了竞争的主要目标。

决定产品价格的主要因素就是产品的成本，成本低廉就是企业开展市场竞争的优势和本钱。自动化与机械化程度高、具有大规模生产能力的制造设备，科学、合理、先进的生产工艺，高效的企业管理等，都是降低产品成本的重要途径。

新产品开发绝不是一件容易的事情，制订正确的新产品开发策略，是企业成功开发新产品的关键，因此备受企业重视。作为车间，由于受到技术力量等方面的限制，更应慎重。

3. 技术革新与技术改造

除了新产品开发之外，技术革新与技术改造可以说也是现场的常态性工作。

（1）技术革新　技术革新是指应用新知识和新技术改造生产工艺和生产设备，以提高产品质量、提高生产率、降低产品成本的技术活动。

现场要开展技术革新，必须树立创新观念，投入适当资金，创造良好的创新条件，重视创新人才，充分发掘全体员工的创造潜能。车间的技术革新必须围绕产品进行，以提高产品质量、生产率为宗旨，以增加企业的社会效益和经济效益为目标，以提高企业的技术水平、增强企业的市场竞争能力为动力。

（2）技术引进　技术引进是指通过各种方式和渠道从国外获得先进技术。它是国与国之间的技术交流和转移，也是企业进行技术创新的一条途径。

随着科学技术的迅猛发展和生产社会化程度的大幅度提高，技术引进越来越具有重要性。

1）技术引进是科学技术本身发展的客观要求。任何一个国家不可能拥有现代科学技术的一切成就，科学技术是人类的共同财富，大胆吸收、消化别国的科学技术精华，为己所用，可以促进本国科学技术水平的快速提高，促进本国经济的快速发展。

2）技术引进可以填补技术空白、增强经济竞争力。技术引进初期，企业确实需要进行一定的投资，然而引进本企业所需要的技术后，及时填补了自己的技术空白，为自己的发展打下良好的基础，提高了企业的技术水平，可以在新的起点上增强企业的市场竞争能力。

3）技术引进可以为企业的发展争取时间和节省费用，加快企业的技术进步。企业自己开展研究，获得一项科研成果，从酝酿、研究、试制到投产，需要几年甚至上十年时间，而且还要耗费大量的费用，承担较大的风险。而引进技术一般只要1~2年时间就可以投产，既可以节约研制经费，又不需要承担研制失败的风险。

因此，许多企业甚至许多国家在谋求自身发展时，经常采取技术引进的方法，学习和吸收国外的先进技术。

技术引进涉及双方国家的政治、经济、技术、贸易、法律、外交等各个方面，企业在技术引进的过程中，必须坚持做到：实事求是，适合国情；相互平等，互利互惠；精心选择，讲究效益；消化吸收，发展创新。

技术引进可以采取引进先进设备、通过购买专利或购买专有技术引进先进技术、引进技术与利用外资相结合等方式。

（3）技术改造　技术改造是指用新技术、新设施、新工艺装备对企业原有技术、设施、装备进行改造。它主要包括采用新工艺、新设备提高劳动生产率、节约原材料和能源消耗；开发新产品，提高产品性能和质量，使产品升级换代；合理利用资源，提高资源综合利用水平。

技术改造是车间生产管理中的一项常规性活动，它对于企业的生存和发展有着十分重要的意义。

1）技术改造是企业实现经济增长方式转变的重要对策。而今衡量企业生产能力的增长已不再是简单的数量增长，而是由粗放型向集约型发展转变，要求产品技术含量高，产品结构能满足社会需要。企业只有通过技术改造才能赶上和适应形势的发展。

2）技术改造是提高企业经济效益的主要途径。实践和统计数据表明，利用原有企业进行技术改造，可以实现投资少、见效快、经济效益高的效果。

3）技术改造是企业开拓国际市场的客观要求。在世界经济日趋一体化的今天，企业要发展，必须设法使自己的产品早日进入国际市场。企业要进入国际市场，就必须通过技术改造改善生产条件，提高生产率，降低生产成本，增强竞争优势，为企业开拓国际市场提供技术保证。

技术改造的内容十分丰富，一般来说包括改进产品性能和结构、改革和创制工艺装备、改造原有生产设备、改进工艺过程和操作方法、合理使用自然资源和保护自然环境。

总之，现场的技术改造，要立足长远，着眼当前，抓好那些花钱少、收效大、见效快的项目，紧紧围绕提高产品质量、增加产品品种、提高劳动生产率、提高经济效益和社会效益来展开。

第二节 质量现场管理

一、质量管理概述

随着经济的发展和社会的进步，市场经济体制的日趋完善和经济全球化进程的加快，"质量是企业的生命"这一理念已被我国企业界所认同。质量管理在企业管理中的地位日渐重要，质量管理理论也不断发展和完善。企业已由重视产品质量和服务质量，进一步提升为重视和改进整个经营管理的质量，追求卓越的质量经营。

1. 质量概述

（1）产品质量的含义　何谓"质量"？随着社会和经济的发展，人们对质量概念的认识经历了一个不断发展和变化的历史过程，以下几个质量的概念很具有代表性：

1）质量就是意味着对规范或要求的符合，即合格就是质量。

2）质量是反映实体满足明确和隐含需要的能力的特性总和，即适用性。

3）质量是一组固有特性满足要求的程度。

其中"一组固有特性满足要求的程度"是 GB/T 19000—2000《质量管理体系　基础和术语》对质量下的定义。这是迄今为止在世界范围内影响最广泛，也是最广为接受的质量定义。这一质量概念表明质量所描述的对象已不仅包括产品、服务，还扩展到了过程、活动、组织以及它们的结合；质量的含义也从"符合性"发展为"适用性"，适用性的内涵是要重视用户，将质量的重心和评定的权力移向用户，即形成了用户满意这一新的质量观。

（2）产品质量的特性　质量是对用户需要的反映，为了使用户需要的质量得以实现，就必须对用户的需要进行变换，将其用理性的、技术的或工程的语言明确地表述出来，这就是质量特性。这种变换的准确与否，直接影响到用户的需要能否得到满足。变换越准确，用户的需要越能得到准确的反映，就越能实现用户的满意；反之，变换的失真较大，质量特性就与用户的需要相脱节，这样即使所提供的产品能够百分之百地符合质量特性指标，也并不意味着用户的需要得到了满足。用户的需要是多方面的，质量特性可分为：①技术性或理化性的质量特性。②心理方面的质量特性。③时间方面的质量特性。④安全方面的质量特性。⑤社会方面的质量特性。

以有形产品为例，产品的质量特性可从以下几个方面描述：

1）性能。性能是指产品满足使用目的所具备的技术特性，如电视机的清晰度，钟表的走时准确性等。性能是最基本的质量特性。

2）耐久性。耐久性是指产品在规定的使用条件下完成规定功能的工作总时间，即产品的使用寿命，如电冰箱的使用年数。

3）可靠性。可靠性是指产品在规定的时间和规定的条件下完成规定任务的能力，即产品实现满足使用者要求的能力，如电视机平均无故障工作时间，电冰箱在使用中的无故障率等。

4）安全性。安全性是指产品在操作或使用过程中对使用者、周围财产或环境安全、卫生的保证程度，如电器设备的用电安全，食品的食用安全性等。

5）经济性。经济性是指产品寿命周期总费用的大小，包括产品的设计、制造及使用过程的维持费用。

6）外观。外观是指产品的造型、色泽、包装装潢等的外观质量特性，如手机的造型等。

质量特性一般用量化的指标来规定，形成产品的质量特性值。质量特性值是反映产品质量特性所达到水平的数据，也就是质量数据。

（3）现代工业企业提高产品质量的意义　"质量是企业的生命"，它关系到国计民生，关系到企业的生存与发展。加强质量管理，提高产品质量有着十分重要的意义。

1）产品质量与人民的生活水平休戚相关。美国的质量管理专家朱兰博士曾用"质量大堤"这一比喻生动地说明产品质量与人们的生活、健康、安全等息息相关。只有构筑牢固的"质量大堤"，人民生活水平才能提高，才能过上健康、舒适、安乐的生活，社会才会安全、稳定。

2）产品质量关系到企业的生存与发展。现代企业的竞争，其实质是产品质量的竞争。产品质量好的企业在竞争中将会赢得社会信誉，不断发展、壮大，竞争能力也将不断得到增强。

3）提高产品质量将使企业节能降耗。产品质量好、废品少，将使企业降低材料和能源消耗，提高劳动生产率和经济效益；产品性能好、使用寿命长，就等于增加了产量，节约了资源，增加了社会财富。

4）提高产品质量将加速发展国民经济。提高产品质量，就能节约社会资源、提高经济效益，显然这对于加速国民经济的发展十分有利。

由此可见，产品质量是一个国家科学技术水平、管理水平和其他各项工作的综合反映，因此必须把提高产品质量作为我国的一项长期战略任务来抓。

2. **质量管理**

质量管理是确定质量方针、目标和职责，并通过质量体系中的质量策划、质量控制、质量保证和质量改进使其实现的具有管理职能的全部活动。质量管理在现代企业管理中不但日趋重要,而且与企业的生产经营管理融为一体。

(1) 质量管理的发展阶段　质量管理是伴随着产业革命的兴起而逐渐发展起来的,系统的、独立的质量管理开始形成于18世纪的欧洲工业革命,至今其发展大体经历了以下三个阶段:

1) 单纯质量检验阶段。这一阶段出现在20世纪初,随着企业规模的扩大和分工专业化程度的提高,企业中设立了专职的检验人员,负责将生产出来的产品按事先规定的质量标准分类,区别合格品与不合格品。但质量检验只能阻止不合格品的流通而不能预防不合格品的产生,属于"事后把关"。

2) 统计质量控制阶段。这一阶段出现在20世纪40年代,主要特征是将概率论与数理统计的原理和方法应用于质量管理之中。一方面通过对工序质量进行分析,及时发现生产过程中的异常情况,确定产生质量波动的原因,迅速采取措施加以消除,使之保持稳定的状态,从而防止不合格品的产生,实现了将"事后把关"转变为"事前预防"的质量控制。另一方面采用抽样检验的方法,从而解决了需要做破坏性试验来进行检验的那些产品最终检验的难题,使检验工作量既合理又有可靠的判断依据。但这种管理方法纯粹依靠统计分析和生产过程的控制,忽视了组织的管理和"人"这一因素的作用。

3) 全面质量管理阶段。这一阶段出现在20世纪60年代,随着科学技术和生产力的迅速发展,对产品质量的要求越来越高,如航天技术的人造卫星、自动化生产中的高度精密机械设备等,对安全性和可靠性的要求单纯依靠统计控制方法已无法满足。这时美国通用电气公司的A.V.弗根·鲍姆以及朱兰博士等专家提出了全面质量管理的概念,把质量管理从工序控制进一步扩展到产品的设计、制造和销售使用等各个过程,突出了"人"这一要因在质量管理中的作用。全面质量管理概念在全球范围内得到广泛的应用和实践,逐步地将质量管理从质量职能的领域,演变和发展为以质量为中心,综合、全面的管理方式和管理理念。至今,全面质量管理的理论仍在实践中不断地完善和发展。

(2) 全面质量管理的概念与原则　全面质量管理的概念自20世纪60年代提出后,经过各个国家在实践中的不断创新,到目前为止,应以ISO 9000族标准中对其下的定义,最能反映全面质量管理概念的最新发展。ISO 9000族标准中对全面质量管理的定义为:一个组织以质量为中心,以全员参与为基础,目的在于通过让顾客满意和本组织所有成员及社会受益而达到长期成功的管理途径。

全面质量管理具有以下特性:

1) 全过程性。全面质量管理要求从全过程的角度认识质量,产品质量取决于设计质量、制造质量、销售及售后服务质量等全过程;要求从质量的产生、形成和实现的全过程进行管理,包括从市场调研、产品的设计开发、加工制造、储运销售、售后服务等各个过程的质量管理,形成一个系统的质量管理体系。

这一特性强调预防为主,预防与检验相结合,消除各种产生不合格品的隐患,向顾客长期、稳定地提供合格的产品;突出顾客满意的质量观,要求企业所有岗位都必须形成为顾客服务的意识,将下道工序视为顾客,让内部顾客满意是实现外部顾客满意的重要基础。

2) 全员性。全面质量管理要求从决策者、职能人员到第一线岗位的操作人员等全体人员都关心质量,对质量负责,开展人人做好本职工作,人人对质量负责的广泛的群众性质量活动。要实现全员的质量管理，第一要抓好全员的质量教育和培训，提高全员的质量意识和参加质量管理活动的能力；第二要建立质量管理责任制，明确职责，增强责任感，激发创造力；第三是通过多种形式的群众性质量活动，充分发挥质量管理中"人"这一因素的重要作用。

3）全方位性。全面质量管理提出了顾客满意的新的质量观，这就给质量一个广义的概念，它不仅包括产品质量、服务质量，还包括成本质量、供需质量、工序质量以及企业生产经营各方面的工作质量。工作质量是产品质量的保证，产品质量是企业一切工作质量和供需质量的综合反映。因此，全面质量管理也就是对产品质量、工序质量、工作质量的管理，质量管理与企业的生产经营管理一体化。

4）多方法性。全面质量管理把管理方法、经济分析方法、生产技术方法、数理统计控制方法等结合起来，形成了系列的管理方法。多方法的质量管理，体现了"用数据说话"的遵循客观规律、实事求是的管理特点，提高了质量管理工作的科学性和准确性。

ISO 9000：2000版的标准中提出了质量管理的八项原则，这八项原则是在总结质量管理的实践经验和提升质量管理理论的基础上概括出来的质量管理最基本、最通用的规律，是现代质量管理的理论基础，也反映了全面质量管理的基本思想。这八项原则包括：

原则一：以顾客为关注焦点

"组织依存于顾客。因此，组织应当理解顾客当前和未来的需求，满足顾客要求并争取超越顾客期望。"这一原则说明了企业要实现长期的成功，其经营必须以顾客为中心，把顾客的要求放在第一位，即全面质量管理要始于识别顾客的需求，终于满足顾客的需求并争取超越顾客的需求。

原则二：领导作用

"领导者确立组织统一的宗旨及方向。他们应当创造并保持使员工能充分参与实现组织目标的内部环境。"这一原则说明企业的最高管理者在全面质量管理中的作用是举足轻重的，最高管理者应当使质量方针、质量目标与企业的经营宗旨统一、一致，并创造一个全体员工能够充分参与实现组织目标的内部环境。

原则三：全员参与

"各级人员都是组织之本，只有他们的充分参与，才能使他们的才干为组织带来收益。"企业的质量管理是通过产品实现过程及支持过程来实施的，所有这些过程的有效性取决于各岗位人员的意识、能力和主动精神。人人充分参与质量管理活动，既是企业实现质量方针、目标的必要条件，又是提升质量水平的充分条件。

原则四：过程方法

"将活动和相关的资源作为过程进行管理，可以更高效地得到期望的结果。"企业必须系统地识别和管理本组织所应用的过程，特别是这些过程之间的相互作用。这是现代企业进行管理与控制的特点之一，也是全面质量管理发展的一个新标志。

原则五：管理的系统方法

"将相互关联的过程作为系统加以识别、理解和管理，有助于组织提高实现目标的有效性和效率。"系统方法的特点是：以顾客的需求确立企业的质量方针和目标，确定实现质量方针和目标的活动，识别由这些活动构成的过程，分析过程之间的相互作用，将这些过程有机地组合成一个系统进行管理，使之有效地、协调地运行。

原则六：持续改进

"持续改进总体业绩应当是组织的一个永恒目标。"事物总是不断地发展，顾客的需求也在不断地变化、提高，企业要想适应外界环境的这种变化要求，就应建立一种机制增强自身的适应能力和提高自身的竞争力，这种机制就是持续改进。持续改进是当今社会对企业的要求，也是全面质量管理发展的一个新标志。

原则七：基于事实的决策方法

"有效决策是建立在数据和信息分析的基础上。"基于事实的决策方法强调遵循客观规律，在广泛收集信息并用科学的方法加以处理、分析的基础上进行决策，这对企业所进行的各项活动能达到预期的目标是非常重要的。

原则八：与供方的互利关系

"组织与供方是相互依存的，互利的关系可增强双方创造价值的能力。"随着生产社会化程度的加大，企业专业化程度越来越明显，因而在当今的经营环境中，企业与企业既是"竞争对手"，也是"合作伙伴"，只有致力于双方共同发展的互利关系，才能最终确保顾客满意，企业才能获得自身的发展。

（3）全面质量管理的基础工作　全面质量管理的基础工作是指标准化工作、计量工作、质量教育工作、质量信息工作、质量责任制等为质量管理提供共同准则、基本手段、前提条件和资料依据的必不可少的工作。

1）标准化工作。标准是对重复性事物和概念所做的统一规定，它以科学技术和实践经验的综合成果为基础，经有关方面协商一致，由主管机构批准以特定形式发布，作为共同遵守的准则和依据。标准化是指在经济、技术、科学及管理等社会实践中，对重复性事物和概念通过制定、发布和实施标准，达到统一，以获得最佳秩序和社会效益的活动。

在质量管理中，标准是衡量产品质量和各项工作质量的尺度，也是企业进行生产技术活动和经营管理工作的依据。企业标准化工作的基本任务是执行国家有关的法律、法规，实施相关的国家标准、行业标准和地方标准，制定并实施企业标准，并对标准的实施进行监督检查。企业从原材料进厂到产品生产、销售等各个环节都要有标准，不仅有技术标准，而且还要有管理标准、工作标准等。要建立一个完整的标准化体系。

2）计量工作。企业的计量工作是指在保证量值统一的条件下，依据标准技术文件并运用测试技术，通过提供具有一定准确度的各种数据信息，为企业的各项工作提供计量保证。计量工作在质量管理中，不但是测量、判断产品质量的基本手段，而且能为各项工作提供可靠的客观数据基础，可以说没有科学的计量工作，就没有定量分析的依据，就无法判断质量的优劣，也就无法进行质量管理了。

计量工作是保证产品质量的重要手段，做好计量工作，保证计量的量值准确和统一，确保技术标准的贯彻执行，保证零部件互换，是质量管理的一项重要基础工作。计量工作要求必需的量具和化验、分析仪器仪表等配备齐全，完整无缺，质量稳定，示值准确一致，根据不同情况选择正确的测定计量方法。因此，企业的计量工作主要是按照生产和设计要求，合理配备计量检测的资源和控制好各计量检测过程。计量检测资源的配备是指配置计量检测所需的仪器设备，配备符合要求的计量检测人员，提供规范计量检测的技术及管理文件，提供计量检测适宜的环境。企业应建立健全计量机构和配备计量人员，建立必要的计量管理制度，以充分发挥其在质量管理中的作用。

3）质量教育工作。企业的产品质量及一切工作质量，都与"人"这一要素有着非常强的相关性，人的质量意识、能力水平等素质是质量保证的关键。企业员工的素质，特别是质量意识与技能水平，由企业的质量教育与培训决定，故有"质量管理始于教育，终于教育"的说法。

企业的质量教育工作，主要是正确地识别教育、培训的需求；采取多种形式，提供适宜的质量意识教育和岗位技能培训；建立完善的管理制度，有效地评价、监督教育与培训的效果。企业的质量教育与培训工作必须制度化、系统化，与质量管理同步发展，深入持久地进行。

质量教育是质量管理重要的一项基础工作。通过质量教育不断增强职工的质量意识，并使之能够掌握和运用质量管理的方法和技术；使职工牢固地树立质量第一的思想，明确提高质量对于整个国家、企业的重要作用，认识到自己在提高质量中的责任，自觉地提高管理水平和技术水平以及不断地提高自身的工作质量。

4）质量信息工作。质量信息是指质量活动中的各种数据、资料、报表、文件以及企业外部的有关情报资料。它包括产品实现过程及各支持过程的相关活动的原始记录、基本数据以及分析整理后的统计数据与资料，也包括顾客需求与满意程度的外部质量信息和指导质量活动的各种文件。质量信息是质量管理的耳目，也是一种重要的资源。通过收集有关质量信息情报，可以及时掌握产品质量或服务质量的各种因素和生产技术、经营活动的动态，产品的使用状况，国内外产品质量及市场需求的发展动向。它是改进产品质量、改善各环节工作质量最直接的原始资源和信息来源。

质量信息工作是指企业有效、及时、全面、准确地收集、整理、分析内部与外部的质量信息，使之能及时了解企业内部与外部各种因素的变化及规律，真实地反映产品质量与各方面工作质量的状况，为质量管理提供必要的前提条件。

5）质量责任制。质量责任制是指在企业中以文件的形式，规定各职能部门和各岗位人员在质量工作中的职责和权限，并有相应的机制作保证的一种制度化的管理手段。质量责任制的核心在于明确职责、落实责任，使各岗位人员工作前有"标准"，工作后有"考核"，能提高各岗位人员的质量责任感。

建立质量责任制是企业加强质量管理，保证产品质量的行之有效的措施。它是企业经济责任制的重要组成部分，要求明确规定企业每一个人在质量工作中的具体任务、职责和权限，以便做到质量工作事事有人管，人人有专责，办事有标准，工作有检查、有考核。要把与质量有关的各项工作和广大职工的积极性结合起来，组织起来，形成一个严密的质量体系。因为质量工作关系到企业的各个部门、各个岗位和每个人，若没有明确的责任制度，职责不清，不仅不能保持正常的生产秩序，而且会出现质量无人负责的现象。因此，要搞好质量，就要有一个明确的职责和权限，要建立一套相适应的质量责任制度，并与经济责任制紧密结合起来，使每个职工都明确自己该做什么，怎么做，负什么责任，做好的标准是什么。做到人人心中有数，为保证和提高产品质量（或服务质量）提供基本的保证。

二、产品质量波动与过程质量控制

质量管理的一项重要工作是控制产品质量的稳定性，也就是找出产品质量的波动规律，消除由系统原因引起的质量波动，把由随机原因引起的质量波动控制在合理的范围内。

1. 产品质量的波动

在实际的产品加工中，同一批产品的产品质量特性值并不完全一样，也就是说采用同一工艺、由同一操作者、使用同一设备和原料加工同一种产品，所加工的产品质量特性值却不完全相同，这就是产品质量的波动性。产品质量的波动是客观存在的，即具有普遍性；其波动服从一定的分布规律，即具有规律性。一般将产品的质量波动分为正常波动和异常波动两类。

（1）正常波动　正常波动是指由随机原因引起的产品质量波动。所谓正常波动是指产品质量的特性值虽然存在差异，但其差异往往较小，对产品使用性能的影响在允许范围内的产品质量波动。

产品质量的正常波动是由随机原因引起的。随机原因是指在产品加工制造过程经常、大量存在，在现在技术条件下难以消除或消除成本太大的原因。例如，加工温度或压力的微小变化、原材料成分或性能的微小差异、加工过程操作的微小变化等。

在一定的生产技术条件下，用"公差"来表示允许和限制产品的正常波动在生产过程中的存在，并且只能通过提高生产技术水平来减少正常波动。因此，仅有正常波动的生产过程，称为处于控制状态的生产过程，表示所生产的产品质量处于稳定状态。

（2）异常波动　异常波动是指由系统原因引起的产品质量波动。所谓异常波动是指产品质量特性值的差异较明显，对产品使用性能所产生的不良的影响已超出允许范围的产品质量波动。

产品质量的异常波动是由系统原因引起的。系统原因是指对产品质量波动的大小和作用方向具有一定的倾向性、周期性的原因，这类原因在产品加工制造过程并非大量也不是经常存在的，但一旦存在就会使产品质量特性值产生较显著的差异，如原材料的质量或规格不符合要求，机械设备存在某一异常，操作的习惯性错误等。因此，异常波动在生产过程中是不允许存在的。统计控制的质量管理方法，能识别生产过程的这类质量波动，通过消除异常波动使生产过程处于稳定状态。

（3）产品质量波动的主要影响因素　对引起质量波动的原因，从质量控制的角度可分为上述的随机原因和系统原因两大类，这有利于掌握产品质量波动的规律性，但这两大类原因在生产加工过程中，可在不同的环节中出现，因而产品质量波动的影响因素还需按产品的提供过程做具体分析，以便在质量控制中采取有效的措施。

按产品提供过程来分析，产品质量波动的影响因素可归纳为六个主要因素：

1) 人。指操作者的质量意识、技能水平、知识水平及各方面的素质等。
2) 机器。指机器设备及相关部件的装备水平、精度以及保养维护状况等。
3) 材料。指原辅材料的化学与物理性能、外观质量以及完好程度等。
4) 方法。指生产流程、加工工艺、作业指导书等。
5) 测量。指测量方法、测量仪器及手段等。
6) 环境。指工作地的温度、湿度、照明及卫生条件等。

这六个影响产品质量波动的主要因素，可用于所有产品的质量状况分析与控制。人们必须通过在产品加工过程中分析和控制这些因素，才能有效控制质量波动，提高产品质量和保持产品质量稳定。

2. 过程与过程质量

由质量环可知，产品质量是伴随产品实现的全过程逐步形成与实现的，影响产品质量的主要因素也来自产品实现过程，因而过程、过程质量、过程能力是产品质量的基础。

（1）过程与过程质量的概念

1）过程。过程的定义为：一组将输入转化为输出的相互关联或相互作用的活动。过程由输入、输出、活动和资源四个要素组成。输入是实施过程的依据和要求；输出是过程完成后转化的结果；活动是将输入转换为输出的动因；资源是转换的条件。

过程是一个活动的系统，一个过程的输入可能是几个过程的输出，一个过程的输出也可能是一个或多个过程的输入，因此一个过程会与其他过程相关联着，过程会形成过程网络。为实现过程中的活动，必须配置适当的资源，对过程的输出应进行相应的测量。企业实现产品的过程，就是由许多过程所组成的过程网络所完成的，所以对质量管理来说，企业应该系统地识别、组织和管理这些过程，确定这些过程的顺序和过程之间的相互关系。

2）过程质量。对制造业企业来说，过程质量习惯上也称为工序质量，即这里的"过程"不是广义上的过程，而是产品加工制造的过程。过程（工序）质量用该过程输出的产品质量的波动幅度表示。产品质量特性值的波动越小，说明产品质量越稳定；反之说明产品质量越不稳定。在企业中常用生产过程输出的合格率、废品率、返修率等表示过程（工序）质量的高低。

如上所述，人、机器、材料、方法、测量、环境是影响产品质量的六大因素（简称5M1E），也是影响过程质量的六大因素。控制好影响过程质量的因素，可保证过程的质量；过程质量得到保证，则产品质量也就得到保证。因此，控制过程质量是产品质量管理的一项重要工作，控制过程质量，可通过对人、机器、材料、方法、测量、环境这六大因素的控制来实现。

（2）过程能力与过程能力指数 在制造业企业中，过程能力是指生产加工过程处于稳定状态条件下，过程（工序）的质量水平，即过程中人、机器、材料、方法、测量、环境等因素均处于规定的条件下，生产加工过程呈稳定状态时所具有的质量水平，可用产品质量特性值的允动幅度（分散性）来描述。

过程能力的高低并不能直接表明其输出产品的质量状态，因为过程能力仅表明了在过程稳定状态下的产品质量特性值波动的幅度大小，但不同的产品质量要求对其质量特性值允许的波动范围有不同的要求，另外还存在特性值分布中心与期望值是否有偏移的问题。因此，过程能力应与所加工的产品公差要求结合起来。

将过程能力与公差两者结合，可用过程能力指数概念来表达。过程能力指数是公差范围和过程能力的比值，表示过程能力满足公差范围要求程度的量值，一般用符号 C_P 表示，即

$$C_P = \frac{T}{6\sigma} \approx \frac{T}{6s} \qquad (2-4)$$

式中 T——公差范围；

σ——总体的标准偏差；

s——样本的标准偏差。

由式（2-4）可知，过程能力指数 C_P 与过程能力 6σ 的含义有明显的区别。过程能力指数的大小与该过程（工序）的不合格品率有着定量的关系，见表2-1。通过用过程能力指数

来评定过程等级,有利于对过程进行有的放矢的管理和控制,表 2-2 表示用过程能力指数评定不同等级的过程能力,并提出了应采取的措施方向。

表 2-1 过程(工序)能力指数对应的不合格品率

C_P	不合格品率	C_P	不合格品率
1.67	6/1000 万	1.1	1/1000 万
1.5	7/100 万	1.0	3/1000 万
1.33	6/10 万	0.67	4.55/100 万
1.2	3/1 万	0.33	31.75/100 万

表 2-2 过程(工序)能力等级评定表

范围	等级	判断	措施
$C_P>1.67$	特等	工序能力过高	为提高产品质量,对关键或主要项目再次缩小公差范围;或为提高效率,降低成本而放宽波动幅度,降低设备精度等级
$1.67 \geq C_P > 1.33$	1 级	工序能力充分	当不是关键或主要项目时,放宽波动幅度;降低对原材料的要求;简化质量检验,采用抽样检验或减少检验频次
$1.33 \geq C_P > 1$	2 级	工序能力尚可	必须用控制图或其他方法对工序进行控制和监督,以便及时发现异常波动,对产品按正常规定进行检验
$1 \geq C_P > 0.67$	3 级	工序能力不充分	分析分散幅度大的原因,制订措施加以改进,在不影响产品质量的情况下,放宽公差范围,加强质量检验,全数检验或增加检验频次
$0.67 \geq C_P$	4 级	工序能力不足	一般应停止生产,找出原因,改进工艺,提高过程能力指数值,否则全数检验,挑出不合格品

(3) 现场质量管理 现场是指完成工作或开展活动的场所。对企业来说,现场质量管理是指以产品加工制造和服务等过程引起质量波动的六个主要因素(5M1E)为管理对象的质量管理。客观事实表明,产品质量是设计和制造出来的,产品的适用性质量取决于产品的设计质量,产品的符合性质量取决于产品的制造质量。一流品质的产品是在一流的生产现场加工制造出来的。现场质量管理是减少不合格品损失、提高产品符合性质量的基础与保证,是实现产品零缺陷的基本手段,是全员参与质量管理的根本途径,它是全面质量管理的重要组成部分。

现场质量管理的任务是对产品加工、制造、服务等过程实施质量控制和质量改进,目的是防止不合格的发生和对不合格的控制,不断减小产品质量的波动,提高产品的合格率。现场质量管理是以控制影响产品质量的人、机器、材料、方法、测量、环境六个主要因素的途径来实现的。

在"市场"的作用已充分被企业所重视的今天,企业应重新认识"现场"的作用和重要性,"现场"是开拓市场、赢得市场、稳定市场的基础,要用一流品质的产品去参与市场的竞争,就必须要有一流的"现场"作保证。

3. 过程质量控制方法

(1) 识别关键过程与特殊过程 一个产品的加工往往需要由多道工序来完成,即一个产品的加工过程往往是由多个过程和多个子过程组成的;一个产品的质量也是由多项质量特性指标构成的,如理化指标、外观指标和安全性指标,虽然每项指标是否符合规定的要求都关系到产品能否合格,但不难理解各项指标对产品使用性能的影响的重要程度是不相同的,即有关键指标和特殊指标之分。显然,过程也是如此。因此,在过程质量的控制中,要善于识别关键过程与特殊过程。

关键过程是指产品在生产加工过程中形成产品关键特性的过程。所谓关键特性是指那些不符合规定要求则会导致产品的安全性或功能性丧失的质量特性。例如,电器的绝缘强度指标、包装材料的强度指标、化妆品的卫生指标等属于关键指标,形成这些关键指标的过程就是关键过程。

特殊过程是指对生产和服务过程所形成的结果不能或难以通过其后续的测量和检验来证实是否达到了规定的要求,其隐含的缺陷可能在交付顾客使用过程中才能凸现出来的过程,如焊接、铸造等过程。

在产品生产过程的策划中,应通过对产品的质量特性、产品生产所需的过程一一进行分析,识别出关键过程和特殊过程,作为过程质量控制的重点。

(2) 确定过程质量控制点 确定过程质量控制点,是为了在过程质量控制中突出控制的重点和特点,充分而有效地对过程质量进行控制。过程质量控制点应由各方面的人员,在充分分析产品生产过程中有关流程、工艺、生产的信息以及产品的市场反馈信息的基础上,依据以下特征进行确定:

1)形成关键质量特性的关键部位。
2)工艺上对后续过程有重大影响的部位。
3)不符合规定要求则会造成严重的经济损失的部位。
4)产品质量的薄弱部位。

(3) 过程质量控制文件 过程质量控制的有关技术与工具将在后面做详细介绍,这里仅介绍过程质量控制文件。过程质量控制文件主要有两类:一类是作业指导书,如工艺规程、产品示意图、操作规程等;另一类是过程原始记录,如设备检查记录、工艺实施的原始记录等。

作业指导书主要是明确过程具体作业实施的规范要求,为其作业特别是控制点的作业提供正确的指导,保证作业的结果符合规定的要求。企业应根据过程的重要和复杂程度以及作业人员的素质情况,确定应对哪些过程编写作业指导书;所编写的作业指导书要发放到每一个需要使用的部门、作业地,并保持作业指导书的清晰和有效性。

过程原始记录是过程质量状态和结果的记载,是重要的质量信息。企业应对过程建立各种必需的记录文件,并按要求对记录进行控制。

三、质量管理体系与质量保证体系

1. 质量管理体系

质量管理体系是在质量方面指挥和控制组织的管理体系,是企业内部建立的、为保证产品质量或质量目标所必需的、系统的质量管理模式。它根据企业特点选用若干体系要素加以组合,加强从设计研制、生产、检验、销售到使用全过程的质量管理活动,并且制度化、标准化,成为企业内部质量管理的要求和活动程序。企业通过建立质量管理体系来进行质量管理,正是代表着当今质量管理的发展趋势,ISO 9000 族标准为组织建立、运行、评价质量管理体系提出了国际范围内通用的规范。

（1）ISO 9000 族标准简介　1987 年 ISO 9000 标准一经颁布，迅速为许多国家的标准化机构和企业认可与采用，成为 ISO 制定的标准中在国际上应用最广泛、最成功的一个范例，出现了风靡世界的"ISO 9000"现象。

ISO 9000 族标准是指由 ISO/TC 176（国际标准化组织质量管理和质量保证技术委员会）制定的所有标准。2000 版的 ISO 9000 族标准包括了六个核心标准、几个支持标准和文件。六个核心标准是：

ISO 9000：2000 质量管理体系——基础和术语。该标准表述了质量管理体系思想和理论基础，规定了质量管理体系术语。

ISO 9001：2000 质量管理体系——要求。该标准规定了质量管理体系要求，用于证实组织具有提供满足顾客要求和适用法规要求的产品的能力，目的在于增进顾客满意。

ISO 9002：2000 质量管理体系——生产、安装和服务的质量保证模式。该标准阐述了从采购开始直到产品交付的生产过程的质量体系要求。该标准强调预防为主，要求把生产过程的控制和对产品质量的最终检验结合在一起。当需要供方质量体系提供具有对生产过程进行严格控制的能力的足够证明，以保证生产和安装阶段符合规定的要求时，应选择和使用这种标准。

ISO 9003：2000 质量管理体系——最终检验和试验的质量保证模式。该标准阐述了从产品最终检验到产品交付的成品检验和试验的质量体系要求。该标准强调检验把关，要求供方建立一套完善而有效的检验系统。当需要供方质量体系提供具有对产品最终检验和试验进行严格控制的能力的足够证据，以保证最终检验和试验阶段符合规定要求时，应选择和使用这种标准。

ISO 9004：2000 质量管理体系——业绩改进指南。该标准提供考虑质量管理体系的有效性和效率两方面的指南，目的是促进组织业绩改进和使顾客及其他相关方满意。

ISO 19011：2000 质量和（或）环境管理体系审核指南。该标准提供了审核质量和环境管理体系的指南。

ISO 9000 族标准的应用反映了世界科学技术、经济贸易和社会发展状况，标准的内容与思想也标志着全面质量管理的发展趋势。

（2）质量管理体系的新特点　ISO 9001：2000 标准指导下建立的质量管理体系有以下新特点：

1）突出"满足顾客需求"。
2）增强质量改进机制。
3）以八项质量管理原则为导向。
4）采用过程模式。
5）更注重科学性、实用性。
6）采用新的供应链管理。

2．质量保证体系

工业企业质量保证体系是根据产品质量形成与发展过程各个环节的质量活动要求，而确定的企业各个部门在质量管理方面的任务与职责，以及建立为执行和协调各方面的任务与职责所必要的组织机构。

（1）准备过程的质量控制

1）设计过程的质量控制。设计过程是产品投产前的全部技术准备过程。用户的质量要求，首先通过设计来体现。质量好的产品，必然在设计上是先进的、合理的，因而抓好设计过程的质量控制是搞好全面质量管理的起点。

2）材料、设备准备过程的质量控制。原材料、辅助材料、机械设备等的质量对产品质量影响很大，因此对外购的原材料、辅助材料、机械设备等一定要严格把好验收关，将各种质量隐患消灭在进厂前。

（2）生产过程的质量控制　生产过程是将劳动对象变成产品的过程，因此生产过程质量控制工作的重点和场所是车间。

1）抓好每道工序的质量。产品是经过一道道工序生产出来的，每道工序都有自己的质量标准，只有每道工序严格按照质量标准进行生产，一环扣一环，才能从整体上保证产品质量。

2）合理选择检验方法。产品生产是一个复杂的过程，生产过程中必须包含一个同时存在的检验过程。在检验过程中，一要设置好检验点，二要抓好检验方法和方式的运用。做到预防为主，确保质量。

3）充分发挥检验队伍的作用。为了保证产品在生产过程中的质量，必须建立一支职工和技术人员相结合的检验队伍，贯彻在生产过程中以自检为辅、半成品和成品以专职检验为主的原则。

4）掌握质量动态，进行工序控制。为了充分发挥生产过程质量控制的预防作用，必须经常掌握生产车间、班组在一定时间内产品质量和工作质量的现状，通过原始记录进行质量状况的综合统计与分析。

（3）辅助生产过程中的质量控制　辅助生产过程包括物资供应、动力供应、工具供应、设备维修、物料运输等。

1）辅助生产过程必须为生产过程提供良好的生产条件。

2）辅助生产部门应提高服务质量，做到及时供应、及时维修、方便生产。

3）抓好辅助生产部门的各项工作质量，为生产优质产品提供可靠保证。

（4）使用过程中的质量控制　产品的使用过程是考验产品实际质量的过程。产品质量好坏，主要看用户的评价，因此质量管理必须从生产过程延伸到使用过程。为此，必须做好以下工作：

1）对用户开展技术服务工作。

2）对用户进行使用效果与使用要求的调查。

3）认真处理出厂产品的质量问题。

总之，为了切实保证产品质量，必须认真做好设计过程、准备过程、生产过程、辅助生产过程、使用过程等各个环节的质量控制。

3. 质量体系认证程序

ISO 9000：2000 质量管理体系正式发布后，由于该系列标准澄清并统一了质量术语的概念，综合反映了世界上技术先进、工业发达国家质量管理的实践经验，既符合逻辑又注重实际，因此很快受到了世界各国的普遍重视和采用，成为国际上唯一承认和通用的质量保证体系。目前世界上已有 60 多个国家和地区等同或等效采用该系列标准，为了拓展产品市场，提高企业信誉，增强企业的市场竞争力，数以万计的企业通过了 ISO 9000 认证。质量体系认证大体可分为两个阶段：一是认证的申请和评定阶段，其主要任务是受理申请并对接受申请的供方质量体系进行检查评价，决定能否批准认证和予以注册，并颁发合格证书；二是对获准认证的供方质量体系进行日常监督管理阶段，目的是使获准认证的供方质量体系在认证有效期内持续符合相应质量体系标准的要求。质量体系认证的具体程序包括：

1）供方向认证机构提出质量体系认证申请。

2）认证机构对企业进行非正式访问，并根据需要从质量保证标准系列中选定一种质量保证模式。

3）认证机构提出关于评定费用的报价。

4）供方准备质量手册、质量体系评定附件以及与申请认证有关的全部文件及相应的执行记录。

5）认证机构评审供方提供的有关认证文件，并将意见反馈给供方，要求其做必要的修改与补充。

6）认证机构进行现场评审，并将意见反馈给供方。供方在规定期限内修改体系后，认证机构再对修改过的体系做部分或全部的评审。

上述评审通常称为内审。

7）经内审机构推荐，由法定的认证管理机构确认，批准注册，颁发注册证书。

8）在质量体系评定和注册的有效期（3年）内，接受法定认证管理机构的监督。以后，每隔3年需要对供方质量体系重新评定一次。

四、现场质量管理的基础工作

车间、班组是质量管理的现场，企业质量管理的一切目标和措施都必须通过现场管理来实现。作为现场管理层，除了按照企业质量管理的部署和要求完成各项质量指标外，还应具体抓好以下各项基础工作：

1）加强质量教育。质量教育是指端正车间各类人员对待质量的态度，强化质量章程，开展全员质量管理（TQC）活动；进行质量管理知识的培训，使其掌握保证和提高产品质量的方法和技能；通过在日常工作中不断宣传、经常教育，潜移默化地让所有员工牢固树立"质量第一""有改善才有进步，有品质才有市场"的观念，提高人员的思想素质。

2）加强标准化建设。标准化是产品质量保证体系的基础。没有标准化，就没有高质量的产品。车间标准化建设的任务，就是围绕企业的技术标准、业务标准、工艺标准，结合本车间的实际，制定各项管理和考核标准，并检查督促车间全体人员认真贯彻执行各项标准，从而高质量地完成产品生产任务。

3）加强质量计划工作。任何工作只有周密计划，才能有条不紊地进行，质量管理也是一样。车间质量计划是全面质量管理的有效组织手段。产品质量管理的独特之处在于，只有每道工序、每个零件的质量都等于或优于技术标准，才能保证部件或机器的整体质量。因此，车间应针对性地将质量指标有计划地下达到每道工序，还要制订相应的质量改进措施计划，才能保证和提高产品质量。

4）加强工序质量控制。实现工序质量控制，就是建立质量控制点，把在一定时期内和一定条件下需要特别加强监督和控制的重点工序、部位或质量特性项目，明确地列为质量管理重点对象，并采取各种必要的手段、方法和工具，对其加强管理。对战争产品来说，要设多少质量控制点，应在对它的整个工艺过程分析的基础上明确规定下来，然后对每个质量控制点制定出详细的操作规程，对其严加控制和管理。

产品应实现过程质量控制，其流程图如图2-2所示。

5）加强车间质量责任制。车间对每个人都明确规定其在质量工作中的具体任务责任和权限，做到质量工作事事有人管，人人有专责，办事有标准，工作有检查。要建立不折不扣的自检、互检、专检相结合的质量管理监督机制，保证质量问题及时发现和解决，决不允许流到下一道工序。

6）加强质量管理组织建设。车间应组建QC小组（质量管理小组），这是实现全员参加质量管理活动的有效形式，是质量保证体系的基础组织。在此基础上，运用系统的原理和方法，把各部门、各环节的质量管理活动科学地组织起来，形成一个责权分明、相互协调、相互促进的有机整体，即车间质量保证体系。

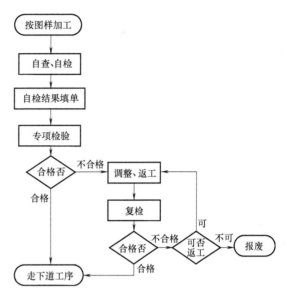

图2-2 过程质量控制流程图

7）加强质量信息反馈。及时收集、反馈、处理生产流程中的质量信息，对于控制质量、保证质量是不可或缺的重要一环。车间可以通过质量看板等建立生产过程的质量监视机制，使车间全体人员互通信息，随时可以了解产品的质量状况，及时发现问题，集思广益解决问题，避免生产过程中因技术不稳定或人为因素造成状态失控，导致某些质量缺陷潜伏下来，流转下去。质量信息反馈机制和相应形式可将质量隐患消灭在萌芽状态，也可使质量事故有可追查性，从而加强了质量管理，保证产品质量优良。

五、产品质量检验

现代质量管理的范围已扩展到全企业、全过程和全体员工。强调对设计质量和制造质量的控制，强调预防为主，这并不等于对质量检验的否定，质量检验仍是质量管理活动中一个重要的环节。质量检验是符合性质量的评价活动，是质量信息的重要来源之一。随着质量管理的发展，对质量检验提出了更高的要求。

质量检验是运用一定的方法，对实体的一个或多个质量特性进行测量、检查、试验或度量等，并将结果与规定的质量要求进行比较，以确定每项质量特性符合规定质量标准要求的程度所进行的活动。

1. 产品质量检验的作用

（1）把关　将产品质量特性符合规定要求的称为"合格"，不符合规定要求的称为"不合格"。通过质量检验，能识别不合格的原材料、半成品、成品，不合格的原材料、外协件不投入生产，不合格的半成品不转入下一道工序，不合格的成品不交付使用，从而在产品实现的全过程层层把关。这是质量检验最基本的职能和作用。

(2) 反馈　　通过质量检验可获得产品实现过程的各类质量信息，这些信息可反映产品实现过程各环节的质量状态，将各环节质量实现状况反馈到有关管理部门，对于组织生产、控制质量都是十分有益的。

(3) 监督　　质量检验过程可获得各种质量信息，通过对这些质量数据、资料的分析与整理，为过程质量控制提供依据，起到质量监督作用，并为质量管理过程中采取必要的纠正措施和预防措施提供基础。质量检验的监督作用无论在企业内部，还是在市场都是相当重要的。

质量检验是企业质量管理的重要组成部分，是维护市场经济正常秩序的保障，是维护国家安全和利益的一条"看不见的战线"。

2. 产品质量检验的分类

(1) 按检验对象特征分类　　按检验特征可分为：

1) 进货检验。进货检验是对外部购进的原材料、零部件及外协件进行的检验，也称为验收检验，其作用是确保只有合格的原材料才允许投入产品的生产加工过程，这是对产品质量把的第一道关。另外，进货检验的数据信息也是评鉴原材料、零部件及外协件等供应商的重要信息。

2) 过程检验。过程检验是对某加工过程的半成品进行的检验，特别是对关键过程的检验，其作用是及时发现品质不合格的半成品，防止不合格的半成品进入下一过程（工序）。

3) 最终检验。最终检验是在产品加工终了时对成品的检验，也称为成品检验，其作用是检验成品的质量是否合乎要求，防止不合格品被交付给顾客。

(2) 按检验的数量分类　　按检验的数量可分为：

1) 全数检验。全数检验是对一批待检验品逐一进行检验。它适合于待检品的数量少而价格高的情况。

2) 抽样检验。抽样检验是根据数理统计的原理，从交检批中抽出部分样品进行检验，以这部分样品的检验结果，按照抽验方案的判断规则做出该批待检品合格与否的结论。它适合于破坏性的检验、待检批次和批量大的检验，能提高检验效率和降低检验成本，是最常用、最实用的检验方式。

3) 免检。产品质量的稳定性好，得到有资格的部门颁发的免检证书，则该产品可以免予检验。

(3) 按检验的手段分类　　按检验的手段可分为：

1) 感官检验。感官检验是指依靠人的感觉器官进行质量特性的评价活动。它适用于质量特性判断基准不易量化的情况，如对颜色、气味、口感、表面缺陷等的检验。

2) 理化检验。理化检验是指依靠检测的仪器设备等手段，应用物理或化学方法进行检验，以评价其几何尺寸、物理强度、化学成分含量等内在质量特性的活动。这些质量特性都是可量化的。

产品质量检验还可做其他分类，如按检验的执行人员可分为自检、互检和专检；按检验的后果可分为破坏性检验、非破坏性检验等。对质量检验分类，是为了突出各种检验的特点，使企业能有针对性地制订有效的制度、措施来加以控制。

3. 产品质量检验的实施

产品质量检验要针对企业产品生产的特点来进行策划和实施。

（1）质量检验策划　产品质量检验策划是通过统筹安排质量检验活动，使之既能高效地把好产品的符合性质量关，防止不合格品交付给顾客，又能使质量检验的成本控制在合理的范围。质量检验策划包括如下工作：

1）确定检验流程和相关活动。产品质量检验流程应包括从原材料（或零部件、外协件）投入到最终成品的生产全过程的全部质量检验活动，其中既包括各个生产过程（工序）的生产活动中的质量检验，也包括相关的运输和储存环节的质量检验，以流程图的形式显示检验内容和相互关系。一般应有以下内容：

① 设置检验点。确定应该在何处进行检验。
② 确定检验项目。根据产品技术标准（或合同要求）等技术文件，列出质量特性表，并按质量特性缺陷严重程度对缺陷进行分级，明确检验项目。
③ 规定检验手段。规定检验方法。
④ 选择取样方式。规定抽样检验还是全数检验。
⑤ 数据处理。规定收集、记录、整理、分析和传递质量数据的方法、流向和其他要求。

2）明确职责与权限。明确质量检验策划、质量检验计划的编制与修改、质量检验实施各环节以及不合格品的处置的职责与权限。

3）确定所需要的指导性文件。质量检验所需要的指导性文件包括：有关的法律法规文件、产品标准、规范和检验指导书。

4）确定所需的相关资源。质量检验所需的相关资源包括：
① 所需的检验人员及相关的培训。
② 所需的检验仪器设备及仪器设备的校准。
③ 所需的检验场所及环境。

（2）质量检验实施　产品质量检验实施是将质量检验策划付诸实践，按质量检验策划要求开展各种日常质量检验活动。实施前，应先做好以下工作：

1）确认质量检验的要求和接收准则。在每一项检验开始之前应确认是否已获得有关检验的时机、对象、抽样方案、质量特性指标值和接收准则的明确描述。

2）编写检验规程。
① 规定各项质量特性指标值。
② 规定抽检方案。
③ 规定检验方法和检验操作步骤。
④ 规定检验相应的仪器设备。
⑤ 规定检验结果的处理及报告。
⑥ 其他有关的说明。

六、质量改进

1. 质量改进的概念

质量的核心问题是满足用户需要。任何一个企业都必须通过持续质量改进来满足用户需要，特别是潜在需要，才能具有竞争力，才能持续发展。ISO 9000：2000 标准对质量改进的定义是：质量管理的一个部分，致力于增强满足质量要求的能力。

质量改进的根本目的是致力于增强满足质量要求的能力，是一个持续的、不间断的过程;质量改进既是企业最高管理者的职责,也是企业全体员工及各管理层都应参与的活动;质量改进是一种措施,应该建立在数据分析的基础之上。

2. 质量改进的基本过程

质量改进的基本过程可用 PDCA 循环表示,即把质量管理的全过程划分为 P(计划,Plan)、D(实施,Do)、C(检查,Check)、A(总结处置,Action)4 个阶段。

(1) P(计划)阶段 该阶段包括 4 个步骤:

1) 分析现状,找出存在的主要质量问题。

2) 分析产生质量问题的各种影响因素。

3) 找出影响质量的主要因素。

4) 针对影响质量的主要因素制订措施,提出改进计划,定出质量目标。

(2) D(实施)阶段 该阶段按照既定计划目标加以执行。

(3) C(检查)阶段 该阶段检查实际执行的结果,看是否达到计划的预期效果。

(4) A(总结处置)阶段 该阶段包括 2 个步骤:

1) 根据检查结果总结成熟的经验,纳入标准制度和规定,以防止同类问题再次发生,使 PDCA 循环上升、前进。

2) 把这一轮 PDCA 循环尚未解决的遗留的问题,纳入下一轮 PDCA 循环中解决。

PDCA 循环的特点是:4 个阶段的工作完整统一,缺一不可;大环套小环,小环促大环,阶梯式上升,循环前进。质量改进基本过程循环如图 2-3 所示。

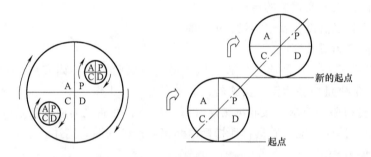

图 2-3 质量改进基本过程循环图

3. 纠正措施

纠正措施是为消除已发现的不合格或其他不期望情况的原因所采取的措施。采取纠正措施的目的在于防止不合格的再发生,这是质量改进的有效措施之一。

纠正措施的实施包括以下几个具体环节:

1) 识别不合格。对企业来说,不合格可能出现在生产和经营的各个方面,如产品不合格、顾客投诉或抱怨、质量管理体系运行不合格等。识别不合格主要是根据不合格发生的原因、频次、后果的严重程度等因素来识别应采取纠正措施的不合格。

2) 确定不合格的原因。对不合格进行调查分析,在数据分析的基础上,确定产生不合格的原因。

3) 制订措施。找到原因之后,针对性地制订消除产生不合格的原因、防止不合格再发生的措施。

4）实施措施。按计划将所制订的措施加以实施。

5）跟踪并记录实施措施的结果。保持措施实施的记录，跟踪措施实施的结果。

6）评估纠正措施的有效性。以跟踪的结果对所实施的措施进行评估，对有效的措施以文件的形式形成新的标准、做出新的规定，以巩固纠正措施的效果；对无效的措施要从分析确定不合格的原因开始，重新纠正措施的实施过程。

4. 预防措施

预防措施是为消除潜在的不合格或其他潜在的不期望情况的原因所采取的措施。采取预防措施的目的也在于防止不合格的发生，这也是质量改进的有效措施之一。

预防措施应与潜在的问题的影响程度相适应，应在权衡风险、利益和成本的基础上确定互相适应的预防措施。预防措施的实施应包括：识别潜在的不合格和确定其原因、评价防止不合格发生的措施的需求、确定和实施所需的措施、记录并跟踪所采取措施的结果和评估所采取的预防措施等环节。

七、质量管理小组

车间质量管理小组（简称 QC 小组）是指在自愿的原则下，由工作性质相同或接近的员工，以小组形式组织起来，通过定期举行会议及其他活动进行质量改进的一种组织。

QC 小组在 20 世纪 60 年代起源于日本，如今世界许多企业都在推行 QC 小组活动，以协同质量改进。我国的第一个 QC 小组成立于 1978 年，随着全面质量管理的推广，QC 小组活动也在全国范围内很快得到开展。

1. QC 小组的性质与特点

QC 小组具有自主性、科学性和目的性等性质，是目标管理技术、人性化管理技术、重点管理技术以及问题分析技术的综合体。大量的 QC 小组活动实践表明，虽然质量改进不一定要通过 QC 小组来进行，但 QC 小组是进行质量改进的有效形式之一。它体现了全面质量管理的全员参与原则，能有效地调动和发挥全体员工在质量改进方面的积极性和创造性，同时也能提高员工的素质和塑造强势的企业质量文化。

QC 小组活动具有如下特点：

1）自主性。自愿参加、自主管理是 QC 小组活动的第一个特点。QC 小组的成员是以自愿为原则组成的，QC 小组的活动也是从解决日常工作的问题出发，通过小组每一个成员主观能动性的发挥而展开的，因而有明显的自主性。而自主性这一特点，使得 QC 小组活动能通过一个个质量改进的具体成果，在企业内形成自觉参与质量改进的氛围和养成自觉关注质量改进的良好习惯。

2）团队性。群策群力、集思广益是 QC 小组活动的第二个特点。QC 小组的成员可以是来自生产第一线的工人、技术人员和管理人员，QC 小组活动从改进的选题、改进措施的提出到改进的实施，都是在 QC 小组全体成员的相互启发、相互配合和共同努力下开展的，其质量改进的成果是团队集体智慧的结晶。

3）创新性。创新求变、创新求进是 QC 小组活动的第三个特点。QC 小组的组建和活动形式可以多种多样，但都是结合实际的工作进行创新，以创新的思维和创造力取得其活动的成果。

2. QC 小组的组建

QC 小组的规模一般是 7 人左右，其中一人是组长，其他为组员。QC 小组的组建形式可根据各企业的具体情况而定，可以有所不同，常见的形式有以下三种：

1) 自上而下的组建形式。由企业质量主管部门和管理人员选择课题和选择该课题合适的人选组成QC小组。这种QC小组的成员一般包括生产第一线的工作人员、技术人员和管理人员，通常称为"三结合"的攻关小组。

2) 自下而上的组建形式。由基层员工提出选题和人员组成的申请，再由QC小组管理机构对其选题和人员进行审核，经批准予以组建QC小组。这种QC小组的成员多来自同一班组或同一工作地，其自主性尤其明显。

3) 上下结合的组建形式。由上级部门推荐课题，由基层部门选择人员组成QC小组。这种QC小组活动的目的性明确，有上下部门各自的优势，有较强的攻关效用。

不论以什么形式组建的QC小组，都应当经过注册登记，包括QC小组的注册登记和QC小组活动课题的注册登记。QC小组的注册登记是每年进行一次，而QC小组活动课题的注册登记则是每选定一个课题，在开展活动之前都要先进行注册登记。经过注册登记QC小组才被纳入企业年度管理计划中，随后QC小组开展的活动，才能得到各级领导和有关部门的支持和提供相应的服务，并可参加各级优秀QC小组的评选。

3. QC活动

QC小组组建后应正常地开展活动，发挥其在质量改进方面的作用，只有通过经常性的活动，才能使QC小组有存在的意义。QC小组活动一般按PDCA循环的模式进行，具体的活动方式和过程有多种形式，一般有以下几个步骤：

1) 选课题。选课题就是确定当前小组活动的主题。课题既可来自小组外部，如上级推荐的课题；也可来自小组内部，如由小组成员提出并经讨论选定，所选定的课题应对质量的改进、工作绩效的改进有实际意义，并且是本小组有能力完成的。

2) 调查现状。选定课题后，接着应进行调查活动，收集有关的信息，为后续改进目标的确定和改进对策的制订提供客观基础，以事实和数据作为分析、决策的依据。

3) 设定目标。目标是指改进的目标，即设定课题完成应达到的目标，并制订实现目标的活动计划，对小组成员做具体的分工，按计划进行活动。

4) 分析原因。分析影响现状的原因，如造成不良质量现状的具体原因，并找出其中的主要原因。原因分析是QC小组活动的重点内容，只有找准了原因，才能进行有效的改进。

5) 提出对策。可采用对策表的方式来提出改进的对策，这也是QC小组活动的重点内容，是发挥每个组员的主观能动性和创造力的过程。

6) 实施对策。对策的实施是团队性的共同创新过程，小组成员必须相互配合、相互协作。这是QC小组活动的一个高潮阶段，也是前面各项活动结果的表达。

7) 确认效果。通过对对策实施情况的记录和跟踪，确认其改进的效果是否达到了原设定的改进目标。如已达到目标，表明本课题的活动取得成效，要保持其改进。

8) 报告成果。将本课题活动所取得的有形或无形的成果，以成果报告的形式表达出来，并向上报告。

八、质量管理的常用工具与技术

在长期的质量管理实践中，积累、形成了许多有效的质量管理方法、工具和技术，其中在企业中最为常用的有排列图、直方图、控制图、散布图、调查表、因果图和对策表。这些方法、工具和技术的正确使用，有助于提高质量管理、质量控制和质量改进的效率和有效性。

1. 排列图

（1）排列图的含义　排列图由一个横坐标、两个纵坐标、几个按高低次序排列的矩形和一条累计百分比折线组成，如图2-4所示。

排列图是一种运用数据统计分析，将多个对质量现状产生负面影响的因素从主要到次要进行排列的一种图示工具与技术，是著名的质量管理专家朱兰博士，将柏拉图法则运用于质量管理中而创建的。

排列图的基本原理是"重要的少数与无关重要的多数"，即在影响质量现状或某事件发展趋势的多因素或要素中，起着主要的、决定性影响的往往是少数的要素或因素，这也称为80/20原理。

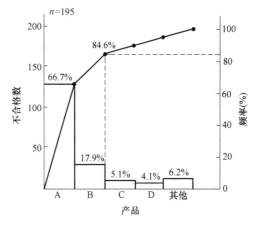

图2-4　排列图

（2）排列图的作用　排列图在质量管理中有以下两个作用：

1）对各种各样的质量问题进行排列分析，找出主要的现象并找出影响该现象的主要因素。

2）在质量改进中，识别改进的机会和改进的效果。

排列图法能够帮助我们在多因素影响的质量管理中，准确地识别哪些是重要因素、哪些是次要因素、哪些是一般因素，能把受多因素影响的问题用排列图清楚地描述各因素影响的大小与主次程度，以便能将人力、物力和时间集中在"重要的少数"上。

（3）排列图的应用　排列图法的应用可按下列步骤进行：

1）确定分析对象及分类项目。对于分析对象如某项产品，可以用不合格品数等作为指标，也可以用损失金额作为指标；对于影响因素或分类项目可以按现象分类，也可以按原因分类，一般以造成质量问题的原因分类比较合适。

2）收集数据并将其分类。将各因素或项目按指标值，如不合格品数、损失金额的大小进行排列，"其他"排在最后。收集数据应选择合适的时间范围，以使数据有代表性。对收集的数据进行统计处理，以层次统计表的形式表达。

3）作图。

① 横坐标代表因素或项目，按量值递减的顺序自左向右在横坐标上等距离列出。

② 纵坐标有两个，左边的纵坐标代表绝对指标值，按度量单位规定，其高度必须与所有项目的量值和相等；右边的纵坐标代表相对比率，要与左边纵坐标等高，并按0~100%进行标定。

③ 将各相应数据在每个项目上画矩形，其高度表示该项目度量单位的量值，用以表示每个因素或项目影响程度的大小。

④ 由左至右累加每一项目的量值比率，用累计频率曲线表示，用以表示各项目的累计百分数。

4）分析并确定重要因素。把累计频率达 70%~80%，而仅占因素或项目的 15%~20% 者定为重要因素，也就是"重要的少数"。

2. 直方图

（1）直方图的含义　直方图是由一系列宽度相等、高度不相等的矩形表示的数据分布图，矩形的宽度表示数据范围的间隔，矩形的高度表示在给定间隔内的数据频数，如图 2-5 所示。

直方图是一种定量地表示质量数据平均值和分散程度的图示工具与技术。平均值表示质量数据的分布中心位置，它与标准中心越接近越好；质量数据的分散程度越小越好，越小表示质量越稳定。

（2）直方图的作用　直方图可将无明显规律的数据资料解析出其规律性，使质量数据的中心值和其分布状态变得一目了然。直方图的具体作用有：

1）用于生产过程的统计质量控制，判别生产过程中是否存在系统性的使状态偏离的因素或较强的不稳定因素。

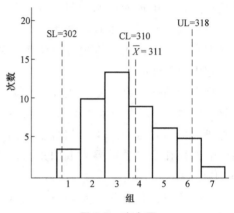

图 2-5　直方图

2）用于质量改进中对质量状况的分析，表征质量现状。

（3）直方图的应用　直方图法的应用，重在对直方图所揭示的质量状况的分析。直方图的作图牵涉到一些统计学的概念和方法，而且人工作图是非常麻烦的事情，现在完全可用计算机技术进行处理。对直方图所揭示的质量状况的分析，可按以下步骤进行：

1）判断直方图图形正常与否。正常的直方图图形应该符合正态分布规律，即中间大、两边小、左右大致对称。直方图若显示有多个峰值的图形，表示有不同平均值的母体混在一起；若显示有一座小岛远离大陆的图形，往往表示测量上有错误或是一个母体内混进了不同生产状况的其他产品。这样的直方图形均属于不正常的图形，不宜用于分析、判断质量现状。

2）与标准规范进行比较。当直方图属于正常图形时，要将其与标准规范进行比较，以判定过程满足规范要求的程度。常见的有五种情况，见表 2-3。

表 2-3　与规范比较的几种常见直方图

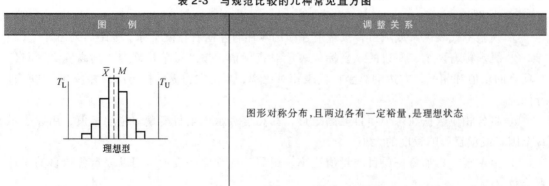

图　　例	调　整　关　系
理想型	图形对称分布，且两边各有一定裕量，是理想状态

(续)

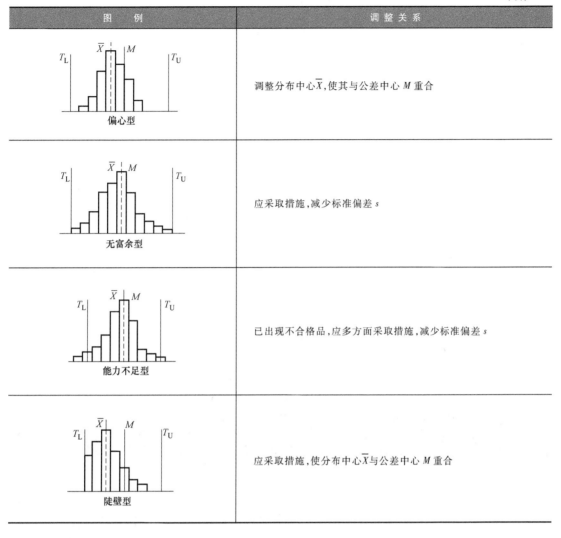

3. 控制图

（1）控制图的含义 控制图由控制中心线 CL、上控制界限 UCL 和下控制界限 LCL 及按时间顺序抽取的样本统计量数值的描点序列组成。横坐标表示时间或样本号，纵坐标表示样本统计量数值，如图 2-6 所示。

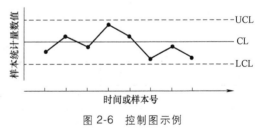

图 2-6 控制图示例

控制图是描述生产过程中产品质量特性的时间序列图，根据该时间序列同控制中心线和上下控制界限的对照关系来判定生产过程是否处于稳定状态，控制图上的控制界限是区分正常波动与异常波动的科学界限。

（2）控制图的作用 控制图是 20 世纪 20 年代由美国贝尔电话实验室以休哈特为首的过程控制研究组提出并使用的。控制图是统计过程控制理论的应用，是统计质量控制阶段的标志，是科学管理上的一个重要工具，特别是在质量管理方面是一个不可缺少的工具。

按产品质量特性的度量方法，控制图可分为计量控制图和计数控制图，计量控制图中最为典型的是平均值-极差控制图，简称为 $\bar{X}$-R 图。按使用的目的，控制图可分为分析用控制图和管理控制图，前者用于判定生产过程是否处于稳定状态，后者用于使日常生产过程维持在稳定状态。

（3）控制图的应用 以平均值-极差（$\bar{X}$-R）图为例，说明控制图的应用步骤。

1）确定要测定的质量特性指标。确认生产过程已处于稳定状态，选定要进行控制的质量指标。

2）收集作图的数据。先按生产条件特征，如操作人员、设备、时间等把产品或半成品进行分组；随机地选择 K（20~25）组样本，在每组样本内等概率地抽取 n（2~6）个产品，测定其质量特性指标。

3）计算。

① 分别计算各样本的平均值（$\bar{X}_i$）和极差（R_i）。

② 计算 K 组样本的平均值（$\bar{\bar{X}}$）和平均极差（$\bar{R}$）。

③ 计算 R 图与 $\bar{X}$ 图的控制界限。

R 图：$UCL_R = D_4 \bar{R}$ $\bar{X}$ 图：$UCL_{\bar{X}} = \bar{\bar{X}} + A_2 \bar{R}$

　　　$CL_R = \bar{R}$ 　　　　$CL_{\bar{X}} = \bar{\bar{X}}$

　　　$LCL_R = D_3 \bar{R}$ 　　$LCL_{\bar{X}} = \bar{\bar{X}} - A_2 \bar{R}$

其中系数 A_2、D_3、D_4 随 n 的大小不同而不同，见表2-4。

表2-4 计量控制图用系数表

样本大小 n	A_2	mA_2	d_2	d_3	E_2	D_3	D_4
2	1.880	1.880	1.123	0.353	2.659	—	3.267
3	1.023	1.187	1.693	0.888	1.772	—	2.575
4	0.729	0.796	2.059	0.880	1.547	—	2.282
5	0.577	0.691	2.326	0.864	1.290	—	2.115
6	0.483	0.549	2.534	0.848	1.184		2.004
7	0.419	0.509	2.704	0.833	1.109	0.076	1.924
8	0.373	0.432	2.847	0.820	1.054	0.136	1.864
9	0.337	0.412	2.970	0.808	1.010	0.184	1.816
10	0.308	0.363	3.078	0.797	1.975	0.223	1.777

注：mA_2、d_2、d_3、E_2 为其他控制图中采用的系数。

④ 作分析用控制图。把中心控制线和上、下控制界限画在方格纸或专用纸上，将 $\bar{X}_i$ 和 R_i 值分别在图上描点，然后根据常规控制图的判断准则判断过程的稳定与否。当数据点在随机排列的情况下，出现下列情况之一，就可判断过程处于稳定状态，即没有异常波动。

a. 连续25个点落在控制界限外的点数为0。

b. 连续35个点落在控制界限外的点数少于等于1。

c. 连续 100 个点落在控制界限外的点数少于等于 2。

⑤ 作管理用控制图。将稳定状态下求得的控制线延长，把日常生产过程中测定的 $\overline{X}_i$ 和 R_i 值在图上描点，分析比较这些点同控制线的关系，以发现异常波动。当发现生产过程处于非受控状态时，要立即查明原因并采取措施。

4. 散布图

（1）散布图的含义　散布图是两个指标 x 和 y 对应的数据在二维平面上的坐标点构成的图。

研究散布图上成对的数据形成点子云的分布状态，可以知道两个变量之间关系的强弱。六种点子云形状，表明了六种两个变量之间的关系，它们是：强正相关、强负相关；弱正相关、弱负相关；不相关、曲线相关，如图 2-7 所示。

（2）散布图的作用　散布图可以用来发现和确认两组相关数据之间的关系。在质量管理和质量控制中，这种成对数据可以是特性—要因、特性—特性、要因—要因，故常用于分析研究质量特性之间或质量特性与影响因素之间两变量的相关关系。

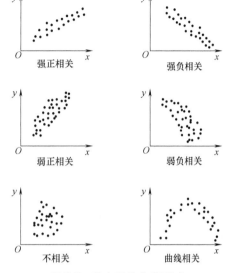

图 2-7　散布图的六种形式

（3）散布图的应用　散布图的应用包括散布图的作图及散布图的分析，具体步骤如下：

1）取数据。数据的组数最好在 50 以上（至少 30 组）。

2）决定坐标轴。一般以横坐标表示原因变量，纵坐标表示结果变量；坐标的刻度以使两变量的变动幅度大致相同为宜。

3）描点。将一组组 x 和 y 数据点描在图上，若所描点有重叠，可围绕数据点画同心圆表示或在离第一个点最近处画上第二个点表示。

4）分析。根据点子云的分布状态，直观判断两个变量之间的相关关系。如果 x 增加时 y 也增加，表明是正相关；相反则表明是负相关。如果 x 与 y 的相关关系明显，则为强相关；否则为弱相关。

5. 调查表

（1）调查表的含义　调查表是一种统称，是以如检查表、统计分析表等多种形式表达，具有收集、记录、统计等功能的表格工具。

调查表以收集、记录与统计数据资料为主，也可以包含非数据类型资料，一般根据具体需要的不同而自行设计。

（2）调查表的作用　调查表是一种在质量管理和质量改进中常用的表格工具，在质量检查、质量分析、质量跟踪等质量管理和质量改进活动中得到广泛的应用。

（3）调查表的应用　调查表没有固定的形式，可随实际的需要不同而由使用者自行设计，灵活应用。调查表的应用关键在于对调查表格式的设计，并要注意标注调查表的调查者、调查时间、调查地点等相关的内容。下面是几种调查表的示例。

1）品质分析表（见表 2-5）。

表 2-5 品质分析表

供应商名：　　　　　　　　　供应商编号：　　　　　　　　　　　　　　　年　月

品名/规格/编号	来货数量	退货数量	特采数量	样本数量	不合格品率

供应商评分公式：

$$得分 = 100 - 50 \times \left(\frac{退货批数 + 特采批数}{送货批量} + \frac{不合格品样本总数量}{样本总数} \right)$$

等级评定：95~100　优良
　　　　　90~94　　良好
　　　　　80~89　　中
　　　　　70~79　　一般
　　　　　70以下　差

制表：　　　　　　主管：　　　　　　厂务经理：

2）不合格品调查表（见表2-6）。

表 2-6 成品抽样检验及外观不合格品项目调查表

批次	产品号	成品量（箱）	抽样数（支）	不合格品数	批不合格品率(%)	外观不合格项目							
						切口	贴口	空松	短烟	过紧	钢印	油点	软腰	表面
1	烤烟型	10	500	3	0.6	1					1			1
2	烤烟型	10	500	3	0.6			2	1					
3	烤烟型	10	500	2	0.4	1						1		
4	烤烟型	10	500	3	0.6	2				1				
⋮	⋮	⋮	⋮	⋮	⋮									
	烤烟型	10	500	2	0.4		1		1					
合计		2500	125000	990	0.8	80	297	458	35	28	10	15	12	55

调查者：王××　　　　　　　　　　日期：　年　月　日
地点：卷烟车间

6. 因果图

（1）因果图的含义　因果图将产品的质量特性与影响它的众多因素，以系统的方式图解之，是分析和表达因果关系的一种图形工具。

因果图首先是基于影响过程质量的六个因素——5M1E（人员、机器、物料、方法、测量、环境）对质量的影响进行分析，再逐一从生产技术和管理等方面由表至里地层层深入地剖析，直至将其因果关系系统地、全面地、具体地直观表达出来，如图2-8所示。

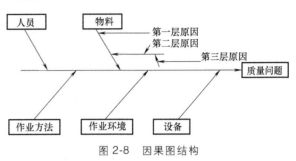

图2-8　因果图结构

因果图又称为石川图，由日本质量管理专家石川博士提出。某项结果的形成，必定有其原因，应设法利用图解法找出其原因。因果图因其形状像鱼刺，也称为鱼刺图。

（2）因果图的作用　由于因果图具有将多因素作用的因果关系直观化的特点，便于讨论、修改和吸收众多方面的意见，所以在生产现场分析质量问题、在实验室里分析试验结果或是在质量改进活动中被广泛地应用。因果图有以下作用：

1）用于质量分析中质量问题的因果关系分析。

2）用于现场质量管理中因果关系的表达，积累经验。

3）用于QC小组活动中寻找质量改进机会。

4）用于质量改进活动中采取纠正措施。

（3）因果图的应用　图2-9所示为因果图的示例。

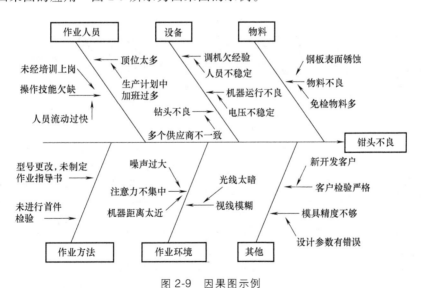

图2-9　因果图示例

因果图的应用可按以下步骤进行：

1）明确"结果"，即确定需要解决的质量问题。一般可由排列图法选定的"重要因素"而得。

2）召开"诸葛亮"会。召集与需要解决的质量问题相关的、有经验的人员，集思广益。

3)确定可能发生的原因的主要类别。主要原因从人员、设备、物料、方法、测量和环境六方面去分析、确定。

4)分析逐一层次的原因。把"结果"画在右边,把各类主要原因画在它的左边,用箭头表示出"原因"与"结果"的关联关系,然后在相应的主要原因的枝干上继续层层展开分析原因。一张完整的因果图展开的层次至少应有2层,根据不同的具体情况可以是3层、4层或更多,直至找出具体的原因。

5)确定"要因"。在最深入的一层原因(也称为末端原因)中,选取和识别几个(一般为3~5个)对结果有最大影响的原因定为要因。

因果图用于单一目的的分析,所以一张因果图只能分析表达一个主要的质量问题的因果关系。用因果图进行因果分析,一定要根据实际的生产条件、生产技术和生产工艺等做分析,切不可脱离实际。

7. 对策表

(1) 对策表的含义　对策表又称为措施计划表,是针对质量问题的主要原因(即由因果图分析选定的"要因")制订的应采取措施的计划表。

对策表所表达的措施应该具体、明确,一般应明确为什么要制订这一措施(Why)、预期达到什么目标(What)、在哪里执行这一措施(Where)、由谁来负责执行(Who)、何时完成(When)、如何做(How)等,即通常所说的5W1H的内容。

(2) 对策表的作用　对策表是纠正措施的一种表达,与纠正措施的制订、实施和评价都有密切的关系,是在质量改进活动中很有实用价值的一种表格工具。

(3) 对策表的应用　对策表的示例,见表2-7。

表2-7　对策表的示例

项目	序号	要因	对策	目标	措施	实施地点	完成时间	负责人
射料不出	1	喷嘴里有二次料粉碎机刀片碎片	在碎料机内装磁铁	碎片堵塞喷嘴故障次数为零	1)在粉碎机落料口及设备进料口装磁铁 2)每周确认一次滚刀状况及清理碎料	成形现场	2018年2月18日	马××
漏水	2	水路集成块设计不合理	制作沉孔式集成水块	快速接头与滑杆摩擦损坏率为零	所有模具水路集成块换用沉孔式集成水块	成形现场	2018年2月20日	罗××
中间板拉不开	3	导柱导套配合紧	间隙修配	导柱导套配合间隙达到0.005mm	导柱抛光、导套镗孔	成形现场	2018年2月25日	骆××
中间板拉不开	4	脱模装置有缺陷	加装脱模扣	脱模扣在无损坏情况下中间板百分之百拉开	1)加装外置铁制脱模块 2)加装内置塑料脱模扣	成形现场	2018年2月28日	侯××

在制订对策表的各个项目时,要尽可能地采用量化数据表示,在无法量化时也要尽可能用肯定、具体的语言表示,含糊不清的表达不利于纠正措施的制订与实施。

排列图、因果图与对策表三种工具常常是联合起来应用的,通常称之为"二图一表",在企业的质量管理中应用极为广泛。

第三节 设备及物料现场管理

一、现场设备与设备管理

1. 现场设备及其分类

设备是现代化企业进行生产活动的物资技术基础,是企业固定资产的重要组成部分。设备是指人们在生产经营活动过程中所使用的各种机械和装置的总称。

一个企业的设备配备的好坏直接表明企业的生产水平和生产能力。企业的设备包括保证正常生产所配置的技术装备、仪器仪表、检测及控制设施等。不同的企业对主要设备、辅助设备的认定不尽相同。企业中的设备大致可以分为以下几种:

1) 生产设备。生产设备是指直接改变原材料的属性、形态或功能的各种工作机械和设备。

2) 动力设备。动力设备是指用于产生电力、热力、风力或其他动力的各种设备。

3) 传输设备。传输设备是指用于传送电力、热力、风力、其他动力和固体、液体、气体的各种设备。

4) 运输设备。运输设备是指用于载人或运货的各种运输工具。

5) 管理设备。管理设备是指企业中用于经营方面的设备。

6) 公共福利设备。公共福利设备是指企业中用于生活福利方面的公益设备。

2. 设备管理的含义

设备管理是指企业为了使设备寿命周期费用最经济,而对设备采取的一系列技术、经济、组织措施等管理活动。设备管理工作是全过程的管理活动,应从设备的研制、购买、使用、维护、更新直至报废的全过程进行综合管理。设备管理的好坏直接影响企业的发展和企业的经济效益。

设备管理可分为两个阶段。第一个阶段是设备投入使用前的前期管理阶段,主要包括:为了实现企业发展规划而制订的设备配备规划、企业外购或自制设备计划、设备安装和调试等工作。第二阶段是设备投入使用后的后期管理阶段,主要包括:投入生产使用后的管理、维护保养和大中修管理、更新改造管理、设备转让和处置管理。

设备管理历来被人们高度重视。在现代企业管理阶段,设备管理综合了设备的工程技术、财务、管理、经济等方面的内容,从系统的角度来考虑设备的综合性管理,提出了设备可靠性、维修性设计的理论和方法,强调设计、使用、费用和信息的综合性,从这个角度考虑设备的寿命,实现全过程的科学管理。

3. 设备管理的目标、任务及内容

(1) 设备管理的目标 传统的设备管理只是要求保证设备经常处于良好的运转状态。对企业来说,保持设备良好的运转状态只是手段,不是最终目的。现代企业设备管理的目标则不仅要保持设备良好的运转状态，而且要取得良好的设备投资效益。

（2）设备管理的任务　设备管理的任务就是为企业生产提供先进、适用的技术装备，使企业的生产经营建立在技术先进、经济合理的物质基础之上。要实现上述目标，设备管理必须做到以下几方面：

1）实行设备的综合管理。设备的综合管理即将设备的整个寿命周期作为一个整体进行全面、全过程、全方位的管理。

2）保持设备完好率。不同企业、不同设备对完好率的要求应有相应的规定。

3）维持较高的技术装备条件。要不断改善和提高企业的技术装备素质，必须根据生产经营发展的要求，及时改造更新设备。

4）充分发挥设备的效能。对于设备效能的要求，不仅要有较高的数量利用率、时间利用率，还要有较高的强度利用率。

为此，必须坚持五个相结合：

1）设计、制造与使用相结合。

2）维护保养与计划检修相结合。

3）修理、改造与更新相结合。

4）技术管理与经济管理相结合。

5）专业管理与群众管理相结合。

（3）设备管理的内容　设备管理过程是从实物形态与价值形态两个方面进行全面管理的过程，即设备的技术管理和设备的经济管理。

设备的技术管理包括从规划、设计、制造、运输、安装、验收、使用、维修、改造直至报废全过程的综合管理。

1）设备的规划、选型、购置（或设计和制造）与评价。根据技术上先进、经济上合理、生产上需要的原则，规划、选择设备，并进行技术经济论证和评价，以确定最佳方案。

2）合理使用、检查、维护保养和修理。根据设备的特点，正确、合理地使用设备，安排生产任务，以减轻设备的损耗，延长使用寿命，防止出现设备和人身事故；减少和避免设备闲置，提高设备利用率，合理制订设备的检查、维护保养和修理计划及采用先进的检修技术；组织维修所用备品和配件的供应储备等。

3）改造与更新。根据企业生产经营的规模、产品品种、质量和发展新产品、改造老产品的需要，有计划、有重点地对现有设备进行改造和更新。

4）设备的日常管理。主要包括资料管理、技术人员培训和管理等。

5）建立和完善设备档案。建立设备档案，对于评估设备的工作能力、估算设备的经济价值、适时地进行设备维修等有十分积极的作用，对于挖掘设备潜力、合理改造设备、延长设备使用寿命也有着直接的帮助。设备档案是否健全，直接影响企业的设备管理效果。

设备的经济管理包括最初的投资（包括自制设备的开发研制费用、生产制造费用，购买设备的一次性购置费用），折旧费，维修费，备件占用费，更新改造费以及处理报废设备所获得残值的销账及核算。

4. 设备管理水平考核指标与设备的综合管理

（1）设备管理水平考核指标　为了提高设备管理人员的作业水平和作业效率，可制订一些指标对其进行考核。

1）设备运行率。

$$设备运行率 = \frac{实际作业时间}{制度运行时间} \times 100\% \tag{2-5}$$

2）设备完好率。

$$设备完好率 = \frac{完好设备数}{已投入使用设备总数} \times 100\% \tag{2-6}$$

3）故障停机率。

$$故障停机率 = \frac{故障停机时间}{制度工作台时} \times 100\% \tag{2-7}$$

4）维修费用率。

$$维修费用率 = \frac{维修费}{生产总值} \times 100\% \tag{2-8}$$

5）设备役龄及设备新度。设备新度用下式计算

$$设备新度 = \frac{设备的净值}{设备的原值} \times 100\% \tag{2-9}$$

设备役龄是指设备生产中服役的年限，发达国家的设备役龄为 10~14 年。

（2）设备综合管理　随着工业的迅猛发展和广泛大规模地采用机器和机器体系进行生产，它在带来高的生产率和利益的同时，也带来了一系列的问题，如生产设备产生的污染，大量地耗费能源，设备结构日益复杂使修理费用和故障损失不断增加，设备的技术寿命和经济寿命远远小于其自然寿命，设备的更新速度越来越快等，这就为设备的管理提出了新的课题。

由于工业生产技术、管理科学技术的发展，设备现代化水平的不断提高，特别是系统论观点和计算机技术在生产中的广泛应用，在设备管理中提出了综合管理的理论和方法。这种理论和方法在内容上突破了那种把设备管理局限于维护修理的模式，而延伸到与设备有关的各种问题之中。设备综合管理包含两大内容：设备综合工程学和全员设备管理。

1）设备综合工程学。设备综合工程学是一门新的学科，它适用于对固定资产的工程技术、管理、财务等实际业务进行综合研究，以求实现设备寿命周期费用最大程度的节约。其主要特点是：

① 将设备寿命周期费用最省作为研究与管理的目的，寿命周期费用是指设备一生的费用，如图 2-10 所示。

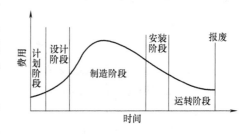

图 2-10　设备寿命周期费用图

② 从工程技术、组织管理和财务成本等多方面对设备进行多学科的综合研究。

③ 将可靠性、维修性作为设计的重要目标，使设备易于维修和降低维修费用。

④ 把设备的一生作为研究和管理的对象，即从设备的方案、设计、制造、安装、调试、使用、维修一直到更新与改造，这是系统论在设备管理中的应用。

⑤ 建立设计、制造和使用信息反馈系统，实行系统的综合管理。

设备综合工程学突破了传统设备管理的局限性，将设备管理的内容大大地延伸了。

2）全员设备管理。全员设备管理，又称为全员生产维修制（TPM），是以设备用户为中心的日本式的设备综合工程学，其要点是：

① 以"三全"为指导思想。即设备管理应以全效率、全系统、全员参加为原则。

所谓全效率，是指设备整个寿命周期内的输出与设备整个寿命周期内的费用之比。

所谓全系统，是指对设备从研究、设计、制造、使用、维修直到报废为止实行全过程系统管理。

所谓全员参加，是指凡是涉及设备的各方面有关人员，从经理到生产工人、业务人员，都要参加设备管理。为此，必须重视和加强生产维修思想教育。

② 设备维修方式全部吸收了预防维修制中的所有维修方式。它包括日常维修、事后维修、预防维修、生产维修、改善维修、预报维修、维修预防等。它强调操作工人参加日常检查。

③ 划分重点设备。将那些因事故而对生产、质量、安全、成本、维修等造成重大影响的设备，进行重点检查、重点维修、重点预防。日本企业确定的重点设备数量，一般占整个企业设备拥有量的10%左右，但重点对象经常发生变化，因此需要定期进行关于确定重点设备的研究。对一般设备则采取事后修理，以有利于节省维修费用。

④ 全员设备管理的特点是：

a. 将提高设备的综合效率作为目标。

b. 建立以设备寿命周期为对象的生产维修总系统。

c. 涉及设备的规划研究、使用维修等各部门。

d. 从企业最高领导人到第一线的操作工人都参加设备管理。

开展全员设备管理，必须遵循一定的程序，确定基本方针和管理目标，制订 TPM 计划，进行 TPM 维修的多能和专门教育，建立 TPM 组织机构，明确职责分工，建立 TPM 的总体制和建立 MP（维修预防）—PM（预防维修）—CM（改革维修）管理系统，制定 PM 标准，开展 PM 小组活动，并认真进行 PM 活动及其成果的评价，才能达到应有的效果。

二、设备的选择与使用

1. 生产设备的选择

新建企业选择设备，老企业添购设备，都面临设备选择的问题。要使所选购的设备既可以满足生产的需要，又能有效地发挥设备投资的效益，就要根据技术先进、经济合理、生产适用的原则，在掌握充分信息的基础上，经过技术经济的综合分析，进行设备的选择。选购设备具体应考虑的因素有：

（1）适用性。适用性是指设备的技术参数、自动化程度要适应生产的需要，要能够达到规定的生产率。

（2）工艺性。工艺性是指设备满足生产工艺要求、保证生产出合格产品的能力。

（3）可靠性。可靠性是指设备具有良好的精度、性能保持性，运转安全可靠，故障率低。

（4）维修性。维修性是指设备结构简单、组合合理、零部件的标准化程度高，便于检视、拆装、维修。

（5）节能性。节能性是指设备节约能源、耗电量低、热效率高、成品率高等。

（6）环保性。环保性是指设备具有必要、可靠的安全保护设施，具备减少噪声、防止环境污染的能力。

（7）经济性。经济性是指设备投资少、生产率高、寿命周期长、维修管理费用少、节省劳动力。

2. 设备投资的效果评价

设备的评价是指设备选择阶段的经济评价活动。选择设备不仅要考虑先进、可靠，而且要从投资效果来分析，从多个可行方案中选择经济性最好的设备。一般经济评价的方法有：

1）投资回收期法。投资回收期法是根据设备投资的回收年限来对设备进行经济评价的方法。其计算公式为

$$设备投资回收期(年) = \frac{设备投资总额(元)}{采用新设备后收益总额(元/年)} \quad (2-10)$$

该方法属于静态分析法，优点是简单易行，缺点是未考虑资金的时间价值。

2）年费用法。它是根据复利原理，将设备的初次投资费按设备的寿命周期，换算成相当于每年的费用支出后，再加上每年的维持费，得出不同设备的年总费用，据此对各可行方案进行比较，选择年总费用低的方案。将设备初次投资费换算成年投资费支出的计算公式为

$$年投资费 = 初次投资费 \times 资金回收系数 \quad (2-11)$$

$$资金回收系数 = \frac{i(1+i)^n}{(1+i)^n - 1} \quad (2-12)$$

式中　i——资金年利率；

　　　n——设备的寿命周期。

此外，设备投资效果的评价方法还有现值法、内部报酬率法。

3. 设备的合理使用

在生产设备的物质运动形态中，设备的使用所占的时间比例最大。设备的使用管理决定着生产设备的管理成效，它是保持设备的工作性能和精度的有效途径，也关系着企业的安全生产状态和企业的经济效益，它能延长设备的使用寿命，并能避免设备故障的发生。合理使用设备应做好以下几方面的管理工作：

1）正确配置设备，合理安排生产任务。由于设备的原理、结构不同，其性能、使用范围和工作条件也不同。因此，要根据设备的技术条件合理安排生产任务和设备的工作负荷，要保持设备利用率，但不要使设备在超负荷或超工作范围状态下工作，也不要使设备低负荷工作或精机粗用。这是合理使用设备的第一步，需要与生产管理的其他方面相协调和配合。

2）完善制度管理，严格执行操作规程。正确制订和执行设备的操作规程，是正确使用设备的最重要的组织措施，要根据各生产设备的技术要求和使用特性，组织专业技术人员编写相应的操作规程，使设备的操作、使用规范化，并采取相应的措施保证这些设备的操作规程得到有效的执行。车间设备的使用必须满足操作设备的"三好""四会""四项要求""五项纪律"。

① 三好。即管好、用好、修好。

② 四会。即会使用、会保养、会检查、会排除一般故障。

③ 四项要求。即整齐、清洁、润滑、安全。

④ 五项纪律。

a. 实行定人定机、凭证操作。

b. 保持设备整洁，按规定加油。

c. 遵守操作规程和交接班制度。

d. 管好工具和附件。

e. 发现故障应停机检修。

3）加强岗位培训，合理配备操作人员。设备操作人员具有较高的素质及操作技能，是合理使用设备的根本保证。要通过岗前和在岗培训，进行技术教育、安全教育和业务管理教育，保证设备操作人员达到应知、应会的要求，熟悉和掌握设备的性能、结构等知识以及设备的操作、维护保养等技能，不仅在正常状态下能正确使用设备，而且对异常情况能进行妥善处理。

4）营造合适的设备运行环境。良好的工作环境是保持设备正常运转，延长使用寿命，保证安全生产的重要条件。企业应根据设备性能要求，为设备创造良好的运行环境，包括必要的防振、防潮、防尘及安全防护措施。

5）严格贯彻岗位责任制。设备使用的各项管理工作必须在岗位责任制中得到落实。操作工人的岗位责任制的内容通常包括基本职责、应知应会、权利义务、考核办法四大部分。随着企业管理的深入发展，目前已将岗位责任制与企业经济指标及效益挂钩，并分解落实到人，实行逐项计算。

三、车间设备的维护与维修

1. 设备的维护保养

生产设备在使用过程中，由于不断地运动，导致机械磨损和技术性能变差，甚至会出现故障。设备的维护和保养，就是通过润滑、清洁等方式降低设备的机械磨损，及时发现和处理设备在运行过程中的细小异常问题，防止由小异常而引发大故障，保证设备正常运行，延长设备的使用寿命。

根据机器设备维护保养工作的深度和工作量的大小，维护保养工作可分为表2-8所列的四个级别。

表2-8 设备四级保养制

保养级别	保养时间	保养内容	责任人
日常保养	每日班前、班后	擦拭、清洁设备外表,润滑,检查并紧固松动的部件	设备的操作人员
一级保养	设备累计运转500h进行一次保养,保养停机时间8h	对设备进行局部拆卸,消除螺钉松动,清洗、润滑及调整	设备的操作人员为主,专职维修人员协助
二级保养	设备累计运转2500h可进行一次保养,保养停机时间约32h	对设备内部进行清洁、润滑,局部解体检查和调整、修理,更换少数零件,校准精度	专职维修人员为主,操作工人协助参与
三级保养	半年以上进行一次保养（按三班制计算）	对设备主要部分进行解体检查和调整,更换已磨损部件,恢复设备的精度	专职维修人员

二级保养相当于小修，三级保养相当于中修。保养、检查、修理是不同的环节，各有不

同的内容和重点，不可相互替代，但相互之间又彼此渗透、交错，形成设备的保养与修理有机结合。

现场设备的管理通常从以下两方面着手：

1）设备状态必须达到"三清""四无""六不"。

① 三清。即设备清、场地清、工具清。

② 四无。即无积尘、无杂物、无松动、无油污。

③ 六不。即不漏油、不漏水、不漏电、不漏气、不漏风、不漏物料。

2）必须做好设备的维护与保养。

① 坚持"维护保养为主、维修为辅"的原则。

② 有计划地坚持四级保养制。

③ 实行区域检查、保养、维修的岗位责任制。

④ 做好设备状态监测工作。

⑤ 有计划地对设备进行更新、改造。

2. 设备的检查

设备的检查是指对设备运行情况、工作精度、磨损程度进行检查和校验。检查是设备维修和管理的一个重要环节，通过检查及时查明和消除设备的隐患，针对发现的问题，提出改进设备维护工作的措施，有目的地做好修理前的准备工作，以提高修理质量和缩短修理周期。设备检查有如下两种分类方法。

1）按时间间隔可分为日常检查和定期检查。

① 日常检查。日常检查是指在交接班时，由操作人员结合日常保养进行的检查，以便及时发现异常技术状况。

② 定期检查。定期检查是指按照计划日程表，在操作人员的参加下，由专职维修人员定期进行的检查，目的在于全面、准确地掌握设备的技术状况、零部件的磨损情况等，确定有没有必要进行修理。

2）按检查的性质可分为功能检查和精度检查。

① 功能检查。功能检查是指对设备的各种功能进行检查和测定，以确保产品的使用性能和质量。

② 精度检查。精度检查是指对设备的加工精度进行检查和测定，以便确认设备的精度是否符合要求，是否需要调整。

3. 设备的监测

设备的监测技术（又称为诊断技术），是在设备检查的基础上迅速发展起来的设备维修和管理方面的新兴工程技术。通过科学的方法对设备进行监测，能够全面、准确地把握住设备的磨损、老化、劣化、腐蚀的部位和程度以及其他情况。在此基础上进行早期预报和跟踪，可以将设备的定期保养制度改变为更有针对性的、比较经济的预防维修制度。一方面可以减少由于不清楚设备的磨损情况而盲目拆卸给机械带来不必要的损伤；另一方面可以减少设备停产带来的经济损失。

对设备的监测可以分为以下三种情况：

1）单件监测。对整个设备有重要影响的单个零件进行技术状态监测，主要用于设备的小修。

2）分部监测。对整个设备的主要部件进行技术状态监测，主要用于设备的中修。

3）综合监测。对整个设备的技术状态进行全面的监测、研究，包括单件、分部监测内容，主要用于设备的大修。

4. 设备的修理

设备的修理是指修复由于正常和不正常的原因造成的设备损坏或精度劣化，通过修理或更换磨损、老化、腐蚀的零部件，使设备恢复到完好的性能和应有的精度。

设备的修理分为小修、中修和大修。大修也称为恢复修理，是将设备全部拆卸，更换、修复全部的磨损部件，校正、调整整台设备，对设备进行全面的修理。它具有设备局部再生产的性质，但修理工作量大，耗时和耗资多。一般结合企业生产设备的实际情况，一年或几年一次。经大修后的设备要求恢复到原有的精度、性能和生产率。

设备的修理方法有：

1）标准修理法。这是一种根据设备的磨损规律和零部件的正常使用寿命，预先制订修理计划并严格执行修理计划的方法。修理计划包括设备的修理日期、修理项目和工作量等内容。到了规定的日期，不论设备的实际运行状况如何都按计划进行修理。这种修理方法适用于生产流程中的关键设备，能够最有效地保证设备的正常运转，并使其修理有充分的计划性。

2）定期修理法。这是一种既有修理计划，又考虑设备的实际使用情况的修理方法。事先根据设备以往的修理信息，制订设备修理计划，初步规定修理的大致时间和内容，而确切的修理日期、内容和工作量则依据计划修理前的检查结果来决定。这种方法既有计划性，便于做好修理前的各项准备工作，保证修理的效率，又切合设备的实际运行情况，不会造成浪费。

3）事后修理法。这是一种无需修理计划，设备出故障后随即修理的方法，也就是设备什么时候出故障，就什么时候进行修理；设备不出故障就不考虑修理。这种方法适用于生产线上对生产流程影响不大的设备，特别是设有备品的设备。

4）部件修理法。这是一种先更换再修理的方法。将有故障的零部件拆下来，更换上事先准备好的同种零部件，然后对更换下来的有故障的零部件再进行修理。这种方法有利于减少因修理而对生产造成的影响，但需要有一定数量的零部件用作周转。

企业的设备修理一般是多种方法的综合应用，既要有计划性，又要切合生产的实际情况。

四、现场设备的更新与改造

1. 设备更新和改造的含义及意义

设备的更新是指用新的效率更高的设备或技术先进的设备，代替在技术上或经济上不宜继续使用的旧设备。设备的更新可分为以下两种：

1）设备的原型更新。设备的原型更新是指用结构相同的新设备更换由于有形磨损严重、在技术上不宜继续使用的旧设备。这种简单更换不具有技术进步的性质，只解决设备的损坏问题。

2）设备的技术更新。设备的技术更新是指用技术上更先进的设备去更换技术陈旧的设备。这种更换不仅恢复原有设备的性能，而且使设备技术水平提高，具有技术进步的性质。

显然，在技术发展迅速的今天，企业宜采取技术更新。

设备的改造是利用先进的科学技术成就提高企业原有设备的性能、效率，提升设备的技术水平和现代化水平的过程，是设备在品质上的提高。

设备改造与设备更新相比具有以下优点：

① 在多数情况下，通过设备技术改造使陈旧设备达到生产需要的水平，所需的资金往往比用新设备更换要少。所以，在许多情况下设备改造具有更好的经济效益。

② 设备技术改造与更新相比具有更强的针对性和适应性。经过现代化改造的设备更能适应生产的具体要求，它是促使企业技术进步，提高企业经济效益，节约基本建设投资的有效措施与途径。

设备更新和改造的意义都在于促进技术进步，发展企业生产，提高经济效益。

设备更新和改造是一项长期而复杂的活动，企业应根据需要和可能，有计划、有步骤、有重点地进行，而且应遵循有关技术政策和技术发展的原则，进行充分的市场调查和技术经济可行性论证，对设备经济的使用年限、更新方式及设备选择做出最佳的抉择。

2. 设备更新和改造的依据

设备的更新和改造要依据设备的磨损与寿命周期原理进行。设备的寿命是指设备从投入生产开始，经过有形损耗和无形损耗，直到在技术上或经济上不宜继续使用，需要进行更新所经历的时间。设备的寿命按其性质可分为自然寿命、经济寿命和技术寿命。

1）自然寿命。自然寿命也称为物理寿命，是指设备从全新状态投入生产开始，经过有形损耗，直到在技术上不能按原有用途继续使用为止所经历的时间。自然寿命是由于设备的有形磨损引起的，延长设备自然寿命的措施是进行有效的设备保养、维护与修理。

2）技术寿命。技术寿命是指设备从全新状态投入使用以后，由于技术进步，出现了先进的新型设备，使原有的设备因技术落后而被淘汰所经历的时间。技术寿命是由设备的无形损耗引起的，技术进步越快，设备的技术寿命就越短。

3）经济寿命。经济寿命是由设备的使用成本大小来确定的设备使用寿命。在设备自然寿命的后期，由于其性能逐渐劣化，需要依靠高额的维修费用才能维持其运行，在这种情况下，如果继续使用下去，在经济上是不适宜的，因此应及时更新。设备经济寿命是设备综合管理的一个重要概念，是设备更新与改造决策的重要依据。

设备更新改造的时机，一般取决于设备的技术寿命和经济寿命。有些设备在整个使用期内并不过时，也就是在一定时期内还没有更先进的设备出现，但由于使用过程中的有形损耗，结果将引起维修费用及其他运行费用的不断增加，但是由于使用年限的增加会使投资分摊额减少，在最适宜的使用年限会出现年均总成本的最低值，如图2-11所示。而能使年均总成本最低的年数，就是设备的经济寿命，也称之为设备最佳更新周期。

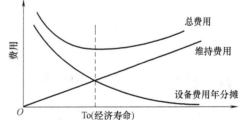

图2-11 设备最佳更新周期示意图

3. 设备更新和改造的原则与程序

（1）设备改造的原则

1）目标明确原则。从实际出发，按照生产工艺要求，针对生产中的薄弱环节，采取有效的新技术，结合设备在生产过程中所处地位及其技术状态，决定设备的技术改造。

2）至简适用原则。由于生产工艺和生产批量不同，设备的技术状态不一样，采用的技术标准应有区别。要重视先进适用，不要盲目追求高指标，防止功能过剩。

3）经济实惠原则。在制订技改方案时，要仔细进行技术经济分析，力求以较少的投入获得较大的产出，回收期要适宜。

4）力所能及原则。在实施技术改造时，应尽量由本单位技术人员和技术工人完成；若技术难度较大本单位不能单独实施，也可请有关生产厂方、科研院所协助完成，但本单位技术人员应能掌握，以便以后的管理与检修。

（2）设备改造的目标

1）提高生产率和产品质量。设备经过改造后，要使原设备的技术性能得到改善，提高精度和增加功能，使之达到或局部达到新设备的水平，满足产品生产的要求。

2）提高设备运行安全性。对影响人身安全的设备，应进行针对性改造，防止人身伤亡事故的发生，确保安全生产。

3）节约能源。通过设备的技术改造提高能源的利用率，大幅度地节电、节煤、节水，在短期内收回设备改造投入的资金。

4）保护环境。有些设备对生产环境乃至社会环境造成较大污染，如烟尘污染、噪声污染以及工业水的污染。要积极进行设备改造，消除或减少污染，改善生存环境。

5）降低修理费用和提高资产利用率。尤其是对进口设备的国产化改造和对闲置设备的技术改造，效果比较显著。

（3）设备改造的程序　技术改造的前期和后期管理是整个技术改造的关键之一，一般程序如下：

1）车间提出设备技术改造项目，报送企业设备主管部门。

2）经设备主管部门审查批准，列入企业设备技术改造计划。重大设备技术改造项目要进行技术经济分析。

3）设备技术改造的设计、制造、调试等工作，原则上由设备所在车间负责实施。车间设计或制造能力不足时，可提供详细的技术要求和参考资料，委托设备主管部门或其他单位设计施工。

4）设备改造工作完成后需经车间和设备主管部门联合验收，办理设备技改增值核定手续和技改成果申报。

五、现场工艺装备的管理

1. 工艺装备的定义及其分类

工艺装备是指产品制造过程中所用的除基本生产设备以外的各种装置和器械的总称。它包括工具、夹具、量具、模具、刀具、磨具、检具、吊具、辅具、容器和工位器具等，简称工装。

工装主要按使用的对象或按用途分类。

（1）按照使用的对象和场合分类　按照使用的对象和场合，工装可分为以下两大类：

1）通用工装。通用工装是指具有多种用途，可用于加工多种产品，或能在多种场合或设备上使用的工装。通用工装又有标准工装和非标准工装之分。

2）专用工装。专用工装是指仅有一种用途，只能用于加工某种特定的产品，或只能在特定的场合或设备上使用的工装。专用工装一般由企业自行设计、制造。

（2）按照用途分类　按照用途，常用的工装可分为以下几类：

1）工具。工具是完成生产作业必不可少的工装，种类较多，专用性强。专用工具一般可分为钳工工具（如台钳、锉刀、刮刀、划线工具等），电工工具（如电表、电笔、剥线钳、绝缘用品、登高工具、安全带等）和焊接工具（如氧气瓶、乙炔发生器、减压器、压力表、焊枪、割枪、输气管线、焊工防护用品）等。常用的通用工具有活扳手、锤子、螺钉旋具、手电钻等。

2）刀具。刀具主要是指用于切削加工和磨削加工的工具。其种类繁多，有通用和专用之分。切削加工用的刀具有车刀、铣刀、刨刀、镗刀、钻头、铰刀等；磨削加工用的磨具包括各种砂轮、砂轮机、砂轮切割工具、油石、研磨工具、抛光工具等。

3）夹具。夹具也称为卡具，主要指用来装夹或引导工件或刀具、磨具的装置，有通用和专用之分。通用夹具如自定心卡盘、单动卡盘、台虎钳、分度头等；专用夹具如车床夹具、铣床夹具、钻床夹具、磨床夹具等。

4）量具。量具是指用于过程监视和产品测量的各种计量器具，以及用于产品性能测试的各种检验和试验装置，如卡尺、千分尺、量规、比较仪、水平仪、工具显微镜、三坐标测量仪等。

5）模具。模具也称为模型，是指用于限定产品的形状和尺寸的装置。按其使用的工艺方法分为铸型、锻模、冲模、压铸模、注射模等。另外，样板也属于模具的一种。

6）辅具。一般指用于机床与工装之间连接或定位的装置。

7）工位器具。工位器具是指在生产现场（一般指生产线）或仓库中存放材料、产品或工具的满足现场生产需要、方便生产工人操作的各种辅助性装置，如工具箱、零件存放架、分装台（架）、料箱、料斗、栈板等。另外，用于产品加工或检验的工作台等也属于工位器具。

2. 工艺装备的管理制度

（1）工装管理的概念　工装管理是指对有关工装的配置、设计、制造或购置、保管、使用、维护、修理、更新、报废等过程进行计划、组织、协调、控制等决策的活动。

工装不同于材料和其他消耗品，它需要在一定的时间和过程中反复多次使用，使用方法、使用时间、保管质量等都会影响工装的使用寿命。

工装也不同于设备和其他固定资产，它是用来完成生产任务的，它占用企业资金，使其不能在其他方面发挥作用，是产品预算造价的一部分。对于重要工装一般当作辅助类设备来进行管理，因此本章有关设备管理的许多理论和方法，也同样适用于对这类工装的管理。

工装的优劣直接影响产品质量和工作效率，好的工装可以省工、省力、省时，可以保证产品质量，保证安全。做好工装管理工作，对提高产品质量和生产率具有重要的意义。

（2）工装管理的基本要求

1）工装的配置。

① 工装消耗定额。工装消耗定额是确定工装储备定额的计算依据，也是编制工装配置计划的依据。科学地确定工装消耗定额，并制定相应的考核制度，对增强作业人员精心使用

和维护工装的责任心和积极性，以实现优质、高产、低消耗的生产目标，是非常必要的。工装消耗定额的制订方法，主要有技术计算法和经验统计法两种。

② 工装配置计划。新产品工装配置计划由开发部门提出，增添计划由生产部门或使用车间提出，更新计划由工装管理部门提出。工装管理部门根据生产需求编制工装配置计划，并依据企业现有工装生产能力确定自制、外购或外协加工。开发、增添或更新工装时，应由工艺部门提供工装及产品的设计图样和技术要求。

2) 工装的验收。工装管理部门应及时组织工艺部门、质量检验部门、工装制造部门和使用车间，共同对新工装进行全面检查，测试和验证的结果应记录于工装验证报告中。除了尺寸、外观、性能等检查项目外，对一些重要的夹具、模具等工装还应以试制样品符合图样或实物作为验收标准。对在工作中需承受高压的模具类工装，则必须通过试压验收。经验收确认无问题方可转至工装库保存，允许投入使用。否则，应退回修改或更换，直至合格为止。

3) 工装的储存管理。

① 标识建账。所有工装应有明确、清晰的标识。工装入库后应立即登入"工装管理台账"。无论是个人使用或集体使用，都应该建立账目，为生产做好准备。模具类等重要工装还应建立履历卡。车间主任和班组长应了解工装情况，以便在接收任务时心中有数。

② 存放管理。工装储存执行定置管理，做到物各有其位、位各有其物，并建立工装目视化管理牌，标明工装名称、编号、所在区域和现有状态。存放场所必须保持干燥、整齐、清洁有序。对长期未用的库存工装，应定期进行检查、喷油等维护保养。

③ 备件管理。使用频率较高的工装，应准备有足够的易损配件存放。工装配件必须有明确标识，以免更换配件时发生差错，影响生产计划和产品质量。对于废弃的工装配件，要加以清理，将无用者与加工后能再利用者区分开。

④ 发放和收回管理。工装使用时，使用部门应填写"领用单"到工装库领取；工装管理员确认工装编号规格及技术状况无误后，记录于"工装履历卡"上，并经领用人员签字后发放。工装使用完毕退回工装库时，应由工装管理员先检查退库工装状况是否正常，对重要夹具和模具等工装还应查验"尾件产品检验单"，然后核对"模具履历表"上的领用记录，无异常后再将模具擦拭干净、喷油维护、上架存放。如果发现工装有异常损坏或尾件产品不合格，则应隔离存放，安排维修。对维修后的工装应经重新检验或试样合格，方可上架存放。

4) 工装的使用和维护管理。使用者应正确使用和维护工装。对使用者进行技术培训，帮助他们掌握工装的结构性能、使用维护、日常检查和定期检查的内容以及安全操作等方面的知识。非操作者未经现场主管同意，不可任意操作使用精密夹具及模具等重要工装。

生产过程中的工装由操作者做例行维护，由班组长督导执行。磨损零件的抛光、修复或更换等维修项目由维修钳工负责。

工装事故的预防和处理参照设备事故的管理办法执行。

5) 工装的技术状态管理。对模具或精密夹具类等重要工装，应作为辅助类设备进行管理。可参照设备管理的要求制订并实施在用工装使用维护规程、日常检查（点检）和定期检查标准，纳入设备日常检查和定期检查的内容之中，并作为"三好""四会"的要求对使用者进行考核。也可应用状态诊断和故障监测技术，以便随时掌握重要工装的使用技术状态，及时安排更换易损件或有缺陷的备件，预防事故的发生。

对长期未使用的工装，应根据储存条件，至少每年复查一次；每次接到生产准备计划，均应提前对计划所列工装进行检查。检查内容主要为：检查有无磕碰、锈蚀、变形，易损部位及易损备件是否完好，账、卡、物是否相符。

对量具和检具类工装，应确保在使用时获得准确、可靠的量值传递。因此，用于企业最高计量标准及用于贸易结算、安全防护与医疗卫生、环境监测四个方面国家列入强检目录的量具和检具，必须按照规定间隔时间送计量管理部门实施周期检定。对于准确度等级较低的量具和检具，则可采用一次性检定或校准方法。对通过检定或校准的量具和检具，由计量部门发给检定或校准证书后方可使用。用于监视和测量的计算机软件，应在初次使用前确认其满足预期用途的能力。包括计算机软件在内的所有量具和检具，每次使用前均应确认其技术状态，如有异常则应修理和校准，并建立和保持确认结果的记录。

6）工装的报废和更新。对于使用时间较长，在生产过程中已严重影响产量、质量，且难以维修的工装，经技术、工装两个部门联合确认，应予以报废，同时安排制作同种规格的工装。

工装管理部门应至少每年对所有工装的技术状况进行一次调查，依据工装控制流程的规定进行更新。

（3）工装的管理制度

1）工装的保管制度。

① 入库手续不齐全的工装不准入库。

② 入库后的工装，管理员应及时建立档案，按产品、图号划分区域进行保管。

③ 工装入库后，管理员将准确、清楚的工装卡片悬挂在工装上，同时在焊接工装上用明显的色彩标注清楚编号，对冷模、钻夹具在空白处打上钢印标记、注明编号等。印记要求注明客户名称、产品图号、规格尺寸等。

④ 工装储存应防锈、防尘、防碰撞。常用工装应坚持每使用一次保养一次，同时检验一次。对不常用的模具每季度保养一次，确保工装完好、准确，并且做好相应的工装保养记录。

⑤ 报废或不用的模具、夹具等工装应设有专用架存放，同时标注清楚，不准与合格工装混放，以防发生差错。

⑥ 严格执行工装领用、归还、清理修整、报废等手续，及时地做好登记、销账，杜绝工作拖拉现象，确保生产通畅。

⑦ 每年年终对工装进行一次全面盘点，做到账、物相符。

2）工装的使用制度。

① 由车间主任或班组长根据生产需要填写工装领用单，注明货号、图号、产品名称、数量等要求。一式二联，到工装房领用。

② 库房保管员根据领用单准确登记，做好领用记录，然后发放工装。

③ 领用人在领用时发现该工装上无检验合格证可拒领，并上报生产部。

④ 使用者在当天生产出第一件产品时必须首检，合格后方可使用工装。如发现问题及时与工装库和检验部门联系进行复检。当天最后一个产品必须末检。

⑤ 使用结束后及时交还工装库，由工装库清理、复位等进行维修保养、待检。

⑥ 工装库清理、维修、保养后的工装必须由检验员检测合格后悬挂上合格证方可归库上架，不合格的工装必须继续整复。

⑦ 在使用过程中严禁敲、砸、磕、碰、撞，以防损坏工装。每班工作结束后对工装必须清理保养。

⑧ 工装在使用过程中发生损坏要进行分析，找出损坏的原因，由品质保证部编写事故分析报告报生产部、技术部会签。

3）工装的维修制度。

① 每班工作后必须将使用的工装清扫干净，要经常检查易损件的使用情况，发现有磨损超差或损坏时应及时更换。

② 需要加润滑油的，要按规定要求，定量定时加润滑油；对计量工艺装备要按要求定期由计量部门鉴定。

③ 凡在使用过程中损坏需维修的工装均需填写报修单，由车间主任签字后方可进行修理。

④ 需要外协的维修工装，由工装库管理员填写报修单上报采购部按相关规定执行。外协维修厂家必须提供修理合格证。

⑤ 所有工装在维修后由品质保证部负责验收，验收合格后由工装库管理人员做好相应记录，办理入库。

4）工装的报废制度。

① 凡属自然磨损不能修复的工装，由工装库提交报废申请、注明理由，相关部门会审后（技术部、品质保证部、生产部），办理报废手续报财务部。

② 凡属在生产使用过程中损坏的工装，由责任人或车间填写报废单、注明原因报相关部门会签（技术部、品质保证部、生产部），经审批后由工装库办理报废手续报财务部。

③ 由于工艺或产品改制，工装改版造成的报废由工装库提出申请、注明原因，由技术部、生产部审批后按自然磨损报废办理相关手续报财务部。

5）相关责任界限。

① 无合格证工装入库责任由工装库承担。

② 工装发错责任由工装库承担。

③ 在工装库内储存的工装损坏、标名不符、缺损、遗失责任由工装库承担。

④ 不合格的工装挂上合格证入库责任由品质保证部负责。

⑤ 首检不合格，认可合格造成产品不合格责任由品质保证部负责。

⑥ 其他一切造成产品不合格的工装因素均由使用者或车间负责。

上述责任事故，均按责任轻重处以一定罚金。

六、现场物料管理

1. 现场物料及其特征

现场物料主要是指处于生产过程中的生产资料，它既包括从自然界直接取得的原料，又包括经过人的劳动加工所取得的材料、在制品、半成品和成品，还包括生产过程中需要使用的辅助物质、工具等。

现场物料具备两个属性：一是具有实物形式；二是可以用于流转。它一般存在两种状态：一是处于运动状态，包括加工、检验、运输等，这是物料在生产过程中的基本状态；二是处于静止状态，包括生产过程中的储备、间歇停放或库存停放等。管好这两种状态的物料，以保证生产经营过程的顺利进行，就称为物料管理。

2. 现场物料的分类

工业企业所需要的生产物料种类繁多。为了便于加强物料管理，必须对企业的各种物料进行科学的分类。物料分类是物料管理的重要基础工作，它是制订物料消耗定额和储备定额，编制物料供应计划和采购计划，分析和核算物料消耗实际水平和产品成本水平，以及进行日常物料供应和物料管理的依据。

现场物料主要按物料在生产中的作用分类，具体划分为：

1）主要原材料。主要原材料是指直接使用于产品制造上的各种原料、材料、辅助材料等。

2）辅助材料。辅助材料是指用于生产过程，有助于产品的形成而不构成产品实体的物资。

3）燃料。燃料是指生产过程中用来燃烧发热而产生热能、动能的可燃性物资。

4）动力。动力是指用于生产和管理等方面的电力、蒸汽、压缩空气等。

5）工艺装备。工艺装备是指生产中消耗的各种刃具、量具、夹具、模具、工具等。

6）配件。配件是指预先准备的用于更换设备中已磨损和老化的零件和部件的各种专用备件。

7）在制品。在制品是指正处在生产线各工序上进行加工、检验、运输的尚未完工的制品。

8）半成品。半成品是指中间站或中心零件库暂存的在制品、半成品和外购件等。

9）成品。成品是指已制造完成但尚未经检查入库的产品。

10）外协件和外购件。外协件是指由外单位按合同要求协作加工的零部件；外购件是指从市场购进的标准零部件。

11）包装材料。包装材料是指使用于包装产品的各种包装材料、用品、耗材等，如纸箱、木箱、封箱带、贴纸、说明书等。

12）保养维修材料。保养维修材料是指使用于机台、厂房、人员、搬运、维修的各种物品，如机油、柴油、配件、油漆、手套、皮带、抹布等。

这种物料分类方法，便于企业制订物料消耗定额，计算各种物料需要量，计算产品成本和核定储备资金定额等。

除了以上分类办法外，还可按物料的自然属性分类，分为金属材料、非金属材料、机电产品等，以便于企业编制物料供应目录和物资的采购、保管；还可按物料的使用范围分类，分为基本建设用的物料、生产产品用的物料、经营维修用的物料、工艺装备用的物料、科学研究用的物料、技术措施用的物料等，以便于编制物料供应计划和进行物料核算与平衡。

3. 现场物料管理活动的任务和内容

物料管理的基本任务，总的来说，就是根据企业规定的生产经营任务，以提高经济效益为核心，做到供应好、周转快、消耗低、费用省，保证企业生产有效地、顺利地进行。具体来说，企业物料管理的任务是：

1）保证物料供应。及时、齐备地按生产经营所需的品种、规格、数量、质量，保证各类物料的供应，使生产经营活动不间断地进行。

2）加快资金周转。通过有效的劳动组织形式和科学管理方法，缩短生产周期，控制合理库存，减少和消除物料积压，把原材料、在制品的占用量、储备量压缩到最低限度，加速物资和资金周转。减少物料占用量，缩短生产周期，不仅能节省流动资金占用，而且能让有限的流动资金加速周转，发挥流动资金的更大作用。

3）降低物料消耗。创造合理利用物料的条件，监督和促进生产过程合理使用物料，降低物料消耗。企业生产过程是原材料转化为产品的过程，是物料消耗的过程。物料消耗占产品成本中很大的比重。加强生产过程中的物料管理，强化物耗控制，对减少消耗，降低产品成本，防治"三废"（废水、废气、废渣）污染具有重大意义。

4）节省管理费用。通过改善和调整工艺布局、工艺路线流程，能缩短运输路线，减少物料搬运量和库存量，节省运输、仓储及其他物资管理费用的支出。

现场物料管理的主要内容包括：

① 制订先进合理的物料消耗定额。
② 确定正常的物料储备定额。
③ 编制物料采购供应计划。
④ 搞好仓库管理和物料节约工作。
⑤ 建立和健全物料管理的各项规章制度。

总之，物料管理以供应各方面需要的物料为职责，以最少资金占用、最合理储存量、最低成本为目标，有效地完成物料供应和管理的任务。

4. 现场物料管理工作要点

现场管理的物料大多为现场正在使用或短时间内暂存的物料，都是现场生产的必需品，具有随机、常变、零乱、多样、分散等特点，因此管理起来比较困难，管理者必须耐心细致。现场物料必须做到存放定点、存放有序、存放有数，现场对物料的管理必须有严格的领用和保管制度，要让员工养成良好的"降低消耗、避免浪费、场地清晰、确保安全"的领用和存放习惯。

（1）生产物料的领料和发料　领料一般是由车间或班组指定的领料员填写领料单向物料单位领取，也有由物料单位根据料单备妥原物料后直接送往生产现场签收的。原材料领料单一般由生产主管单位备妥后连同生产指令单一起发给车间生产现场，其他零星物料则由车间领料员自行填单领取。领料时必须考虑现场储存空间，决定采取一次领料还是分批次领料。领料员在领料时必须对原物料的数量和规格进行认真的核对并签收，以保证足数和质量合格，防止差错。发料则是领料员根据各班组工作地的生产需要，将原物料分发各班组、机台，以作生产所用。发料时要做好登记和签字，重要物料还要加强发放的管制。未发放的原物料应妥善保管于生产现场物料暂存区内。

（2）现场物料的暂存和保管　不论何种行业的生产，现场物料的暂存及保管都是必要的。车间管理人员必须根据暂存物料的性质和数量，做出现场物料储位规划图，一般分成原料暂存区、物料暂存区、半成品暂存区、成品暂存区、不合格品放置区等。在实物上可利用不同颜色来区别标示，并配置料架或栈板等摆放以易于管理、取用方便、整齐美观。应结合生产现场5S管理做好现场物料的存放工作。

（3）物料存量控制与标示　车间应实行细密的生产计划管理和物料管理制度，制订可行的领发料原则、安全库存量、物料消耗指标、生产能力指标等管理数据,使车间的加工和物料暂存处于受控状态,并结合生产现场定置管理,做好物料存放和存量控制及标示。在这里,最简易的方法就是利用"物料标示卡"来管理:将每种物料用一张物料标示卡来加以标示,并使用不同颜色的卡片来区分不同的月份,以便于现场物料的存量控制和提高处理效率。

(4) 超额领料与余料退库　生产现场的原材料有时候由于料件遗失或者不良损耗偏高而有不足的现象,此时车间或班组应向物料单位申请超额领料。超额领料并不是正常的事,因此企业一般都会规定由厂部主管领导批准后方可超额领料,以防止和控制物料的多领和浪费。而当生产现场有余料未用时,车间或班组也应及时向物料单位办理余料退库,以免物料存量过多占地而影响生产现场的工作。

(5) 半成品、成品转拨或入库　车间或班组物料员对于生产现场已加工完毕的半成品和成品,应分别填写物料转拨单或入库单,及时进行转拨或入库,对于不合格品也应在经过检验后做出相应的处理。特别要防止不合格品误混到半成品、成品中转拨或入库。

(6) 现场物料盘点　现场管理人员对于生产现场暂存的物料、半成品、成品,应实施定期的盘点,一般要求会同会计部门于每月月底盘点一次,以便搞好现场物料管理,做到料账一致,有效实现计划管理和经济核算。

(7) 现场废料、废物处置　这既是节约物资、减少浪费、改善环境的重要工作,又是企业实施清洁生产、循环经济的具体措施。

(8) 现场物料的控制　现场物料控制要做到"五适",即适时(供应及时)、适质(符合质量标准)、适量(数量控制恰当)、适价(成本合理)、适地(运距最短),并在调控中尽量预防和减少呆料、废料和旧料,缩短物料加工周期,提高物料和成品的周转效率。因此,要分别做好现场生产过程的物料控制工作。

1) 生产前的物料存量控制。物料存量控制是对现场物料存量变化动态的掌握和调整。为了使现场物料存量保持合理水平,既小过量,又不脱空,就要认真掌握好生产前的领料和发料工作及调整措施。总的原则和目标是:领料以满足现场生产需要为原则,存量尽可能少,发料尽可能快,最大限度地减少物料的停留量和停留时间。

2) 生产中的在制品控制。为了保持生产的连续性和均衡性,必须建立生产过程中在制品占用量定额和储备量。要根据不同生产类型采用相应的方法,如大批大量生产的在制品定额法、成批生产的提前期累计编号法、单件小批生产的生产周期法、通用件标准件生产的订货点法、流水作业的看板管理法等,制订合理的在制品定额和储备量。为了搞好生产的在制品控制,要求对在制品的投入产出、使用、发放、保管和周转做到有数、有据、有手续、有制度、有秩序,一般采用加工线路单和零部件配套明细表来进行控制。

3) 生产后的半成品、成品转拨或入库。对于生产现场加工完成的半成品和成品,要及时验实填写转拨单或入库单,尽快往下一工艺阶段转拨或入库,不但可以减少生产现场物料存量,而且能缩短半成品、成品的滞留时间,缩短产品生产周期,提高资金周转速度和利用率。

5. 物资和能源的节约

(1) 节能降耗的重大意义

1) 节能降耗能以同样数量的物质资源生产出更多的产品,为社会创造更多的财富。节约是社会生产最基本的原则，即以最少的投入获得最大的产出。节能降耗是实践节约原则最有效的途径。

2）节能降耗能降低产品成本，提高企业经济效益。物料消耗占产品成本的80%以上，只有节能降耗才能开拓降低产品成本的更大空间，才能使企业在激烈的市场竞争中，以低成本使企业获得更大的经济效益，同时也产生更大的社会效益。

3）节能降耗能减少"三废"污染，有利于环境保护和自然生态平衡。节能降耗最直接的效果就是减少"三废"排放，从源头上防治工业污染，不仅有助于减轻企业治污的巨大负担，而且有利于自然环境的保护，符合国家和人民的根本利益。

4）节能降耗有利于促进技术进步，寻找更先进的生产技术和使用新能源、新材料。节能降耗并非轻而易举之事，只有深入研究和改进产品设计及工艺加工技术，才能达到减少消耗的效果。因此，节能降耗客观上促进着工业生产技术的不断改造和进步，不断提高生产技术水平和使用无污染或少污染的新能源、新材料，实现清洁生产。

5）节能降耗能培养职工勤俭节约的良好习惯，促进企业和社会的精神文明建设。节能降耗要求企业全体员工人人身体力行，从点点滴滴做起，从我做起，因而能从群众性的实践中培养员工的节约观念，戒除铺张浪费的陋习，将企业的精神文明建设提到新的高度。

（2）物资和能源节约的途径 在工业企业中，节能降耗的途径很多，现场管理主要从以下几方面着手：

1）改进产品设计。产品设计上的不合理、不完善，会给生产带来物资消耗的长期浪费。产品设计的优劣，不仅决定着产品的结构、性能、质量和使用寿命，同时也决定着产品在生产过程中所消耗的物资数量和产品成本水平。在保证产品质量的前提下，改进产品设计，简化产品结构，缩小产品体积，降低产品重量，可以降低单位产品的物资消耗，从而达到降低单位产品成本、提高经济效益的目的。

2）采用先进工艺。节约物资和能源贯穿于整个工艺流程中。采用先进的工艺技术，提高材料的利用率，从而降低物资消耗。采用先进的新工艺还要和设备的技术改造密切结合，利用新的节能设备，再和新的工艺相结合，才能在节能降耗方面实现最好的经济效益。

3）采用新材料和代用材料。随着科学技术的迅速发展，许多新材料应运而生。有的新材料性能更完善、质量更高，价格也在不断下降。企业应当在保证产品质量的前提下，大力推广应用各种质优价廉的新型材料。在保证产品必要功能的前提下，可以用资源丰富的材料代替资源稀少的材料，用价格低的材料代替价格高的材料，这样不仅扩大了原材料来源，为进一步发展生产创造了条件，也为不断降低产品成本、提高企业经济效益开拓了广阔的前景。

4）收旧利废，综合利用。在工业生产过程中，会产生很多废旧物资，及时把这些废旧物资回收利用，是节约物资的一个重大源泉，而且对于降低生产成本、改善工厂环境也有重要作用。物资的废旧都是相对的，在本企业、本生产阶段是无用的，而在其他企业、其他生产阶段则可能成为有用的物质财富。物资的综合利用，可使物资由一用变为多用，变无用为有用，变废为宝，不但减少工业污染，而且为社会创造更多的物质财富。

5）加强能源管理工作。工业企业节约使用煤、油、电、气等能源是一项非常重要、很有前途的企业管理工作。要做好能源管理：第一，应制订合理的能源消耗定额；第二，培养职工的节能习惯，提高节能的自觉性；第三，制订出切实可行的节能降耗奖励政策；第四，对企业耗能高、效率低的陈旧设备予以技术改造或更新，采用新的节能设备和技术；第五，对生产过程中排放的余热予以充分利用，也是节约能源的一个重要途径。

七、现场在制品的管理

1. 在制品的管理及其意义

从原材料、外购件等投入生产起到加工制造经检验合格入库之前，处于生产过程各环节的零部件都称为在制品。在制品分为毛坯、半成品和车间在制品。毛坯有型材、棒料、铸件、锻件等。半成品是指毛坯经过机械加工、经检验合格入库但需后续加工的零部件。车间在制品是指正投入车间处于加工、装配、检验、等待或运输过程中的各种原材料、毛坯、外购件、半成品等。

在制品的管理必须做到"认真检验、分类摆放、跟单流转、记账有凭、手续齐全、责任明晰、制度有效"。

企业生产过程中各环节之间的联系表现为在制品的供需关系。为了让生产过程的各个环节、各个阶段和各道工序都能按计划有节奏地生产，通常都会储备一定数量的在制品。但是过多的在制品储备是一种浪费。因此，对在制品的合理控制具有十分重要的意义。

2. 在制品控制

在制品控制包括车间在制品控制和库存半成品控制，其中车间在制品控制表现为车间在制品管理。对车间在制品的管理方法取决于车间生产类型和组织形式。总的来说，在大批大量生产条件下，由于在制品数量稳定，有标准定额，各工序之间的衔接又是固定的，通常采用轮班任务报告并结合统计台账来控制在制品的数量和移动。在成批生产或单件小批生产条件下，由于产品品种和批量经常变化，在制品数量的稳定性差，情况复杂，通常采用加工线路单或工票等凭证，并结合统计台账来控制在制品。各种控制形式分述如下：

1) 轮班任务报告。轮班任务报告也称为轮班生产作业计划，是车间规定每个工作地、每个工作班直至每个操作者生产任务的文件，由车间计划调度人员填写发放。零件投产后，根据每道工序的完工情况，由检验人员填写检查结果。轮班任务报告既是作业计划，又是生产进度统计的原始记录，它简化了原始记录的种类，把统计、核算和检查计划完成情况结合起来，有效地加强了生产的计划性。轮班任务报告通常是按每台机床每班或每昼夜下一次，加工时间长的零件，轮班任务报告可以跨班组使用，但不能跨月份。轮班任务报告适用于大批大量生产。

2) 加工线路单。加工线路单又称为长票、长卡、跟单，以零件为单位制作，一种零件一长票。它是记录每批零件从投料开始，经过各道工序的加工、检验，直到入库为止的全部生产过程的原始凭证。加工线路单跟随零件一起移动，各道工序共用一张生产指令单，由于企业的生产类型、产品特点以及习惯做法不同，加工线路单的形式和内容有所不同，但它们的作用是基本相同的。加工线路单的优点是：每批零件的加工信息集中在同一张线路单上，一单多用；加工线路单中的工艺顺序和工艺规程一致，有利于贯彻工艺纪律，保证零件质量；由于领料、加工、检验、入库都使用同一票据，可以有效地保证领料数、加工数、合格品数、废品数、入库数的互相衔接，防止错乱；有助于贯彻期量标准。缺点是：由于流转时间长，加工线路单容易污损和丢失。加工线路单适用于成批生产或单件小批生产。

3) 工票。工票即单工序工票，又称为短票、短卡、工序单，以工序为单位制作，一道工序一短票。它记录的内容与加工线路单基本相同。一道工序完工，零件送检，检验员在工票上记录有关事项后，工票返回车间计划调度员手中，计划调度员再为下道工序开出新的工票。单工序工票的优点是使用灵活；缺点是票数量多，填写工作量大，不便于统计和核算。单工序工票适用于单件小批生产。

  4）统计台账。为了有效地控制在制品的流转，还必须在各种生产类型的生产中建立在制品台账，以及时记录零件的投入、发出、补发、在制、配套等情况。对于大量连续生产的产品，可按零件分别建立零件工序进度卡片（台账）。某种零件的在制实有量（台账数）等于该零件投入累计数减去出产累计数和废品数量。对于单件小批生产，则可按产品为对象建立零件工序台账，以便于检查产品配套情况，因此也称为配套账。

  从以上控制车间在制品的各种形式可以看出，在制品管理实际上是指在制品的实物管理和账卡管理。车间在制品管理的重点是要抓好班组在制品管理，组织好废品和退修品的及时处理和返修，以及统计工作。其中，抓班组在制品管理主要是抓班组制订零件生产收发推移图和废品退修品控制图，使班组对在制品管理做到日清月结，在流水生产车间要对废品隔离存放，当班办理报废手续，返修品要在当天组织返修；在批量生产的车间要做到每周或每批及时组织返修，并及时进行废品、返修品的统计，以清楚掌握在制品的质量状况。搞好车间在制品管理，还要做好综合统计工作，根据规定要求做好按收到、生产、废品、返修、发出、结存等项目的综合统计。综合统计要按日进行，实现日检月清的控制。

八、现场库存管理

  大型企业的车间现场都设有仓库，小型企业的车间一般也有保管室，以便于对物料进行储存、保管。为了保证车间生产经营过程的正常进行，储备一定数量的物资是必要的。车间物资的存货可能正好达到储备定额，也可能高于或低于储备定额。车间必须根据内部生产情况和市场变化情况，按照预定的目标不断调节物资储备，使之经常保持在最高储备定额与最低储备定额之间。当库存物资达到最高储备定额时，应立即停止采购并及时调剂，以免物资积压而造成损失；当库存物资降到最低储备定额时，要迅速采购进货，以防止供应中断而影响生产。我们把这种管理行为称为物资库存储备控制。

  1. 影响库存控制的因素

  影响物资库存储备的主要因素有：

  1）生产方面的因素。为了保证生产正常进行，车间总是希望有足够的库存物资，以防止停工待料给生产带来的损失，所以车间从生产的角度出发，总希望库存物资越多越好。

  2）占用流动资金方面的因素。企业库存一定数量的材料、在制品、半成品、成品，必然要占用一定数量的流动资金，企业流动资金闲置在库存物资上，使资金周转中断，这样不仅不能给企业带来经济效益，而且还要支付占用流动资金的银行利息。因此，从占用流动资金的角度考虑，企业库存应该越少越好。

  3）仓储管理方面的因素。物资存放在仓库里会发生变质、破碎、腐蚀、损坏等损失，此外还要负担仓库的折旧费、保险费、搬运费、维护费、管理费等保管费用。存货费用随存货的增加而增大。因此，从存货保管方面来考虑，仓库的存货应越少越好。

  4）采购订货方面的因素。物资从采购订货开始到入库这一过程中，要支付通信费、差旅费、手续费等各项采购费用。采购费用随订货次数的增加而增加，而与每次订货的数量没有太大的关系。通过减少订货次数，加大每次订购批量，就可以降低采购费用。因此，从采购订货的角度考虑，物资订货批量越大越好。

从上述影响因素可以看到，造成企业物资库存储备失控的原因很多。企业必须加强物资管理工作，控制好物资储备数量，既要保证存货不影响生产，又要使企业占用的流动资金数量最低，支付的采购费用、保管费用最少，以取得最佳的效果。

2. 库存控制的方法

物资库存控制的方法很多，主要有以下四种：

1）定期控制法。定期控制法又称为定期订购法。这种方法要求首先确定一个订货间隔期，并测定订货周期，同时对存储状况进行检查，以此计算订货量和发出订单。定期控制法主要需解决好两个问题：一是确定订货间隔期；二是计算订货数量。一般来说，订货间隔期越短，库存检查的次数就越多，对库存的控制精度也就越高，但库存管理工作量也就越大。因此，要区分不同存储项目，对少数重要的存储项目，如缺货损失大或存储费用高的项目，制订较短的订货间隔期，而对不太重要的存储项目可适当延长订货间隔期。同时，可以将订货间隔期分为几个标准值，以简化库存管理工作。定期控制法主要适用于重要物资的订购和库存控制。

2）定量控制法。定量控制法又称为定量订购法、订货点法。这种方法要求事先确定一个具体的订货点，每当存储水平降低到订货点时，就立即发出一个固定的订货批量的订单。订单发出后，经过订货周期，货物到达，这个订货周期称为订货提前期。定量控制法需要确定两个数量参数，即订货点和订购批量。订货点是指订货时的库存量。它应满足这样的条件：在新的订货没有到达之前，现有库存能够保证对生产需求的物资供应。因此，订货点存储量就是订货提前期内预计需求数量。定量控制法主要适用于次要物资的订购和库存控制。

3）ABC 分类控制法。企业库存物资品种多、数量大，但每种物资重要性不同，占用金额也不同，企业应区别对待，分类管理。ABC 分类控制法就是将物资按其重要程度、消耗数量、价值大小、资金占用等情况，划分为 A、B、C 三类，分别采取不同管理方法，抓住重点，照顾一般。

① A 类物资。A 类物资是重要物资，品种少，价值高，消耗量大，占用资金多，实行严格管理，重点控制，采用定期订购方式。

② C 类物资。C 类物资是次要物资，品种多而零星，价值低，消耗量少，占用资金少，实行简便控制，采用定量订购方式。

③ B 类物资。B 类物资是一般物资，品种比 A 类多，价值中等，占用资金比 A 类少，处于 A 类与 C 类之间，实行一般控制，可采用定期订购方式或定量订购方式。

④ 双堆法。双堆法也称为复式库存管理法。这种库存物资控制法要为同一种物资准备两个大容器（货堆），一个货堆的物资用完了即去订货，这样在另一个货堆的物资用完之前，新货就到，依此循环反复使用两个货堆。用这种方式管理的物资一般不需要库存台账和出库传票，大多属于现场生产管理，也适用于库存中单价很低的物资管理。

3. 半成品库存控制

在企业物资的库存控制工作中，还有一项在生产过程中经常进行的库存半成品控制。在大量流水线生产条件下，相邻流水线如果按同一节拍协调生产，可以直接转交半成品，不必设中间仓库。而在多品种、中小批量生产条件下，就有必要在车间之间设置半成品库。半成品库是车间之间在制品转运的枢纽，它不仅在为生产第一线服务，做好在制品配套工作，有效地保管和及时发送在制品，而且还要严格按照作业计划监督车间生产，及时向生产指挥系统提供信息。库存半成品的控制主要通过半成品出入库台账及其他凭证进行。因此，库存毛坯、半成品必须建账立卡。根据产品进行分类，按照零件进行统计。库存半成品台账，可用领料单、完工入库单、在制品收发单、废品通知单等作为登录凭证。

4. 成品的管理

成品是指通过加工后经检验完全满足设计要求的零部件。成品的管理应该做到：合格品必须及时入库保存，做好台账记录，做到"物、卡、账"三相符；合格品必须科学包装，防碰伤、防变形、防锈、防腐；不合格品必须妥善处理，绝不允许混入合格品，绝不允许"以次充好"；协助做好质量分析，提供产品质量统计数据。

第四节　安全与环保现场管理

一、安全生产

1. 安全生产的概念

安全生产是企业管理的一项义务和重要任务。安全的含义有两个方面：一是人身安全；二是设备安全。只有保证了人和机器设备的安全，生产才能顺利进行。

概括地说，企业在生产过程中围绕工人的人身安全和设备安全开展的一系列活动，称之为安全生产工作。

安全生产是国家领导和管理生产建设事业的一贯方针，其基本含义是：生产必须安全，安全促进生产。因为，离开了安全，就不能正常地进行生产；离开了生产，讲安全就失去了意义。所以，安全和生产，两者必须同时抓好，不可偏废。但在安全与生产发生矛盾时，强调安全第一，必须保证在安全条件下进行生产。

2. 安全生产的特点

贯彻安全生产的方针，必须注意安全生产工作的特点。安全生产具有如下特点：

1）预防性。必须把安全生产工作做在发生事故之前，尽一切努力来杜绝事故的发生。它要求安全工作必须树立预防为主的思想。

2）长期性。企业只要生产活动还在进行，就有不安全的因素存在，就必须坚持不懈地做好安全工作。它是一项长期性的、经常性的、艰苦细致的工作。

3）科学性。安全工作有它的规律性，各种安全制度、操作规程都是经验的总结。只有不断地学习有关安全的知识，才能掌握安全生产的主动权。

4）群众性。安全生产是一项与广大职工群众的工作和切身利益密切相关的工作，必须建立在广泛的群众基础上，只有人人重视安全，安全才有保障。

3. 安全生产的意义

搞好安全生产对国家和企业都有着十分重要的意义。

1）以人为本，保护工人的安全和健康是最大的政治问题。在一个现代文明的国家里，在任何一个现代企业中,劳动者是国家的主人、社会的主人、企业的主人。保护工人在生产中的安全与健康,是国家法律和政府政策的重大问题,是重大的政治问题。

2)人是劳动者,发展生产首先要爱护劳动者。在一个企业里,人和设备工具构成企业生产力。人是劳动者,发展生产主要靠人,因此企业发展生产首先要爱护劳动者,当然也要爱护设备。也就是说,要搞好生产,必须保障劳动者的安全和设备的安全。

3)保证劳动生产安全,是国家经济建设和企业生产发展的一个极为重要的条件和内容。生产不安全,一旦发生了人身事故或设备事故,一是会打乱正常的生产秩序,二是增加开支,三是人身事故导致本人痛苦,又增加工人医疗、休工费用。所以,生产不安全对国家、企业和个人都是极为不利的。

4. 安全生产技术

安全生产技术是指为了消除生产过程中的危险因素,保证职工在生产过程中的安全所采取的技术措施。安全生产技术范围包括为了预防物理、化学、机械因素促成的突发性人身伤亡事故而采取的技术措施,分析研究事故的危害性、规律性、可防性及预防对策。

(1)企业生产的不安全因素

1)物理方面的不安全因素有:声、光、强磁、放射性等引起的急性伤害;火焰、熔融、金属、热液、热气等引起的灼伤、烫伤;触电引起的电击和电伤以及锅炉、受压容器和气瓶的爆炸事故等。

2)化学方面的不安全因素包括:粉尘爆炸、化学物质爆炸、化学物质的急性中毒(铅、汞、强酸、强碱、汽油等的大剂量突然中毒)。

3)机械方面的伤害包括:机器转动部分的绞、辗,设备和工具引起的砸、割,以及物体打击、高空坠落等的伤害。

(2)企业安全生产的技术措施 安全技术措施的内容,主要是改进工艺和设备,实行机械化、自动化、电气化、密闭化生产,设置安全防护装置,进行预防性机械强度试验及电气绝缘试验,加强机械设备维护保养和计划检修。合理安排和布置工作地,对安全生产和提高劳动生产率有十分重要的作用。为此,在进行工厂设计、厂房选址、工艺布置和设备装置时,不仅要考虑经济合理性,还要考虑安全性。

1)厂房建筑要结构牢固,采光、通风良好,防止过度日晒,符合防火、防爆要求;厂房建筑与高压电线、储存易燃易爆物品的仓库应有足够的安全间距。

2)工艺布置要符合防火、防爆和工业卫生的要求,并考虑过道和运输消防通道通畅。

3)设备排列应有安全距离和科学排列方式,考虑工人操作安全、方便,不受外界危险因素的影响。

3)设备要有安全装置,包括防护装置、保险装置、连锁装置、信号装置、危险牌示和其他安全装置。

5. 安全生产教育与安全生产检查

(1)安全生产教育 安全生产教育,是帮助职工正确认识安全生产的重要意义,提高他们实现安全生产的责任心和自觉性,帮助职工更好地掌握安全生产科学知识,提高安全操作水平,保证安全生产的重要环节。

安全生产教育的基本内容包括:

1)思想政治教育。主要是教育职工提高对安全生产和劳动纪律的认识,正确处理安全与生产的关系，遵守劳动纪律，自觉搞好安全生产。

2）劳动保护政策和制度教育。要使企业全体职工都了解劳动保护的政策和有关制度，才能认真贯彻执行，保证安全生产。

3）安全技术知识教育。包括一般生产技术知识、安全技术知识和专业安全技术知识的教育。

① 一般生产技术知识教育的主要内容包括：企业基本生产概况，生产技术过程，作业方法，各种机器设备的性能和知识，工人在生产中积累的操作技能和经验，以及产品的构造、性能和规格等。

② 安全技术知识教育的主要内容包括：危险设备、区域及其安全防护基本知识，有关电器设备（动力及照明）的基本安全知识，起重机械和厂内运输的有关安全知识，有毒、有害物质的安全防护基本知识，一般消防制度和规则，个人防护用品的正确使用知识等。

③ 专业安全技术知识教育的主要内容包括：工业卫生知识和专业的安全技术操作规程、制度，如锅炉、受压容器、起重机械、电气、焊接、防爆、防尘、防毒、噪声控制等知识。

④ 典型经验和事故教育。典型经验和事故具有指导工作、提高警觉的教育作用。用安全生产的先进经验和发生的典型事故进行教育，可以使职工从正反两方面的对比中深刻。认识安全生产的重要性，推动安全生产工作的深入开展。

安全生产教育的形式和方法主要有：

1）三级教育。企业安全生产教育的主要形式包括入厂教育、车间教育和岗位教育。

2）特殊工种的专门训练。如电气、锅炉、受压容器、瓦斯、电焊、车辆等操作工人，必须进行专门的安全操作技术训练，经过严格的考试，取得合格证后，才准许操作。

3）各级生产管理人员的培训。主要是提高他们对安全生产的认识和责任感，杜绝违章指挥，加强安全管理。

4）经常性的安全教育。一般应力求生动活泼、形式多样，如安全活动日、班前班后会、事故现场会等。

（2）安全生产检查　安全生产检查是落实安全制度、推动安全生产的一个重要方法。通过检查，能够发现问题，总结经验，采取措施，消除隐患，预防事故的发生。安全生产检查的内容主要有如下几方面：

1）查思想认识。首先是检查领导对安全生产是否有正确的认识，是否能正确处理安全生产的关系，是否认真贯彻安全生产和劳动保护的方针、政策和法令。

2）查现场、查隐患。主要是深入生产现场，检查劳动条件、安全卫生设施是否符合安全生产要求，特别是要注意对一些要害部位进行严格检查。

3）查管理、查制度。包括劳动保护措施计划的执行情况，各种技术规程的执行情况，厂房建筑和各种安全防护设备的技术情况，个人防护用品保管和使用的情况等。

安全生产检查必须有领导经常和定期地进行，采取领导与群众相结合的办法。检查应当和评比、奖励、采取措施相结合，注意表扬好人好事，宣传和推广有关安全生产的先进经验。

6. 现场安全管理工作

现场安全管理工作主要有以下内容：

1）认真执行有关安全生产的方针政策，以及其他有关的政府法令和制度。

2）制订安全生产制度和安全操作规程，实行安全生产责任制，把安全和生产从组织领导上统一起来。

3）开展安全生产教育，坚持班前会教育，增强职工的安全意识，学习安全知识。

4）编制安全生产技术措施，掌握防范事故发生的技术手段。

5）加强现场管理，加强劳动纪律教育；经常组织安全生产的检查，及时发现问题，消除隐患；经常开展安全生产知识竞赛与评比，巩固安全生产成果。

6）建立和落实安全生产责任制。安全生产责任制是企业各级领导对安全工作切实负责的一种制度，是做好车间安全生产的具体措施。它把"管生产必须管安全"和"安全生产，人人有责"的原则用制度的形式固定下来，明确要求各级领导在安全工作中各知其责、各负其责、各行其责。

7）及时做好工伤事故的组织抢救、报告、处理、慰问工作，以及事故教育和安全完善措施等工作。

8）做好安全事故统计报告工作，查明责任，吸取教训，杜绝类似事件的发生。

二、劳动保护

1. 劳动保护与工业卫生的概念

（1）劳动保护的概念　劳动保护是指为了在生产过程中保护劳动者的安全与健康，改善劳动条件，预防工伤事故和职业病等所进行的组织管理工作和技术措施。企业劳动生产过程中存在着各种不安全、不卫生的因素，如果不加以消除和预防，对劳动者采取保护措施，就有发生工伤事故和职业病、职业中毒的危险。例如：矿山企业的瓦斯爆炸、冒顶、水灾；机电企业的冲压伤手、机器绞轧、电击电伤、受压容器爆炸；建筑企业的空中坠落、物体打击和碰撞；交通企业的车辆伤害；从事有毒、粉尘作业，如铸锻作业、油漆、电焊、高频等作业，容易产生职业病。如果劳动者的工作时间太长，会造成过度疲劳、积劳成疾，容易发生工伤事故；女工从事繁重的或有害女性生理的劳动给女工的安全、健康造成危害。国家和企业为了保护劳动者在劳动生产过程中的安全、健康，在改善劳动条件以防止工伤事故和职业病、实现劳逸结合和女工保护等方面所采取的各种组织措施和技术措施，统称为劳动保护。

（2）工业卫生的概念　工业卫生是对职业毒害的识别、控制、消除和预防职业病的一门科学技术。由职业毒害而引起的疾病，称为职业病，具体是指劳动者在职业活动中，因接触粉尘、放射性物质和其他有毒、有害物质等因素而引起的疾病。与生产过程有关的职业毒害有电磁辐射、电离辐射、热辐射、强光、紫外线、高频、振动、噪声、生产性毒物（如铅、汞、苯、锰、一氧化碳、氰化物等）、生产性粉尘（如矽尘、煤尘等）、微生物与寄生虫的感染和侵袭等，国家卫生健康委员会等四部门公布的法定职业病有10大类132种。这10大类职业病是尘肺病、职业放射性疾病、职业中毒、物理因素所致、生物因素所致的职业性皮肤病、职业性眼疾、职业性耳鼻喉口腔疾病、职业性肿瘤及其他职业病。

2. 劳动保护的任务与内容

劳动保护的任务，总的来说，就是保护劳动者在生产中的安全、健康，促进社会生产建设的发展。具体包括以下四个方面的任务：

1）预防和消除工伤事故，保护劳动者安全地进行生产建设。

2) 开展工业卫生工作，防止和控制职业病的发生，保障劳动者的身体健康。

3) 合理确定劳动者的工作和休息时间，尊重职工的工作与休假权益，实现劳逸结合。

4) 对女职工实行特殊保护。根据女性生理特点，认真贯彻执行国家对女性的劳动保护政策，做好经期、孕期、产期、哺乳期的"四期"保护工作；加强对妇女的劳动保护知识和妇女卫生知识教育；合理调整女工担负的某些不适合女性生理特点的工作。

劳动保护工作的基本内容归纳起来，有以下四个方面：

1) 积极采取安全技术措施。为了消除生产中引起伤亡事故的潜在因素，保护工人在生产中的安全，在技术上采取各种预防措施，如防止爆炸、触电、火灾等的措施。

2) 认真开展工业卫生工作。为了改善生产中的劳动条件，避免有毒、有害物质危害职工健康，防止职业病而采取各种技术组织措施。

3) 健全劳动保护制度。主要是根据国家宪法，制定劳动保护的方针政策、法规制度以及建立劳动保护机构和安全生产管理制度，制定生产安全管理标准。这些劳动保护制度可以分为两大类：一类是属于生产行政管理方面的制度，如安全生产责任制、安全教育制度等；另一类是属于技术管理的制度，如安全操作规程、职工个人防护用品发放标准和保健食品标准等。

4) 加强劳动保护用品的添置和管理。

5) 总结和交流安全生产工作经验，检查监督安全生产状况。

3. 改善劳动条件与职业病防治

车间工作地的劳动条件是影响劳动过程中人的工作能力和健康状况的生产环境诸要素的总和。劳动条件分为以下几方面：

1) 劳动清洁卫生条件，即工作区的表面环境状况。包括：

① 气温条件。生产现场的空气温度和流通速度必须符合工业企业的设计标准。一方面，要根据一年四季的气候变化，根据每日、每周、每月的天气预报做好临时性的保护工作，如夏天防暑，冬天保暖；另一方面，要根据现场的生产条件和生产特点，采取固定性的保护措施，如隔热层、通风系统、个人防护手段等。

② 空气条件。生产产生的灰尘分为有机的、无机的、有毒的、无毒的。防尘措施包括采用无尘机床和工业除尘设备，使生产过程自动化、密闭化，并采取个人防护措施。

③ 噪声条件。噪声是危害工人身体健康的重要因素，消除和降低噪声是科学劳动组织的重要任务之一。要尽可能减少噪声源，安置隔声设备。

④ 照明条件。工作地照明必须均匀，保证生产线有柔和的光照，能够清楚地分辨零件和背景。

⑤ 卫生条件。为了保证工作地的清洁卫生，必须推行文明生产，并把工作地清洁卫生区域落实到每个工段、班组、岗位，纳入责任制的考核。

2) 劳动的生理、心理条件，即劳动过程中对生理、心理的影响因素。包括：

① 规定有利于生产和健康的工作速度和节奏。

② 确定科学合理的工作姿势。

③ 制定合理的休息、作息制度。

④ 规定单位时间内单一劳动方式和工序劳动重复的合理数值，以缓解劳动的单调性。

⑤ 丰富职工的业余文化娱乐生活。

⑥ 合理安排工间运动,以消除劳动疲劳。

⑦ 经常关心职工,注意保护和恢复职工的身心健康。

3)劳动的美学条件,即影响劳动者情绪的各种设置方式、色彩等因素。包括:

① 工作地、工具的结构,美术设计和生产环境的设计。

② 设备、工作场地的色彩选择。

③ 上下班或间歇时间的功能音乐播放等。

4)劳动的社会心理条件,即形成劳动集体成员之间的相互关系及其心理特征。

劳动集体成员之间不仅存在竞争、竞赛关系,而且存在分工协作、团结友爱的工友、战友关系,企业、车间要营造团结和谐、互相关心、互相爱护、互相帮助、共同奋斗、携手前进的集体大家庭气氛和放心、顺心的劳动环境,共同努力完成生产经营任务。

企业应积极采取控制职业毒害的措施,开展工业卫生工作。

1)新建、改建、扩建和技术发展项目的劳动安全卫生设施,要与主体工程同时设计、同时施工、同时投产使用。

2)改善劳动条件。

3)采取合理的通风、隔离、密封措施控制有害物质逸出。

4)定期进行环境监测,严格控制生产环境中的有毒、有害物质。

5)要以无毒或低毒原材料取代有毒或高毒原材料。

6)要尽可能将手工操作改为机械操作或自动操作。

7)要定期检查职工的健康情况,从事有毒、有害作业的人员上岗前要进行体检,要建立完善的健康档案。

8)发现早期职业病症状,要及时进行治疗,并调整工作岗位。

9)按国家规定给接触有毒、有害物质的工人发放保健食品。

三、环境管理

1. 现场环境保护的意义

随着我国经济的高速发展,有效利用能源、减少环境污染、降低安全生产事故频次,防止突发环境事件,确保生命财产安全的重要性日益凸显,控制、治理和消除各种对环境不利的因素,努力改善环境、美化环境、保护环境,已成为人们日常生活的重要话题。在这种社会环境下,现场环境保护的问题自然也就提上了议事日程。原因有以下几点:

1)良好的工作环境能激发人们的劳动热情,提高工作效率。

2)良好的工作环境能消除安全隐患,提高安全度,保障生命财产免遭不必要的损失。

3)良好的工作环境能让人们工作起来心情愉悦,有利于消除工作疲劳。

4)良好的工作环境能提高人们的生活质量,有利于员工身心健康。

5)良好的工作环境能提升客户的信任度,增强企业的竞争力,有利于企业拓展业务。

6)良好的工作环境是生产经营活动正常开展的保障,有利于企业持续发展。

总之,现场开展环境保护活动,有着不容忽视的重要意义。

2. 现场环境保护工作

优良的工作环境是顺利完成生产任务、提高工作效率的重要因素。现场是职工从事生产活动的第一场所。现场管理必须努力创造条件,为员工营造一个安全、卫生、舒适、轻松的劳动环境，使大家健康地无后顾之忧地放心积极工作。现场环境管理大致有以下几方面内容：

1）现场应规划好、布置好工作场地。现场人行过道应有安全线；坯料、在制品，尤其是较大型的物件，应划分专门的摆放位置；有运输机械、起吊装置、行车的现场应设置警戒线或警示标志，谨防碰撞、倾轧、空中坠物等事故。

2）加强对有毒、有气味、危险化学品和生产性毒物等的管理。这类物品一定要有专人负责保管，避免误用甚至误伤人命。

3）加强对腐蚀性化学物品、容易给人体带来伤害的有机溶剂、清洗物件用的汽油和柴油的使用管理与保管，使用者必须经过培训，懂得其性能和使用操作方法，懂得如何处理其残液。

4）加强对易燃品、易爆品、锅炉、配电装置等的管理，避免发生意外事故。

5）加强对振动、噪声、高频、辐射（包括电磁辐射、电离辐射、热辐射）、放射性物质、粉尘、强光和紫外线照射等的管理，采取必要的防护措施，保护人体不受伤害。

6）加强对废渣、废水、废液、废气排放的管理，避免污染环境。

7）现场必须对一些劳动场所采取通风、隔离、密封等措施，或者配发专门的防护镜、防护手套等劳保用品，降低职业病的危害。

四、清洁生产

1. 清洁生产的定义及意义

清洁生产是20世纪90年代初产生的一种说法，它是由"污染防治"概念演变而来的一种创新性思想，该思想将整体预防的环境战略持续应用于生产过程、产品和服务中，以增加生态效率和减少人类及环境的风险。《中华人民共和国清洁生产促进法》中将清洁生产定义为：清洁生产是指不断采取改进设计、使用清洁的能源和原料、采用先进的工艺技术与装备、改进管理、综合利用等措施，从源头削减污染，提高资源利用效率，减少或者避免生产、服务和产品使用过程中污染物的产生和排放，以减轻或者消除对人类健康和环境的危害。以上定义可以进一步简述为：清洁生产是以节能、降耗、减污为目标，以管理和技术为手段，实施企业生产全过程污染控制和综合利用，使污染物的生产量最小化的一种综合措施。

清洁生产的根本意义在于对传统的环境保护模式体系和人类社会生产模式体系实施双重变革，促使生产与环境保护两者的综合一体化，建立生态化的生产体系，促进社会经济可持续发展。

清洁生产的现实意义在于：

1）它是全过程控制污染的形式，开创了防治污染的新阶段。

2）它是以预防为主的污染控制战略，减少了末端治理的困难，提高了治污效果。

3）它是实现可持续发展战略的重要措施，使企业获得可持续发展的保证和机会。

4）它是清洁产品的生产方式，使企业赢得形象和品牌。

5）它节能降耗，减污增效，提高企业经济效益。

6）它是实施循环经济的有力工具，有助于实现经济效益、社会效益和环境效益三者的统一。

2. 清洁生产的内容及特点

清洁生产体现预防为主的环境战略，是用清洁的能源和原材料、清洁工艺及无污染或少污染的生产方式，生产清洁产品的先进生产模式。其基本内容包括：

1）清洁的设计。产品从设计、制造、使用到回收利用的整个寿命周期是一个有机的整体，在产品概念设计、详细设计的过程中，运用并行工程的原理，在保证产品的功能、质量、成本等基础上，充分考虑这一整体各个环节的资源的合理利用、生产工艺、环境保护和劳动保护等问题，实施绿色设计，使原材料、能源使用最省，利用充分，对环境影响小，对生产人员和使用者危害少，最终使废弃物化为无害物。

2）清洁的能源。这是清洁生产的源头环节，包括：

① 在资源和能源上坚持选择清洁能源、无毒无害的原材料，利用可再生资源，开发新能源新材料，寻求替代品等。

② 在使用能源和原材料上坚持"节约使用能源和原材料，实施节能技术措施、现场循环综合利用物料"等原则。

3）清洁的生产过程。改进生产工艺和流程，选择对环境影响小的生产技术，尽可能减少生产环节，改进操作管理，采用实用的清洁生产方案和清洁生产技术，合理调整生产配方，开发新产品，更新改造设备，提高生产自动化水平，对物料进行循环利用，对排放的"三废"进行综合利用等。

4）清洁的产品。产品设计应考虑节约原材料和能源，少用昂贵和稀缺原料，产品在使用过程中不含危害人体健康和破坏生态环境的因素；产品的包装合理，产品使用后易于回收、重复使用和再生，使用寿命和使用性能科学合理；产品满足用户要求，获得用户满意，并对使用后的废弃物回收利用、综合治理、开发副产品等。

清洁生产的工作特点主要有以下四点：

1）预防性。清洁生产突出预防性，体现对产品生产过程进行综合预防污染的战略，抓源头、抓根本，通过污染物削减和安全回收利用等，使废弃物最少化或消灭于生产过程之中。

2）综合性。清洁生产贯穿于生产组织的全过程和物料转化的全过程，涉及各个生产环节和生产部门，要从综合的角度考虑问题，分析到每个生产环节，弄清各种因素，协调各种关系，系统地加以解决，既以预防为主，又强调防治结合、齐抓共管、综合治理。

3）战略性与紧迫性。清洁生产是在全球工业污染泛滥成灾的关键时期提出来的，是降低消耗、预防污染、实现可持续发展的战略性大问题，绝不可等闲视之，要从战略的高度去认识它、对待它，强调实施清洁生产的紧迫性。

4）长期性与动态性。清洁生产是一个长期的运作过程，不可能一下子完成，要充分认识到它的艰巨性、复杂性和反复性，要坚持不懈、永久运作。同时要认识到清洁是与现有工艺产品相比较而言的，随着科学技术的发展和人们生活水平的提高，需要不断提升清洁生产的水平，不断改进和完善清洁生产。

3. 现场清洁生产的措施

清洁生产的基本目标就是"节能、降耗、减污"，即提高资源利用率，减少和避免污染物的产生，保护和改善环境，保障人体健康，促进经济与社会的可持续发展。

为了实现清洁生产，必须做到以下几点：

1) 调整和优化经济结构与产品结构，解决影响环境的"结构型"污染和资源、能源的浪费，科学规划，合理布局。

2) 在产品设计和原料选择上，优先选择无毒、低毒、少污染的原材料，从源头消除危害人类和环境的因素。

3) 改革生产工艺，开发新工艺技术，开展资源综合利用，改造和淘汰陈旧设备，提高企业的技术创新能力，提高资源和能源的利用率。

4) 强化科学管理，改进操作方法，落实岗位责任，将清洁生产的过程融入生产管理过程中，将绿色文明渗透到企业文化中，提高企业职工的职业素质。

5) 加强能源管理。为了做好能源管理工作，必须采取如下具体措施：

① 积极履行节能职责，认真进行节能业绩考核。

② 认真开展能源消耗统计核算工作。

③ 认真执行能源消耗定额。

④ 随时检查耗能设备运行情况，杜绝跑、冒、滴、漏，消除长流水现象，严格掌握、控制设备预热时间，杜绝空车运行。

⑤ 未经允许不得私接耗能设备、设施、器具。

案例分析

【案例分析 2-1】 凯西灯具集团有限公司多品种、小批量生产计划编制方法

凯西灯具集团公司的产品规格有数百上千种之多。销售的品种规格繁多，各规格不一定每月都销售，每月也可能新增规格销售。这种典型的多品种、小批量情况，对生产管理人员凭记忆、经验管理的传统方法提出了巨大挑战。公司车间管理人员结合 Excel 软件，提出多品种、小批量生产条件的生产计划编制方法。

合理的生产计划，作为生产技术准备、任务及作业安排工作的依据，使制造企业的各环节围绕运转，有条不紊。首先通过 Excel 软件对销售、生产时间等进行分析、运算，从时间、数量方面把握生产期量标准，为编制计划提供条件。

1. 库存计划

库存计划是生产计划不可缺少的部分。对"非常用产品"，不安排库存。对"常用产品"，分别确定其最低库存、预警库存和最高库存。

(1) 最低库存量 可按"平均日销量""平均批生产周期"计算。例如，平均一批产品的生产周期是 4 天，即至少应以满足 4 天的销售需要作为最低库存。

(2) 预警库存 由于规格繁杂的产品必定是批量性间隔投入，轮番生产。预警库存量可按"平均日销量（投入间隔期+平均批生产周期）"计算。例如，平均一批产品的生产周期是 4 天，平均间隔 3 天投入一批，即至少应以满足 7 天的销售需要作为预警库存。

(3) 最高库存 库存越大，生产的压力就越小，但资金占压就越大。这应由企业的销售状况、财务状况、生产能力、供应条件等综合求得一个平衡点。原则上，最大库存不应超过一个月的销售量。

2. 常用产品的生产计划

(1) 计划时间 应在每月 25 日前编制下月的生产计划，下达至相关部门，以便早做

准备。

（2）计划数量　常用1级、常用2级、常用3级产品，按下式计算：

下月计划生产量＝预计下月销售量＋预计下月末库存－预计本月末库存

其中，预计下月末库存即为设定的最高库存，本月末库存采用预计数。

3. 非常用产品的生产计划

对"非常用产品"，原则上不下达确定的生产计划量，而由生产管理人员根据市场信息、订单情况，结合最近半年、最近3个月的销售趋势，酌情安排。

4. 生产计划的调整

按以上方法拟订的生产计划数量，针对的是常用的产品规格（基本不会积压），由于加上了标准误差的调整，因此有偏大的趋向。实际工作中，销售波动较大时，可以通过库存来调节：

1) 当库存量低于最低库存时，应紧急安排生产，补充安全库存。

2) 当库存量低于预警库存时，应着手考虑安排生产，预备补充库存。

3) 当库存量超过最高库存时，应了解并分析销售情况，或放缓生产节奏。

4) 对于虽然是"常用产品"，但在最近3个月却没有发生过销售的品种规格，应审慎考虑其销售趋势，综合市场反馈信息和其他情况，谨慎安排生产。

5) 对于虽然是"非常用产品"，但在最近3个月中，有2个月或2个月以上发生过销售的品种规格，可能预示了潜在的销售趋势，应给予特别关注。

【案例分析问题】

1) 你从凯西灯具集团公司的生产计划编制方法中学到了哪些经验？

2) 试分析凯西灯具集团公司生产计划编制方法的优点。

【案例分析2-2】　权智集团的"5S活动"现场管理

权智集团成立于1993年，1998年在香港联合交易所上市，为香港少数拥有强大科研实力的电子词典及翻译机、个人数码助理、通信产品、数码录音器等的生产厂商之一。产品品牌包括"快译通"和"快驿通"，都已深入民心。除自建品牌外，集团还利用其科研实力，替海外极具规模的公司做"合约生产"，产品包括各种类型的掌上电子产品，满足用户对数据处理、通信及信息的需求。

权智集团生产基地设于东莞，业务遍及中国、东南亚、中东、欧洲和北美。

长期以来，权智集团对品质的要求都是精益求精的，自1994年开始推行各种提高品质的活动，包括ISO 9001系统、品质改善小组、业务自我评审、员工提案计划、品质管理圈及全面品质管理。毫无疑问，提高品质对业务发展是非常重要的。

权智集团自1998年起，采用了"5S活动"现场管理，在香港公司及东莞厂部全面实施，目的就是要将"不断提高品质"这一目标再提高一步。管理层希望通过"5S活动"的推行，提高公司的效率和生产力，从而提升公司的形象和客户的满意度，使所有员工工作得更愉快、更投入。

因为东莞厂部的员工较多，楼面面积也较大，所以投放到"5S活动"的资源也比较多。首先，集团采用民主的方式，经过投票，选出了一个"5S活动"推行委员会，成员来自不同部门，以确保全面参与。

其中主要的措施包括：
1) 聘请精于"5S活动"的专家为员工进行培训。
2) 在公司内部刊物上刊登关于"5S活动"的文章。
3) 在公司醒目的地方增设"5S活动"专栏，刊登有关消息。
4) 举办标语及口号比赛。
5) 在文娱节目中加入"5S活动"的内容，力求"5S活动"进入生活的各个层面。

活动的成功与否，最有效的方法是进行检查。集团的检查工作有以下三个层次：
1) 每月一次或两次的"定期检查"。
2) 推行委员会联同公司高层进行复查。
3) 由外聘专家进行检查。

在香港，活动的推行规模比较小，但认真程度毫不逊色，每月举行"5S活动"比赛，员工都非常投入。

经过一年多的实施，"5S活动"带给权智集团以下好处：工作环境清洁、整齐，增加了员工的工作投入感；工作事故大大减少；员工的效率得以提高；工作程序更为顺畅，减少了时间和金钱的损失；给参观者以良好的印象。

1998年10月，该集团荣获香港特区政府颁发的品质和生产力大奖，对此成就，"5S活动"可谓功不可没。

【案例分析问题】

1) 权智集团采取了哪些措施来推行"5S活动"？
2) 权智集团实施"5S活动"，达到"不断提高品质"这一目标了吗？

【案例分析2-3】 沈阳机床厂总装车间关于"低级问题七大害"的看板

1. 低级问题的定义

低级问题是指非智力、能力因素所导致，而是在工作中不注意细节，工作态度不端正，责任心差造成产品出现的问题。

2. 低级问题的分类

1) 松。松是指螺钉、顶丝、背帽等紧固零件松动，销子没打住，不对销，止退垫圈、卡爪不到位，顶丝、紧固铁丝未捆绑到位或断裂。
2) 掉。掉是指各定位销、螺钉、键配合不好，造成脱落，无关件、多余件掉入机床内部的现象。
3) 漏。漏是指各密封处漏油，回油不通，油管润滑位置不正确，以及密封胶溢流、未清理等现象。
4) 脏。脏是指表面及内部有铁屑、螺钉、油泥等杂物。
5) 锈。锈是指床身、立柱、下导座导轨面、工作台面、平旋盘、立轴外圆及端面锈蚀等。
6) 磕。磕是指外观及导轨表面出现凹坑、凸起等磕伤现象而未被修复。
7) 下塞尺。下塞尺是指各部压板、导轨、镶条、立柱与床身结合面、立轴轴承端面出现的下塞尺现象。

【案例分析问题】

从沈阳机床厂"低级问题七大害"的看板你看到了该厂在管理方面的哪些可贵之处？

【案例分析 2-4】 三洋制冷的质量管理措施

在三洋制冷的生产现场，根本看不到在其他企业内常见的手持检测仪器进行质量检查的检查员的身影，但是三洋制冷的溴化锂吸收式制冷机的产品质量却遥遥领先于国内同行业厂家而高居榜首，这正是三洋制冷在全公司内推行"零缺陷"的质量管理的结果。

三洋制冷在用最先进的检测仪器检测产品的最终质量的同时，采用了和绝大多数企业完全相反的质量管理方法，取消工序检查员，把"质量三确认原则"作为质量管理的最基本原则，即每一位员工，都要"确认上道工序零部件的加工质量，确认本工序的加工技术质量要求，确认交付给下道工序的产品质量"，从而在上下工序间创造出一种类似于"买卖"关系的三洋制冷特有的管理现象。

上道工序是市场经济中的"卖方"，下道工序是"买方"，是上道工序的"用户"。如果"卖方"质量存在问题，则"买方"可拒绝购买，不合格品就无法继续"流通"下去。三洋制冷正是通过这种"买卖化"的独特的质量管理方式，形成了没有专职检查员，但每个员工都是检查员的人人严把质量关的局面，从而保证了"不合格品流转为零"的目标得以实现，确保最终生产出近乎完美的零缺陷产品。

"三确认"变单纯的事后控制为事前预防、事中控制、事后总结提高的管理模式，以员工工作质量的提高使产品质量得到有效保证和改善，使员工做到了集生产者与检查者于一身。它能预防和控制不合格品的发生和流转，强调第一次就要把事情做好，追求零缺陷，用自身的努力最大限度地降低损失，从而实现了"3N"的工序质量控制目标。"3N"即不接受不合格品，不生产不合格品，不转交不合格品，达到了"不合格品流转率为零"的工序质量控制目标。

【案例分析问题】

1）三洋制冷公司在质量管理上采取了何种特有的措施？
2）三洋制冷公司是如何实现"零缺陷"的？

【案例分析 2-5】 江西中烟卷烟厂设备管理的新模式

江西中烟卷烟厂实行现代 TPM 设备管理模式，探索一条适合本厂实际的、科学适用的设备管理与维修的路子，走出具有自己特色的设备管理模式，以适应快速发展的烟草企业生产的需要，主要工作如下：

1）开展设备的零故障、零缺陷管理和效率管理的设备管理方式。
2）加强设备管理和维修队伍成本观念的建设。
3）以节能降耗、提高设备效能为目的来展开设备的维修工作。
① 优化各种检修方法加强设备的维修效果。

② 推进修理、改进、改造相结合的维修方法。
③ 追求维修成本最低化的维修。
④ 加大自主维修的工作力度。
⑤ 提倡修旧利废，降低维修费用。
⑥ 结合多种维修方法，实现维修降耗目的。

4) 全面实行 TPM 现代设备管理新模式。
① 确立新的管理目标，完善设备管理考核内容。
② 大力推进现代化管理方法和手段，不断深化"点检定修制"。点检定修制是"以点检制为核心的设备管理模式"，它将围绕设备的点检、检修、使用三者进行展开，"点检"是定修的基础，"定修"是"点检"的目的，设备的良好"使用"是最终的目的。点检员要随时掌握设备技术状态，并按状态决定设备的检修内容，安排检修时间，提出备件计划，有效地防止设备失修或过剩维修，实现从点检中发现问题到定修中具体解决问题，体现"发现问题比解决问题更重要"的预防为主的管理理念。
③ 加强技术培训，提高职工技术素质。
④ 建立设备管理的激励机制和自我约束机制。
⑤ 大力进行计算机管理，以提高工作效率和工作质量。

【案例分析问题】

1) 江西中烟卷烟厂设备管理的经验有哪些？
2) 江西中烟卷烟厂实行现代 TPM 设备管理模式给了我们什么启示？

【案例分析 2-6】 中诚中药股份有限公司中心丸剂生产车间物料管理制度

中诚中药股份有限公司中心丸剂生产车间为加强车间物料管理，推行了一系列物料管理制度，着重加强三种制度建设。

（1）复核管理制度 复核管理制度主要包括以下三个方面的复核。第一，复核所有从其他车间及仓库流入的物料数量、质量情况；第二，车间内部各工序之间物料的流转，从中间站领取物料的相互复核；第三，对生产过程中各物料投入是否正确、投入比例与投入量是否符合工艺要求的复核等。复核管理制度不仅避免了领料、投料过程中问题的出现，而且保证使用物料的质量、数量与要求相符，减少了误差。

（2）挂牌管理制度 挂牌管理制度包括物料牌的填写、状态表示牌的正确放置及状态改变时的及时更换、物料牌掉落后不任意插牌等方面的要求，避免了物料混淆事故的发生。

（3）物料存放制度 明确了所有物料在存放过程中的码放原则、存放过程中需注意的事项等。规范了物料的摆放，能有效避免误差的发生。

这一系列物料管理制度的推行，使车间物料管理水平有了很大提高。

【案例分析问题】

中诚中药股份有限公司中心丸剂生产车间的物料管理制度给了我们什么启示？你还有何建议？

【案例分析2-7】 小事情，大教训

事件一：某纺织厂有个规定，试车的时候不能戴手套。赵军是厂里的老员工，多次被厂里评为优秀员工，有很丰富的工作经验。也许正是这些经验让这位德高望重的老员工存在一种侥幸的心理，经常在试车的时候违规戴手套。碍于情面，班长王刚也不好说他什么，就私下叫小明去提醒他注意一些。小明刚说完，赵军满不在乎地说："放心了，不会有什么问题的。我吃的盐比你吃的饭还多呢！"

结果，在一次试车中，手套绞入了机器里面，把手也带了进去，鲜红的血洒了一地，一幕惨剧发生了。

事件二：某煤机厂职工杨瑞正在摇臂钻床上进行钻孔作业。测量零件时，杨瑞没有关停钻床，只是把摇臂推到一边，就用戴手套的手去搬动工件，这时，飞速旋转的钻头猛地绞住了杨瑞的手套，强大的力量拽着杨瑞的手臂往钻头上缠绕。杨瑞一边喊叫，一边拼命挣扎，等其他工友听到喊声关掉钻床，他的手套、工作服已被撕烂，右手小拇指也被绞断。

【案例分析问题】

通过上述事故案例，你想到了什么？

思考与练习

1. 解释下列术语：生产过程、生产类型、生产调度、工艺专业化、对象专业化。
2. 简述广义的生产过程组成；简述合理组织生产过程的基本要求。
3. 简述准时生产的特点及意义。
4. 试说明新产品开发有何意义。
5. 解释下列术语：质量、质量管理八项原则、过程能力、质量改进、PDCA循环。
6. 简述全面质量管理的特点及其基础工作。
7. 分析产品的设计、制造、检验与产品质量的关系。
8. 简要说明企业设备管理的目标和内容。
9. 简要说明车间设备的使用必须满足操作设备的"三好""四会""四项要求""五项纪律"的具体内容。
10. 何谓工艺装备？常用的工艺装备如何分类？
11. 试说明工艺装备管理的基本要求。试说明工艺装备管理的保管制度和使用制度。
12. 车间现场物料管理有哪些主要内容？车间物料管理需要解决哪些问题？
13. 节能降耗有何意义？如何节能降耗？
14. 何谓安全生产？它有哪些特点？现场生产应采取哪些安全技术措施？
15. 何谓劳动保护？它包括哪些基本内容？
16. 现场开展环境保护活动有何意义？

第三章 现场管理的制度与队伍建设
CHAPTER 3

学习目标

【知识目标】

1. 熟悉规章制度的概念，了解现场规章制度建设的意义。
2. 熟悉现场规章制度的分类及其内容；了解现场规章制度的制定原则。
3. 熟悉现场领导干部的素质要求；了解现场领导班子的组合原则；熟悉现场领导干部应具备的基本素质和能力。
4. 熟悉现场管理对管理职员的基本要求。

导读案例

【导读案例3-1】 某电子厂的车间规章制度

第一章 总 则

第一条 为确保生产秩序正常运作，持续营造良好的工作环境，促进本企业的发展，结合本企业的实际情况特制定本制度。

第二条 本规定适用于本公司生产相关全体员工。

第二章 员 工 管 理

第三条 工作时间内倡导所有员工说普通话，在工作及管理活动中严禁有省籍观念或行为区分。

第四条 全体员工须按要求佩戴厂牌（应正面向上佩戴于胸前），穿厂服。不得穿拖鞋进入车间。

第五条 每天正常上班时间为8小时，晚上如加班依生产需要临时通知。每天上午8：30前各班组的出勤情况报给人事部门，若晚上需加班，在下午17：30前填写加班人员申请表，报经理批准并送人事部门作考勤依据。

第六条 按时上下班（员工参加早会须提前5分钟到岗），不迟到，不早退，不旷工

（如遇赶货，上下班时间按照车间安排执行），有事要请假。上下班须排队依次打卡，严禁代打卡及无上班、加班打卡。违者依考勤管理制度处理。

第七条　工作时间内，除组长以上管理人员因工作关系在车间走动外，其他人员不得离开工作岗位相互串岗，若因事需离开工作岗位须向组长申请并佩戴离岗证方能离岗。

第八条　上班后半小时内任何人不得因私事而提出离岗，如有私事须离岗者，须经事先申请经批准登记方可离岗，离岗时间不得超过15min，请假离岗5次按旷工1天处理。

第九条　员工在车间内遇上厂方客人或厂部高层领导参观巡查时，组长以上干部应起立适当问候或有必要的陪同，作业员照常工作，不得东张西望。集体进入车间要相互礼让，特别是遇上客人时，不能争道抢行。

第十条　禁止在车间聊天、嬉戏打闹、吵嘴打架、私自离岗、串岗等行为（注：脱岗指打卡后脱离工作岗位或办私事；串岗指上班时间串至他人岗位做与工作无关的事），违者依员工奖惩制度处理。

第十一条　作业时间谢绝探访及接听私人电话，进入车间前，须换好防静电服（鞋），将钥匙、手机等物品放进与厂牌编号一致的保险柜。

第十二条　未经厂办允许或与公事无关时，员工一律不得进入办公室。非上班时间员工不得私自进入车间，车间内划分的特殊区域未经允许不得进入。

第十三条　任何人不得携带违禁物品、危险品或与生产无关的物品进入车间；不得将私人用品放在流水线上，违者依员工奖惩制度处理。

第十四条　车间严格按照生产计划排产，根据车间设备状况和人员，精心组织生产。生产工作分工不分家，各生产班组须完成本组日常生产任务，并保证质量。

第十五条　车间如遇原辅材料、包装材料等不符合规定，有权拒绝生产，并报告上级处理。如继续生产造成损失，后果将由车间各级负责人负责。

第十六条　员工领取物料必须通过物料员，不得私自拿取。生产过程中各班组负责人将车间组区域内的物品、物料有条不紊地摆放，并做好标识，不得混料。有流程卡的产品要跟随流程卡。

第十七条　员工在生产过程中应严格按照质量标准、工艺规程进行操作，不得擅自更改产品生产工艺或装配方法。

第十八条　在工作前仔细阅读作业指导书，员工如违反作业规定，不论是故意或失职使公司受损失，应由当事人如数赔偿（管理人员因管理粗心也受连带处罚）。

第十九条　生产流程经确认后，任何人均不可随意更改，如在作业过程中发现有错误，应立即停止并通知有关部门负责人共同研讨，经同意并签字后更改。

第二十条　在工作时间内，员工必须服从管理人员的工作安排，正确使用公司发放的仪器、设备。不得擅用非自己岗位的机械设备、仪表仪器、计算机等工具。对闲置生产用具应送到指定的区域放置，否则以违规论处。

第二十一条　车间员工必须做到文明生产，积极完成上级交办的生产任务；因工作需要临时抽调，服从车间组长级以上主管安排，协助工作并服从用人部门的管理，对不服从安排的将上报公司处理。

第二十二条　车间员工和外来人员进入特殊工作岗位应遵守特殊规定，确保生产安全。

第二十三条　修理员在维修过程中好、坏物料必须分清楚，必须做上明显标志，不能混料。设备维修人员、电工必须跟班作业,保证设备正常运行。

第二十四条　员工有责任维护工作区的环境卫生,严禁随地吐痰,乱扔垃圾。在生产过程中要注意节约用料,不得随意乱扔物料、工具,掉在地上的元件必须捡起。

第二十五条　操作人员每日上岗前必须将机器设备及工作岗位清扫干净,保证工序内的工作环境的卫生整洁,工作台面不得杂乱无章,生产配件须以明确的标识区分放置。

第二十六条　下班时应清理自己的工作台面。当日值日生打扫场地和设备卫生并将所有的门窗、电源关闭。否则,若发生失窃等意外事故,将追究值日生及车间主管的责任。

第二十七条　加强现场管理,随时保证场地整洁、设备完好。生产后的边角废物及公共垃圾须清理到指定位置,由各组当日值日人员共同运出车间;废纸箱要及时拆除,不得遗留到第二天才清理。

第二十八条　不得私自携带公司内任何物品出厂(除特殊情况需领导批准外),若有此行为且经查实者,将予以辞退并扣发当月工资。

第二十九条　对恶意破坏公司财产或有盗窃行为(不论公物或他人财产)者,不论价值多少一律交公司行政部处理。视情节轻重,无薪开除并依照盗窃物价款的两倍赔偿或送公安机关处理。

第三章　员　工　考　核

第三十条　考核的内容主要是个人德、勤、能、绩四个方面。其中:
1)"德"主要是指敬业精神、事业心和责任感及道德行为规范。
2)"勤"主要是指工作态度,是主动型还是被动型等。
3)"能"主要是指技术能力,完成任务的效率,完成任务的质量、出差错率的高低等。
4)"绩"主要是指工作成果,在规定时间内完成任务量的多少,能否开展创造性的工作等。以上考核由各班组长考核,对不服从人员,将视情节做出相应处理。

第三十一条　考核的目的:对公司员工的品德、才能、工作态度和业绩做出适当的评价,作为合理使用、奖惩及培训的依据,促使增加工作责任心,各司其职,各负其责,破除"干好干坏一个样,能力高低一个样"的弊端,激发上进心,调动工作积极性和创造性,提高公司的整体效益。

第四章　附　则

第三十二条　生产部全面负责本管理制度的执行。

第三十三条　本制度由公司生产部负责制定、解释并检查、考核。

第三十四条　本制度报总经理批准后施行,修改时亦同。

第三十五条　本制度自××××年9月1日起施行。

【导读案例3-2】　金堆城钼业股份有限公司车间班组长队伍建设

班组长的地位和作用在企业中是极其重要的,对班组长的管理、考核、培训便成了企业中不可或缺的工作。金堆城钼业股份有限公司车间班组长队伍建设主要表现在以下几个方面:

1. 对班组长的管理

班组长是企业的后备力量,需要企业规范地管理。首先要制定合理的管理制度,使得管理的时候有所依据。制度要具体地说明担任班组长的条件、需要具备的素质、待遇的高低、奖罚的原则、自身的权利和义务等有关方面。其次要加强各方面的监督,班组长要在上级干部和管辖员工的监督下积极地做好自己的工作。企业可以设置举报箱和表扬箱来勉励班组长。最后要增加班组长的紧迫感,有工作能力的、业绩好的班组长可以继续担任。同时,不阻止其他优秀员工公平地竞争这个岗位。

2. 对班组长的考核

针对班组长的考核,首先要建立考核档案,使考核有条理地进行;其次要制定完善的考核制度,使考核有明确的依据;最后要定期进行考核,并做好总结工作,这样的考核结果才能真正作为提拔、奖励的依据。

3. 对班组长的培训

班组长每年需要一到两次的集中培训。首先要根据企业的需要和培训方的条件制订培训课程;其次在培训内容上要做足工作,设定循序渐进的板块。如分为自我素质与能力的管理、团队建设与拓展的管理、现场实务与生产的管理、工作交流等一系列课程内容的设置。

第一节 现场规章制度概述

一、现场规章制度及规章制度建设的意义

1. 规章制度的概念

现代工业生产是一个极其复杂的过程,必须合理地组织劳动者与机器设备、劳动对象之间的关系,合理地组织劳动者之间的分工协作关系,使企业的生产技术经济活动能按一定的规范向既定的经营目标协调地进行。要做到这一点,必须有合理的规章制度,对人们在生产经营活动中应当执行的工作内容、工作程序和工作方法有所规定。所谓规章制度,就是指企业对生产技术经营活动所制定的各种规则、章程、程序和办法的总称,是企业与劳动者在共同劳动、工作中所必须遵守的劳动行为规范。

现场规章制度主要是指车间和班组的规章制度。

2. 规章制度建设的意义

搞好现场规章制度建设,其意义在于:

1) 规章制度是企业全体职工所共同遵守的规范和准则。有了规章制度,就使企业职工的工作和劳动有章可循,做到统一指挥、统一行动,人人有专责,事事有人管,办事有依据,检查有标准,工作有秩序,协作有契约。

2) 企业的规章制度体现企业与劳动者在共同劳动、工作中所必须遵守的劳动行为规范,是企业内部的"立法"。加强现场规章制度建设,可以合理利用人力、物力、财力资源,进一步规范企业管理,保证生产经营活动顺利、平稳、流畅、高效地进行。

3) 制定企业规章制度是建立现代企业制度的需要。

4）企业的规章制度是完善"劳动合同制"，解决劳动争议不可缺少的有力手段，可以用来裁决企业中可能发生的种种冲突，有助于抑制企业可能出现的任意行为。

3. 规章制度的功能

规章制度的主要功能有以下几点：

1）规范管理，能使企业经营有序，增强企业的竞争实力。
2）规范、指引员工的行为，能提高工作效率，保证工作质量，增强管理效果。
3）遵守规章制度，能培养员工的良好工作习惯和优良的工作作风。
4）具有法律的补充作用，有利于企业的正常运行和发展。

二、现场规章制度的种类

企业规章制度繁多，就车间范围来看，按其所起的作用和应用范围，大体可分为岗位责任制度、现场管理制度、技术标准与技术规程三类。

1. 岗位责任制度

岗位责任制度是按社会化大生产分工协作的原则制定的制度。它明确规定车间、班组每个工作岗位应该完成的任务和所负的责任及其相应的权力。这种按工作岗位确定的责任制度，不论谁在哪个工作岗位上工作，都要执行该岗位的责任。这对稳定生产秩序，提高劳动生产率有着十分重要的作用。

2. 现场管理制度

现场管理制度是指有关整个车间、班组管理方面的制度，主要有以下几项：

1）职工考勤管理制度。该制度规定职工请假的手续及对各种类别请假的处理办法，规定了职工的考勤办法。

2）思想政治工作制度。该制度规定各级管理人员以及党员思想政治工作的任务和责任，提出思想政治工作的内容、形式和方法。

3）职工奖惩制度。规定职工受奖的条件和等级，规定了受惩罚的范围和类别，明确了从车间主任到班组长的奖惩范围和权限。

4）车间、班组工资奖金及职工福利费管理制度。根据企业工资奖金分配原则，制订本车间具体的分配和管理办法。

5）设备维修保养制度。明确设备维护保养的具体要求，落实责任，制订本车间、班组的设备维修计划。

6）交接班制度。确定交接班的内容、纪律和时间要求，严格交接班手续。

7）仓库保管制度。明确物资出库、入库手续，加强物资保管的"三防"（防火、防腐、防盗）措施。

8）低值易耗品及废旧物资回收利用管理制度。

9）安全生产制度。它包括安全生产责任制度、教育制度、检查制度、事故处理制度、职业病防治制度等。

10）环境保护制度。它包括切屑、废渣、废水、废气、废料、有毒物品处理制度，现场过道物品摆放制度，现场各种看板、宣传示板、通知广告等的张贴制度等。

3. 技术标准与技术规程

技术标准和技术规程是由企业制订的，车间和班组主要是贯彻执行这些标准和规程。

技术标准通常是指产品技术标准。它是对产品必须达到的质量、规格、性能及验收方法，包装、储存、运输等方面的要求所做的规定。此外，还有零部件标准、原材料、工具、设备标准。技术标准是职工在生产技术活动中共同的行为准则。

技术规程是为了执行技术标准，保证生产有秩序地顺利进行，在产品加工过程中指导操作者操作、使用和维修机器设备及技术安全等方面所做的规定动作。一般有工艺规程、操作规程、设备维修规程和安全技术规程等。

车间和班组在执行企业颁布的技术标准和技术规程时，如发现某些规定不符合实际，或者有缺陷，必须报请企业有关职能科室进行验证，然后进行修改、完善，制定出新的规定后由主管领导批准实施。

第二节　现场规章制度的制定及贯彻执行

一、现场规章制度的制定

依法制定规章制度是企业内部的"立法"，是企业规范运行和行使用人权的重要方式之一，这是一件十分严肃的工作，既影响企业的正常运作，又影响企业的人文环境。因此，切不可认为制定规章制度之事就是制定几个文件那么简单。

制定规章制度的程序包括：立项、起草、征集意见、协商、审核、签发、公布、备案、解释、修改、废止。其中起草、征集意见、协商、审核、签发、公布是必要程序。

制定规章制度应遵循以下原则：

1）合理可行原则。规章制度要符合国家政策、法令，有法可依，并且人人都能做到，不可别出心裁、随心所欲、过分严苛，造成员工工作时情绪紧张，人人自危，难以适应。

2）契合实际原则。制定规章制度既要吸收兄弟单位的先进经验，又要符合本单位的实际，还要与空间环境相适应，要体现价值特征，与企业内在的价值观吻合，符合本车间、本工种的实际，不要列举那些远离实际的无用条款。

3）与时俱进原则。制定规章制度既要继承以前的成功条例，又要结合企业发展的要求，随时间而演化，根据变化了的国际国内形势和国家政策，拟定符合时局的条款。

4）民主集中原则。规章制度应当经职工代表大会或全体职工讨论，提出方案和意见，与工会或职工代表平等协商确定，贯彻民主集中制。一定要按照民主协商、多次讨论、表决通过、上报审核、行文公布的程序进行。

5）惩劣奖优原则。从某种意义上讲，规章制度就是一种赏罚条款，因此条例要明晰可鉴，应明确规定奖赏与处罚，绝不可模糊不清。规章制度应达到奖励优秀、惩罚劣行的效果。

6）相对稳定原则。规章制度应力求完整、全面、科学，一旦建立和实施，就应坚持有效地执行，保持相对稳定。不能因为某些特殊情况的出现而反复修订，朝令夕改。即使需要修改，也应如同初始制定一般，按程序制定，绝不可某个人说了算。

认真遵循以上原则制定出来的规章制度，一定能真正提升企业管理水平，调动职工生产积极性，促进经营活动的顺利运作，发挥制度应有的经济效益和社会效益。

二、现场规章制度的贯彻执行

规章制度制定出来后，不是用来欣赏的，而是用来贯彻执行、发挥作用的。制定一个合理的规章制度有一定的难度，而执行规章制度有时会感到更有难度，其主要原因是：规章制度是和人打交道，人的思想、情绪、状态等是不同的，而且总是在变化之中。因此，贯彻执行规章制度是一份具体细致、考验人处理问题能力的工作。

要想顺利地贯彻执行规章制度，应做到以下几点：

1）领导带头，上下一心。通过民主集中制产生的规章制度，是企业内每个人都应遵守的行为规范，对每个人都有约束作用，绝不只是领导用来管理下属员工的工具。因此，领导应率先垂范，模范执行。这样就能上下一心，共同遵守，规章制度也就一定能顺利执行。

2）广泛宣传，重点培训。贯彻执行规章制度，首先要进行思想教育，要考虑员工的感受，积极沟通，必须落实到每位员工，强调集体意识；要教育员工防患于未然，不要等到出错非要处理不可。对有些光靠传达文件不能很好贯彻的项目，必须开展针对性的培训。

3）公平公正，不徇私情。规章制度一旦建立，必须坚决执行，但一定要公平公正，不徇私情。徇私情是执行制度的大敌，一定要杜绝。在执行力度上要逐渐强化，尤其是一些新条例的起始执行阶段，要让员工有一个习惯过程，避免情绪波动。

4）检查评比，铸就习惯。规章制度既然是一种行为规范，那它的每一条款必然会在行为中反映出来，只不过这些行为受到一些约束。显然，如果一个人从前的行为早已是这样的，那么约束对其显然不起作用；如果一个人从前的行为不是这样的，那么他对这些约束显然会不适应，甚至产生抵触。因此，要使执行规章制度成为所有人的自觉行动，必须有个过程。在这个过程中，企业、车间可以采取经常性的评比活动，树立榜样，培养良好的企业风气，使执行规章制度成为员工的自觉行动和习惯。

显然，加强企业的规章制度建设，认真贯彻执行规章制度，对于改良企业的精神风貌，促进企业的文明建设，是一项不可或缺的措施。

第三节 现场领导班子的建设

工业企业是从事生产经营活动的经济实体，这个实体的基层现场生产单位通常称之为车间。车间具有相对的完整性和独立性。车间工作千头万绪，企业的各项生产任务都要落实到各个车间去完成，为此，必须由车间党、政、工、团的负责人组成车间领导核心，这个核心就是车间的现场领导班子。车间领导班子的素质和能力，直接决定着现场管理工作的成效，关系到企业分配给车间的生产任务能否如期完成，关系到企业整个生产经营活动能否顺利进展。

此外，班组长作为车间生产现场生产活动的直接组织者和指挥者，是企业中最基层的负责人，这是一支数量庞大的队伍。在实际工作中，经营层的决策只有通过班组长的有力支持和密切配合，才能得以落实。班组长的工作直接关系到企业的生产经营目标能否实现。因此，班组长的建设对于现场管理来说十分重要。

一、车间领导干部的角色认知与素质要求

1. 车间领导干部的角色认知

车间领导干部在企业里的角色和功能定位，与厂部领导干部和管理人员有很大的不同。车间是企业里基层的生产和行政单位，车间基层领导人员，在企业扮演着以下角色：

1）车间领导干部是企业里最直接的基层管理者。企业所有生产经营计划和指令，都必须通过车间领导干部而落实到车间、工段、班组去执行，车间领导干部的素质、能力和威信直接关系到企业生产经营活动的成败；车间领导人员每天和职工在一起工作、学习和生活，是对职工最具影响、最受职工尊敬和信赖的人，是最能带领广大员工共同奋斗的"领头羊"。

2）车间领导干部是厂部领导的部属和幕僚。在组织系统里，车间领导干部既是厂部的部属，又是厂部的幕僚；既是厂部生产经营决策的执行者，又是厂部生产经营决策的参谋。因此，车间基层干部在工作上应全力与厂部配合，不折不扣地支持和执行厂部的所有决议，协助厂部领导完成生产经营指标，做一个好的部属；同时还要积极参与厂部的决策活动，认真收集、及时反映群众的要求和建议，为企业的发展献计献策。

3）车间领导干部要当好职工的师长和朋友。车间领导干部在组织关系上是领导，但在工作中更多地要当个好导师，既要帮助员工不断更新思想观念，适应时代潮流，又要在生产技术、工艺规程等方面耐心细致地加以指导。在生活中，车间领导干部还应像兄长一样，关心、照顾职工的健康、学习、生活和家庭，和职工打成一片，甘苦与共，做知心朋友。只有这样，全车间职工才能同舟共济，团结一心为企业的发展和繁荣努力奋斗。

4）车间领导是企业厂级领导的后备干部。担任车间领导干部是自我提升的最好机会。车间基层领导干部，官虽小，管的人和事却不少，责任也很大，正是磨炼自己、积累工作经验的好机会。车间基层干部应该自觉严格要求自己，为自己承担更大的责任打好基础，使自己逐步成为企业厂级领导的后备干部。

2. 车间领导干部的素质要求

领导干部的素质是指从事领导工作必须具备的基本条件，以及在领导工作中经常起作用的内在要素的总和。作为企业基层生产一线的管理者，车间领导干部应具备下列基本素质。

1）政治素质。政治素质主要体现在政治方向、思想境界、价值观念、政治道德和职业道德等方面。我国的企业车间领导干部应当具有社会主义信念、民主法制观念和爱国主义、集体主义精神，具有以人为本的价值观念，具有光明正大、办事公正、热心为民、踏实肯干、不怕脏、不怕苦的优良品德，才能率领车间全体职工沿着正确的生产经营方向团结奋进，为企业、为国家、为人民做出贡献。

2）知识素质。车间处于生产第一线，直接从事产品的加工，车间领导干部必须具有相关的专业技术理论知识和基本操作技术，以内行的身份领导和指导本车间的生产技术经济活动。此外，车间领导干部还应该具有行政管理、职工教育、生活管理等方面的知识。车间是企业里一个相对独立的集体组织，车间领导干部不仅要有专业生产知识，还应尽可能具备更多的综合知识，以满足领导和管理工作需要。

3）能力素质。车间领导干部的能力素质主要包括创新能力和综合能力。创新能力是企业领导干部最基本的能力素质，表现为洞察力、预见力、决断力、推动力、应变力等。综合能力主要包括信息获取能力、知识综合能力、利益整合能力、组织协调能力等。车间领导工作，既有对具体的生产技术活动的组织领导，又有对基层职工管理教育的各种事务，需要车间领导人具有较强的综合管理能力和实际操作能力。

4）心理素质。心理素质主要包括气质、性格、意志等几个方面。车间领导干部应当具有敢于决断、敢于负责的气质，竞争开放型的性格，坚忍不拔的意志，胸怀开阔地率领全体职工坚决执行厂部的决策和计划，努力完成生产任务，为实现企业经营目标提供低成本、高质量的合格产品。

5）身体素质。车间处于企业生产现场，条件比较艰苦，每逢任务紧急时还得突击加班，车间领导理所当然要亲临现场指挥，与职工一起苦干，没有健康的身体根本无法胜任这一工作。加之基层职工往往琐事繁多，遇事总得先找直接领导做出处理裁决，这样常使车间领导人日夜操心，奔波忙碌，没有强健的体魄很难应付得了。因此，车间领导干部一般应以身体健康的中青年为主。

二、车间领导班子的组合原则

所谓车间领导班子，从狭义上讲是指车间主任、书记、副主任等几名车间负责干部；从广义上讲还应包括工段长、职能组长，以及党、政、工、团四大组织的负责人。车间领导班子是企业生产第一线直接指挥生产的指挥部，必须结构合理、团结协调、责权明确、善于应变、富有凝聚力和战斗力。车间主任必须紧紧依靠这"一班人"才能做好车间领导工作。

车间工作的好坏，关键在于是否有一个坚强有力的领导班子。而要建立一个坚强有力的车间领导班子，必须遵循下列原则：

1）"核心至上"原则。班子的组合必须有利于领导核心的形成。领导核心主要是指整个领导班子团结协调、富有凝聚力和号召力。主要是配好一、二把手。一、二把手团结协调，"敢"字当头，就可以带着队伍出业绩。

2）"权责分明"原则。班子的组合必须做到分工合理，责权明确，做到人各有职，职各有其责，分工明确，责权清晰，不可出现职责空隙。既要避免争权夺利，又要避免互相推诿。班子成员要做到既有分工，又有合作，齐心协力共进退。

3）"优势互补"原则。班子的组合必须形成一种合理的"互补"结构。不仅要求班子成员有个体优势，而且要讲班子的最佳组合，相互之间取长补短、相得益彰，才能产生优化的整体功能，形成最强战斗集体。

4）"老中青结合"原则。老干部有经验、有威信，中年人年富力强，青年人有朝气。这三者结合既可有效地继承和发扬优良传统，保持经营秩序稳定，又有利于追赶时代潮流，激发创新积极性，还有利于吸收不同层次的人的意见，集思广益，开展各种活动，改进车间管理工作；更有利于鼓励年轻人积极向上，有利于培养接班人。

三、车间主任

1. 车间主任的角色地位

所谓车间主任，即车间生产行政负责人，他在厂长（经理）的领导下，全面组织和指挥车间的生产技术经营活动，对车间的生产成果向厂长（经理）负责。

车间是企业生产作业的地方，是生产诸要素的结合部，是使可能的生产力变成现实生产力的场所，也是企业经营的中间环节。车间的这种中间地位和作用，客观地决定了车间主任充当着三个具有双重性的角色。

（1）车间主任既是指挥者又是操作者　车间的主要任务是生产作业，对于公司来讲，车间主任处在生产第一线，而对于班组、工段来讲，车间主任又处在高级管理者的地位，正因为车间主任具有上下两重性，因此车间主任就必然是一个一线指挥者，同时又是个操作者，相当于一个指挥为主、示范为辅的教练员。

（2）车间主任既是生产管理者又是经营者　管理者在企业管理上大致分为三个层次，即高级管理者、中级管理者和基层管理者。车间主任和其他参谋机构的负责人均属于中间管理者，但车间主任又区别于其他的中间管理者。车间主任的管理职能具有双重性，车间主任既是生产管理者，又是经营者。说是管理者，他的主要职能是执行生产作业计划，说是经营者，是因为他又参与企业的其他经营计划，又要自觉地执行经营计划。

（3）车间主任既是信息的传递者又是信息的加工者　任何一个组织中的有效计划都离不开有关信息，车间也是如此。若使车间的生产作业系统正常运转，那么车间主任就必然充当着信息的传递和加工处理的角色。车间主任需要经常传递的有三种信息：一是计划信息，这种信息来自于生产计划部下达的各种任务和命令，对于这种信息车间主任要适时地传达下去，并把执行情况及时地反馈到计划部；二是控制信息，这种信息往往是供各级管理人员监督检查各种作业效果使用，如工时定额、材料定额、工艺纪律、质量情况等，对于这种信息车间主任也要按时上下传递，以确保完成车间和企业的经营目标；三是作业信息，这种信息与车间日常活动有关，包括物资、产量、质量、成本等各种基层统计报表、财务报表，对于这些信息车间主任也应有选择地传递。

2. 车间主任应具备的基本素质与能力

（1）车间主任应具备的基本素质　车间主任是车间的"领头羊"，处于多种矛盾交叉、多种困难并存、承上启下的特殊位置，责任重大，风险性高，因此他必须具备一个带头人必备的基本素质。

1）作风正派，为人正直，办事公正，克己奉公，踏实肯干，乐于奉献，政治方向明确，热心集体事务，有高度的责任感和事业心，有爱国主义、集体主义和无私奉献精神。

2）身体健康，精力充沛，吃苦耐劳干劲足，办事利索热情高。

3）办事果断，敢于负责，意志坚定，性格开朗，有竞争意识和进取精神，学习能力、判断能力、理解能力、分析能力、自控能力都较强，遇事头脑清醒，不含糊、有主见，办事有计划性。

4）具有一定的文化水平和相应学历，业务基础好，专业技能强，熟悉车间各工种的工艺过程。

5）人际关系融洽，能关心群众、理解群众、帮助群众、团结群众，为人谦和，胸怀开阔，善于处理上下级关系，不搞小团体。

6）懂得现代企业管理原理和车间管理方法，懂得一些社会主义经济理论，有丰富的工作经验，有一定的管理经验，有班组管理工作经历。

（2）车间主任应具备的基本能力　俗话说得好，强将手下无弱兵。一个车间要出色地完成企业下达的任务，必须要有一个优秀的、能力出众的车间主任。

1）作为独当一面的中层领导，必须具备较强的组织能力。能够科学地划分班组，任用班组骨干；善于团结群众、发动群众、组织群众、激励群众开展各种活动；善于沟通、协调、处理车间出现的各类问题。

2）车间主任首先是一个生产者，必须业务学习能力强，具备较强的专业性技能，必须对本车间的生产工艺了如指掌，熟悉车间各项生产流程。只有这样，才能合理调度车间的各种设备、各工种技术人员，才能制订出合理的生产计划，对一线员工的操作进行监督和管理，帮助相关人员不断提升操作技能，在群众中建立威信。

3）车间主任承担着实现企业经营目标的重担，必须具有较强的规划、运筹和决策能力。因为车间主任对事物的判断和决定，直接关系到车间甚至企业的经营效果。如果车间主任对事物洞察细致，预见准确，决断果敢，应变得力，计划周密，行动快捷，那么车间工作必然能卓有成效。

4）车间主任其次还是一个管理者，因而必须具备一定的管理能力。一个车间少则几十人，多则几百人。这些员工来自四面八方，文化素质有高有低，脾气秉性各不相同，管理好这些员工，让每个人都发挥出最大潜能是非常重要的。车间除人之外，还有各类设备，还要生产各种产品，如此等等，都要求车间主任必须具备强有力的综合分析、区别对待、客观处理问题的能力。

5）为了抓好车间各项工作，车间主任还必须具备较强的自我控制能力。车间工作的人、事、物等都十分繁杂，虽然大部分时间都会表现得较顺畅，但有时总会出现令人烦心甚至令人尴尬和沮丧的事，此时就要求车间主任必须头脑冷静，自我控制力强，沉稳地做出正确判断和客观处理，让事情出现转机，朝有利的方向转化，避免不必要的损失。

6）为了获取经验、更新技术、拓展业务，车间主任还必须具备良好的人际交往能力、协作能力以及营销能力。车间主任既要对上级，又要对下属，既要对内，又要对外，要处理好各种关系，必须具备良好的社会能力。要善于和兄弟单位协作，善于吸取别人的先进经验，能够更好地拓展业务，搞活企业的经营活动。

3. 车间主任的职责与权力

（1）车间主任的职责　车间主任是车间生产、行政工作的主要负责人，直接受厂长、副厂长领导，并对其负责。车间主任的主要任务是领导车间开展生产经营活动，确保安全、均衡、按质、按量地完成计划任务。其职责是：

1）熟悉企业的服务方向和经营目标，明确本车间的作用和任务，了解本车间与其他车间的联系和协作关系，明确自己的职责和权力，确定自己的工作方向和原则。

2）贯彻执行厂部的决策和计划，领导编制本车间的工作计划和生产计划，完成厂部下达的生产技术经济指标和工作任务。

3）健全和完善车间管理机构，配备管理人员并赋予其工作任务，积极发动和组织职工参与民主管理活动。

4）制定和修订车间管理制度，不断完善各项基础管理工作，积极推行现代企业管理方法。

5）监督执行劳动纪律，检查所属工段、班组的生产效果，及时发现生产过程中出现的问题并采取有效的纠正措施解决问题。

6）按照生产技术发展的要求，积极组织车间职工参加必要的政治、文化、技术培训、管理知识学习等活动。

7）大力支持加强生产现场管理，积极抓好安全生产和劳动保护，对本车间的安全生产负完全责任。

8）关心职工生活和身心健康，充分调动广大职工的生产积极性。

9）提出车间管理人员的任免意见和奖惩办法，核定工资奖金。

10）对车间完成生产经营计划和各项经济指标的情况进行总结，并向职工大会和厂部报告。

（2）车间主任的权力　对应上述职责，车间主任应有如下相应的管理权力：

1）有对车间计划指标的分解权，在完成厂部计划后有承接和安排超产、对外劳务加工等项任务的建议权。

2）有对车间人员的派工权和工作调动权。

3）对违反厂纪厂规或发生工作责任事故的人有一定的处分权或建议权。

4）对车间下属人员有考核权，同时有对其他单位协作、服务工作的考核建议权。

5）有对本车间奖金及其他收益的分配决定权。

6）对不符合安全防火规定的行为或发生严重危及工人安全的情况，有紧急处置权。

4. 车间党支部书记的职责

车间党支部书记是车间思想政治工作的主要负责人。他在厂党委的领导下开展工作，并对厂党委负责。车间党支部书记的主要任务是抓好党支部的建设，通过党员和工会、共青团组织做好职工的思想政治工作，保证车间各项政治、经济、生产任务的圆满完成。其主要职责是：

1）按照民主集中制的原则，主持开好支部大会和支委会。把党的路线、方针、政策和上级党委的指示与本单位的具体情况结合起来，提出具体贯彻落实方案并认真组织实施。

2）督促检查支部计划、决议的执行情况，及时发现和解决问题。在计划、决议贯彻执行告一段落时，要做出工作总结，经支委会讨论通过后，按期向支部大会和上级党委报告。

3）经常与各委员保持密切联系，互通情况，密切配合。注意了解各委员履行职责的情况，帮助解决工作中的困难和实际问题，团结支委们发挥党支部的集体领导作用和战斗堡垒作用。

4）和车间主任一起定期对干部进行培养、考察和提出任用建议。

5）协调本车间内党、政、工、团的关系。掌握重点，照顾全盘，使之相互配合，步调一致，齐心协力做好车间各项工作。同时，通过党组织、工会及全体职工对车间主任和车间的管理工作实行监督。

6）围绕生产行政工作做好经常性的思想政治工作。同职工保持密切的联系，经常深入到职工群众之中，细心倾听他们的呼声，关心他们的生活，关心他们的成长进步。

7）教育干部和职工，不断提高他们的思想觉悟，支持和维护车间主任对各项管理工作的统一指挥。

四、班组长

1. 班组长的角色认知

班组长是指在车间生产现场，直接管辖若干名（一般不超过20名）生产作业职工，并对其生产结果负责的人。班组长既是直接参加生产的工人，又是班组生产活动的组织者和指挥者。

班组长的使命是为实现企业的生产经营目标而根据本班组现有的条件，优质、高效地完成车间下达的生产经营任务或业务。班组长的工作是对将生产资源投入生产过程而生产出产品（服务）的管理，其任务包括对班组人员的领导监督和对班组生产活动的组织指挥，保证按质、按量、按期完成生产作业计划。概括起来包括四个方面：一是提高产品质量，二是提高生产率，三是降低成本，四是防止工伤和重大事故。

班组长按不同的角度，扮演着不同的角色。对于企业来说，班组长是基层的管理员，直接管理着生产作业人员，是产品质量、成本、交货期等指标最直接的责任者；对于车间来说，班组长是车间主任命令、决定的贯彻者和执行者，是企业精神的传播者，又是车间领导与班组职工的沟通者；对于班组职工来说，班组长是本班组职工的直接领导者和生产作业指导者，并对本班组职工的作业能力和作业成果做出评价；对于其他班组长来说，相互之间是同事关系，是工作上的协作配合者，又是职位升迁的竞争者。

班组是企业组织生产经营活动的基本单位，是企业最基层的生产管理组织，班组长就是企业中最基层的负责人，是一支数量庞大的队伍。班组管理是指为完成班组生产任务而必须做好的各项管理活动，即充分发挥全班组人员的主观能动性和生产积极性，团结协作，合理地组织人力、物力，充分利用各方面信息，使班组生产均衡有效地进行，最终做到按质、按量、按期安全地完成上级下达的各项生产计划指标。在实际工作中，经营层的决策做得再好，如果没有班组长的有力支持和密切配合，没有一批领导得力的班组长来组织开展工作，经营层的决策也很难落实。班组长有着以下三方面的重要作用：

1）班组长的表现影响企业决策的实施。班组长对企业和车间决策的态度及其实际工作表现，直接影响着企业目标最终能否实现，因为决策再好，如果执行者不得力，决策也很难落到实处。

2）班组长是承上启下的桥梁。班组长既是企业和车间领导命令的传达者，又是职工联系领导的纽带，班组长的思想和情绪，直接影响职工的思想和情绪，在很大程度上决定着能否上下齐心协力为实现企业的生产经营目标去奋斗。

3）班组长是企业生产的直接组织和参加者，既是生产技术骨干，又是业务上的行家里手。他的态度和行动直接影响和决定着班组与车间能否按质、按量、按期完成生产经营任务，从而影响企业的生产经营成果。

2. 班组长的选拔

如上所述，班组长虽然职位不高，但作用不容小觑。如何选拔好班组长、怎样调动他们的积极性、如何发挥班组长的"领头羊"作用，是企业领导者和车间主任都要十分重视的问题。

选拔班组长的基本条件通常是：

1）坚持原则，敢于负责，作风正派，办事公道。

2) 会管理，能带领群众完成本班组的各项生产、工作任务。

3) 熟悉生产，懂业务，技术精。

4) 密切联系群众，善于团结同志，关心同志。

5) 有一定的文化素养，身体健康。

上述条件中，第3)条是特别重要的。作为班组长，一定要是业务尖子、技术能手，只有如此，说话才有分量、有权威。

班组长一般由车间主任任命，或由班组成员民主推选，再经车间主任批准产生。民主选举产生的班组长，每届任期通常为两年，可以连选连任，在保持班组长相对稳定的前提下对不称职的班组长可及时进行调整。

企业要发展，经营管理要有绩效，厂长、车间主任和工会组织，都必须重视和加强对班组长的选拔和培养。班组长的产生，无论采取何种方式，都必须坚持群众路线，把群众拥护的人选拔出来。

3. 班组长的职责与权限

(1) 班组长的工作　班组长的工作主要有以下几项：

1) 做好思想政治工作，教育职工坚持四项基本原则，贯彻执行党和国家的方针、政策，遵守社会公德和职业道德，做有理想、有道德、有文化、守纪律的新工人。

2) 组织讨论生产计划或承包任务，积极总结、推广先进经验，大力开展技术革新和合理化建议活动，保证全面、均衡地完成作业计划和承包任务。

3) 组织班组人员积极参加政治、文化、技术、业务学习，大力开展岗位练兵和互帮互教活动，不断提高全班组成员的思想素质和业务素质。

4) 加强班组管理，以岗位责任制为中心，以质量管理为重点，建立健全各项管理制度，不断提高班组科学管理和民主管理水平。

5) 搞好职工劳动竞赛，积极开展比、学、赶、帮、超活动和其他有益的竞赛活动。

6) 精心维护和保养设备，认真执行劳动保护法规和操作规程，保持生产现场整洁，做好劳动保护和环境保护工作，搞好安全技术教育，努力做到安全生产和文明生产。

7) 关心班组人员的健康和生活，搞好互助互济，开展各种有益的文体活动。

(2) 班组长的职责　班组长的职责是：按照企业经营目标的要求，根据车间主任的指令，做好本班组的生产、经营和管理的组织工作，确保完成各项生产技术指标和工作任务。具体地说，班组长的职责范围主要包括下列内容：

1) 亲自参与和发动骨干做好班组职工的思想政治工作。

2) 组织全班组完成企业或车间下达的各项生产计划及工作任务，努力实现安全生产。

3) 组织好劳动竞赛和岗位技术培训，大力表扬好人好事，树立先进典型。

4) 严格执行工艺规程，不断提高产品质量，努力降低产品成本。

5) 抓好劳动纪律，搞好考勤，贯彻经济承包责任制。

6) 组织、指导"工管员"开展班组民主管理工作，检查、督促正确、及时地填写各种原始记录。

7) 组织开好班组核心会、班前班后会和民主生活会。

(3) 班组长的权限　班组长在对企业负责的前提下，享有如下权利：

1) 在有利于生产（工作）的前提下，允许合理分配工人工作和调整本班组的劳动组织。

2）工艺文件不齐全，工艺装备和主要原材料不符合工艺设计要求、没有使用说明书或合格证时，有权拒绝加工。

3）发现设备运转不正常，影响产品质量或威胁工人身体安全时，有权停止设备运转。

4）对班组工人在生产（工作）中有突出成绩者，有权建议上级给予奖励；班组工人发生重大事故造成严重经济损失，或有违法乱纪、不遵守规章制度的，有权建议上级给予处分。

5）在工人技术（业务）考核、晋级等工作中有组织评议和建议权。

6）对在生产（工作）中严重失职的行政管理人员，有权提出批评或向上级反映情况。

7）对工厂和车间不符合实际情况的规章制度，有权建议取消或修改。

8）有权维护班组职工的合法权益。

4. 如何当好班组长

加强班组建设，做好班组各项工作，班长是关键。要想当个好班长，应当努力做到以下几点：

1）一定要有高度的责任感和事业心，工作热情高。敢于管理，敢于承担责任，大公无私，敢于坚持原则。

2）一定要以身作则，处处模范带头。严于律己，宽以待人，有重担抢先挑起来，有方便主动让给别人。

3）一定要努力钻研技术，掌握过硬的技术本领，成为技术革新的能手、攻坚克难的闯将、优质高产的尖子。

4）一定要善于团结同事一道工作，忠诚以待。要关心班组的每一个员工，从个人到家庭，从大事到小事，真正做到无微不至，把温暖送到每家每户。

5）一定要正确处理好与车间领导、与厂部领导的关系，多接受他们的批评指导。也要处理好与兄弟班组的关系，以便得到他们的帮助和支持，使自己班组的工作开展得更好。

6）一定要胸怀大度，不搞拉帮结派的小动作。班组受到表扬，首先想到的是同事；班组受到批评，首先检查自己。

一个班组长如果能做到这几点，班组工作一定能开展得有声有色。

第四节　管理职员的培养

一、现场管理岗位的设置

如前所述，现场管理涉及人员、机器、物料、法规、环境、检测六大要素，这些都需要落实到人去具体管理，这就需要现场设置如下岗位：

1）生产计划、生产调度管理。

2）质量检验、质量分析管理。

3）设备使用与维修管理。
4）物料与制品保管。
5）安全与环境保护管理。
6）技术资料、文档资料管理。
7）思想教育宣传与企业文化建设。
8）根据需要设置的其他岗位。

这些岗位有的可能一个岗位需要安排几个人，有的则可能一个人执行几个岗位的职责。

二、现场管理的岗位职责

现场管理职员根据工作需要，必须协助领导完成以下一项或几项岗位职责：

1）根据公司实际情况制订日、周、月生产计划等。
2）下达生产计划和任务，安排和控制生产作业进度。
3）协调各班组的生产作业，合理调配各岗位人员，保证生产的正常进行。
4）控制生产制造过程中各环节的流程，指挥现场生产，保证按时完成生产任务。
5）负责生产进度的跟踪和检查，合理利用设备，节约生产消耗，降低生产成本。
6）负责现场各项规章制度和工艺规程执行情况的监督、检查和考核工作。
7）当（或预测到）工艺、质量、设备等发生重大问题时，及时上报并提供处理建议。
8）对现场进行5S管理和看板管理。
9）及时对生产异常情况做出反应，发现问题及时追踪、上报，并提出合理建议。
10）贯彻ISO质量管理体系，严把质量关，根据品质部的检验结论和建议进行整改。
11）参与生产成本控制和绩效管理，确保生产记录的清晰、完整、准确。
12）负责对生产数据的报表统计和物资消耗的统计，及时申请缺少的物料。
13）负责安全管理，监督职工严守操作规程，保证设备和人身安全以及职工身体健康。
14）配合公司的培训计划，负责对员工的培训管理。

三、现场管理对管理职员的基本要求

现场管理职员几乎天天要直接和人、物、事、数据等打交道，因而有些方面甚至比现场领导要求得更高一些。现场管理职员必须具备细致、耐心、严谨的思想素养，雷厉风行的工作作风，宽容忍让的良好心态，百折不挠的坚强意志，才能真正起到协助领导管理好现场的作用。

1. 现场管理职员的思想素质要求

一个合格的现场管理职员必须具备如下思想素质。

1）具有强烈的事业心、责任感，工作认真、负责、细致、耐心。
2）积极上进，勤学习，肯钻研，有改革创新的意识。
3）能吃苦耐劳，意志坚毅，对工作压力有较强的承受能力。
4）具有良好的职业道德，诚实守信，实事求是，不弄虚作假，不欺上压下。
5）胸怀大度，办事公道，不感情用事，不搞拉帮结派的小动作。

2. 现场管理职员的能力要求

通常要求现场管理职员基本具备如下几方面的能力：

1）对企业和领导的决策有良好的理解和执行能力。
2）对职工生产、生活中发生的问题具有基本的协调能力。
3）对事物、事件有良好的描述和表达能力，有与他人良好的沟通能力。
4）具有收集、整理文档资料的能力，具有撰写分析、总结报告的能力。
5）具有一定的外文阅读能力和熟练操作计算机的能力。

案例分析

【案例分析3-1】 某企业车间废旧物品管理准则

车间废旧物品管理准则：
一、目的
规范售后废品管理，提高管理效率。
二、范围
废旧物品包括废机油，更换下的旧件（含保险事故和机修件），备件包装纸箱等包装物。客户要求自行带走的旧件不在此范围。
三、管理办法
所有废旧物品由备件部统一管理，包括存放，清理和处理，废旧物品收入。由备件部设立单独台账统一保管。

1. 管理规定

1）维修过程中用剩的零部件（大修包等）或辅料（油漆、机油、防冻液等）以及机油桶不得私自处理，必须存放于废油、废物室指定区域；不按指定区域存放的扣其5S得分。
2）维修过程中更换下来的机修件（机油滤清器除外）存放于废油、废料室。钣金件存放于钣金拆装件室，待车辆完工后三日内转存于废油、废物室。
3）保修更换的零部件及时交给管理员处理，不得存放于维修车间。
4）对于维修过程中更换下来的旧件，特别是带有油渍的零部件（如转向油泵、燃油泵等），车间负责清洁后交由管理员。违反者扣其5S得分。
5）每周由车间主任负责，组织人员对存放于废油、废料室的物品进行整理，有利用价值或变现价值的存放于指定位置，无用的及时清理。

2. 保管

1）事故车钣金件。对于保险公司要收回的事故件，暂存钣金旧件室，钣金组应做相应标记。
2）事故车机修件。对于保险公司要收回的事故件，暂存旧件室，机修组应做相应标记。
3）普通维修旧件。钣金件暂存于钣金旧件室，待车辆完工后三日内转存于废物室。机修件存放于废油、废料室。油漆剩余辅料存放于油漆室继续使用。

【案例分析问题】

1）你觉得该企业车间废旧物品管理准则合理吗？执行该准则可能会遇到什么困难？
2）该企业车间废旧物品管理准则会给企业带来什么效益？

【案例分析 3-2】 某企业车间的工作职责及处罚办法

1）上班时按要求穿戴好工作服、工作帽、工作鞋，挂好上岗证，违者每次处以 5 元罚款，工作服不得穿出车间，违者罚款 10 元。

2）车间严格按照生产计划部指令，根据车间设备状况和人员，精心组织生产，违者每次处以 20 元罚款。

3）车间如遇原辅材料、包装材料不符合规定，有权拒绝生产，并报告质量保证部和生产计划部。如继续生产造成损失，将按《质量管理条例》进行处罚。

4）员工在生产过程中应严格按照质量标准、工艺规程和标准作业程序进行操作，不得擅自提高或降低标准，在操作的同时应做好记录，违者每次处以 10 元罚款。造成较大经济损失将按《质量管理条例》进行处罚。造成安全事故者将交公司处罚。

5）按照生产质量管理规范、《医疗器械生产条例》要求对原辅材料、包装材料进行管理并做好记录，违者每次处以 20 元罚款。

6）加强现场管理，随时保证场地整洁、设备光洁。操作人员下班前均要打扫场地和设备卫生，违者每次处以 10 元罚款。

7）车间生产所剩的边角余料将由专职人员运出车间，由有关部门统一处理，未按时运出车间的，每次处以 10 元罚款。

8）车间员工和外来人员进入特殊工作岗位应遵守特殊规定，确保生产安全，违者每次处以 20 元罚款。

9）设备维修人员、电工必须跟班作业，保证设备正常运行，对影响生产者每次处以 10 元罚款。

10）禁止在车间聊天、嬉戏打闹，违者每次处以 10 元罚款。

11）车间员工必须服从车间安排，对不服从安排、谩骂者每次处以 50 元罚款，对人身攻击者每次处以 100 元罚款并交公司人事部。

12）对盗窃公司财产者，不论价值多少一律交公司行政部处理。

【案例分析问题】

1）你对该企业的工作职责与处罚办法有何评价？

2）你觉得该企业的处罚办法合理吗？

【案例分析 3-3】 某民营电子企业车间主任的工作片断

这里记录了一家民营电子企业一个车间主任的工作片断，可以感觉到该企业管理上的一些问题，提出来与大家一道探讨。

班前会：在车间主任值班室，他坐在自己的椅子上，工人或站或靠或坐，围在他的四周。没有工作前的注意事项的强调，应知应会的告知，工人就那么候着，只是等了解今天自己该做什么。他眼睛盯着手中的本子，那是员工的签到本，而不是事先做好的派工计划，也许他的大脑正在高速运转，五六分钟过去了，终于他发出了第一个指令，用笔依次指了两个工人，"×××、×××，你们两个打方桶，走吧。"那两个人出去了。接下来，两分钟之后，又派出了两个工人；"你是叫啥呀？"他用笔指着一个工人（这个工人已经来了第四天了），

"×××","你们三个去打板，去吧。"这三个人出去了，在他们旁边的两个人也跟了出去。不一会儿，被他问名字的那个人回来了，"你安排我们哪三个呢？"车间主任板着脸略带生气地说，"咋么这笨呢，不是说明白了吗？你们挨着的三个人。""但多出去了两个人呀！"（在他派工的整个过程中，虽然大家都是努力地听，但有些也没有听明白。整个派工用时12分钟，总共只有五台机器）。工派完了，先前走出去的，陆续又有回来的，要主任给开领料单，有的是问怎么配料的。

我们在车间听到了刚才回头问的工人正在与同事议论，"什么车间主任，啥水平，布置工作说不明白，口里像含着东西，还埋怨我们……"通过与工人接触，了解了一些情况。他们提到了该车间主任的种种不是。

【案例分析问题】

1）该案例中这位车间主任存在哪些问题？
2）你建议这位车间主任应做哪些改进？

【案例分析3-4】 潍坊巨龙化纤集团"十星"级班组管理

潍坊巨龙化纤集团"十星"级班组管理办法的核心内容是实施十项管理标准达标：①生产任务达标；②组织建设达标；③班务公开达标；④劳动纪律达标；⑤质量认证记录达标；⑥思想政治工作达标；⑦安全生产达标；⑧动态管理达标；⑨现场管理达标；⑩小改小革达标。这十项标准，每项为一"星"，班组和员工的工作达标，可挂一星，否则不挂星。挂星多少反映班组管理的优劣和员工的德、能、勤、绩。依据挂星多少兑现奖罚，使管理制度与激励机制有机地结合起来，以公平、公正、公开的激励机制，促进管理水平和职工基本素质、技术能力的提高，完善班组和员工的工作质量，达到提高企业经济效益的目的。

这十项标准，从不同角度保证了班组和职工的工作质量。

1）生产任务达标。用量化方法控制产成品完成的数量、质量，严格控制生产成本，降低生产过程的非合理消耗，达到优质、高产、低耗的工作目标。

2）组织建设达标。通过班组合理、适宜、高效的管理人员设置，在组织上保证效益目标的完成。

3）班务公开达标。加强民主管理、民主监督，促进企业自我完善，自我约束，激发职工主人翁精神的发挥。

4）劳动纪律达标。规范员工行为准则，目的是提高员工遵守纪律的自觉性。

5）质量认证记录达标。强化管理的基础工作，目的是使管理基础规范化。

6）思想政治工作达标。发挥特色，达到弘扬集体精神、团队意识、遵纪守法、互相关心、共同进步的目的。

7）安全生产达标。保护职工的安全，维护职工的基本权益。

8）动态管理达标。通过严格执行标准达标考核，做好考核事项记录，每天在班后会中公布当日考核的结果，每周填写一项职工动态管理卡，考核结果以墙上公布的形式，达到公开、公正、公平考核每一个成员的目的。

9）现场管理达标。考核工作和学习环境，创造文明、整洁、卫生的工作和学习氛围。

10）小改小革达标。鼓励和敦促职工工作中不断有所创新，促进生产和企业管理进步。

这十项标准，涵盖了班组管理的全过程。

【案例分析问题】

从潍坊巨龙化纤集团"十星"级班组管理办法中你学到了哪些经验？

思考与练习

1. 何谓规章制度？现场规章制度有何功能？现场规章制度建设有何意义？
2. 现场规章制度如何分类？各包含什么内容？制定规章制度应遵循哪些原则？
3. 怎样保证顺利贯彻执行规章制度？
4. 你如何认知车间领导班子、车间主任、车间班组长这些角色？
5. 车间领导班子的组合原则有哪些？
6. 车间主任应具备哪些基本素质与能力？
7. 车间主任的职责与权力有哪些？
8. 如何选拔班组长？班组长的职责与权限有哪些？如何当好班组长？
9. 对现场管理人员有哪些基本要求？

第四章 其他相关管理概述
CHAPTER 4

学习目标

【知识目标】

1. 了解企业经营的概念与经营理念，熟悉企业经营目标与经营战略。
2. 熟悉企业经营的环境分析与市场调查，熟悉企业的经营决策方法。
3. 熟悉现代企业市场营销观念，熟悉市场营销管理与市场营销策略。
4. 熟悉企业文化的内容与企业文化建设工作。
5. 熟悉现代企业的公关艺术，熟悉公关人员的基本要求，熟悉公共关系策划。

【能力目标】

通过学习，具有初步开展市场调查的能力。

导读案例

【导读案例4-1】 厦华的八大失误及对策

厦华是一家具有15年历史以生产彩电为主的企业，2000年刚刚获得全国驰名商标，2001年却不得不发表申报预亏公告，公司面临被ST（警示存在终止上市风险的特别处理）的边缘。厦华究竟出了什么事？厦华的八大失误是致命伤。

失误之一：产品结构是致命伤。厦华的五大产品：彩电、手机、传真机、计算机和显示器缺乏特色，同行竞争越来越激烈，利润越来越低。

失误之二：贪大求全导致重复建设。前几年，在产业上贪大求全，大家都比市场占有率，都要500强，完全把目的和过程倒过来了。500强是一个自然而然的过程，绝不是目的；企业的目的是效益，是为股东创造效益，为社会创造效益。但是大家都在扩大产量，要建全球最大的生产线，导致重复建设。

失误之三：过分相信"盟友"。在一次彩电峰会上，厦华很真诚地希望能起到价格自律的作用，但是没想到彩电峰会的成员，一方面在桌上谈，另一方面又在桌下做小动作，而厦华对大家表面的信誓旦旦信以为真，通知各分公司不许降价。结果耽误了时间，厦华为此至少损失 1 亿元。

失误之四：迷恋旧的管理模式。国外早就出现了很多先进的管理模式，而我国企业至今仍然迷恋旧的模式。在 1998 年之前，彩电销售的淡、旺季非常分明，但从 1997、1998 年开始，我国的过剩经济时代实际上已经来临了，彩电已经处于供过于求的状态，再加上不断地降价，在消费者的心目中，彩电已经不是一项重大的投资，消费者是需要的时候就买，因而淡季、旺季也就不存在了，但是包括厦华在内的彩电业却还是迷恋以前的管理模式，大量地储存，试图在旺季的时候一下子卖掉，结果吃了大亏。

失误之五：自建迟钝的物流配送。国外早就通过物流配送和电子商务运作了，而厦华忽视了社会力量，过多地靠自己的力量，到处去建自己的销售网点、自己的仓库和自己的运输队伍。其结果是产品销售的中转环节过多，开支过大，信息很不灵，信息也反馈太慢。

失误之六：交易成本失控。厦华在传统的销售费用之外，还有几个交易成本失控。第一，存货变现损失失控；第二，应收账款损失失控；第三，串货运费损失失控。彩电的毛利在 20% 以上的时候，很少有人重视这个问题，当彩电价格不断地下降，利润大幅降低时，就无法应付交易成本了。

失误之七：财务战略顾此失彼。

厦华在实行多元化的同时，忽视了财务战略。许多跨国公司最为头疼的两件大事就是人才战略和财务战略。现在，我国的许多公司已经意识到了人才的重要性，但是财务战略的重要性尚没有引起更多人的重视。厦华的资产只有 15 亿元，却有 5 大产业，根本无法与其他企业抗衡。

失误之八：靠高薪留住人才行不通。厦华的计算机人才包括开发人才、市场人才，无一例外都收到国外计算机公司的聘请书，甚至厦华磨具厂的技术工人与专业技术人员都受到合资企业的高度关注。在一段时间里，厦华认为外资企业的高薪聘请是导致国有企业人才外流的重要因素。后来，厦华进行了一次不记名的问卷调查，发现影响人才流失的第一大问题不是待遇问题，而是公司内部部门之间的不协调，互相推诿扯皮；第二大问题是对造成重大过失的干部没有给予处罚，而工资问题仅仅排在第六位。这说明，留住人才光靠高薪是不行的。

面对上述失误及造成的损失，厦华的领导班子立下军令状，如果一年不扭亏，领导层全部下岗。为此他们采取了以下措施。

对策之一：启动厦华版星火计划。对于那些高质量的技术研发人才，让他们参股成为某一个项目的股东，从而使这个项目得到快速稳定长远的发展。技术人员的待遇问题可以通过股东收益得到解决，也增强了企业的凝聚力。同时，不断衍生出的新项目也需要厦华派出更多的高质量的管理人才和优秀职工，这又需要不断地培养和从外部招揽人才。这种良性循环最终将使厦华获得更好的发展。

对策之二：推行管理流程再造。首先是坚定不移地推行电子商务，其次是实施物流配送。

对策之三：调整产品结构。通过一系列的改革和技术创新，厦华推出四大新产品，这四大产品是厦华新的利润增长点。

对策之四：进行资本结构和产业结构调整。贯彻有所为有所不为的方针，把现有五大产业中需要大量资金的产业"嫁出去"，减轻财务上的压力，加强核心产品（手机、彩电和电视导航器）生产的资源保障力度。

厦华的较大亏损是件坏事，但是他们借着这次亏损把企业的水分都挤掉了，从而以崭新的姿态迎接"入世"后的挑战。

【导读案例 4-2】 日本电视机厂商运用市场营销策略打入中国市场

在 20 世纪 80 年代中期，日本电子产品占据了中国进口同类产品市场的大部分份额，这主要得益于日本厂商的成功营销。首先他们分析了电子产品进入中国市场的可能性：一是中日关系在 1979 年正常化后，两国之间的经贸活动有了较大的发展，当时中国的电子工业相对落后，同时中国政府放宽了对家用电器的进口限制，并颁布了一些有利于进口的政策；二是日本电视机厂商认真分析了竞争对手的情况，认为欧美厂商也想进入中国市场，但欧美电视机一直以高收入消费者为销售对象，并不重视工薪阶层，欧美厂商认为中国人收入低，购买能力差，而家电产品价格昂贵，因此认为中国电视机市场潜力不大；三是日本厂商还进行了现实性分析，认为中国人口多，家庭数量相当可观，即使按中等收入以上家庭占 20% 计算，也有近 5000 万家庭具有购买中低档家电产品的能力；四是中国人大多勤俭持家，有存钱的习惯，能形成一定的购买力。基于上述分析，日本电视机厂商认为其产品进入中国市场有广阔的前景。为此，他们制订了如下市场营销策略：

1）产品策略。了解到中国电力供应紧张，很多地区电压不稳，常停电，电视机应配稳压装置。日本电力系统与中国不一致，必须将 110V 改为 220V。中国电视转播技术当时还相对落后，电视频道数目不要太多，但灵敏度要高。电视机还要符合中国人的消费习惯，耗电量要低，声音要大，产品质量必须有保证。

2）价格策略。考虑到还有欧美厂商竞争，价格比中国国内电视机高，用户也可以接受。

3）分销策略。考虑到战争给中国人民造成的心灵伤害，决定由中国港澳国货代理，经销商推销，通过中国港澳商人携带进入大陆，由日本厂商用货柜直接运到广州流花宾馆发货。

4）推销策略。在中国港澳电视台展开广告攻势，同时在各大报刊、杂志上做广告。

日本电视机厂商的成功营销使其产品很快就打入了中国市场。

【导读案例 4-3】 开拓市场应注意文化因素

在开展市场营销的业务活动过程中，如果忽视目标市场的特殊的文化因素和独特的文化背景，不仅无法正常开展营销业务，还会闹出一些令人啼笑皆非的笑话。

我国的"山羊"牌闹钟进入英国市场后一直销售不畅，就产品本身而言，无论是质量还是价格都无懈可击，按理应该具有相当强的竞争优势。这是为什么？原来"山羊"一词的英译为 Goat，而 Goat 还可做"色鬼"解，加之闹钟的主要消费者又基本上是男性，哪个男性愿意将"色鬼"摆在床头呢？

还有在我国极为畅销的"雪碧"饮料，其英文商标原名为 Sprite，而译为中文就是鬼怪、妖精，试想有谁愿意去惹"妖精"？

再如，"芳芳"牌唇膏在中文中本来为芳香无比之意，但音译为英文之后则变成了"毒蛇的毒牙"，这样的产品品牌只能令人望而生畏。而"蝙蝠"牌电风扇在中文中是借用

"福"的谐音，因而给人以吉祥如意之感，而意大利人则谈"蝠"色变，因为但丁早在13世纪时就在其著名小说《神曲》中将地狱魔王描写成长着蝙蝠翅膀的妖怪。

可想而知，即使产品质量再好、品质再优、价格再合理，也绝不会有人冒着"忌讳"将其买回家中。

【导读案例4-4】 以企业文化为先导的有效管理

浙江万丰奥特集团是一家民营股份制企业。近年来，该企业先后获得"机械工业管理基础规范化企业""全国巾帼创业明星企业""21世纪最有影响的机械企业"等20多项省级以上的荣誉。万丰之所以能在激烈的市场竞争中脱颖而出，进入我国汽车零部件企业20强，主要是在8年的艰辛创业过程中，既坚持资本的积累，又注重体制的创新，更注重优良文化的塑造，创立了以卓尔不群、冲破传统观念束缚的"野马"精神为灵魂的万丰文化，并以此为先导实施有效管理，从而使企业走上了一条持续、稳健的发展之路。

以企业文化为先导的有效管理的内涵是，以塑造"野马"精神为灵魂的企业文化作为先导，根据企业外部环境变化的需要，确定以培育国际品牌产品为中心的企业经营战略，对企业的有形资源和无形资源实施有效管理与整合，使企业的经营者和全体职工都不断更新、增加自己的知识和丰富自己的经验，人人都保持高涨的士气、旺盛的精神，迅速适应环境的变化，从而增强万丰的凝聚力，提高核心竞争力，呈现出健康、稳健、快速的发展态势。

人总是要有一种精神的，企业也要有一种精神，没有精神就像人没有灵魂。万丰文化的灵魂是"野马"精神。其表现如同野马一样强悍、冲刺、合群、不驯服，具有强大的生命力和活力。万丰人认为，经营企业要把培养优良的企业文化放在首位，并在长期实践中总结和形成一个公式，即

$$（知识+经验）×精神＝竞争力$$

这就是"野马"精神。它作为一个乘数，一方面，它起乘法作用，具有放大功能；另一方面，它可以是正面的，也可以是负面的，具有导向功能，对企业的成败兴衰有直接影响。知识和经验对提升企业竞争力同等重要，万丰对知识和经验的重视表现在人本管理的实践中。

第一节 企业经营战略

一、企业经营的概念与经营理念

1. 企业经营的概念

经营是指企业的经济系统在利用外部环境提供的机会和条件下，发挥自身的特长和优势，为实现企业目标而进行的综合性活动。

由此定义可知，企业的经营活动必须注意如下四个方面：

1）企业是个受社会制约的开放的经济系统。现代企业为了有秩序地开展生产活动，必须建立一个适应生产需要、分层次的组织结构，该组织结构由相互关联的子系统组成整体系

统。它是社会经济的基本组成部分,是相对于宏观经济系统而独立存在的微观经济系统。企业从事社会化生产、开展经营活动时,必然与环境相互作用,受外界的影响和制约,因此是一个开放系统。

2) 企业经营要利用外部环境提供的机会和条件。企业是国民经济最基本的组成单元,企业作为一个开放的经济系统,其经营活动与社会环境必然紧密相连;企业的外部环境总是在不断变化,这种变化是不以企业的意志为转移的。环境的变化常常对企业形成新的制约条件。这些条件有的会给企业创造新的发展机会,企业在经营过程中必须善于捕捉和利用外部环境提供的机会和条件,开辟新的市场以求得生存和发展;但也有的会给企业的发展带来阻碍,甚至威胁企业的生存。企业在经营过程中必须对这种情况有所预测,适应环境的变化,早做准备,及时回避困难的冲击。

3) 企业经营要发挥自身的优势和特长。企业对自身发展的长处要有充分的分析和认识,在生产经营活动中合理地利用人、财、物、技术和信息等内部资源,充分发挥自身的优势和特长,提高企业的竞争能力。

4) 企业经营要为实现既定目标而开展综合性活动。企业经营的基本目标是向社会提供适销对路的优质产品,实现价值的增值,获得经济效益。只有实现这一目标,企业才能使自身的经济系统的循环顺畅地进行,为国家做出贡献,为企业和职工的发展提供有利的条件。但企业的经营目标又是多元的,它必须承担许多社会的责任,企业基本目标的实现是企业综合性活动的结果。

现代企业不仅通过生产过程把产品生产出来,以形成商品价值和使用价值,而且还要让产品进入市场,通过流通以最有利的条件将产品销售出去,在满足用户和市场需要的同时获取尽可能多的利润。企业从事商品生产和商品交换的全部活动,即对市场的选择、对产品和价格的选择、对材料与设备的选择、对消费者和市场行情的研究以及对竞争者的研究等,都属于经营活动。

2. 企业的经营理念

企业的经营理念是贯穿企业经营活动全过程的指导思想。它是由一系列观念和观点构成的,是对经营过程中发生的各种关系的认识和态度的总和。企业的经营思想是企业生产经营活动的方向盘。

企业要实现现代化,必须首先实现经营现代化;要实现经营现代化又必须首先实现经营思想现代化。企业经营思想现代化的过程也就是企业从现代企业的要求出发,不断使经营思想科学化、系统化、战略化的过程。具体地讲,首先要学习现代企业经营管理理论,进行经营思想的变革,摒弃因循守旧的观念,然后大胆探索和创建全新的经营战略。具体表现为要树立八大观念。

(1) 市场观念　市场是企业的生存空间。市场观念在企业经营思想中居于核心地位。市场观念的形成大体分三个阶段。第一阶段为生产中心型,其特点是以产定销,卖方市场;第二阶段为消费中心型,其特点是以销定产,买方市场;第三阶段为动态均衡型,其特点是满足用户需要与创造用户需要相互作用,形成双重的市场运行机制。树立正确的市场观念,从某种意义上讲也就是用户观念,企业只有通过向用户提供质量优异、品牌知名、服务周到的产品,才能在激烈的竞争中赢得市场,发现潜在需求来扩大市场。

(2) 竞争观念　在社会主义制度下,竞争的积极意义在于它是一种择优发展的经济手段。它能促进技术进步和经济繁荣,是发挥企业主动性和创造性的一种外部压力。竞争既是产品的竞争、服务的竞争,也是人才的竞争、技术的竞争、管理的竞争。企业要在竞争中求得生存和发展,就必须敢于竞争、善于竞争,充分发挥自己的专长和优势。

(3) 创新观念　企业的生命力在于它的创新能力。创新既包括创造新的产品,也包括创造新的经营方式。要创新,首先要有创新的意识,这种意识具体体现在永不满足于已经取得的成就;其次要创造最基本的条件,这个条件就是有一批勇于探索、富于创造精神的人才;再次,创新要面向广阔的领域,最广阔的领域就是别人尚未涉足的事业,要敢为人之不敢为、能为人之不能为。企业只有不断创新,不断改革经营战略和经营方式,不断采用新的科学研究成果和技术,生产出采用新工艺、新材料,具有新结构、新功能和新款式的新产品,不断开辟新的生产领域和开拓新的市场,才能在市场竞争的环境中永远立于不败之地。

(4) 效益观念　企业的经营活动必须以提高经济效益为中心。企业经营管理的中心任务是要保证企业生产经营活动能够取得良好的经济效益。但是提高经济效益并不是单纯为了盈利。社会主义企业的生产经营活动,首先要服从社会主义的生产目的,为提高整个社会的生产力水平和改善劳动人民的物质、文化生活提供优质产品,为扩大社会主义再生产积累更多的资金。同时,还要有效地利用人力、物力和财力资源。评价一个企业的经济效益,首先要看它是否有助于提高社会综合经济效益。从这一观念出发,无论是生产资料还是消费品的生产企业,都要以其产品和服务给社会和消费者带来直接和间接利益为宗旨。

(5) 全局观念　全局观念是社会主义企业经营思想与资本主义企业经营思想的本质差别。社会主义企业必须把国家和人民的利益放在第一位,认真执行国家的方针政策,接受宏观经济的指导。从系统的观点来看,企业是国民经济的子系统,企业的生产经营活动不能离开国家经济发展的总目标和总要求。因此,企业必须正确处理企业与国家的关系,当企业利益与国家利益有矛盾时,局部利益能自觉地服从全局利益。这是由社会制度和基本经济规律所决定的。

(6) 信息观念　当今时代是一个信息化时代,随着科学技术的发展,各种信息的传播速度越来越快,信息量以空前规模成倍地增长。以信息为先导、以信息为媒介、以信息为纽带已成为时代的特征,信息的作用已渗透到社会的一切领域,能否及时掌握、准确传递各种技术的和商业的信息,关系到企业管理工作的成败。

(7) 权变观念　现代管理学认为,没有一成不变、普遍适用的"最好"的管理理论和管理方法,有效的管理只能依照内外环境变化而实施随机应变的权变管理。特别是在当前改革开放的大潮中,要搏击时代的风浪,就必须不断分析企业所处的内外环境,不断改变经营策略和管理方法,使企业适应变化了的形势,才能立于不败之地。

(8) 全球化观念　全球化观念要求企业经营国际化,使企业的产品符合国际标准,逐步走向国际市场,并在更大的范围内利用国外的资源、资金、技术、信息和人才来促进我国国民经济的飞跃发展。全球化观念要求企业快速掌握与处理各种工业和商业信息,对不同国家和地区的市场做出灵敏的反应,以参与竞争、扩大出口,形成世界性商情和销售网络。在科学技术日新月异的时代,随着我国国际交往的日益频繁,对外贸易的不断扩大,产品全球化已成为现代企业保持销路和开拓新市场的重要条件。企业要赶超世界先进水平,必须树立能反映当代发达的商品生产和商品交换要求的全球化经营观念。

二、企业经营目标与经营战略

1. 企业经营目标

企业要制订企业战略,仅仅有明确的企业使命和经营领域还不够,还必须把企业使命转化为各种具体的经营目标。所谓经营目标,就是企业在一定时期内,按照企业经营思想,考虑到企业内外条件的可能,在完成企业使命过程中所预期达到的成果。经营目标是企业战略的重要组成内容,它指明了企业的努力与发展的方向。企业的经营目标由以下内容构成:

1) 企业盈利能力。盈利是企业经营活动的内在动力。企业盈利能力通常以资本金利润率、销售利润率、成本费用利润率和营业利润率等指标表示。

2) 市场竞争地位。市场竞争地位是指企业在市场上相对地位的提高。它通常以销售收入、市场占有率、市场覆盖率、实质增长率、市场扩大率,以及准时交货、售后服务项目、用户抱怨或不满意度及比率等指标表示。

3) 市场目标。企业的目标是发现用户,企业的基本职能是市场推销和创新,包括新市场开发和传统市场的纵向渗透。有条件的企业要走向国际市场。

4) 发展目标。发展目标包括通过资产流动、兼并、重组和组建企业集团等扩大企业规模;增加固定资产、流动资产,增加无形资产的投入,扩大经营能力;多产品或多产业经营发展企业;通过企业素质包括人员素质、技术素质和管理素质的提高来提高企业经营能力。

5) 资源目标。企业都要依赖人力资源、资金资源和物质资源从事经营活动,保证企业的生存和发展,因此需要有这三种资源供应发展的目标和反映其利用状况的生产率目标。

6) 社会责任目标。企业作为社会中的一个子系统,对社会需要有一定的责任。企业不仅应有经济观念,还应有社会观念、公众利益观念及人类生存与发展观念。企业的社会责任包括两个层次:第一个层次是企业生产经营的直接关系,主要是指与企业直接发生的多种社会关系。主要包括企业与职工、企业与供应企业、企业与中间商、企业与用户以及企业与竞争企业的关系等。企业要实现战略目标,要使自己的产品得到市场实现,就必须调整好与供应企业、中间商、用户和竞争企业的关系。第二个层次是企业生产经营的间接关系,主要是指企业的社会影响或企业的非市场关系。主要包括企业与国家各级政府,企业与各种社会团体组织(如妇联、工会、消费者协会、环境保护组织及宗教团体等),企业与传播媒介(如报界、广播电台及电视台等),企业与企业界赞助支持的组织(如体育界各种组织、残疾人组织及教育组织等),企业与所在社区,企业与国际上的各种企业以及团体组织的关系等。企业在力所能及的范围内要支持政府及各种社会团体组织的各项工作。

7) 职工福利目标。合理分配企业职工福利,有利于调动并发挥职工的积极性,是企业经营的内在动力,是战略目标的重要组成部分。职工福利包括职工的集体福利设施与职工的工资、奖金水平。

2. 企业经营战略

面对瞬息万变的经营环境,面对世界范围的新技术革命浪潮的冲击和挑战,每个企业都会不同程度地感受到市场竞争的压力和风险。有的企业在强手如林的竞争中默默地退出舞台,有的企业却能适应动荡的经营环境,在竞争中得到生存和发展。究其原因,关键在于决策者能否纵观全局，高瞻远瞩，富有创新意识和战略眼光，能够在环境分析的基础上制订出合理的战略目标，选择好战略重点，并制订战略实施方针以及战略实施计划。

（1）**企业经营战略的含义**　关于企业经营战略的含义，通俗地说就是规划企业的未来，处理与企业发展有关的全局性问题。我国学者归纳中外学者对企业经营战略的论述，结合我国企业的具体情况，认为企业经营战略是企业在社会主义市场经济条件下，根据企业内外环境及可取得资源的情况，为求得企业生存和长期稳定地发展，对企业发展目标、达成目标的途径和手段的总体谋划。它是企业经营思想的集中表现，是一系列战略决策的结果，同时又是制订企业规划和计划的基础。

（2）**企业经营战略的特征**　企业经营战略不同于某一项具体的经营策略和措施，它具有如下特征：

1）全局性。企业经营战略以企业的全局发展规律为研究对象，为企业的总体发展制订大政方针，是指导整个企业一切活动的总谋划，追求的是企业的总体效果，而把局部作为总体的有机部分来看待。我国企业经营战略的全局性特征不仅表现在企业经营战略着眼于企业自身的全局，而且表现在企业经营战略要与国家的经济、技术和社会发展战略协调一致，与国家发展的总目标相适应，还应与世界的经济、技术发展相适应。

2）长远性。企业的经营战略目标通常要求从根本上改变企业的面貌，使企业真正兴旺起来。因此，企业经营战略的目的主要不在于维持企业现状，不能只考虑企业眼前的利益，而是为了创造企业的未来，立足于企业的长远利益，不能急功近利。

3）稳定性。企业经营战略是企业经过周密调查研究和科学分析制订出来的长期目标，是企业制订中、短期计划和方针政策的依据。实施战略需要创造条件，需要时间，如果经营战略朝令夕改，缺乏稳定性，企业的各个部门就不可能采取相应措施去实现战略。

4）竞争性。制订企业经营战略的目的是要在激烈竞争中壮大自己的实力，使本企业在与竞争对手争夺市场和资源的斗争中占有相对优势，因此企业经营战略就是为迎接各种挑战而制订的行动方案。

5）风险性。企业是社会环境的产物，作为资源的转换体，处在不确定的、变幻莫测的环境中，它将面对两大风险：一是加工前资源输入的失误，如信息误导，人、财、物的不足与偏差等；二是加工后资源输出的失误，主要是产品不适合市场需要，或由于策略不当而导致成本过高等。企业的经营效果通常可以预测，但由于环境的变化是不可控的，经营战略实施的结果与企业的预期目标可能会存在差异，这就是风险。科学、合理的战略并不能保证一定会有成功的效果，但它却使企业的经营增加了成功的可能性。

（3）**经营战略类型**　人们从不同的角度对企业的经营战略进行分类，从这些分类方法可以看出经营战略的多样性和复杂性，也为企业选择经营战略提供了广阔途径。

1）按照战略的目的性，可把企业经营战略划分为成长战略和竞争战略。

① 成长战略。成长战略是指企业为了适应企业外部环境的变化，有效地利用企业的资源，研究以成长为目标、企业如何选择成长基点（经营领域）、成长指向等成长机会，并为保证实现成长机会所采取的战略。成长战略的重点是产品和市场战略，即具体地选择产品和市场领域，并规定产品和市场开拓的方向和幅度。对于中小企业来说，成长问题是首要问题，因而中小企业多采用成长战略。

② 竞争战略。竞争战略是指企业在特定的产品与市场范围内，为了取得差别优势，维

持和扩大市场占有率所采取的战略。竞争战略要从企业所处的竞争地位出发,处于优势地位的企业要通过战略来维持这种优势并伺机扩大这种优势。处于劣势地位的企业要以竞争战略去改变这种劣势或缩小同优势企业的差距。竞争战略的重点是提高市场占有率和销售利润率。大型企业多采用竞争战略。

2) 按照战略的领域,可以把企业的经营战略划分为产品战略、市场战略和投资战略。

① 产品战略。产品战略主要包括产品扩展战略、维持战略、收缩战略、更新换代战略、多样化战略,以及产品组合战略、产品线战略等。多样化战略又可分为垂直多样化、水平多样化、倾向多样化和整体多样化。产品更新换代战略又分为老产品性能改造战略,以基础产品为基础的系列化变型战略,全新同类用途产品发展战略等。

② 市场战略。除了市场渗透战略、市场开拓战略、新产品市场战略和混合市场战略,还有产品寿命周期市场战略、市场细分战略、工贸结合战略、国际市场战略以及市场营销组合战略等。

③ 投资战略。它是一种资源分配战略,也是一种扩展战略。投资战略主要包括产品投资战略、技术发展投资战略、规模化投资战略、企业联合与兼并投资战略,也可分为扩大型投资战略、维持型投资战略以及撤退型投资战略。

产品战略、市场战略和投资战略互相关联,形成一个有机联系的战略金三角。在这个战略金三角中,产品战略居于主导地位,市场战略是一种支持战略,投资战略是一种保障战略。

3) 按照战略对市场环境变化的适应度,可以把企业经营战略划分为进攻战略、防守战略和撤退战略。

① 进攻战略。这种战略的特点是不断地开发新产品、新市场,掌握市场竞争的主动权,不断地提高市场占有率。其具体内容包括:

a. 技术开发战略。以大量投资率先进行技术研究,发展高科技,占领技术制高点。

b. 产品发展战略。以比同行企业更高的投资增长率去发展新产品,占领产品制高点。

c. 市场扩展战略。增加投资以提高企业进入市场和提高市场占有率的能力,占领市场制高点。

d. 生产扩展战略。可以采取扩大生产规模的战略、企业联合兼并战略和扩散生产战略等。

② 防守战略。防守战略也称为维持战略。这种战略的特点并不是消极防守,而是以守为攻,后发制人。其具体内容有:

a. 战略指导方针上避实就虚,乘虚而入,不与强劲对手正面竞争。

b. 在技术上实行拿来主义,以购买专利为主,不搞风险型开发投资。

c. 在产品开发方面实行紧跟主义,后发制人。

d. 在生产方面不盲目追求生产规模的扩大,而是努力采取提高效率、降低成本的集约方式。

③ 撤退战略。撤退战略又称为收缩战略。其特点是一种战略性撤退。一般有四种情况:

a. 环境的突变对企业产生了严重的冲击,原定的战略已经失去了作用。

b. 战略转移。这是因为环境变化出现了更好的机会。

c. 局部撤退,积蓄优势力量,以保证重点进攻方向取得胜利。

d. 先退后进。暂时退却，审时度势进行战略调整，再图进取。

（4）企业经营策略

1）成本领先策略。成本领先策略是三种通用竞争策略之一。成本领先策略也称为低成本策略，是企业生产和出售一种标准化的产品，在行业内确立和保持整体成本领先的地位，进而能够以行业的最低价格参与市场竞争的策略。成本领先的优势因产业结构不同而异，专利技术、特殊的制造工艺和廉价的原材料可以帮助企业实现这一目标。成本优势更是来自于规模经济，先进的管理，技术水平高、责任心强的员工，生产的标准化，产品的优化设计以及其他可以影响产品成本因素的改进。低成本不是一朝一夕能实现的，成本也不会自动下降，企业在这方面必须持续努力。成本领先的企业还会面临被赶超的威胁，因此要不断进步、不断变革，才能保持。

成本领先策略的作用在于：

① 成本领先使企业有了价格竞争的实力，即使其产品销售价格相当于或低于其竞争厂商，仍然存在利润空间，低成本就会转化为高收益。成本领先策略与一般的削价竞争不同，没有低成本支持的低价格是以牺牲企业利润为代价的微利，甚至亏本，这种经营是不会长久的。在价格战中，具有成本领先地位的企业具有更强的压价能力，能够获取市场竞争的主动权。例如，我国的微波炉生产企业格兰仕就是得益于它的成本领先策略，以低价将其他竞争对手挤出市场的。

② 成本领先企业还能有效防御来自竞争对手的威胁，特别在生产过剩、消费者购买力下降、行业进入者增加、发生价格战时，能起到保护企业的作用。

③ 成本领先者为潜在进入者设置了障碍，减少了可能的竞争者。例如，我国的彩电行业通过大规模生产，在降低了产品成本的同时，也提高了行业的进入障碍。

④ 具有成本领先地位的企业可以有效地应付来自替代品的竞争。当替代品出现时，成本领先企业仍然可以占领一部分对价格更敏感的消费者，或者通过进一步降价来抵御替代品对市场的威胁。

实现成本领先策略，必须实现规模经济，充分利用生产能力，努力进行产品的再设计，设法降低物资供应成本，积极推广和采用先进的工艺技术。

2）差异化策略。差异化策略是指企业向用户提供的产品和服务在行业范围内独具特色。差异化的着眼点应是用户、消费者所关心的产品的某些特殊性能和特殊功能，也可以是交货系统、营销做法等。这种特色可以带来产品的溢价，而且溢价超过因差异化所增加的成本。企业将其产品或服务差异化的机会几乎是无限的，企业是否利用这些机会，关键在于差异化能否给用户带来益处，能否为企业增加利润。

差异化策略的作用在于：

① 差异化的产品和服务能够满足某些消费群体的特定需要，建立品牌信誉。

② 为企业产品带来较高的溢价，增加企业利润，企业无须刻意去追求成本领先的地位。

③ 差异化产品和服务可以使企业占据主动地位，减弱了用户的讨价还价能力，降低用户对价格的敏感度。

3）专一化策略。专一化策略又称为集中策略，它是将目标集中在特定的用户或某一特定的地理区域上，在行业的很小竞争范围内建立起独特的竞争优势。专一化策略是中小企业广泛采用的一种经营策略。

采用专一化策略的理由在于，企业能比竞争对手更有效地为其特定的用户群体服务，企业可以通过专门致力于为这部分消费者服务而取得竞争优势。

专一化策略有两种不同形式：成本专一化与差异化专一化。前者着眼于在其市场上取得成本优势；而后者则着眼于在其市场上取得差异化的形象。当企业试图通过差异化专一化策略取得竞争优势时，必须首先明确一般用户需求和不同用户群体需求之间的差异。只有这样，企业对其产品或服务所做的差异化才是有意义的。

（5）我国企业成长战略的选择　战略选择有两个层次：可能的战略选择层次和可行的战略选择层次。为分析我国企业成长战略的形成问题，有必要从理论上或可能性层次上结合我国企业的实际情况，阐明其战略选择的前提、原则和范围。

1）我国企业成长战略选择的前提。我国企业的成长环境完全不同于西方企业，其战略选择依赖若干前提条件，这些条件对于西方国家的企业而言是与生俱来的，但对于我国企业而言却是需要努力争取的。我国企业若不具备这些前提条件，其战略选择就不可能实现。

① 企业经营自主权。企业必须拥有经营自主权，方有可能进行战略分析、选择和实施。较低程度的企业经营自主权只能在职能战略、竞争战略层次上形成企业战略，充分而完整的企业经营自主权方有可能使企业在总体层次上形成和选择自己的战略。

② 企业家阶层的形成。企业战略是企业最高主管及其管理人员以及员工集体的思维产物，其中最高主管的地位和作用是非常重要的，这就必然要求企业最高主管具备职业企业家的素质和能力。职业式企业家的命运与企业的发展密切相关，甚至是融为一体的。只有这类企业最高主管的存在，企业战略形成与选择才有思想源泉和动力。

③ 对外国企业成长战略的全面了解。后发企业了解、分析、研究先发企业的成长历程无疑是非常必要的。我国企业绝大多数属于后发企业，当然应该了解外国企业的成长道路和战略。对外国企业的了解，我国企业应注意两个问题：一是外国企业成长的理论与实践两个方面不可偏废；二是外国企业也是一个多样化的世界，它们又是各具特点的，我们应该全面了解。

2）我国企业战略选择的原则。拥有上述三个前提条件的企业，为了未来的发展应该形成并选择自己的企业战略。我国企业在进行战略选择时应遵循以下原则：

① 环境适应原则。企业战略必须适应企业存在的环境。值得注意的是：第一，环境是一个多层次的结构，企业战略形成应与其成长的环境层次相适应；第二，行业状况是战略环境中的一个非常重要的子环境，任何企业均是在某个行业或多个行业内经营，其行业状况构成了企业战略重要的制约因素。

② 能力符合原则。企业战略是企业从公司战略上的某一点向目标状态点的路径和方式选择，其起点是企业自身能力，尤其是战略能力，企业战略的选择必须"量力而行"。

③ 适度超前原则。环境与能力原则要求企业战略对外适应环境，对内适合自身能力，然而企业要想成为同行业中优秀的企业，永远保持其竞争优势，其战略形成与选择还必须适度超前，即必须充分挖掘企业内部的潜力，力争有所突破和创新。

④ 循序渐进原则。企业战略必须从战略起点状态开始，经过一定的时间区间逐渐达到一个相邻的目标状态点，然后再进入更高的目标状态，由地方经营逐步走向全国范围经营，再进一步走向跨国经营，最终走向全球化经营。

三、企业经营的环境分析与市场调查

1. 企业经营的环境分析

现代企业是一个开放的经济系统,它的经营管理必然受客观环境的控制和影响。企业制订经营战略,环境分析是关键。把握住环境的现状及将来的变化趋势,利用有利于企业发展的机会,避开环境威胁的因素,这是企业谋求生存和发展的首要问题。企业经营环境包括外部环境和内部条件两个方面。外部环境直接或间接地影响企业的发展,企业的内部条件决定了企业的竞争能力和应变能力。

(1) 影响企业经营的外部环境

1) 研究企业外部环境的必要性。企业从事经济活动时,所需的各种资源需要从外部环境的原料市场、能源市场、资金市场和劳动力市场中去获取。外部环境为企业的生存提供了条件,然而也会限制企业的生存。离开外部的这些市场,企业经营便会成为无源之水、无本之木。与此同时,企业转换用上述各种资源生产出来的产品或劳务也要到外部环境中去实现。没有外部市场,企业就无法销售产品,无法得到销售收入,生产过程中的各种消耗就不能得到补充,经营活动就无法继续,更谈不上扩展规模了。企业的外部环境总是在不断变化的。这种变化将给企业组织带来两种不同的影响:一种是为企业的生存和发展提供新的机会,比如新资源的利用可以帮助企业开发新的产品,执政者的变化可能导致经济政策的修订;另一种是对企业的生存造成某种不利的威胁,如技术条件或消费者偏好的变化可能使企业原有产品不再受欢迎,企业要继续生存,就必须及时地采取措施,积极开展技术革新,努力改进产品性能。企业外部环境的变化对企业的影响是不可忽视的。企业要利用机会,避开威胁,就必须充分认识外部环境;要认识环境,就必须研究外部环境,分析外部环境。这种研究不仅可以帮助我们了解外部环境今天的特点,而且可以帮助我们揭示外部环境变化的一般规律,并据此预测它未来的发展和变化趋势,以增强企业的环境适应性,保证经营决策的正确性,提高企业的竞争能力。

2) 影响企业经营的外部环境因素。企业外部环境的各种因素对企业都将产生一定影响,只是影响的方式有直接或间接之分,程度有深浅之分。企业的外部环境大致可以归纳为政治与法律、社会与文化、经济、技术、自然、需求与竞争以及国际环境七个方面。

① 政治与法律环境。一个国家的政治和法律直接影响到企业的管理政策,它的稳定性也直接影响到企业长期计划的制订。政治和法律属于上层建筑领域,政治与法律环境由当权的政府营造,企业必须在既定的法律构架下从事生产和经营。

企业的政治环境是指制约和影响企业的各种政治要素及其运行所形成的环境系统,包括一个国家的政治制度、政党和政党制度、执政党和国家的方针政策、政治气氛、政权的稳定性、社会开放及民主程度、对工商企业的管制程度以及对外国投资企业的管制程度等。企业的法律环境则是指与企业相关的社会法律系统及其运行状态。企业的法律环境包括国家的法律规范、国家司法与执法机关、企业的法律意识等。不同的国家有着各自不同的政治与法律制度,不同的政治与法律制度对企业的经营活动有着不同的限制和要求。即使政治制度不变的同一个国家,在不同历史时期,由于执政者的更换,政府的方针政策也将会发生变化,企业对于这些变化通常难以预测,然而变化产生后它们对企业经营活动的影响则是可以分析的。企业必须通过对政治环境的研究,了解国家和政府目前禁止企业干什么、允许企业干什么、鼓励企业干什么，从而使企业的经营活动符合国家利益，受到政府的保护和支持。

② 社会与文化环境。一个社会的价值观、审美观、宗教信仰、风俗习惯和社会成员接受教育的程度等因素也会影响到企业的生产和经营。

社会是人群生活所组成的各种组织体及行为规范与态度的集合，企业只是社会大家庭中的一员，比较重要的社会组织有：家庭、学术团体、公益团体和体育团体等社会团体。企业与这些组织同处共生，就不得不注意相互之间的影响和关系。

文化是人类社会所拥有的知识、信仰、道德、习惯和其他才能与偏好的综合体。从总体来看，文化环境的变化是缓慢的，但就一段时间比较，其变化还是十分明显的。文化的不断演变对社会中每一个组织而言都是一项重要的影响因素，对企业当然不会例外。文化水平会影响居民的需求层次；宗教信仰和风俗习惯会禁止或抵制某些活动的进行；价值观会影响居民对企业目标、企业活动以及企业存在的态度；审美观则会影响人们对企业的活动内容、活动方式以及活动成果的态度。

③ 经济环境。经济环境是影响企业经营活动的重要环境因素，包括宏观和微观两种经济环境。

宏观经济环境主要指一个国家的人口数量及其增长趋势，国民收入、国民生产总值及其变化情况以及通过这些指标能够反映的国民经济发展水平和发展速度。人口众多既为企业经营提供了丰富的劳动力资源，决定了总的市场规模庞大，又可能因其基本生活需求难以充分满足，从而构成经济发展的障碍；经济繁荣显然会为企业的发展提供机会，而宏观经济的衰退则可能给企业的生存带来困难。

微观经济环境主要指企业所在地区或所需服务地区的消费者的收入水平、消费偏好、储蓄情况和就业程度等因素。这些因素直接决定着企业目前及未来的市场大小。假定其他条件不变，一个地区的就业越充分，收入水平越高，那么该地区的购买能力就越强，对某种活动及其产品的需求就越大。一个地区的经济收入水平对其他非经济企业的活动也是有重要影响的。例如，国民在温饱没有解决之前，就很难主动地去关心环保问题，去支持环保企业的活动。

④ 技术环境。任何企业的活动都需要利用一定的物质条件，这些物质条件反映着一定的技术水平，社会的技术进步直接影响这些物质条件的先进程度，从而影响企业经营活动的效率。企业的技术环境就是指一个企业所在国家或地区的技术水平、技术政策、新产品的开发能力以及技术发展的动向等。技术的影响体现在新产品、新机器、新工具、新材料和新服务上。企业的产品必须反映当时的科技水平。如果科学技术进步了，而劳动者的技术跟不上，生产作业人员的操作技能和知识结构不能适应技术的发展，生产工艺方法得不到改进，企业的产品就必然会被采用新技术的产品取代，企业就将得不到发展，甚至丧失生存机会。

⑤ 自然环境。常言道，凡事得讲求天时、地利、人和。这里的"地利"就是指地理位置、气候条件以及资源状况等自然因素。

地理位置、地形、地质、气候和资源等自然环境对企业厂址的选择、原材料及能源的供应、设备和生产技术的采用、劳动力和资金的来源等有密切的关系。在不同的地域环境中，人口构成、收入、消费水平和传统习惯等都各不相同，对产品的需求也不一样，一般要求企业与相关供应者建立稳定、合理的交易关系，避免因资源的短缺而影响企业的生产效率，因此企业必须认真分析地域环境的特点，有针对性地开展活动。

⑥ 需求和竞争环境。需求环境主要是指社会（市场）对企业的产品或劳务的需求状况，包括用户情况、购买力、需求容量和潜在需求等这些最主要的直接环境因素。用户对产品的总需求决定着行业的市场潜力，从而影响行业内所有企业的发展边界；不同用户的价格谈判能力会诱发企业之间的价格竞争，从而影响企业的获利能力。企业必须从这两方面研究用户的总需求、需求结构以及购买力，从而判断社会上对企业产品购买量的大小、市场潜在购买力的大小以及企业产品在人们生活中的重要性。同时，企业对原材料及能源供应商也应进行一定的研究。企业生产所需的许多生产要素是从外部获取的。提供这些生产要素的企业也需要生存和发展，它们也在研究自己的用户。所以，对供应商的研究也包括两个方面的内容，即供应商的供货能力或企业寻找其他供货渠道的可能性以及供应商的价格谈判能力。

竞争环境主要是指产品销售方面的竞争状况，包括竞争对手的状况、竞争态势、主要竞争策略和竞争领域、潜在的竞争因素等。企业是在一定行业中从事经营活动的。美国学者波特认为，影响行业内竞争结构及强度主要有现有企业、潜在的参加竞争者、替代品制造商、产品用户以及原材料供应者五种环境因素。企业在经营过程中，必须对现有竞争对手的基本情况、竞争对手的发展方向以及潜在竞争对手、替代品生产厂家进行全面分析、深入研究，并且及时调整经营战略和竞争策略，才能在激烈的市场竞争中立于不败之地。

⑦ 国际环境。国际环境是企业生存和发展的重要外围环境，它明显地体现出时代的特点和社会公众的要求。当前国际经济环境的特点如下：

a. 全球信息化。互联网使各国经济发展相互依存、相互渗透；信息的整合推动生产力的发展，促进产生生产力突破；光缆传输极大地提高了信息传递的速度和时间利用率；信息化一方面使世界空间缩小，另一方面又使发展空间变大，虚拟市场、虚拟银行相应出现；而且信息化使企业组织再次集权，中层管理功能减退，生产者与消费者距离缩短、界限模糊，消费者与生产者可以相互合作。

b. 经济全球化。其最突出的特点是跨国公司的发展，使各个国家、企业、管理者之间的距离越来越短，关系越来越密切，形成了相互依赖、相互促进、相互制约的复杂关系。

c. 国际上企业之间的联合兼并出现高潮。由于竞争的需要，国际上许多大公司联合兼并已成为一种趋势，正在出现高潮。

d. 知识经济正在世界崛起。知识以高科技产业为支柱，以智力资源为依托，使经济可持续化、资产投入无形化、决策管理知识化。

在如此国际经济环境下，当前国际企业管理出现了如下特点：

a. 重视整体社会目标。企业不仅追求经济利益，也重视对社会进步承担责任。

b. 重视精神激励。信息化和知识经济尤其重视精神激励，不仅要给予表扬，更重要的是要赋予更大的责任和权利。

c. 重视知识和人才。企业要以人为本，重视专家的作用，发挥知识和团队的整合效应。

d. 重视企业文化建设。通过企业文化建设用共同的价值观凝聚全体员工。

e. 重视领导方式的转变。现代领导方式要求企业每个成员都有参与领导的机会，而且未来的领导是集体领导，是集中公众智慧、统一公众行为的领导。

3）在竞争环境中争取主动权。为了让企业在激烈竞争中的外部环境中立于不败之地，并且在竞争中求得更快的发展，企业必须在竞争环境中采取果断措施，争取主动权。

① 收集信息。积极收集外部经营环境的有关信息，以便在竞争中做到知己知彼，对经

常变化的市场进行客观的、准确的预测。

② 做好预测。通过专家，采用科学的方法，根据收集到的信息资料，进行认真、深入的分析研究，然后对市场竞争形势做出科学的判断和预测，为企业决策者做出合理决策提供依据。

③ 主动向环境开放。唯有主动向外部环境开放，才能吸取新鲜营养，才能实现新陈代谢、取优汰劣，才能使企业在不断更新的环境中提高自身的适应能力。

④ 主动适应和利用环境。对于客观的外部环境，特别是对于大环境，通常企业是无法改变它的，只能适应它；而外部环境中并非全是不利因素，往往有许多对企业有利的东西，企业应该在适应过程中紧紧抓住它，利用它发展自己。

⑤ 主动选择和改善环境。在适应环境的过程中，在条件允许对环境做出选择时，企业应毫不犹豫地主动做出选择，选择适合自己生存和发展的环境；在能力所及、政策许可的范围内主动改善环境，更好地发展自己的空间。

（2）企业内部条件分析

1）企业内部条件分析的意义。企业内部条件分析包括对企业所拥有的客观物质条件和主观经营状况的分析。对企业外部环境的研究所提供的情况，反映出对企业经营的有利机会或不利威胁，企业能否利用机会，避开威胁，要通过对企业内部条件的分析才能判断。具体来说，企业内部条件分析的意义如下：

① 有利于企业抓住外部环境提供的机遇发展自己。不断变化的外部环境给企业带来了许多潜在的可以利用的机会，但是只有具备了利用这种机会的条件，而且能够果断抓住这种机会的企业，才能真正利用这种机会发展自己，而是否具备利用这种机会条件，必须通过内部条件分析才能得知。

② 有利于企业进一步认清自我，扬长避短。通过企业内部条件分析，企业了解到自身的优势和劣势，并通过与竞争对手的对比，制订出与自身实力相适应的经营战略。

③ 有利于合理利用企业的有限资源。任何一个企业的资源总是有限的，实力也是有限的。企业的经营战略应该是：通过内部条件分析，了解自身的资源状况，将有限的人、财、物等资源用在刀刃上，将外部环境变化提供的机会变成企业出成果的现实，从而使资源发挥出最大的效益。

④ 有利于能动地改变企业的现状。通过内部条件分析，认真了解企业自身，既要了解物，更要了解人，了解全体职工，挖掘企业的潜力，能动地改变企业的现状，向更有利于打开局面的方向发展。

2）内部条件分析的内容。

① 企业能力分析。企业能力结构分析主要针对企业素质（包括企业的技术素质、管理素质和人员素质）、企业活力（包括企业的凝聚力、适应能力、生长能力、竞争能力和获利能力）等进行客观分析。这些能力的总和构成企业的经营能力体系。这种能力体系越强，企业的竞争能力和抗风险能力也就越强。

② 企业状况分析。企业状况分析主要是对企业系统及其子系统的运行状况和运营能力进行分析，它包括以下几个方面：

a. **基本情况分析**：包括对企业经营目标与经营方针、经营战略与营销策略、企业改造等方面的分析。

b. 销售分析：指对销售计划、产销衔接、销售渠道以及营销业务开展状况等的分析。

c. 生产分析：指对生产计划、生产过程、质量管理、文明生产以及工艺、设备、运输、动力管理等的分析。

d. 科技工作分析：指对科技人员的结构及使用情况、科技开发等的分析。

e. 财务分析：主要指对资金的筹措和财务状况、盈利能力的分析。

f. 人力资源分析。着重于对人员结构与人员素质的分析。

③ 企业业绩分析。企业业绩分析是针对反映企业经营效果的重点项目进行分析。它包括：

a. 产品营销能力分析。通过对企业的产品及其市场营销状况的具体分析，对产品营销实力做出综合评价，明确其优势、劣势及潜力，内容包括产品竞争能力、产品经营寿命周期、市场容量与市场占有率、产品获利能力以及经营实力。

b. 财务状况分析。财务状况分析综合反映企业生产经营效果，主要是分析企业的盈利能力，包括盈亏分析、资金利润率分析等。

（3）企业资源分析

1）分析企业资源的意义。企业资源是现代企业生存与发展不可缺少的前提，也是体现企业内在经营能力的一个重要因素。企业资源的多寡、资源质量的高低，对企业经营战略管理活动的成效具有重要影响。因为企业战略的本质就是建立相对于竞争对手的优势，而建立优势就要为企业寻求一个能够充分利用自身资源的合适条件，企业战略的制订就必须建立在对于企业资源能力结构的全面系统认识的基础上，才能找出实施企业战略的优势和劣势。

2）企业经营的主要资源。企业的主要资源泛指企业从事生产经营活动或提供服务所需要的人力、资金、物料、机器设备、组织管理、技术和信息等所具备的能力与条件。一般企业中主要有五类资源：财力资源、物力资源、人力资源、技术资源和管理资源。

① 财力资源。财力资源主要是指企业的资金实力。资金是企业财产和物资的货币表现，是企业的血液。为了发展经营事业，企业必须设法通过各种途径取得必要的资金，利用资金换取各项生产要素的投入，生产出社会需要的产品或劳务，将这些产品和劳务在市场上销售，使之再转换成企业经营管理活动得以继续发展的资金，促进企业发展。

研究财力资源的重点是建立中期和长期的财务优势，要把更多的注意力放在长期的企业净收入及总资产利用上。同时，还要计算出企业在计划期内为保持实施战略所要求的增长率而必须进行再投资的资金量，从而判断出企业能否单独依靠自己的内部的财力资源来支持预期的资金需求。如果不能依靠自己内部的财力支持企业的发展战略，企业就必须设法从外部筹集资金。

② 物力资源。物力是生产的三要素之一，也是体现企业战略优劣的一个重要方面。厂房建筑、机械设备、储运工具以及原材料、零部件、办公设施等，都与企业的生产经营有密切关系，是企业实施发展战略所必须获取的物力资源。

企业物力资源主要分为生产制造、储运、销售以及事务处理四部分。从战略角度看，物力资源研究主要分析物力资源的获得、配置、能力限度、运用、维护和重置等问题。根据企业的战略目标，将物力资源投入的时间、种类和数量等进行周密的规划与调配，为有效地实施企业战略提供物质上的支援和保证。

③ 人力资源。企业经营管理的全部工作，从环境分析、制订战略到实施战略，都必须

由人去执行。因此,人力资源是企业经营管理中最重要的资源,是一种活资源。人力资源管理的最终目的是提高员工的工作效率。企业的人力资源主要包括企业高层领导、企业管理人员、企业技术人员和企业员工等。

④ 技术资源。科学技术是第一生产力。人类社会的发展历史,特别是近几十年来的实践,充分证明科学技术进步是推动社会进步的强大驱动力。科学技术的进步对企业的生存和发展的影响是全面的、深刻的,因此考察技术资源是分析企业内部条件非常重要的一个方面。企业技术资源主要包括企业技术开发能力,包括技术开发的投资能力、技术创新应用能力、吸收外来技术的能力、技术专利数、技术开发人才结构与水平、高新技术的推广能力、相对于竞争对手的技术优势等,以及技术与市场信息,企业产品质量状况及其保证体系等。

⑤ 管理资源。管理是指利用各种企业管理职能,有效地运用人力资源、资金、物资、机器设备和市场营销等 5M 要素,以获取最大的经济效益。充分挖掘企业的管理资源,对于企业的发展是至关重要的,因为一个企业的人力、物力和财力总是有限的,只有通过科学有效的管理才能使有限资源发挥出最大效力。企业的管理资源主要包括企业管理信息网络系统、各项企业管理规章制度、生产和技术管理文献与国家标准、企业的管理组织机构及其指挥系统等。

2. 企业经营的市场调查与预测

随着我国经济体制改革的进一步深化,特别是确立了以市场经济作为我国经济发展的基本模式之后,企业界出现了一个"以销定产"的新格局,企业的经营必须在变化的市场环境中充分做好调查研究和科学预测工作,满足消费需要,实现企业目标。

(1) 市场调查　市场是社会分工和商品交换的产物,并随着商品经济的发展而发展。企业所需的生产资源来源于市场,按市场需要安排产品生产并在市场上销售,以获取经济效益。因此,市场是企业存在和发展的首要条件。

1) 市场的含义。随着商品经济的不断发展,市场的定义也在不断变化。一般认为,市场包括了如下三个方面的含义:

① 人们习惯性认识的狭义的市场。市场是商品交换和劳务转移的场所。

② 从经济学角度理解的广义的市场。市场是商品交换关系的总和,即哪里有社会分工和商品生产,哪里就有市场。

③ 从市场营销学的角度来解释的市场。市场是一群用户的集体名称,或者说市场是商品购买者的集合。这里所说的用户必须具备三个要素:具有某种需要满足的购买欲望、具有一定的可供支配的购买力以及具有获取某种产品的购买动机。

市场活动的中心内容是商品交易,它必须具备三个条件:存在买方与卖方,有可供交换的商品,有买卖双方都能接受的交易价格和交易条件。

就企业而言,在研究市场时,主要应该按"用户即市场"的观念来分析。如果某种产品拥有大量用户,也就拥有了一个广大的市场。

2) 市场的职能。市场机体具有如下职能:
① 市场是实现商品交换、连接生产与消费的纽带。
② 市场是企业进行营销活动的舞台,也是经济竞争的场所。
③ 市场是企业获取信息的主要来源。
④ 市场是企业销售产品,实现利润的场所。

⑤ 市场是一个国家繁荣经济、发展生产的必经通道。

3) 市场的分类。从购买者的市场需求和购买动机的角度出发，一般可将市场分为消费品市场、生产资料市场和服务市场三大类。

① 消费品市场也称为消费市场，是消费者购买消费所需要的商品，以满足其物质和文化生活需要的最终产品的交换场所。按照购销特点，消费品可分为日用消费品（如日用品、粮食、食盐等）、选购消费品（如玩具、服装、烟酒等）和高档消费品。

② 生产资料市场又称为工业品市场，它是企业、团体或个人为制造其他产品需要购买商品的市场。

③ 服务市场是通过提供各种服务来满足消费者需要的一种特殊市场，其本质是劳务经营。在这里，劳务是一种无形商品。服务市场随着社会的进步而得到了长足的发展，文化教育、金融保险、交通运输、医疗卫生、娱乐、旅游和广告等服务在人们的生活中显得越来越重要。

4) 市场的环境。市场也是企业经营环境的一部分，甚至可以说是企业经营环境的核心部分。任何企业都是在不断变化的社会经济环境中运行的。企业外部的各种力量深深地影响着企业经营的营销活动。环境力量的变化，既可以给企业营销带来机遇，也可以对企业形成某种威胁。因此，全面、正确地认识市场营销环境，注意监测各种外部环境力量的变化，对于顺利开展营销活动具有十分重要的意义。

企业的市场营销环境由微观市场环境和宏观市场环境构成。微观市场环境影响着企业服务其目标顾客的能力。企业首先通过市场获得用户的需求信息，根据需求信息选择产品的生产方向和生产规模；通过供应环节取得人、财、物等资源，组织产品生产；运用直接或间接销售方式向用户提供适销对路的商品，满足消费者的需要。在市场中，企业将面临争取用户和销售渠道、供应渠道等方面的竞争。宏观市场环境由一些大范围的社会约束力量，如政治、经济、法律、人口、自然、技术和文化等构成，它影响企业的微观环境。企业必须认真研究，以适应这些环境因素的变化与影响。

5) 市场调查的概念及重要性。所谓市场调查，是指运用科学的方法，有目的、系统地收集、记录、整理和分析与市场有关的信息资料，了解市场过去和现在的营运状况，为企业进行经营预测和制订经营战略提供依据。由此可知，市场调查有以下特点：

① 市场调查是一种管理手段，目的在于提高企业经营的效果。

② 市场调查具有协助解决问题的功能，从调查分析中可以得到解决问题的办法。

③ 市场调查的进行必须符合科学的原则。市场调查所采用的询问法、观察法、实验法等，都必须符合科学的要求，在市场调查中必须尽量保持客观的态度，对所有事实不抱成见，资料收集应力求完整，并依据一定的设计和逻辑推理，进行系统的整理与分析。

市场调查是根据企业面临的市场问题，运用科学的方法，有目的、系统地收集有关的市场信息，了解市场的现状和发展趋势，通过整理、分析，提出建设性的调查报告，为企业决策者提供决策依据的一项专业管理活动。

市场调查是企业了解市场、认识市场的一种行之有效的方法，它对企业的生产经营活动有着十分重要的作用，主要表现如下：

① 通过市场调查，企业可以了解社会需要什么产品，什么人需要，为什么需要，需要多少，为企业生产符合市场需要的产品提供科学依据。

② 从市场调查提供的信息中，可以分析产品的寿命周期，为企业制订开发新产品、整顿或淘汰老产品、决定产品寿命周期中各个阶段的市场策略提供了依据。市场调查是企业进行经营决策和制订经营计划的前提。

③ 市场调查可以帮助企业合理选择分销途径、流通渠道，是企业开拓市场的有效手段。

④ 市场调查有利于加强推销活动和售后服务，有利于降低销售成本，而且能帮助企业"矫正"决策和计划，是提高企业管理水平的有力措施。

6）市场调查的内容。市场调查的内容相当广泛，包括一切与企业有关的社会、经济、政治环境和日常活动范围内的各种现象的调查研究，凡对企业生产经营活动有直接或间接影响的信息资料都应搜集。市场调查可以是专题性调研，也可以是对广泛问题的调研。主要内容如下：

① 对市场需求和销售趋势的调查。企业要对市场的现实需求和潜在需求做出量的分析，调查消费者的购买动机、购买行为以及影响消费的各种因素，用数量表示出市场的需求状况及销售趋势，及时掌握市场的供求关系及其变化规律。

② 对本企业营销策略的调查。这主要是对本企业产品、价格、促销和销售渠道等方面的调查，通过市场调查了解企业营销策略的实施情况，以便提出改进措施，扩大市场或转换市场。

③ 对竞争者的调查。这主要是指调查竞争对手的数量、规模、市场占有率和竞争产品的质量、性能、价格、服务情况、市场信誉以及采用新技术、开发新产品的情况等，还包括对潜在竞争对手的调查，了解同类企业生产技术水平和经营特点。只有这样，才能知己知彼，生产出竞争能力更强的产品来占领市场。

④ 对其他不可控因素的调查。这主要是指企业还需要对无法控制的政治、经济、社会文化环境以及科学技术等因素进行调查。要了解国家宏观政策和控制方式的变动对市场销售及产品生产的影响，以便对市场进行综合分析。

7）市场调查的方法。市场调查的方法，按调查方式划分，有直接调查和间接调查；按调查范围分，有全面调查和抽样调查。直接调查法中常用的有询问法、观察法、实验法以及抽样调查法。

① 询问法。询问法是指调查人员将所拟的调查事项，通过各种方式向被调查者发问或征求意见，以收集所需的市场信息。它又分为面谈、电话、邮寄和问卷等方式。

② 观察法。观察法是指让调查人员在现场直接或借助仪器观察、记录被调查者的行为和表情，从而收集有关市场信息的方法。该方法并不使被调查者感到正在被调查，因此调查准确度高，但观察不到被调查者的内在因素。

③ 实验法。实验法是指调查人员通过设置或选择一定的环境条件，或在具有代表性的实际市场上先试用或试销一部分产品，分析效果后再决定是否大规模营销的方法。该方法可用于新产品投放市场或老产品改变质量、包装、设计和价格等，也可用于市场饱和程度的实验。

④ 抽样调查法。对一般生活资料消费者通常采用抽样调查法。所谓抽样调查法，就是根据数学概率理论，在母体（全部）调查对象中，随机选择其中的一部分（样本）进行调查，以获得总体情况的方法。

8）市场调查的步骤。市场调查的程序通常由如下七个方面组成：

① 确定问题。应让调查人员明确解决哪些问题以及问题的重点所在，以便设计一个完备的调研方案。

② 选择调查途径。需要调研的问题确定之后，应根据调查目的，决定搜索资料的范围，提出获得所需资料的途径。

③ 决定调查方式。根据资料的性质决定所采用的调查方式。

④ 抽样设计。如果选用抽样调查，应根据调查的对象确定抽样的范围、选择样本的方式、决定样本的大小。

⑤ 现场收集资料。包括对现场搜集资料人员的选择、训练、控制和考核等。

⑥ 资料分析整理。通过对搜集来的资料进行分析、鉴别、整理，使之系统化、简单化和表格化，达到准确、完整、实用的目的。

⑦ 编写调查报告。围绕调查目的，突出重点、简明扼要地将调查过程和调查结果做出中肯、客观的报告，供企业主管人员在决策时参考。

（2）市场预测

1）市场预测的概念。预测是人们对未来不确定的事物进行推断和预见的一种活动。它是对客观实践中各种各样的事物未来发展变化的趋势以及人类实践活动的结果所做的预先分析和估计。人们研究未来，目的是探索客观事物未来的发展趋势和内在规律，指导人们的行为，按照客观规律办事，力求趋利避害，以便科学地改造客观世界。预测绝不是凭空想象和猜测，而是根据过去和现在的客观实际资料，运用科学的方法，探求事物发展的规律。同时，任何预测都不可能百分之百准确，因此预测通常只具有一定的可信度。从这个意义上讲，所谓预测就是指以一定的可信度，采用科学的预测技术，对事物未来趋势进行的估计或描述。

市场预测是企业经营活动中一项十分重要的基础工作。所谓市场预测，是指在市场调查的基础上，借助一定的历史资料，采用科学的预测技术，对未来一定时期市场供需变化及其发展趋势进行估计、分析和推断，为企业选择目标市场和服务方向，制订生产经营计划和营销策略提供依据。

2）市场预测的作用。市场预测具有以下作用：

① 市场预测是企业制订经营计划的重要依据。企业要生存，领导者就必须时刻注意市场的变化，对市场的变化趋势做出准确的预测，获得产品畅销或滞销的信息和资料，才能为企业制订出符合市场客观需要的生产经营计划，才能使制订的计划有效地贯彻执行，实现产销平衡，提高企业的经济效益。

② 市场预测是企业经营决策的依据。在瞬息万变的现代市场中，必须通过大量的市场信息及时做出正确的决策，才能确保企业在激烈的市场竞争中立于不败之地。

③ 市场预测是企业转换机制的需要。在市场经济体制下，企业必须转换经营机制，而只有通过做好市场预测，针对具体情况采取不同对策，才能提高企业的竞争力，使企业成为自主经营、自我发展的经济实体。

④ 市场预测可以指导企业合理组织生产。通过市场预测，可以掌握市场需求变化的动态，以便合理地安排生产，及时地调整计划，在经营产品的品种、规格、数量和质量方面，在投资和新产品开发方面与市场需求相适应，满足市场需求。

⑤ 市场预测可以提高企业经营管理水平。加强市场预测，能够比较准确地掌握市场供

求变化情况，指导企业的生产经营活动，合理使用人力、物力和财力，提高生产效率。市场预测是提高企业经营管理水平的重要手段。

3）市场预测的种类。市场预测有多种预测方法。

① 按预测的内容，市场预测可以分为市场需求预测、市场占有率预测、价格预测、消费者购买行为预测、促销策略预测等。

② 按预测的时间，市场预测可以分为短期预测、中期预测和长期预测。

③ 按预测的方法，市场预测可以分为定性预测和定量预测。定性预测是指根据个人的经验和知识，判断事物未来的发展趋势和状态。定量预测是指利用一定的统计资料，凭借一定的数学模型推算事物未来的发展趋势和状态。

4）市场预测的程序。为了保证市场预测工作卓有成效地进行，必须按预测工作的程序加强组织工作。

① 确定预测目标。提出预测课题，确定预测应达到的目标及要求，有的放矢地去收集信息资料。

② 制订预测计划。做好预测工作的组织分工，确定收集信息资料的方式，做好经费预算等，保证预测工作有条不紊地进行，并在执行中及时修改和调整计划。

③ 收集分析资料。根据预测对象、目标和计划，进行大量的市场调查，确保所收集的信息资料的代表性、完整性和可靠性。对收集到的信息资料要进行严格的审校，保证数据的准确性。

④ 选择预测方法。为了获得可靠的预测结果，必须对信息资料进行动态分析，选择合适的预测方法并建立预测模型。

⑤ 开展预测工作。根据已获取的信息资料，利用选定的预测方法与模型进行预测。

⑥ 评价预测结果。预测结果是建立在预测模型的基础上的，必然有一定的误差，预测结果的合理程度如何，必须进行分析评价，以得到正确的结论。分析评价的内容有：影响预测结果的内部和外部因素，内外因素对预测结果影响的范围和程度，预测结果的可能偏差及偏差分析，考虑是否对预测结果进行修正。如果预测结果未达到预测目标的要求，预测误差不在允许的范围内，则需返回以前的步骤，重新确立预测目标，再度进行预测。

⑦ 提出预测报告。如果预测结果满足预测要求，则可写出预测报告，以供领导决策之用。

5）市场预测的方法。市场预测使用的预测方法很多，当可依据的资料不充分时，可以采用定性的预测方法；当历史资料比较充分而又可靠时，则可以采用定量预测方法。

① 定性预测方法。定性预测方法又分为：

a. 个人判断法，指由决策人凭个人经验对客观事物进行分析判断，预测未来的情况。

b. 综合判断法，又称为专家会议法，是由企业负责人召集各部门负责人或营销人员，广泛交换意见，预测未来的情况，然后将不同人员的预测值进行综合，得出预测结果的方法。

c. 头脑风暴法，又称为畅谈会法，简称 BS（Brain Storming）法，是在组织专家会议的基础上，遵循两个原则：一是对别人的意见不允许批驳、批评，创造一种畅所欲言的气氛；二是鼓励独立思考、开阔思路、自由奔放地提出方案，不要重复别人的意见，设想和方案越多越好，不受限制，不要怕相互矛盾。

d. 使用者期望法，指某些企业只有少数大顾客，以这些顾客的预期需要为基础做出有效的预测。

e. 专家调查法，也称为德尔菲法，专家调查法预测，是专家通过对未来的发展所做出的判断，经过对专家集体意见进行汇集、整理和分析，找出事物的未来发展趋势。在这种方法中，选择好专家是预测成功的关键。

运用这种方法，就是先把需要决策的项目写成若干个含义清楚而且又能以十分明确的形式回答的问题；然后从不同的角度选定数十位甚至数百位专家，邮寄出第一轮意见征询表；接着进行汇总统计，将大多数人的意见整理成第二轮意见征询表；将第二轮意见征询表再分寄给各位专家，如此反复三四次，直到意见相对集中为止。

专家调查法具有匿名性质，在整个预测过程中，参与预测的专家们互不见面，由主持人采用匿名方式安排专家们独立地发表意见，进行交流和沟通，避免了专家之间权威、长者等因素的影响。同时，由于反复多次地交流与信息反馈，使专家们充分进行思考和修改自己的意见，因而预测结果有较大的可靠性和权威性。这种方法比较适用于新产品、新技术和新市场的开拓。

② 定量预测方法。在经济活动中常见的定量预测方法大致如下：

a. 时间序列法。时间序列法又分为：简单平均法，对按时间顺序发生的历史数据求简单平均值，以简单平均值作为预测值的预测方法；加权平均法，对距离预测期远近不同的历史数据赋予不同的权数，然后求加权平均值，以加权平均值作为预测值的预测方法；移动平均法，将按时间顺序发生的历史数据先分段，再移动求每一段的平均值，把简单平均改为分段平均，即按各期销售量的时间序列逐点推移，然后根据最后的移动平均值来预测未来某一期的销售量，利用这种方法可以看出数据变化的过程和演变趋势；加权移动平均法，在用移动平均法计算平均数时，把每期资料的重要性考虑进去，即把每期资料的重要性用一个权数来代表，然后求出每期资料与对应的权数乘积之和（权数的选择可按需要加以判断，一般情况下，越近期的资料权数越大，因为其实际销售额正是最近发生的状态），资料期中各期权数之和应等于1；指数平滑法，这是加权移动平均法的特殊形式，又称为指数移动平均法，为美国人 RG·布朗所创，常用于工业企业的短期预测。

b. 因果关系法。一般因果关系有两种：一种是确定型的因果关系，如函数关系；另一种是非确定型的因果关系，又称为相关关系，回归分析讨论的就是非确定型的因果关系，由于回归分析法预测的基础是因果关系，因此预测的可靠性高，预测的适用性强，一般适用于长期预测；其他分析方法还有结构比例法、边际成本法等。

四、企业的经营决策

1. 经营决策的概念

经营决策是企业主管人员为了实现某一特定的目标，在掌握大量信息资料、具备丰富个人经验以及对市场做出正确预测的基础上，借助于一定的科学手段和方法，从两个或两个以上的可行方案中，选择一个最优方案的分析判断过程。

决策是一种行为的选择，它具有如下要素和特征：

1) 决策者。决策者是行为的执行者，是决策的灵魂，决策者的直觉、经验、素质、认识能力和判断能力等都直接影响决策的合理性。

2）决策目标。决策目标是指决策者预期要达到的目标，没有目标就无从决策。

3）决策信息。通过市场调查和市场分析所获得的信息资料是决策的基础。不建立完整科学的信息体系，就无法进行决策。决策前，组织者必须提供几个可行的备选方案，供决策者评价、考量和选择。

4）决策理论和方法。在正确理论的指导下用科学的方法开展分析，才能保证决策的可靠性和准确性。决策理论和方法正确与否，直接关系到决策的成败，甚至直接影响企业的发展方向。

5）决策环境。决策总是在一定环境下产生并加以实施的，它将受政治环境、经济环境、社会环境和技术环境等的影响。

6）决策活动是一个动态的过程，追求的是优化效应。决策方案的实施过程中，要不断地进行追踪分析和再决策，也就是说，决策是一个动态过程，它要求决策实施过程能动态地反映组织内外环境的变化，及时对已有决策做出调整和改变，能令人满意地实现决策目标，追求方案最优化。

2. 经营决策的作用

经营的中心在管理，管理的核心在决策，赫伯特·西蒙甚至认为"管理就是决策"。可见，经营决策在企业管理中起着举足轻重的作用。

1）经营决策是企业经营成败的关键。经营决策主要指企业高层领导所负责的战略性决策，通常是关于企业总体发展方向、速度、规模和重要经营活动的决策，关系企业发展的全局，可谓"一着走错，全盘皆输"。许多企业的沉浮经历无不与决策有着密切关系。在我国当前的经济活动中，那些盲目建设，无序竞争，也均与经营决策有关。

2）经营决策是各项管理职能顺利运作的前提。如果说计划是管理的首要职能的话，其实它发挥作用还有赖于正确的经营决策的指导和推动。经营决策为管理职能确定了方向，提供了依据乃至标准。没有正确的经营决策，各项管理职能就不可能发挥正常的功能。

3）提高经营决策水平是企业迎接未来挑战的根本保证。当今时代是一个现代技术飞速发展的时代，企业产品的更新换代和技术的更新改造速度大大加快。产品和技术的更新都需要大量投资，高投资、高收益必然伴随着高风险。科学地预测未来新技术和市场的发展趋势，做出正确的决策，是引导企业在市场竞争的挑战中立于不败之地的根本保证。

3. 经营决策的分类

企业经营决策问题的种类很多，按不同的依据，可以对决策做如下分类：

1）按决策的重要程度，可以把决策分为如下几类：

① 战略决策。战略决策是确定企业发展方向和远景的决策，重点是解决与外部环境的关系问题，包括对经营方针、经营目标、生产规模、发展速度和产品开发等方面的决策。

② 管理决策。管理决策是为了实现战略决策，对企业内部资源进行有效组织和利用，使生产技术经济活动正常进行的一种决策，如生产计划、销售计划的制订，资金的运用和设备的选择等方面的决策。

③ 业务决策。业务决策是企业在日常生产活动中，为了提高管理效率和生产效率，更好地执行管理决策，对日常业务活动进行的安排，如生产任务的分配、作业计划的制订、物资的采购、库存控制、定额的制订等方面的决策。

2）按决策者所处的管理层次，可以把决策分为如下几类：

① 高层决策。高层决策是指企业最高领导层所负责的决策，即经营决策。
② 中层决策。中层决策是指企业中层领导所负责的管理决策。
③ 基层决策。基层决策是指企业基层所进行的作业性决策，技术性较强。
3) 按事件出现的重复程度，可以把决策分为如下几类：
① 程序性决策。所需决策的事件是经常出现的事件，已经有了处理经验、程序和方法，可以按常规方法来解决。
② 非程序性决策。非程序性决策是对不常出现的新问题、新情况做出的决策。对这些问题和情况，一般没有处理经验和固定的处理程序，而完全要靠决策者的判断和魄力来解决。
4) 按决策目标与所用方法的类别，可以把决策分为如下几类：
① 计量决策。决策目标有准确的数量，易采取数学方法做出决策。
② 非计量决策。难以用准确数量表示目标，主要依靠决策者的分析判断进行决策。
5) 按决策事件所处的环境条件，可以把决策分为如下几类：
① 确定型决策。一种方案只有一种确定的结果。
② 风险型决策。决策事件存在不可控因素，事件的发展会出现几个不同结果，其结果的概率可以估算。
③ 非确定型决策。影响决策事件的因素是不确定的，事件可能有几种结果，而且这些结果出现的概率又无法进行测定。

4. 经营决策方法

决策方法有两大类：一类是定性分析决策法，是充分发挥人的集体智慧和经验进行决策的方法，称为软决策技术；另一类是定量分析决策法，是建立在数学工具基础上的决策方法，称为硬决策技术。这里仅介绍两种最常用的定量决策方法。

(1) 确定型决策　确定型决策的特点是决策事件所处的环境（或自然状态）是明确的，每个方案只有一种确定的结果。决策的任务是从备选方案中选择一个较满意的方案。确定型决策最常用的方法是盈亏平衡分析法。

盈亏平衡分析法也称为量本利分析决策法　它是综合研究产量、成本和利润三者之间的数量关系来进行决策的方法。这种方法的关键在于找到盈亏平衡点。盈亏平衡点是指在一定销售量下，企业的销售收入等于总成本，即利润为零。以盈亏平衡点为界（见图 4-1），销售收入高于此点，则企业盈利；反之，则企业亏损。企业若想在盈亏平衡的基础上获取一定的目标利润，则销售量必须实现

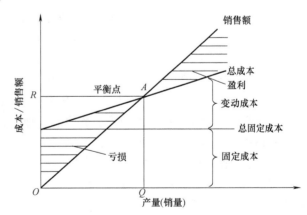

图 4-1　盈亏平衡分析基本模型

$$X_z = \frac{C_f + T_p}{P - C_v}, S = \frac{C_f + T_p}{1 - C_v/P} \quad (4\text{-}1)$$

式中　X_z——目标利润销售量；

T_p——目标利润；

C_v——单位变动成本；

C_f——固定成本；

P——销售单价；

S——销售额。

（2）风险性决策　风险性决策也称为统计性决策、随机性决策，是指已知决策方案所需的条件，但每一方案的执行都有可能出现不同后果，多种后果的出现各有一定的概率，即存在着"风险"，所以称为风险型决策。风险型决策必须具备以下条件：

1）存在着决策者企望达到的目标。

2）有两个以上方案可供决策者选择。

3）存在着不以决策人意志为转移的几种自然状态。

4）各种自然状态出现的概率已知或可估计出来。

5）不同行动方案在不同自然状态下的损益值可以估算出来。

第二节　市场营销管理

一、市场营销的概念

1. 市场营销的含义

从企业的角度研究现代企业经营管理活动，就是要在市场调查和商业机会选择的基础上，根据企业所拥有的资源制订符合组织发展需要的经营目标，并通过有效管理综合运用组织中的各种资源来实现企业的经营目标，也就是说，企业通过管理负责将资源转化为成果，将投入转换为产出，这就是市场营销活动。

市场营销作为一门学科最早在 20 世纪初起源于市场经济发达的美国。美国市场营销协会将市场营销定义为："市场营销是引导货物和劳务从生产者流向消费者或用户的企业商务活动过程"；而美国管理协会的描述是："市场营销是为了促成满足个人和组织之目的的交换活动，而对主意、商品、服务的构思、定价、促销及分配行为所进行的计划与实施过程"。菲利普·科特勒（Philip Kotler）于 1984 年提出："市场营销是个人和群体通过创造并同他人交换产品和价值，以满足需求和欲望的一种社会和管理过程。"根据这一定义，可以将市场营销概念具体归纳为以下几点：

1）市场营销的最终目标是"满足需求和欲望"。

2）"交换"是市场营销的核心，交换过程是一个主动、积极寻找机会，满足双方需求和欲望的社会过程和管理过程。

3）交换过程能否顺利进行，既取决于营销者提供的产品和价值满足顾客需求的程度，又取决于交换过程管理的水平。

一般还可以找到许多描述方式，但最关键的问题是在满足需求的过程中处于中心地位的交换。市场营销从一般意义上可以理解为与市场有关的经济活动。

2. 市场营销的构成要素

市场营销活动存在以下三个基本要素：

1）市场主体。市场主体包括工商企业、政治党派、各类组织以及任何其他试图交换服务、主意或商品的团体或个人。

2）市场客体。市场客体是指在市场上出售的各种商品、劳务或主意等。

3）潜在市场。潜在市场包括最终的使用者或购买者，以及那些受市场行为影响或在其中发挥作用的人。

3. 市场营销的功能及其带来的产品效用

市场营销在社会经济生活中的基本作用就是解决生产与消费的矛盾，满足各类消费需要。它能通过执行其功能来解决产销矛盾，创造出产品的四种经济效用，并提供第五种效用以证实这一结论。

（1）市场营销的功能　市场营销的功能可分为以下三类：

1）交换功能。即实现产品所有权转移。

2）物流功能。即实现产品在空间位置上的转移，使产品完好顺利地进入消费领域。

3）便利功能。便利功能包括便利生产、便利交换和便利物流等各个环节。

（2）市场营销的产品效用　执行上述市场营销功能，可以创造出各种产品效用。

1）形态效用。形态效用是指产品能满足人们某种需要的使用价值。生产领域所创造的形态效用还只是潜在效用，只有通过营销活动使之进入消费领域后才能转化为实际效用。

2）空间效用。让未来的用户具有获得产品和服务的便利性。

3）时间效用。时间效用是指使用户在想要某种产品的时候就能得到它。

4）占有效用。当用户通过市场购买了某种产品或获得某种服务时，占有效用便产生了。

5）形象效用。产生于某些人给特定的产品或服务赋予的超过其实际价值的感情或心理价值。

二、现代企业市场营销观念

1. 市场营销观念的演变

市场营销是一种有意识的经营活动，是在一定的经营思想指导下进行的，这种经营思想就是我们所讲的营销观念。营销观念是随着社会经济和市场的发展而不断变化的，主要经历了以下演变过程：

（1）生产观念　生产观念产生于 19 世纪末。该观念认为，消费者欢迎可以买得到和买得起的产品，企业的任务就是组织所有的资源，降低成本、增加产量。这是一种典型的重生产、轻市场营销的观念，一般是在卖方市场下产生的。由于商品供不应求，企业生产的产品不愁没有销路，于是生产什么就卖什么，实行以产定销。

（2）产品观念　产品观念产生于 20 世纪 20 年代以前。该观念认为，消费者喜欢那些质量好、价格合理的产品，企业的任务就是要提高质量，只要价廉物美，就会顾客盈门。该观念过分注重产品本身，导致"市场营销近视症"。它是在卖方市场出现竞争的条件下产生的。

（3）推销观念　推销观念产生于第二次世界大战之前。该观念认为，消费者一般不会购买非必需品，但是企业如果采取一定的促销措施，消费者也会购买。企业有必要加强促销工作。该观念的实质是认为市场营销就是推销，它是在卖方市场向买方市场过渡的时期产生的。

（4）市场营销观念　市场营销观念产生于第二次世界大战之后。该观念认为随着人们生活水平的提高，消费者一般都喜欢赶时髦、求新奇，消费者的需求多变。企业的任务是了解市场信息，满足消费者的需求。这是一种以顾客的需求为导向的营销观念，是在完全的买方市场条件下产生的。

（5）社会市场营销观念　社会市场营销观念产生于20世纪70年代。该观念认为，市场营销观念忽视了消费者需要与消费者利益和社会长远利益之间的矛盾，从而造成资源浪费和环境污染。例如，汉堡包虽然能满足消费者的需要，但是对老年人健康不利，并且浪费大量的纸；又如，香烟虽然能满足消费者的需要，但是容易使他们患肺癌，且污染环境，对社会不利。因此，企业的任务是不仅要满足消费者的需求和欲望，并由此获得利润，而且要符合消费者自身利益和整个社会的长远利益。它是在西方资本主义出现能源短缺、通货膨胀、环境污染、消费者保护行动盛行的条件下产生的。

（6）大市场营销观念　大市场营销观念产生于20世纪80年代，是由美国的菲利普·科特勒教授首先提出的。该观念认为，面对保护型的市场，企业的市场营销组合除了产品策略、价格策略、销售渠道策略和促销策略之外，还必须使用一定的政治手段和公共关系，从而形成大市场营销观念。

2. 现代企业市场营销观念

（1）现代企业市场营销观念的要点　从市场营销观念的演变可以看出，伴随着商品经济的发展，市场营销观念经历了一个与科学技术的发展相适应、与人民生活水平不断提高相适应、由不完善到逐渐完善的发展过程。作为当代工业企业，在确定市场营销观念时，应坚持以下要点：

1）用户是企业生存的根本。"以消费者为中心"是现代市场观念的核心内容。企业从上至下必须承认并树立"用户至上"的观念，一切从满足用户需要出发，千方百计为满足用户需要服务，企业的所有营销活动只能从满足用户需要中获取利润。

2）扬长避短求发展。扬长避短是指企业要善于发挥自身优势，要把满足用户需要与发挥企业自身优势紧密结合起来，要实事求是地、客观地估计本企业与竞争者的各种能力，生产满足用户需求，比竞争者更有优势，又是自己擅长的产品，从而建立企业的竞争优势，树立企业的良好形象。一个企业的优势通常表现在诸多方面，如领先的技术、优质的产品，高产量、低成本、低价格，雄厚的人力、财力、物力资源，高超的促销经验和优秀的促销队伍，优越的地理位置和高效的分销渠道等。当然，一个企业不可能在所有方面都取得优势，只要选择一个或几个方面的优势加以充分发挥，就能取得良好的竞争效果。

3）全面组织企业的整体经营活动。企业为了开拓市场和满足用户需求，就要把企业的全部经营活动和各项工作，包括销售的各种策略以及产品、定价、渠道等各种手段，都控制在企业的整体经营战略之中，并且与外部环境协调起来。这就需要企业内部有严密、灵活的科学管理，企业全体员工有较高的素质。

（2）市场营销观念的新发展

1）市场营销观念已拓展至国际市场领域。随着计算机、互联网、网上购物和空中快车等的出现，全球范围内地理和文化方面的差异已逐渐缩小，出现了一个对企业和消费者来说，都是更加广泛、更加复杂的市场营销环境——全球化国际市场。企业不仅应注重在全球范围内采购原材料，以降低成本，而且更应重视生产符合不同区域市场需求的产品，同时还要在全球范围内确立自己的竞争地位或挑选战略伙伴。企业在这种条件下，所谋求的只能是在国内和国际两个市场上的共同发展。

2) 市场营销观念已应用于非营利组织。市场营销活动不再只拘泥于生产企业的经营活动，而是已拓展至非营利组织、事业部门以及社会的各个部门。这里的市场问题当然不再是产品生产与销售，而是组织行为的社会认可及组织形象的提升。对于这些非营利组织来说，同样需要通过某些手段，如发展公共关系和加强宣传等，来促进自身市场问题的解决。

3) 市场营销观念呼唤更多的社会责任和道德。1992 年 6 月，来自 100 多个国家的代表参加了里约热内卢举行的地球保护最高级会议，商议如何解决诸如像热带雨林的破坏、全球变暖、物种濒临灭绝等环境问题及其他环境威胁。显然，将来的企业在生产过程以及整个营销活动的每个环节，都必须遵守不断提高的环境标准；人类文明的发展和信息沟通的不断完善，要求企业必须承担更多的社会责任，如不可向消费者提供残次品或可能造成身心伤害的商品，不断降低成本、不断提高服务质量以提供更高的消费价值等。

三、企业市场营销管理

1. 市场机会分析

寻找、认识、分析和评价市场机会，是市场营销管理人员的主要任务，也是市场营销管理过程的首要步骤。

（1）市场机会分析的重要性　市场营销是一个动态管理过程，市场机会分析在这一过程中的重要性可从以下几方面体现出来：

1) 市场机会分析是企业市场营销管理过程的出发点，它直接影响和制约着企业市场营销管理过程的各个环节。

2) 市场机会分析也是企业制订战略规划的重要依据。在企业制订企业经营战略时，其首要任务就是要确定企业经营方向，即明确企业经营目标。除了考虑其他因素外，市场机会分析也是确定企业目标的重要依据。只有通过市场机会分析，企业目标才能适应市场的变化。

3) 市场机会分析是企业产品决策的基础。在企业市场营销组合中，产品是关键的因素。市场机会分析将为产品开发指明方向，指出产品潜在的发展趋势。

（2）市场机会的分类　市场营销活动是以满足消费者需求为中心的，因此市场机会实质上就是指市场上所有存在的尚未满足或尚未完全满足的消费需求。企业在寻找和识别市场机会时，必须对其进行深入研究，才能选择到最佳的市场机会。市场机会大致可以分为如下几种类型：

1) 环境机会与公司机会。社会需求往往随环境变化而发生变化，这种随环境变化而客观形成的市场机会称为环境机会。例如，城市人口增加、环境污染加剧、工业和生活垃圾的增加，引起了对垃圾处理新技术的需求。但环境机会对不同的企业来说，并不一定都是最佳机会，因为这些环境机会不一定都符合企业的目标，不一定能取得竞争优势。只有那些符合企业目标，有利于发挥企业优势的环境机会，才是公司机会。

2）潜在的市场机会和显现的市场机会。在市场机会中，有的是明显没有被满足的市场需求，称为显现的市场机会；而有的则是隐藏在现有某种需求后面的未被满足的市场需求，称为潜在的市场机会。对于显现的市场机会，由于企业容易寻找和识别，抓住这一市场机会的经营者也多，一旦超过了市场机会的容纳度之后，就会造成供过于求，机会也就失去了它本身的价值。企业通常不容易发现潜在的市场机会，然而正由于难以发现，一旦企业找到并抓住这种市场机会，其竞争对手就会比较少，利用机会的效益也比较高。所以，企业应该努力设法将潜在市场作为企业的目标市场。

3）行业市场机会与边缘市场机会。一般来说，各个企业由于其拥有的技术、资源和经营条件不同，以及在整个市场营销系统中所承担的职能不同，通常都有其特定的经营领域。对于出现在本企业经营领域内的市场机会，称为行业市场机会；对于在不同行业之间交叉与结合的部分出现的市场机会，则称为边缘市场机会。

企业对行业市场机会一般比较重视，一般都以其为重点目标，因为它能充分利用企业自身的优势和经验，识别难度系数较低。但行业市场机会遭到同行业的激烈竞争而失去或减弱机会效益，因此一般企业就应到本行业之外寻找市场机会。然而出现在行业之外的市场机会进入的难度更大，所以这并不是很好的机会。不过，在企业与行业之间有时会出现"夹缝"，在这些边缘地带，行业会出现交叉、重合，而且这些行业间的结合部一般是容易被企业忽视的地方，在这些区域消费者的需求常常得不到满足，甚至还会出现一些新的消费需求。所以，企业在行业领域之外寻求比较理想的市场机会，其主要目标应该是边缘市场机会。

4）目前市场机会与未来市场机会。人们通常所讲的市场机会都是指目前市场上存在的未被完全满足的需求，这些在目前环境变化中出现的市场机会，统称为目前市场机会。从环境变化的动态性来分析，其实还有一种未来市场机会存在。这种市场机会，在目前的市场上并未表现为大量需求，而仅仅表现为一部分人的消费意向或极少量的需求，但通过市场研究和预测分析，它将可能在未来某一时期内表现为大量的需求或大多数人的消费倾向，成为在未来某一时期内实现的市场机会，所以这种未来市场机会为企业提供着良好的机遇。

5）全面市场机会与局部市场机会。市场从其范围来说，有全面的、大范围的市场和局部的、小范围的市场之分，因而市场上出现的机会也就有全面市场机会和局部市场机会之分。全面市场机会是在大范围市场（如国际市场、全国市场）出现的尚未满足的需求，而局部市场机会则是在一个局部的市场（如某个特定地区）出现的尚未满足的需求。

全面市场机会对参与市场经营的企业有普遍意义，因为它意味着环境变化的一种普遍趋势。局部市场机会则对在该地区从事市场经营的企业和打算进入该局部市场的企业有其特殊意义，它意味着该区市场环境变化有别于其他市场的特殊发展趋势。

(3) 企业如何寻找和识别市场机会　对于企业来说，可以通过多种途径、采用多种方法寻找和识别市场机会。在寻找和识别市场机会时，必须注意以下几个方面：

1）最大范围地采集信息，广泛收集意见和建议。发现市场机会、提出新观点的可能有各种人员。企业内部各个部门是一大来源，但更为广泛的来源在企业外部，如中间商、专业咨询机构、教学和科研机构、政府部门，特别是广大消费者，他们的意见直接反映着市场需求的变化方向。因此，企业必须注意和各方面保持密切的联系，经常听取他们的意见，并对这些意见进行归纳和分析，以期发现新的市场机会。

2）采用产品、市场扩展矩阵来发现和识别市场机会。这种产品、市场扩展矩阵除了用于企业战略计划中发展战略的研究之外，也被用来作为寻找和识别市场机会的主要工具。对现有产品和现有市场来说，企业主要分析需求是否得到了最大满足，有没有渗透的机会。如果有这种市场机会，企业及时采取市场渗透战略。对现有产品和新市场来说，市场机会分析主要考察在其他市场是否存在对企业现有产品的需求。如果存在，企业则应抓住这种市场机会，采取市场开发战略；如果现有市场上还有其他未被满足的需求存在，经过分析和评价，企业就要发挥自身的能力，开发出新产品来满足这种需求，这就是产品开发战略。对新产品和新市场来说，企业主要分析新的市场中存在哪些未被满足的需求，这些市场机会大多属于企业原有经营范围之外，因而企业应采取多角化经营。

3）进行市场细分。市场细分是寻找和发现市场机会的非常有效的方法，企业应予以特别重视。

4）建立完善的市场信息系统和进行经常性的市场研究。寻找和发现市场机会，不能只靠主观臆断或偶然性的分析预测，企业必须建立完善的市场信息系统和进行经常的市场研究，以便及时发现市场机会并将其成功地转变为企业的产品市场，这是企业寻找和识别市场机会、开展营销活动的基础和关键。

（4）市场机会分析　一般来说，市场机会具有以下特征：

1）公开性。任何市场机会，都是客观存在的，也都是公开的，每个企业都有可能发现它。

2）时间性。人们常说，机不可失，指的就是机会的时间性。

3）理论上的平等性和实践上的不平等性。所谓理论上的平等性，意味着在任何企业均可利用某一市场机会展开竞争；所谓实践上的不平等性，是指竞争结果分布是不均衡的。为此，企业在分析评价市场机会时，既要考虑在竞争中取胜的可能性是存在的，要敢于参加竞争，又要选择对企业竞争结果有利的市场机会。

企业发现了某种市场机会后，必须对其进行仔细分析和评价，在此基础上才能决定是利用还是放弃该机会。

分析市场机会是否属于有利于企业的机会，可以按照如下步骤进行：首先，确定该市场机会获得成功所必须具备的条件有哪些；其次，分析本企业在该市场机会上所拥有的优势；再次，将公司所拥有的竞争优势同潜在的竞争对手所拥有的竞争优势相比较，以确定企业在这一市场机会上是否拥有差别利益，以及这种差别利益的大小；最后，就该市场机会是否属于企业机会做出决策。此外，还应结合市场机会分类进行研究，特别是对于全新的市场机会，各企业都可能只拥有部分的竞争优势，因此必须区别该机会属于哪一类市场机会，机会的潜在吸引力与成功程度如何，企业是否有能力适应，以确认其重要程度及其他要求，并确定如何抓住该机会进行发展的战略。

2. 市场细分及目标市场选择

（1）市场细分的定义　市场细分的概念是美国著名的市场学家温德尔·史密斯于1956年在《市场营销战略中的产品差异化与市场细分》一书中首先提出的。它以消费者的需求特性为内在基础。消费者对市场的需求有时存在明显的差异，有时也存在一定的相似性，即消费者的需求存在异质和同质两种特性。当消费者对某一产品的需求大致相同时，企业可生产一种产品和采用一种营销策略加以满足，即同质市场。当消费者对某一产品需求的差异很大，形成几个购买群时，企业就要分别生产不同的产品和采用不同的营销策略以满足不同的消费者。市场细分就是指企业通过市场调查研究，按照消费者的需求特性，把原有市场按照一定的标准分解为两个或两个以上的子市场，用于确定目标市场的过程。

（2）市场细分的意义　在市场营销中，通常以整体市场为对象进行营销活动，以取得规模经济效益，而以子市场进行分销活动时，企业的经营成本往往会上升。但是，市场细分能够帮助企业正确地认识市场，使企业选择合适的目标市场，因此合理的市场细分总是利大于弊。市场细分的意义如下：

1）市场细分有利于发掘最新的市场机会，形成新的目标市场。
2）市场细分有利于企业发挥竞争优势。
3）市场细分有利于企业集中使用资源。
4）市场细分有利于调整市场营销策略。

（3）市场细分的依据　由于消费者的需求千差万别，任何商品市场都是由许多子市场组成的，这些子市场通常都是依据一定的标准划分的。影响消费需求的因素是多方面的，因此细分市场时必须综合考虑以下各种因素：

1）地理因素。地理条件不同，消费者对商品需求也不同；居住在不同气候条件下的消费者，需求也有一定差异。细分市场时，必须考虑消费者所在的地理位置、当地气候、人口密度和城乡等情况。

2）人口因素。按人口统计的市场是以人口统计变数（如年龄、性别、职业、教育程度、种族、宗教信仰、寿命周期、家庭大小和收入等）来细分市场的。

3）心理因素。影响消费心理因素的有社会阶层、生活方式和个性等。不同社会阶层的消费者，为了与其收入、身份相适应，对需求的差异往往会很大；人们的生活和消费理念决定其生活方式，不同生活方式的消费者对市场需求往往大相径庭，如讲求时髦的人对商品的需求往往重豪华，讲求朴素的人一般对商品的需求重实用等；不同个性的消费者对需求的差异也很大，如外向型的消费者追求潇洒，内向型的消费者讲究稳重等。

4）行为因素。行为因素是指消费者对产品的理解、态度、使用或反应等。企业可按消费者对产品的使用情况、使用量、购买兴趣和欲望、对品牌的信赖度、对营销行为的态度等行为因素细分市场。企业只有针对性地研究消费者的各种行为因素，才能顺利开展营销工作。

（4）目标市场　目标市场是指企业在市场细分的基础上，选择一个或几个子市场作为企业所要进入并占领的市场，如服装市场可以选择儿童服装市场或职业女装市场等。占领目标市场的策略有如下几种：

1）无差异市场策略。无差异市场策略是指企业在市场细分的基础上，虽然认识到产品有不同的细分市场，但权衡利弊，不考虑各子市场的特性差异，只注重各子市场的共性，把所有子市场作为一个大的目标市场，只设计一种产品，运用一种营销组合。

2）差异市场策略。差异市场策略是在市场细分的基础上，选择多个细分市场作为目标市场，分别设计不同的产品，采取不同的营销策略，以适应各子市场的需要。这种市场策略能满足不同顾客的需求，扩大企业的销售量；可分散企业的经营风险。但这种市场策略成本较高。

3）集中市场策略。集中市场策略是指企业集中全部力量，只选择一个或少数几个性质相似的子市场作为目标市场，开发一种产品，制订一套营销策略，集中力量在目标市场上占有较大的市场占有率。

确定目标市场策略，通常应考虑以下五大因素：

1）企业资源。对实力雄厚，管理能力强，拥有足够人力、物力、财力的大型企业，可根据企业生产产品的特性采取差异或无差异市场策略；对实力不强，资源不足，人力、物力、财力资源有限的中、小企业，无力把整个市场作为目标市场，也无力将市场进行细分，面对不同的市场，采取集中市场策略最佳。

2）产品同质程度。对产品差异小的企业，适宜采用无差异市场营销策略；对产品差异大的企业，适宜采用差异市场策略或集中市场策略。

3）产品市场生命周期。处在投入期的产品，企业一般先推出单一产品，此时可以采用无差异市场策略或集中市场策略；进入成长期或成熟期的产品，采用差异市场营销策略最有效；进入衰退期的产品，企业为保持原有市场，可以采用集中市场策略。

4）消费者的偏好与需求。当消费者的偏好与需求相似时，可以采用无差异或集中市场策略；当消费者的偏好与需求差别较大时，应采用差异市场策略或集中市场策略。

5）竞争对手战略。当竞争对手采用无差异市场营销策略时，企业可以采用差异市场策略或集中市场营销策略；当竞争对手采用差异市场营销策略时，企业应对市场进行更进一步的细分，寻找良机，因而采用差异或集中市场营销策略。

（5）市场定位问题　市场定位的概念是1972年两位广告经理艾尔·里斯和杰克·特劳塔首先提出来的。所谓市场定位，就是在市场细分、目标市场选择的基础上，根据目标市场上竞争者产品的地位，结合企业自身的条件，从各方面为企业和产品创造一定的特色，树立一定的市场形象，以求在顾客心目中形成一种特殊的偏好。这种特色和形象可以是实物的，也可以是心理的，或者是两者的有机结合。例如，廉价、售后服务是实物的；豪华、高贵属于心理的；优质是实物与心理的有机结合。市场定位的主要依据如下：

1）根据产品本身的属性以及消费者由此获得的利益进行定位。

2）根据产品的质量、档次和价格定位。

3）根据产品使用的用途、有关竞争利益的属性定位。

4）根据使用者定位，把产品指引给某些适当的消费者或某些细分市场。

市场定位的策略如下：

1）抢占市场空位。当企业进行市场细分后，发现自身的产品很难与竞争者抗衡，但目标市场并非为竞争者充斥，存在着一定的市场空隙，这种情况下可将自己的产品定位在目标市场上的空白处。

2）与竞争者同坐一席。当企业进行市场细分后，发现目标市场为竞争者充斥，但该产品市场需求潜力还很大，企业就应设法挤进去，与竞争者同坐一席。

3）取代竞争者的席位。当企业进行市场细分后，发现目标市场已无空席，如果企业自身的力量雄厚，则可设法将竞争者赶出现有市场，由本企业取而代之。

4）重新定位。所谓重新定位，是指企业通过改变产品的特色，使顾客对产品的形象有一个重新认识，以期占领目标市场的策略。当本企业市场定位的附近出现了强大的竞争者，侵占了本企业产品的部分市场导致本企业产品的市场萎缩，市场占有率下降；或当消费者的偏好发生变化，从本企业的产品转移到其他竞争者的产品，此时应考虑重新定位。

市场定位一般应遵循以下三个步骤：

1）分析目标市场的现状，确认潜在的竞争优势。

2）准确选择竞争优势，对目标市场初步定位；如果企业多种竞争优势并存，则应以选择适合本企业的最具优势的项目，初步确定企业在目标市场上所处的位置。

3）对目标市场正式定位，并有效地向目标市场传播企业定位的理念，以便让消费者更好地理解和支持。

四、市场营销策略

1. 产品策略

（1）产品的概念　产品是市场营销活动的核心，是市场营销组合因素中的首要因素。按照传统观念，产品是指具有某种特定物质形状和用途的劳动产物，如服装、家具和电视机等。但是从现代经营观念来看，市场营销不单是推销产品，首先是满足顾客的需求。顾客的需求是多方面的，不但有生理的、物质的需求，而且还有心理的、精神的需求。因此，现代产品概念是一个包含多层次内容的整体概念，产品 = 实体 + 服务。一般认为，产品整体包含三个层次：核心产品、形式产品和延伸产品。核心产品是指向购买者提供的基本效用或利益；形式产品是指借以实现的形式，在市场上表现为质量水平、特色、式样、品牌和包装；延伸产品是指顾客购买形式产品时所能得到的全部利益，即形式产品所提供的基本效用或利益和随同形式产品而提供的附带服务的总和，如安装、保修、运送以及售后服务等。

（2）产品生命周期策略　产品生命周期是指产品的市场寿命（与产品自然寿命或使用寿命无关），即一种产品从进入市场到退出市场的全过程。典型的产品生命周期包括五个显著的阶段：

1）开发期。开发期是产品生命的培育阶段，始于企业形成新产品的构思。在此阶段，销售为零，企业的投入与日俱增。此阶段在战略上主要突出一个"准"字，即看准了该产品有市场发展前途，就要尽快开发，组织批量生产。

2）引入期。引入期是指新产品引入市场，知名度低，销售增长缓慢，由于宣传费用高，企业几乎没有利润，甚至亏本的时期。在此阶段，企业要让新产品在市场上站稳脚跟，并扩大市场占有率，在战略上主要突出一个"快"字，即尽快为该产品打开销路，及时将产品投放市场。

3）成长期。新产品上市后经受市场的检验，销路迅速打开，即进入成长期。这个时期产品已经定型，销售量迅速增长，利润也显著上升，竞争也随之加剧。在此阶段，企业在战略上应突出一个"优"字，即保证产品质量，扩展产品品种。

4）成熟期。产品经过成长期的一段时间后，便进入大量投产和大量销售的相对稳定时期。此时，销售量和利润的增长速度渐缓，市场趋于饱和，甚至开始呈下降趋势，由于竞争激烈，价格逐渐下降，成本开始上升。在此阶段，企业在战略上应体现一个"扩"字和一个"改"字，即巩固原有市场并使其扩大，同时注意改进产品，使产品在新性能基础上进入新的生命周期循环。

5）衰退期。由于产品已失去对顾客的吸引力或被新产品替代，使产品销售明显下降，利润日益减少，最后甚至无利可图。在此阶段，企业在战略上应突出一个"转"字和一个"撤"字，在适当时机退出市场。

（3）产品组合策略　在现代社会化大生产和市场经济条件下，企业从满足市场需求和获取利润的角度出发，大多数生产和销售多种产品。所谓产品组合，是指一个企业生产和销售的全部产品项目的结构。产品组合通常包括若干产品系列，每个系列又包括若干产品项目。产品系列是指产品类别中具有密切关系的一组产品。产品项目是指产品系列中由型号、外观等属性决定的具体产品。企业在调整和优化产品组合时，依据不同情况，可选择如下策略：

1）扩大产品组合，也称为多样化生产。通过增加新的产品系列，或是在原有的产品系列中增加新的产品项目，扩大经营范围，即选择比较宽、比较长的产品组合。这种产品组合策略能充分发挥企业的资源潜力，降低生产总成本；有利于扩大市场面，提高市场占有率，从而增加销售额和利润；有利于分散企业的经营风险，增加企业的应变能力。

2）缩小产品组合，也称为专业化生产。通过减少产品系列，或是减少产品系列中的产品项目，减少经营范围，即选择比较窄、比较短的产品组合。这种产品组合策略可以使企业集中力量提高产品质量，降低产品成本，促进企业盈利。

3）高档产品组合，也称为高档化生产。通过增加高档产品系列，使产品趋向高档化。这种产品组合策略有利于提高企业声誉，促进企业盈利。

4）低档产品组合，也称为大众化生产。通过增加低档产品系列，使产品趋向大众化。这种产品组合策略能吸引众多消费者，扩大市场占有率。

5）改良产品组合。改良产品组合即对企业经营的某些产品进行整体改进。这种产品组合策略能给消费者带来更多的实惠，增强企业的应变能力。

（4）新产品开发策略　新产品是指结构、性能、材料、外观等某一方面或几个方面与老产品有显著差别或创新的产品。新产品包括新发明的产品、更新换代的产品、改革后的产品和仿制的新产品。

新产品开发绝非易事，不仅需要投入大量资金，而且具有很大风险，所以制订正确的新产品开发策略是企业开发新产品的关键。新产品开发策略包括以下几种类型：

1）防御性策略。防御性策略是指企业针对市场的需求或竞争者投放市场的新产品开发出某种新产品，但一般不主动投放市场，而是开发成功后作为技术储备，以防突发性变化。这种策略旨在维持企业目前相对较好的市场占有率和销售额。

2）改进性策略。改进性策略是指企业通过提高现有产品的质量，改进其性能、结构、包装等途径，开创市场新局面，提高市场占有率。这种开发策略对新产品投放市场的时机要求较高，对于时间要求紧迫的产品，企业大多以自己开发为主，以保证改进性战略计划的按时实施。

3）仿效性策略。仿效性策略是指技术力量薄弱的企业利用其他企业已开发的新产品进行仿制。由于产品开发费用和可能盈利的关系极不确定，一些技术力量比较薄弱、对新产品开发上没有把握、不愿意投入大量资金进行产品开发的企业常常采用这种策略。

4）风险性策略。风险性策略是指企业积极开发新产品，并积极投入市场，同时利用产品的独特功能吸引消费者购买。这种策略的成败在很大程度上取决于产品的扩散速度。应用这种策略时，企业必须认真进行科学的市场调查和预测，进行成本-效益分析，按产品的获利能力这一指标进行决策，因为这种开发策略一旦成功，企业将收到很大的经济效益，但容易失败。

2. 价格策略

（1）影响价格的因素　价格是商品价值的货币表现，影响价格的因素主要有以下四个方面：

1）成本因素。商品成本包括生产成本、销售成本和储存成本。商品成本是决定商品价格的主要内容。企业一般通过增加产量降低商品成本，从而降低商品价格。

2）市场需求因素。一般季节性需求的商品，往往价格弹性大，当商品供不应求时，价格上涨；当商品供过于求时，价格下降。

3）市场环境因素。在现代市场经济中，市场环境对商品价格有直接影响，不同形式下的市场，其价格有显著的差异性。

4）其他因素。除了成本、需求以及市场环境因素以外，还有其他一些影响商品价格的因素。①商品在竞争中的地位、竞争优势。一般竞争地位高、优势明显的商品，价格高；反之，价格低。②社会经济繁荣与否。经济繁荣时，需求量大，价格高；反之，价格低。③货币流通状态。一般通货膨胀时，价格高；币值稳定时，价格低。

（2）定价方法　价格是市场营销组合中最活跃的因素。企业的产品定价对于企业的生存和发展同样显得至关重要。产品定价是否合理，往往决定着产品能否为市场接受，并直接影响着产品在市场中的竞争地位以及市场的占有份额，从而关系到企业的兴衰存亡。因此，企业必须综合考虑各方面的因素，对产品进行合理定价。定价方法归纳起来大致如下：

1）成本导向定价法。成本导向定价法是指依据产品成本进行定价的方法。

① 成本加成定价法。成本加成定价法是指用单位成本加预期加成率作为销售价格。这种定价方法不需依照需求的变动经常调动价格，便于企业之间的价格竞争达到最小，以本求利，买卖公平。

② 收支平衡定价法。收支平衡定价法是依据损益平衡原理实行的一种保本定价的方法。当收支平衡时，价格=固定成本/销售量+单位变动成本。当市场不景气或订货量不足时，保本生产比停工损失少，若价格定在保本之上，企业便盈利；若订货量在保本量之上，企业也会盈利。

③ 变动成本定价法。变动成本定价法是指在定价时首先考虑对变动成本的补偿，同时争取更多的边际成本补偿固定成本，即价格≥单位变动成本。当市场不景气或订货量不足时，采用变动成本定价法，可以减少损失，保住市场；同时由于采用此法价格低，有利于市场竞争。

2）竞争导向定价法。竞争导向定价法是指企业为尽量减少市场竞争的一种定价方法。

① 随行就市定价法。随行就市定价法是指企业参照同行业平均价格水平，为本企业的产品定价。这是一种避免竞争的定价方法。采用此法，可减少经营风险。

② 追随龙头企业定价法。这种定价方法以行业中势力最雄厚，或影响最大的企业（称为龙头企业）的价格为基准，为自己的产品定价。其目的也是避免市场竞争。

3）需求导向定价法。需求导向定价是指依据消费者需求定价的方法。

① 理解价值定价法。该定价方法认为决定商品价格的关键因素是买方对商品价值的理解水平，而不是卖方的成本，因此定价时要估计和测定商品在顾客心目中的价值水平。这种定价方法以消费者的理解定价，可避免与竞争者的直接对抗。

② 需求差异定价法。需求差异定价法是指同一质量、功能、规格的商品或劳务，对待

不同需求层次的顾客采用不同的价格。具体形式可以顾客需求为基础，或以产品款式、外观、式样为基础，或以地域为基础，也可以季节、气候为基础。

（3）定价策略

1）新产品定价策略。

① 高价策略，也称为撇脂定价法。它是指在新产品刚刚上市时，将价格定得很高，尽可能在新产品的投入期获得较高收益。一般适用于价格虽高但市场需求仍很大，产品的市场需求弹性小的产品。此方法适应顾客求新心理，可以抬高产品身价。

② 低价策略，也称为渗透定价策略。它是指新产品定价时，将价格定得很低，以吸引消费者购买。此方法适用于产品潜在市场巨大，产品需求弹性大，存在类似的替代品，企业促销能力差的情况。此方法有利于迅速占领市场，薄利多销，使竞争者望而却步。

2）心理定价策略。

① 尾数定价。产品定价时留有尾数，给消费者以精确计算的感觉。此策略适用于日用消费品。

② 整数价格。产品定价时取整数，给消费者高质高价的感觉。此策略适用于高档、优质商品。

③ 威望价格。将产品的价格定得很高，可以满足消费者求新、求名的心理。此策略适用于名牌商品。

④ 特价品价格。将产品的价格定得很低，接近于产品的成本，能起到招揽顾客的作用。此策略适用于购买频率较大的日用消费品或生活必需品，或名目繁多的大规模零售商品。

3）折扣定价策略。

① 数量折扣。企业为了鼓励买主大量购买，或集中向一家购买，根据购买的数量或金额给予一定的折扣。有累计折扣或一次性折扣两种。

② 交易折扣。将中间商为企业提供的职能所折合的成本费用以折扣的形式转让给中间商。具体做法是：可以先定出零售价，再推出出厂价；也可以先定出出厂价，再推出零售价。

③ 现金折扣。为了鼓励顾客在一定限期内早日支付货款，从售价中出让给顾客一定数额的折扣额。这种策略可以减少企业呆账，减轻企业对外部资金的依赖。

④ 季节折扣。企业给那些购买过季商品的顾客的一种优惠。此策略可鼓励客户早日订货或淡季订货，使企业一年四季能保持相对稳定的生产，同时减少企业资金负担和仓储费用。

3. 分销渠道策略

（1）分销渠道的定义　分销渠道是指某种产品和服务在从生产者向消费者转移时，取得这种产品和服务的所有权以及帮助所有权转移的所有企业和个人。分销渠道的起点是生产者，终点是消费者或用户，中间经过若干中间商将商品和服务的所有权或实体进行转移。

（2）分销渠道的作用

1）产品的集中与再分配。并不是所有的生产者都有能力直接进行营销，这就是中间商存在的原因和价值所在。即便那些有能力建立自己的分销渠道的厂家，也可以借助中间商的资源及其高度专业化的优势扩大自己的市场覆盖率。中间商最直接和最主要的作用就是将产品从制造商那里集中起来，再根据客户的具体要求将其进行重新包装、组合和分配。

2）市场信息的收集和反馈。在产品的流通过程中，中间商最接近市场，可以和终端客户保持经常的联系，获取有关客户、市场和竞争者的信息，通过收集整理，反馈给生产者。

3）资金的流动。分销渠道的另一个重要作用就是实现资金在渠道中的流动，可使生产者缓解资金上的压力。

（3）分销渠道的类型　分销渠道的类型是由分销渠道的长度和宽度决定的，体现了分销渠道的强度和整体构架。消费品分销渠道的类型有四种，如图4-2所示。

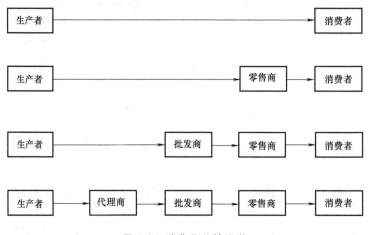

图4-2　消费品分销渠道

1）生产者—消费者。由生产者直接将商品销售给消费者。主要有生产者派人上门推销、邮寄销售、电话购货、开设自销门市部等形式。

2）生产者—零售商—消费者。由生产者先将产品销售给零售商，零售商再将产品销售给消费者。这种类型的分销渠道在生产者和消费者之间设置了一层中间环节。

3）生产者—批发商—零售商—消费者。由生产者先将产品销售给批发商，批发商再将产品销售给零售商，零售商再将产品销售给消费者。这种类型的分销渠道有两层中间环节。

4）生产者—代理商—批发商—零售商—消费者。在生产者和消费者之间，有代理商、批发商和零售商三层中间环节。

工业品分销渠道的类型有四种，如图4-3所示。

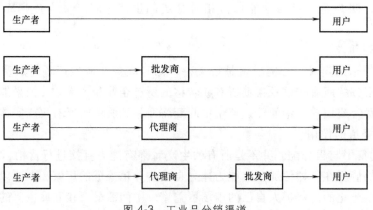

图4-3　工业品分销渠道

(4) 分销渠道的设计与选择　为使分销渠道策略顺利实施并取得预期效果，必须认真做好以下工作：

1) 分析影响分销渠道选择的因素。选择分销渠道时，必须分析市场因素，考虑目标市场的大小、目标顾客的集中程度；分析产品因素，考虑产品的易毁性和易腐性、产品单价、产品的体积与重量、产品的技术性；分析生产企业本身的因素，考虑企业的实力、企业的管理能力、企业控制分销渠道的能力；考虑政府的有关立法及政策规定；估算中间商的数目和消费者的购买数量；分析竞争者的状况。

2) 明确渠道目标与限制。所谓分销渠道的目标是指生产者预期达到的顾客服务水平以及中间商应执行的职能等。生产者必须考虑影响渠道设计的上述每一个影响因素，在此基础上确定分销渠道的目标。

3) 拟订分销渠道的可行方案。研究了分销渠道的目标和限制条件后，即开始拟订分销渠道的可行方案。一个分销渠道的方案主要涉及三个基本因素，即中间商的类型、中间商的数量、分销渠道成员之间的交易条件和责任。同时，价格是关系到生产者和中间商双方经济利益的一个重要因素。生产者应当编制一个价目表和折扣计划，并且应让中间商认为此计划是公平合理的。这样才能保证分销渠道方案切实可行。

4) 评估各种可能的分销方案。评估分销方案的标准主要有三个：经济性标准、控制性标准和适应性标准。判别一个分销方案的好坏，应以是否取得最大利润为标准；为了对分销渠道实行有效控制，应使分销渠道尽可能短；为了使企业对分销渠道的选择具有一定的灵活性，企业与中间商不应签订时间过长的合同。

4. 促销策略

(1) 人员推销　人员推销是指企业的销售人员为达到促销的目的，主要以对话的方式直接与用户或潜在用户接触，介绍并宣传商品，帮助用户获得满意购买的活动过程。人员推销具有向用户介绍信息和向用户获取信息的信息双向沟通，满足消费者方便购买商品的需要以及对技术与服务方面的多样需求，方式非常灵活、参与人员广泛的特点。

人员推销必须具备推销人员、推销商品和推销对象三个要素。推销人员是关键，推销对象是目标，推销商品是基础。人员推销有以下几种策略：

1) 试探性策略。当推销人员初次访问用户，不了解用户需求时，可以分别对用户提出不同的话题，采用试探性策略，当用户对产品感兴趣时，再展示产品图片加以推销。

2) 针对性策略。当推销人员多次访问用户，已基本掌握用户需求情况后，推销人员可以采用针对性策略，即站在用户一边，帮助用户了解产品。

3) 诱导性策略。当推销人员根据老用户的一些档案资料，预测到某些老用户具有一些可被诱发的需要时，则可以采用诱导性策略，运用一定技巧诱发用户的需求。

(2) 广告推销　所谓广告是指广告主通过特定的广告媒体，向传播对象传播商品、劳务、观念等方面的信息，以期达到一定目的的一种信息传播活动。

广告可以按不同的标志分类。按广告覆盖地区划分，广告可以分为国际性广告、全国性广告、区域性广告和地区性广告；按广告对象划分，广告可以划分为消费者广告、工业用户广告、商品批发广告和专业广告；按广告的内容划分，广告可以划分为商品广告、企业广告和观念广告；按广告的设计制作划分，广告可以分为报道式广告、劝告式广告、指名式广告、心理式广告和比较式广告；按广告媒体划分，广告可以分为印刷品广告、电波广告、邮政广告、户外广告和交通广告等。

广告在促销中有着特殊的功能和效用。

1）广告是最大、最快、最广泛的信息传递媒介。

2）广告能激发和诱导消费。

3）广告能较好地介绍产品知识、指导消费。

4）广告能促进新产品、新技术的发展。

广告通常有报纸、杂志、电视、广播和销售现场五种媒体。

（3）公共关系促销　所谓公共关系是指一个组织以公众利益为出发点，通过有效的管理与双向信息沟通，建立和完善各种社会关系，塑造本组织的良好形象，以实现组织的最终目标。可见公共关系的主体是社会组织，客体是公众，采用的手段是双向信息沟通。公共关系的目标是建立和完善各种关系。它实际上是一种管理职能，是一种有计划、有组织的活动。

公共关系之所以能够成为市场营销的一种促销策略，是因为公共关系不仅有利于提高企业知名度，让更多的人了解企业，扩大影响，争取更多的潜在顾客。而且有利于增强消费者对企业的好感与信任，使他们经常惠顾企业，并愿意花高价购买企业的产品。同时公共关系有利于企业充分了解市场供求信息，不断推出符合消费者需求的新产品，还有利于处理好与公众的关系，为促销排除一切竞争障碍。公共关系促销的方法主要有：

1）传播。传播是指企业利用各种媒介，将信息或观点有计划地与公众进行交流的沟通活动。传播的主要内容一般为企业本身的情况和产品的情况。传播采用的方式有公关广告、新闻报道、日常接待、沟通性会议、样品陈列、示范表演、举办培训班等。

2）利益调节。采用利益调节进行公共关系促销的方式有：通过给对方在物质和精神上的满足来达到关系协调平衡的补偿性趋向，通过对对方在物质和精神上的要求予以压制和剥夺来解决关系的不平衡问题的惩治性趋向和既给予表扬又给予一定批评的补偿惩治性趋向。

3）支持与赞助社会公益事业。支持与赞助社会公益事业包括支持与赞助体育事业、文化事业、教育事业、精神文明建设、各种专业奖以及各种特殊赞助等。支持与赞助既可以是物质的支持，也可以是主持或组织一些社会公益活动。

（4）营业推广　所谓营业推广是指人员推销、广告和公共关系以外的，用以增进消费者购买和交易效益的那些促销活动，诸如陈列、展览会、展示会等不规则的、非周期性发生的促销活动。营业推广通常采用以下策略：

1）订货会。订货会是指由厂商或批发商独立举办或联合举办，由众多客户参加，通过直接显示产品和商品交易条件来促进销售的一种营业推广的方式。举办订货会在于能在短时间内汇聚大量顾客，有利于节省推销费用，要求举办者及其产品有较高的知名度。

2）展销。展销是指零售商举办，面对广大消费者，通过增加产品的选择性和在展销期间的某些优惠来吸引消费者的一种营业推广方式。展销的产品既可以是某一生产厂家的系列产品，也可以是多种品牌、多种系列的同类产品。展销期一般选择在该产品需求的旺季或节日期间。

3）特殊陈列。特殊陈列是指零售商为了促进销售，通过某种商品陈列方式，如开架售货、出门摆摊等来进行营业的一种营业推广方式。特殊陈列可以使消费者方便地接近商品、观赏商品、了解商品，从而增加客流量和销售额。

4）演示。演示是指在销售现场进行商品的使用表演，提供实物证明，激发消费者对该类商品的兴趣或增加对该品牌商品功能的信任感，从而促进销售的一种营业推广的方式。演示方式可以定点进行，也可以流动进行，但除非不需要工作人员操作，一般不会连续进行。

5）代销。代销是指生产企业委托代理商、经销商销售商品，按规定进行利益分配的一种营业推广方式。它对迅速扩大分销渠道和销售网络十分有效。

6）赠送样品。赠送样品是指企业向目标市场的重点顾客，或随机选择的顾客免费提供产品的一种营业推广方式。它有可能使受赠者成为下一次该商品的真正购买者，提高惠顾率；还可以使受赠者成为企业的义务宣传者或他人的参考群体，促进他人购买。

7）试用。试用是指企业有选择地给一些顾客免费提供商品试用，满意后再付款的一种营业推广方式。企业一般规定一个试用期，同时要求顾客不要人为损坏商品。

8）租赁。租赁是指企业将商品租赁给消费者，收取一定租赁费的一种营业推广方式。租赁对于减少需求方的资金风险、技术风险或解决需求方的资金不足问题有很大帮助，对供应方来说可以让顾客尽早了解商品或加速商品周转，因而常受供需双方的欢迎。

9）服务促销。良好的服务给人方便、给人好感、给人经济上的优惠，因此必然有助于促销。服务促销包括售前服务与购物环境、售中服务与购物方式以及售后服务。售前服务与购物环境主要指停车场、导购牌、照明、音响、温度等一系列软、硬件条件。售中服务主要指良好的服务态度与质量。购物方式主要指方便的购物方式，如订购、邮购、信用卡等。售后服务主要指交易结束后至产品使用寿命结束前所要发生的各项服务，如送货、安装、培训、维修、包退、包换等。

10）折扣。折扣是指在原有产品价格基础上，根据顾客购买情况予以一定价格优惠的促销方式。严格地说，它属于价格策略范畴。具体有数量折扣、现金折扣、季节折扣、展销期间折扣等。

五、用户关系管理

1. 用户关系管理的含义

随着社会经济的发展，产品日益丰富，市场格局发生了深刻变化，由卖方市场过渡到买方市场，市场竞争也逐步升级，这就推动了营销观念和营销方式的变革。市场的变化源于用户行为的变化，所以企业必须把注意力集中于用户的需求，用户被作为一种宝贵的资源纳入到企业的经营管理之中。

面对诸如哪些商品最受欢迎、原因何在、有多少回头客、属于哪些类型的用户、用户购买商品时最关心什么、商品的售后服务有哪些问题、广告播出后的反应如何等问题，大部分企业往往只能凭经验推测，这就使得企业的市场营销活动缺乏针对性和准确性。企业的经营管理应该逐步从"以产品为中心"的模式向"以用户为中心"的模式转移。一切从消费者的利益出发，维持顾客的忠诚，因为只有长期忠诚的用客才是企业创造利润的源泉。企业必须将关注的焦点从内部运作转移到用户关系上来。

用户关系管理简称CRM（Customer Relationship Management）。从物理结构上说，用户关系管理是一套智能化的信息处理系统；从功能上说，它是将企业的经营、管理导向"以用户为中心"的一套管理和决策方法；从处理信息的软件上说，可以理解为与用户有关信息管理的软件模块。

从企业管理的角度理解用户关系管理的含义，则是通过对用户详细资料的深入分析，来提高用户的满意度，从而提高企业的竞争力的一种手段。主要包含以下几个主要方面，这就是 CRM 中所谓的"7P"。

1）用户概况分析（Profiling）。包括用户的层次、风险、爱好、习惯等。

2）用户忠诚度分析（Persistency）。用户对某个产品或商业机构的忠实程度、持久性、变动情况等。

3）用户利润分析（Profitability）。不同用户所消费的产品的边缘利润、总利润额和净利润等。

4）用户性能分析（Performance）。不同用户所消费的产品按种类、渠道、销售地点等指标划分的销售额。

5）用户未来分析（Prospecting）。包括用户数量、类别等情况的未来发展趋势、争取用户的手段等。

6）用户产品分析（Product）。包括产品设计、关联性、供应链等。

7）用户促销分析（Promotion）。包括广告、宣传等促销活动的管理。

2. 用户关系管理的作用

1）通过提供更快速和周到的服务帮助企业吸引更多的用户。CRM 不仅是一套管理软件，而且是一种全新的营销管理概念。利用 CRM 系统，企业能够从与用户的接触中了解他们的姓名、年龄、家庭状况、工作性质、收入水平、通信地址、个人喜好及购买习惯等信息，并在此基础上进行一对一的个性化服务。通过收集、追踪和分析每一个用户的信息，知其所需，为其量体裁衣，并将用户想要的产品和服务送到他们手中。这就是随着市场不断细分而最终出现的大规模定制的市场营销原则的精髓，即根据不同的用户建立不同的联系，并根据其特点和需求提供不同的服务，从而真正做到"以用户为中心"，赢得用户的忠诚。

2）通过信息分析和调查帮助企业搞好市场营销活动。有了 CRM，可以大规模、全方位地收集分析用户信息，为市场营销提供越来越丰富的数据资源；通过 CRM 的调查、测试结果，能够使企业对新商品、新广告策略、新兴市场等有准确的定位，从而在适当的时机、以合理的价格、向急需的用户及时地销售称心的商品。

3）通过对业务流程的全面管理来降低企业的成本。CRM 通过对用户信息的管理和挖掘，不仅有助于现有产品的销售，而且提供了对历史信息的回溯，以及对未来趋势的预测，能够很好地实现企业与用户之间的互动。例如，企业能够依据不同用户过去的购买行为，分析他们的不同偏好，预测他们未来的购买意向，据此分别对他们实施不同的营销活动，避免大规模广告的高额投入，从而使企业的营销成本降到最低，而使营销推广的成功率最高。

4）通过电话呼叫中心能够提供故障申报、业务受理、用户投诉等服务的完全自动化。有了 CRM，用户只需拨打一个统一的电话号码即能得到"直通车"式的服务，一改以往拨打多个电话，问题仍得不到解决的局面。电话呼叫中心将每一事件从申报、受理、调度到处理的每一个环节完全控制在事先编排好的计算机逻辑处理系统中，并通过计算机进行跟踪、控制。一方面避免了人为因素，提高了服务质量；另一方面明确了每个相关部门、每个员工的职责，将工作纳入了一个统一的管理轨道。电话中心的每一个用户应答电话均通过同程录音方式详细地记录在系统中，做到了有据可查、分清责任。

3. 用户关系管理的内容

为了赢得用户的高度满意，建立与用户的长期良好关系，在用户管理中应开展多方面的工作。

（1）进行用户分析　该项工作主要分析谁是企业的用户、用户的基本类型、个人购买者和中间商与制造商用户的不同需求特征和购买行为，并在此基础上分析用户差异对企业利润的影响等问题。

（2）对用户进行承诺　承诺的目的在于明确企业提供什么样的产品和服务，如何让用户满意。在购买任何产品和服务时，用户总会面临各种各样的风险，包括经济利益、产品功能和质量的风险等，因此要求企业做出某种承诺，以尽可能降低用户的购物风险，获得最好的购买效果。

（3）用户信息交流　从实质上说，用户管理过程就是与用户交流信息的过程，实现有效的信息交流是建立和保持企业与用户良好关系的途径。

（4）以良好的关系留住用户　为建立和保持与用户的长期稳定关系，首先要取得用户的信任，其次是采取有效措施，如通过建立用户组织等途径，保持企业与用户的长期友好关系。

（5）用户信息反馈管理　用户信息反馈对于了解企业承诺目标实现的程度、及时发现为用户服务过程中的问题等方面具有重要作用。投诉是用户信息反馈的主要途径，正确处理用户的意见和投诉，对于消除用户的不满、维护用户的利益、赢得用户的信任是十分重要的。

4. 用户关系管理实施的步骤

用户关系管理的实施一般要遵循一定的程序，下面是实施用户关系管理的九个步骤：

1）拟订战略目标，统一思想认识。实施 CRM 系统，首先必须要有明确的远景规划和近期实现目标。制订规划与目标时，既要考虑企业内部的现状和实际管理水平，也要看到外部市场对企业的挑战与要求。规划和目标必须符合企业的长远发展计划，同时还应得到企业内部各层人员的一致认同。

2）建立 CRM 项目实施团队。明确了 CRM 规划和目标并且获得各相关部门的认可后，就可着手挑选 CRM 项目实施团队的成员。这个团队是项目实施的核心，负责做出重要决策，并将 CRM 实施过程的细节和优点介绍给企业所有人员。CRM 项目实施团队应包括来自销售和营销、信息服务、技术、财务等部门的相关人员和企业高层管理人员，以及最终系统用户的代表；另外，还可寻求外部的 CRM 专家加入，一般是专业咨询公司的 CRM 顾问。

3）进行商业需求分析。项目实施团队成员应就一系列的问题向销售、营销和客户服务高级经理进行调查，进行需求分析。在分析过程中，可吸收外部 CRM 顾问参与，外部顾问站在第三方立场参与调查并协助进行需求分析，可以更加客观、公正地确认分析的准确性，并提供 CRM 解决方案所需要的技术支持。

4）制订 CRM 实施计划。有了较完善的 CRM 蓝图后，还必须制订具体的实施计划。该计划应包括将 CRM 构想变成现实所需的具体程序，并充分考虑以下要素：①CRM 解决方案的来源。②判断 CRM 解决方案是否适合企业需求。③考虑 CRM 项目的成本。

5）选择 CRM 软件。CRM 软件的选择应考虑到企业当前的技术基础和实际需求。CRM 软件至少要能提供以下主要功能：

① 联系与账户管理。
② 销售管理。
③ 远程营销与远程销售管理。
④ 用户服务管理。
⑤ 营销管理。
⑥ 商业智能。
⑦ 领导管理。
⑧ 电子商务。

6）选择实现技术。选择实现 CRM 的技术时必须注意技术的灵活性，同时企业还要根据自身的需要和自身的条件选择合适的实现技术。

7）挑选供应商。供应商的选择非常重要。企业可以将复杂的 CRM 计划委托给一个拥有丰富 CRM 和行业经验的咨询服务商，以帮助选择一个可信赖，拥有强大的技术支持，便于沟通，并对所提要求有所回应的供应商。

8）CRM 系统的实施与安装。CRM 的最终成功取决于 CRM 系统的实施。实施 CRM 系统要分阶段进行，包括分析与确定 CRM 项目的范围和系统规范；选择一名专业咨询公司经验丰富的顾问人员担任项目管理者和一名来自企业的系统管理员；重新配置和定制 CRM 软件系统，以适应企业的具体商业需求；最终实施和推广等。

9）CRM 系统的持续管理。CRM 系统实施与安装后，还需要对 CRM 系统进行持续的管理，保证 CRM 系统的有效性。

用户关系管理是一项复杂的系统工程。成功地规划一项 CRM 工程，必须同时重视整个 CRM 项目的计划、实施和管理等所有子项目。

第三节　企业文化建设

20 世纪 70 年代，美国学者在比较日、美企业管理艺术的差异以及总结日本企业经营取得巨大成功的秘密时发现，企业文化建设对于企业经营业绩具有重大作用。他们著书立说，掀起了一股企业文化热潮。20 世纪 80 年代以后，随着我国改革开放的发展，企业文化作为一种管理文化也开始传入我国，产生了有关企业文化的专门研究机构，大批企业开始尝试应用企业文化理论进行企业管理。众所周知，人事管理的最终目标是要调动职工的积极性和创造性，即最充分地发挥职工的潜能，而要实现这一目标，就必须采取各种可能的手段。这些手段除了考核、培训、奖惩等外，建设有企业特色的企业文化对职工潜能的充分发挥也有重要作用。事实表明，企业文化建设给企业带来了不可估量的经济效益，对整个社会主义精神文明建设做出了重大贡献。

一、企业文化概述

1. 企业文化的内涵

企业文化是社会文化的一个组成部分，通常指在狭义的企业管理领域内产生的一种特殊文化倾向，是一个企业在长期发展过程中，把组织成员结合在一起的行为方式、经营理念、价值观念、历史传统、工作作风和道德规范的总和。它反映和代表了该企业成员的整体精神、共同的价值标准、合乎时代要求的道德品质及追求发展的文化素质。它是增强企业凝聚力和持久力，保证企业行为的合理性和规范性，推动企业成长和发展的意识形态。

因此，企业文化可以这样来定义：企业文化是在一定社会历史环境下，企业及其成员在长期的生产经营活动中形成的，为本企业所特有的，且为组织多数成员共同遵循的最高目标、价值标准、基本信念和行为规范等的总和及其在企业组织活动中的反映。

企业文化的实质是企业的共同价值观体系。一个企业有了共同的价值观体系，就意味着企业职工在思想上得到了统一，企业就能够朝着一定的方向集中发挥总体力量，企业领导人做出的决策就会迅速变为全体职工的行为。

现代企业文化是通过物质形态表现出来的员工精神状态。这里的"文化"，不是知识修养，而是人们对知识的态度；不是利润，而是对利润的心理；不是人际关系，而是人际关系所体现的处世哲学；不是企业管理活动，而是造就那种管理方式的原因；不是舒适优雅的工作环境，而是对工作环境的感情……总之，企业文化是渗透在企业一切活动之中的东西，是企业的灵魂所在。

企业文化作为企业的上层建筑，是企业经营管理的灵魂，是一种无形的管理方式，它又以观念的形式，从非计划、非理性的因素出发来调控企业成员的行为，使企业成员为实现企业目标自觉地组成团结协作的整体。

2. 企业文化的特点

企业文化产生的根源及其形成过程，使其既具有民族文化的烙印，又具有组织管理的个性特色。一般来说，企业文化具有以下特点：

1）群体性和整体性特点。文化首先是一定群体所共有的思想观念和行为模式。社会上实际存在的每个群体，都不可能使它的每一个成员的思想观念和行为方式完全取得一致，但在一些基本观念和基本行为上是能够取得共识和一致的。这种共识和一致，就形成该群体的文化。这种基本观念和行为的共识和一致，又形成这个群体的根本精神。

企业文化的群体性，决定着企业群体的综合素质。企业群体的综合素质状况，也反映企业文化的状况。

企业文化是物质文明和精神文明在企业内有机结合的统一性表现，也是企业内群体的企业价值观、企业精神、信念宗旨、行为准则、工作作风、社会方式和生活习惯等要素的统一。这种内在统一性特征也是一个企业区别于其他企业的关键特征。

企业文化以观念的形式对企业的管理给予补充和强化，以一种无形的巨大力量使企业成员为实现企业的共同目标而自觉地组成一个团结协作的整体。

2）社会性和阶级性、民族性特点。企业文化是社会文化的一个组成部分，是社会文化在企业群体中表现出来的一种特殊形态。正因为企业文化与社会文化是紧密相连的，所以在不同社会制度下的企业，所形成的企业文化具有不同的性质，即使在同一社会形态中，由于生产资料所有制形式的不同，所形成的企业文化也存在着性质的差异，这就是企业文化社会性的具体体现。企业文化作为整个社会文化的一个组成部分，同样也是以社会物质生活条件、社会制度和国家制度的性质为转移的，也就不可避免地具有阶级性。

在世界文化体系中，在人类文化发展的过程中，由于各个民族形成的渊源和途径的特殊性，形成了具有独特文化个性的民族。在不同的社会经济和社会环境中，形成了各民族的特定民族心理、风俗习惯、宗教信仰、道德风尚、伦理意识、价值观念、行为准则、生活方式、传统精神等。这种民族的特殊性和个性综合表现为文化的民族性。这种民族性也反映在企业文化上，使企业形成具有民族色彩的特定模式。

3）传统性和历史连续性特点。企业文化中的许多要素来源于历史的、长期稳定地流传至今的传统性观念。这些传统性观念渗入现代企业文化的各个要素之中，使它在企业成员的心理上和企业管理活动中控制和调节企业及其成员行为的作用加强。传统文化的形成是要经过较长的历史时期、继承历史文化传统、结合时代精神才能达到的。传统文化一旦形成，就具有相对稳定性和承袭性，并对企业在一定历史时期内的经营哲学、经营观念、经营方式和经营行为起着维系和巩固作用。企业文化形成于企业成长、变革和发展的长期实践中，也随着科学技术的发展、文明的进步和企业自身的发展而不断丰富。

4）渗透性和创新性特点。企业文化的发展过程，既是一个企业文化普遍性的进化过程，又是各国企业文化特殊性相互渗透的过程。从前者来说，各国的社会化大生产和商品经济都在各自的环境中不断地发展着，企业文化也随这种发展进行着自己的进化；从后者来说，世界各国企业文化的形成和建设，都具有各自的独特性和稳定性，这是传统文化基因在企业文化形成和建设中的继承和遗传，然而它绝不会固守在本国范围之内，随着大经济环境的运作、大流通的交融，本国文化锋芒将无形地射向四面八方，影响和渗透到其他国家的企业文化之中。各国的文化、企业文化的影响力和活动范围正在不断增强和扩大，渗透速度也加快了。这种相互之间的文化交流和渗透，促使各国企业立志扩展和创新自己的企业文化，以适应形势发展的需要。

5）客观性和落差性特点。企业文化本身是一个客观存在。作为一种客观存在，它必然具有两面性：如果企业文化是一个向上的客观存在，就会符合社会的需要，符合人民群众的心声；反之，如果企业文化是一个消极落后的客观存在，就会负面影响社会，不如人意。所以不能说有企业文化的企业，就是一个出色的企业。成功的、优秀的企业塑造出来的、影响企业生存和发展的企业文化必然是优秀的、代表先进生产力的文化。

由于所处的客观环境不同，事物发展的进程总是不平衡的。正因为企业文化是一个客观存在，所以不同企业的企业文化的发展，必然有先有后，有优有劣，这种不平衡的落差性也是客观存在的。正是这种落差性、不平衡性，决定了各国、各地区企业文化必然会相互影响、相互借鉴、相互促进。

3. 企业文化的功能

企业文化是由企业中占支配地位的领导集团经过多年研究，发现并加以培育和确立的。它来自于企业，但一旦形成了某种独立的企业文化，它就将反过来对企业发生巨大的能动作用。概言之，企业文化有下列作用：

1）指导功能。指导功能是指企业文化能为企业活动确立正确的指导思想、决策方向和良好的精神气氛。在既定的社会环境和社会条件下，企业领导者确定怎样的经营方针、做出怎样的经营决策，是至关重要的，然而在确定经营方针、做出经营决策时，会受到来自各方面的思想影响，会受到社会的、传统的、企业的精神面貌和文化气氛的影响和制约，任何一个企业的经营目标、经营决策，都是在一定的企业文化指导下进行的。

2）导向功能。导向功能也称为定向功能。导向功能能把企业及其成员的思想和行为引导到企业所确定的目标上来，同心协力，自觉地为实现企业目标团结奋斗。企业文化不仅对企业成员的心理、性格、行为起导向作用，而且对企业整体的价值取向和行为起导向作用，引导企业成员树立改革开放意识。

3）凝聚功能。企业文化的凝聚功能，在于企业文化能对员工的思想、性格、兴趣起潜移默化的作用，使员工自觉不自觉地接受组织的共同信念和价值观。它通过共同价值观、企业精神和思想信念，把企业全体成员团结成一个有机体，共同为企业目标的实现，协力拼搏。企业文化具有一种无可比拟的黏合剂和强磁场作用。企业文化的凝聚功能，有利于增强员工的主人翁意识，增强以企业为家的归属感，增强企业群体的统一、团结协作意识，一致对外展开竞争。

4）激励功能。这是企业文化功能中最重要的核心功能。企业文化中健康积极的价值观、奋发向上的企业精神、明确坚定的信念、高尚的道德规范和行为准则都将激发员工巨大的工作热情，激励员工形成强烈的使命感和持久的行为动力，为实现自我价值和企业目标而不断进取，提高企业的整体绩效。

5）控制功能。控制功能又称为规范功能、约束功能。企业作为一个组织，常常不得不制定出许多规章制度来保证企业活动的正常进行，这当然是完全必要的。企业文化则是用一种无形的思想上的约束力量，形成一种软规范，制约员工的行为，以此来弥补规章制度的不足，并诱导多数员工认同和自觉遵守规章制度。因此，企业文化能帮助企业实现员工自我控制的管理方式。

6）协调功能。企业的职工队伍来自四面八方，由具有不同技能和不同知识水平的人构成，员工们在从事不同种类的工作时，往往带有各种各样的个人动机和需求。企业文化能在员工中间起到沟通协调的作用。在融洽的企业文化氛围中通过各种正式、非正式交往，管理人员和职工加强了联系，传递了信息，沟通了感情，不仅能改变人们头脑中的等级观念，而且能使人们协调地融合于集体之中。

7）创新功能。企业要生存和发展，要在与其他组织的竞争中获胜，就要树立自己的风格和特色，就要与其他组织加以区别，就要创新。建立具有鲜明特色的企业文化，是企业激发员工超越和创新的动机，提高创新素质的源泉和动力。

8）辐射功能。企业文化塑造着企业的形象，企业形象的树立，除对本企业发挥作用外，还会通过各种渠道对社会公众、对本地区乃至国内外组织产生一定的影响，在提高企业知名度的同时，构成社会文化的一部分。企业良好的精神面貌会对社会起着示范效应，带动其他企业竞相仿效，因此企业文化具有巨大的辐射功能。

总之，企业文化在企业管理中发挥着极为重要的作用。从某种意义上讲，企业文化是提高企业生产力、推动企业发展的根本动力；是深化企业内部改革，使企业走向现代管理的原动力；在发展企业、增强企业活力、提高经济效益上，具有强大的精神激励作用；对企业员工同心同德、齐心协力实现企业目标，增强企业竞争力具有强大的推动作用。企业文化还具有增强企业优势，提高企业素质的作用。

企业文化对于提高企业绩效和增强企业凝聚力确实大有裨益。但是，我们也应看到，企业文化也存在着某些消极作用。当企业文化的核心价值观得到强烈而广泛的认同时，这种企业文化就是强文化。这种强文化可能会产生这样的后果：①阻碍企业的变革。②削弱个体优势。③阻碍企业的合并。

二、企业文化的内容

企业文化是微观组织的一种管理文化。企业文化的内容大致包括如下几方面：

1）企业哲学。企业哲学是指企业在一定社会历史条件下，在创造物质财富和精神财富的实践过程中所表现出来的世界观和方法论，是企业开展各种活动、处理各种关系和进行信息选择的总体观点和综合方法。企业之所以具有无穷的精神力量，就在于具有正确的指导思想和价值观念；企业之所以具有伟大的创造力，就在于具有很强的综合选择信息的能力。企业哲学是企业人格化的基础，是企业形成独特风格的源泉，它包含几个基本的新观念，如系统观念、物质观念、动态观念、效率和效益观念、风险和竞争观念、市场观念、信息观念、人才观念等，这些观念是形成企业哲学的基本思想。

2）企业价值观。企业价值观是指以企业为主体的价值观念，是企业人格化的产物，是以企业中各个个体价值观为基础的群体价值观念。共同的价值观是企业文化的核心，因为价值观是人们评价事物重要性和优先次序的原则性出发点。企业文化的价值观为全体员工提供了共同的价值准则和日常行为准则，它也是企业塑造杰出的企业精神，培育员工的高度工作责任感和良好的职业道德，进行有效管理的必要条件。

3）企业精神。常言道，人总是要有点精神的，一个企业也要有一种精神。企业精神是指通过企业广大职工的言行举止、人际关系、精神风貌等表现出来的企业基本价值取向和信念。企业精神可以高度概括为几个字、几句话，但它具有崭新的内容、深刻的含义和富有哲理，它是在一定历史条件下，进行生产经营管理实践活动时，经过长期磨炼而形成的代表全体成员的心愿和意志，并成为激发全体成员积极性和创造性的无形力量，支配、引导和激励全体成员为实现企业目标而不懈地努力。

所有企业的企业精神除了自己的独特精神风貌之外，都应包括如下一些根本性的共同精神：

① 高度的责任感和使命感。
② 民族自强精神。
③ 开拓创新精神。
④ 求真务实精神。
⑤ 全心全意服务精神。
⑥ 无私奉献精神。

企业精神是企业文化的核心，是统一全体职工思想的基本标准，是企业凝聚力的基础，是引导和激励职工进步的指针，是企业活力的源泉，也是评价企业的主要依据之一。企业精神具有鲜明的个性特征。它并不是自发形成的，必须有意识地树立，深入持久地强化，才能逐渐得到广大职工的理解和认同，而成为一种独立存在的意识、信念和习惯。

4）企业道德。企业道德是指调整企业之间、员工之间、企业与客户之间关系的行为规范的总和。企业道德是一种特殊的行为规范，是企业法规、制度的必要补充。它通过运用善良与邪恶、正义与非正义、公正与偏私、诚实与虚伪等相互对立的道德范畴，来规范和评价企业及其成员的各种行为，并用以调整企业之间、员工之间、企业与客户之间的关系。企业道德一方面通过舆论和教育的方式，影响员工的心理和意识，形成员工的善恶观念，进而形成内心的信念；另一方面又通过舆论、习惯、规章制度等形式，约束企业和员工的行为。

5）企业风尚。企业风尚是企业员工相互之间关系所表现出来的行为特点。它是员工的愿望、情感、传统、趣味、习惯等心理和道德观念的表现，是在企业精神和企业道德的制约和影响下形成的，直接反映企业精神和企业道德的水平，是企业文化的综合体现，又是构成企业形象的主要要素。一个具有创新精神、求实精神，人与人之间平等的企业，就会形成一种积极向上、民主和谐的气氛和风尚。

6）企业形象。所谓企业形象，是指得到社会认同的企业各种行为的综合反映和外部表现。企业形象如何，不仅由企业内在的各种因素决定，而且要得到社会的广泛认同和承认，也就是说企业的形象是企业的产品质量、服务水平、员工素质、厂风厂貌、公共关系、经营作风等在用户和顾客的心目中的地位、在社会上给人们留下的印象。要树立良好的企业形象，提高知名度，企业就必须使自己开展的每项活动都对社会高度负责，尤其要讲求信誉，要诚实、热情、礼貌、周到地为社会服务。

7）企业目标。每个企业都有自己存在的目的和所要达到的预期任务。不同企业的具体目标是不同的，即使同一企业，在不同时期目标也有所不同。企业目标是企业员工努力争取达到的期望值，代表企业的未来方向，它体现了企业的执着追求，同时又是企业员工理想和信念的具体化。企业目标是企业文化的动力源，一个科学的、合理的企业目标可以激励人们不懈地努力创造卓越的业绩，也有利于塑造优秀的企业文化。

8）企业民主。企业民主是企业的政治文化，是企业制度的一种形式。它是一种"以人为本"的价值观念和行为规范。企业民主的形成是一个艰难复杂的过程，需要企业决策层、管理层、执行层各级人员共同努力才能形成。建立企业民主必须注意培养员工们强烈的参与意识和民主意识，明确职工的民主权利和义务，形成良好的企业民主气氛和环境。

三、现代企业文化建设

1. 企业文化建设的意义

企业文化建设，对于社会主义精神文明建设，对于变革我国的管理体系、建立现代化企业体制，对于强化思想政治工作、提高企业员工的素质，对于提高企业的知名度等，都具有十分深远的意义。

1）企业文化建设，有利于促进社会主义精神文明建设。企业精神是企业文化的灵魂，企业精神又是社会主义精神文明建设在企业中的集中反映，企业文化是民族传统的优秀文化与先进的时代精神相结合的产物。因此搞好企业文化建设，对于提高我国企业的社会主义精神文明水平具有十分深远的意义。

2）企业文化建设，有利于建设有中国特色的社会主义现代企业管理。企业文化建设中，一方面，我们要继承和发扬民族传统文化中的优秀成果，弘扬优秀的民族精神，克服民族文化中的旧观念、旧思想、旧习惯；另一方面，我们要引入世界各国、各民族的先进管理经验，使之与本企业、本国的实际结合起来，塑造具有中国特色的企业文化和企业管理模式。企业文化是在企业管理的实践中不断变革和发展的，企业文化建设是以人为本而展开的，企业文化在充分挖掘员工的潜能、充分调动员工的积极性、充分发挥员工自我管理和自我控制等方面有着强有力的影响，这些都是现代企业管理的体现。因此，企业文化有利于给企业管理注入新的活力，形成具有时代精神的现代企业管理模式。

3）企业文化建设，有利于加强思想政治工作。我国社会主义革命和社会主义经济建设的胜利，从某种意义上讲，都是思想政治工作的胜利。思想政治工作是我们的优良传统文化的瑰宝。每个企业都有健全的思想政治工作体系,这可说是中国特色之一。加强思想政治工作的目标之一就是激励人们的斗志。鼓舞人们的精神,激发人们为社会主义现代化事业坚持不懈地创新、奋斗。企业文化正是在企业价值观的要求下,充分调动人们的这种激情,因此企业文化是做好思想政治工作的有力工具。

4) 企业文化建设,有利于提高企业在社会上的知名度。企业文化建设使企业具有自身特质的优秀文化,在企业的生产经营活动中,向社会展示出高尚的企业价值观、开拓创新的企业精神、良好的经营风格、优质的服务等,这些都无形中向社会、向外界提供了可以信赖的信息,从而使企业在社会上塑造了良好的形象,扩大了企业在社会上的影响,增强了企业在社会上的知名度。

2. 职工是企业文化建设的主体

企业文化是一种群体文化,是以人为中心来研究如何提高职工的文化素质和心理素质,以达到提高企业经济效益目的的一种崭新的企业管理理论。企业文化之所以具有强大的功能和威力,就是因为它是以人为本的。在唯有职工才可以创造企业文化这一观点的指导下,找到了创造现代企业物质文明和精神文明之源,即职工是开启现代企业文化源泉的主体。所以,企业文化建设必须抓住这个主体,培养与提高企业职工的素质,使中华民族文化特性、时代精神特性和社会主义市场经济观念的特性都凝聚在企业职工中,使之成为高素养的"文化人",并能自我开发,实现其报效祖国、奉献社会的价值。

企业文化建设应使职工注重新文化的创建。当前,企业文化的创建与创新主要有:

1) 企业经营思想的创建与创新。
2) 企业作风的创建与创新。
3) 企业价值观的创建与创新。

3. 企业家是企业文化的中坚力量

随着社会主义市场经济体制改革的不断深化,涌现出一大批业绩十分卓著的企业家。企业家阶层的出现是国家经济振兴和社会发展的必然结果。建设社会主义市场经济下的企业文化,离不开对社会有很大影响的大中型企业,更离不开创建企业文化的企业家。这些企业家,眼光长远、胸怀大志,具有大无畏的创业精神,引导企业建立和识别企业文化,不失时机地进行文化转换,实现企业文化的更新,并且有组织地实施文化整合,创建了生机勃勃的企业文化,因此可以说,企业家是企业文化的中坚力量。

4. 企业文化建设的原则

企业文化反映一定历史时期社会经济形态中企业活动的需要,企业文化建设是一项创新的复杂系统工程。由于环境和民族文化的不同,建立和维系企业文化就有其不同的途径。但是,各国企业文化的建立也存在共性,通常应遵循以下指导原则:

1) 目标原则。企业行为是有目标的活动。企业文化必须明确反映组织的目标或宗旨,反映代表企业长远发展方向的战略性目标和为社会、顾客以及为企业员工服务的最高目标和宗旨。企业文化的导向功能使企业中的个体目标与整体目标一致,并且每个职工都因此感到自己的工作意义重大。企业全体员工有了明确的共同目标和方向,就会产生自觉的行动,为实现企业目标去努力奋斗。

2) 价值原则。企业的价值观是企业文化的核心。企业文化要体现企业的共同价值观,体现全体员工的信仰、行为准则和道德规范,它不但为全体员工提供了共同的价值准则和日常行为准则,同时也是企业团结员工、联系员工的纽带,是企业管理的必要条件。每一个员工都应将自己与这些准则和规范联系起来,自觉地为企业目标努力。

3)卓越原则。企业文化包括锐意进取、开拓创新、追求优势、永不自满等精神。企业文化应设计一种和谐、民主、鼓励变革和超越自我的环境,从主观和客观上为企业员工的创造性工作提供条件,并将求新、求发展作为企业行为的一项持续性要求。企业必须根据变化的情况对自己的产品不断做出相应的调整,才能立于不败之地。追求卓越、开拓创新才能使企业具有自己的风格和特色,这是企业充满活力的重要标志。

4)激励原则。企业和企业领导应该对员工的每一项成就都给予充分的肯定和鼓励,并将其报酬与工作绩效联系起来,激励全体成员自信自强、团结奋斗。成功的企业文化不但要创造出一种人人受尊重、个个受重视的文化氛围,而且要产生一种激励机制。每个员工所做出的成绩和贡献都能很快得到企业的赞赏和奖励,并得到同事的支持和承认,从而激励企业员工为实现自我价值和企业目标而不断进取,提高企业的效能。

5)个性原则。企业文化是共性和个性的统一。任何企业都应遵循企业管理的共同客观规律,这构成了企业文化的共性部分。但由于民族文化环境、社会环境、行业、企业历史、企业目标和领导行为的不同,因而形成了企业文化的个性。我国企业应借鉴外来企业文化的经验,但必须坚持中国特色企业文化和坚持社会主义企业文化这两条原则。正是企业文化的鲜明个性,使企业形成了本企业的独特风格和风貌。

6)民主原则。现代企业文化的建立需要一个适宜的、民主的环境。民主的企业内部环境使每个员工都把企业当作自己的家,自发而慎重地参与企业的决策和管理,积极进取和创新,这样有利于发挥个人的潜能。在这样的环境中工作,不但有利于提高工作绩效,还会使企业员工产生精神上的满足感。因此,企业文化应设法创造出一种和谐、民主、有序的企业内部环境。

7)相对稳定原则。企业文化是企业在长期发展过程中提炼出来的精华,它是由一些相对稳定的要素组成的,并在企业员工的思想上具有根深蒂固的影响。企业文化的建立应具有一定的稳定性和连续性,具有远大目标和坚定理念,不会因为微小的环境变化或个别成员的去留而发生变动。不过,在保持企业文化的相对稳定性的同时也要注意灵活性,企业只有在内外环境变化时及时更新、充实企业文化,才能保持企业的活力。

8)典型原则。每个企业的发展,都是通过群体的力量推动的,但是不能忽视群体中出色卓越的典型事例和英雄模范人物的鼓舞、带头作用。"榜样的力量是无穷的",在企业文化建设中,要充分注意先进典型的培养。只有那些敢于开拓、敢于创新、敢于献身、不畏艰险、积极从事发明创造的英雄模范人物,才能带领和影响整个企业创造出惊人的业绩。

第四节 现代企业公共关系

一、现代企业的公共关系

1. 现代企业公共关系的概念

公共关系简称公关。现代公关方法与艺术起源于领导与管理的需要。公关活动是现代人们生活中一种习以为常的商业活动,更是企业在经营过程中获取信息、创造局面的有力手段。公共关系是一门不是广告却胜似广告的专门学问,现代企业要生存和发展,就必须学会灵活运用现代企业公共关系这根"魔杖"。

公共关系是旨在传递关于个人、公司、政府机构或者其他组织的信息,以改善公众对他们的态度的政策和活动。现代企业公共关系可以描述为:"现代企业公共关系是现代企业在遵守国家法律的前提下,依照科学原则指导,运用传播沟通手段,开展社会活动,协调社会关系,树立企业信誉,塑造企业形象,以实现企业预期目标和创造企业最佳生存与发展环境的一种独特的现代管理职能。"

由此可知:

1) 公共关系本身是指企业与和它相关的社会公众之间的联系,个人之间的所谓人际关系不属于公共关系范畴。

2) 公共关系是一种信息沟通活动,它只能运用信息沟通手段来协调组织与公众的关系,因而公共关系的活动是有限的。

3) 公共关系的主要目的是树立和保持企业与企业产品的信誉和形象,因此企业的各项策略和措施要尽可能符合公众和社会利益,坦诚面对社会公众,并以自身良好的实践行动作为交流的基础,以求得社会的理解和支持。

4) 公共关系是管理职能发展的产物,担负着重要的管理职能,是和企业的生产管理、人事管理、财产管理等一样重要的管理职能。

2. 现代企业公共关系的特点

现代企业公共关系的特点如下:

1) 客观性。企业是一种社会组织,必然进行社会交往,自然存在一种企业形象,无论企业宣传与否,必然存在社会声誉和社会评价,这是一种无法回避的客观存在。

2) 双向性。公共关系是以相互满意的双向传播为基础,以好名声和负责任的行为影响舆论所做的一种有计划的努力。这种努力必须内外兼顾、双向沟通。这种努力必然关系到双方的利益,必须平等互惠、真诚合作,不可能一厢情愿,也不会只是一方获利。

3) 功利性。公共关系的运作必然投入一定的人力、物力和财力,对于特别追求经营效益的现代企业来说,当然期望其投入能有应有的回报。从某种意义上讲,公关活动的目的是希望"吃小亏占大便宜"。

4) 艺术性。公关活动是一门综合性的人文艺术。一是讲究如何取得群众支持、同事配合,以充分发挥自身特长的待人艺术;二是讲究处事干净利落、有条不紊,工作得心应手、忙而不乱,带动组织高效运转的处事艺术;三是讲究在工作过程中、在公共关系中科学管理时间,追求工作成效的运时艺术;四是通过应酬和处理公共关系达到领导效果的应酬艺术;五是在社交活动中通过讲谈方式说服、劝导人并传播有关信息的讲谈艺术。

5) 复杂性。社会的生产关系决定其他各种社会关系,当生产关系由简单变为复杂时,社会关系自然也随之复杂起来,公共关系是一种特定的社会关系,理所当然也会变得更为复杂。企业公关人员只有妥善处理好企业发展过程中复杂的社会关系,才能使企业规避风险,找到发展的良好机遇。

6) 时效性。社会公众对企业的评价和期望始终是动态变化的,因此企业公共关系的状态始终处于动态变化之中。企业在激烈的市场竞争中,机不可失,时不我待,公关活动必须抢先一步，步步主动，才能起到应有的积极作用。

3. 现代企业公共关系的基本功能

现代企业的公关活动是建立和维护企业良好信誉和形象的有力武器。它有利于建立企业与消费者之间的双向信息沟通，有利于企业消除公众误解、传播正确信息，有利于增强企业内在的凝聚力、协调与外界的关系。现代企业公共关系的基本功能主要有：

1) 情报功能。通过公关活动，及时、准确、有效地收集、提供各种情报信息，聆听来自各方面的意见和建议，供企业做经营决策时参考。

2) 参谋功能。公关人员通过公关活动开展调查研究，吸取各方经验和建议，预测公众的态度和意向，为企业出谋划策，向企业提供各种可供选择的经营方案。

3) 宣传功能。通过公关活动，向公众发布有关组织的真实信息，主动宣传，广而告之，尽可能树立企业的良好形象，提高企业的声誉和知名度。

4) 服务功能。公关活动本身就是一种服务活动，通过良好的服务，消除隐患，化解矛盾，处理危机，使组织内部运转更加顺畅协调，使组织外部环境更加和谐有利。

二、现代企业的公关艺术

1. 现代企业开展公关活动的原则

公共关系最基本的原则就是"讲真话"，具体体现在：

1) 实事求是。公关活动应以事实为依据，采取对公众负责和对社会负责的态度，真实地向公众提供有关信息。同时，公关活动还应坚持"开放原则"，如实、准确地反映社会公众的意见、要求和评价，并及时反馈给决策部门。

2) 以诚相待。企业必须处处为消费者或用户着想，维护消费者和用户的利益，生产用户信赖的产品，提供用户认为周到的服务，并进行必要的沟通。"以诚相待、以信取人"，赢得良好信誉、树立产品形象、提高用户满意度，企业才能生存和发展。

3) 互利互惠。公关活动应以公众利益为前提，实行企业与公众、组织互惠互利和共同发展。

2. 现代企业的公关艺术

(1) 名人效应　所谓名人效应，就是利用人们崇拜熟悉的名人、明星的心理，有意识地将经营的产品或服务项目有机地与名人、明星联系起来，利用做广告，甚至聘请其为企业的形象大使，以赢得社会大众感情和心理支持，从而把消费者的注意力最大限度地吸引过来，进而扩大产品销路。

(2) 现场示范　现场示范就是运用实物、模型、图片、音像等具有说服力的证据现场向消费者形象、生动地展示产品的功能及其特点。这是针对消费者"耳听为虚、眼见为实"的心理而设计的公关形式。通过产品的实际示范展示，不仅加深消费者对产品的印象，而且还可对其购买行为施以潜移默化的影响，并能极大地激发其购买欲望。

(3) 制造新闻　企业的产品一旦在新闻媒体上进行宣传推广，必然会在社会上产生反响，引起社会大众的关注。因此，要想在激烈的竞争中树立良好的企业形象，扩大企业和产品的知名度，企业要有计划地制造某种新闻，实施创造性的公关促销活动。

(4) 诉诸情感　诉诸情感旨在缩短生产企业与消费者之间的情感距离，通过"动之以情"，通过赞助和支持各种公益活动等，使企业万众瞩目，使企业与公众建立心理相容的关系，从而在良好的关系中达到推销产品的目的。

3. 现代企业公关活动的步骤

（1）开展公关调研　开展公共关系的调查研究，目的在于掌握足够的信息，了解企业所处的环境和公共关系状态，确定企业所面临的问题，为企业其他公共关系工作打下基础。

（2）制订公关计划　根据公共关系调查研究的结果，确定企业公共关系的目标，拟订企业公共关系策略，策划企业公关活动方案，制订公关活动工作程序及时间表。

（3）实施公关方案　依据企业公关活动计划和行动方案，逐步实施和推广，以实现企业公关活动目标，最终实现企业经营总目标。

（4）评价公关效果　为了落实公关计划，必须随时跟踪公关活动开展的状态，分阶段检查和评估公关计划实施的效果，及时发现问题，及时调整实施方案，以保证公关活动总目标的实现。

三、现代企业公关人员的基本要求

企业公关工作的成败与绩效的优劣，主要取决于企业是否拥有德才兼备的公关人才。公关人员的素质、能力、道德规范及主观能动性的发挥直接影响企业公共关系目标的实现。

1. 现代公关人员应具备的基本素质

（1）政治思想素质　企业公关人员的政治素质包括高度的社会主义觉悟、坚持四项基本原则、自觉贯彻党的路线和方针、自觉遵守政府的政策法令、正确处理国家与企业之间的关系等。

企业公关人员的思想素质包括勤劳朴素、踏实肯干、沉着稳重、平易近人、客观公正、机警敏锐、刚毅坚韧、敢于负责、开拓进取、事业心强等。

（2）文化知识素质　现代公关人员必须具备一定程度的公共关系文化知识，应具备经济学、社会学、管理学、哲学、逻辑学、传播学等学科的相关知识，要懂得公共关系理论，要学会演讲、调查、摄影、新闻写作、撰写专题报告、撰写论文等。

（3）业务技能素质　业务技能素质是企业公关人员适应工作要求、顺利开展公关工作的专业水平与工作能力。只有熟悉专业技能知识，才能恰如其分地描述产品以赢得社会公众的信赖，才能不失时机地、敏锐地获取有益于企业发展和改进产品的信息。

（4）生理心理素质　企业公关人员既要潇洒、漂亮，又要身心健康、仪态大方、精力充沛，更要思维敏捷、善于表达、性情中庸、乐观幽默、待人接物从容不迫、面对挫折坚毅果敢，才能吸引人、说服人、打动人，才能理性地面对成功与失败，才能千方百计地按计划完成公关任务，努力实现公关目标。

2. 现代公关人员应具备的基本能力

（1）组织能力　组织能力包括：组织一个可靠团队或单位的能力；计划和决策能力；搜集、整理、评价相关信息的能力、协调人际冲突的能力；随机应变能力；控制工作过程并考核工作绩效的能力。

（2）交际能力　企业公关人员肩负着为本企业建立良好工作环境、加强与社会公众的交往、树立企业形象的"外交"重任，应重视礼节、注重仪表、优化言谈举止，充分体现企业的精神状态，为企业开辟出与社会各界交往的途径，扩大与社会各阶层往来的范围和频度。

（3）表达能力　表达能力包括文字表达能力和口头表达能力。公关人员要想充分表达自己的意愿和思想观点，赢得别人的好感，必须能言善辩，语言生动亲切、幽默感人。这就需要在语言表达上进行一定的训练。

写作也是表达思想意念的重要方式，也是公关人员的基本工作技能。因此公关人员必须具备基本的写作常识和熟练的文字表达技巧，做到文字通顺、条理清晰、分析透彻，能通畅地与企业内外公众进行书面沟通。

（4）应变能力　企业的公共关系是一种错综复杂的社会关系，公关人员必须在交往中善于观察所接触的公众的特点和需求，掌握多方的风土人情、民族习惯，了解各阶层人士的风格与知识水准，以便在多变的环境中适应不同公众的要求，灵活地开展公关活动。

（5）创新能力　随着社会的发展进步，企业的经营管理方式和产品都在不断改革创新，企业的经营目标也在不断提高，这就要求公关工作跟上时代发展的步伐。公关人员应主动创新信息沟通方式，不断创新公关理念，使企业公关工作顺利进行，以推动企业不断进步。

3. 现代公关人员应具备的道德规范

（1）以诚为本，讲求信用　"精诚所至，金石为开"。唯有真诚、友好才能感召人，才能赢得别人的信任、支持和合作。只有建立良好的信誉，才能树立良好的企业形象，维持企业健康地发展。公关人员必须信守协议，做到言必信，行必果。

（2）爱人爱己，礼貌谦逊　"让世界充满爱"，这是社会公众的共同愿望。企业公关人员必须充满爱心，爱人爱己，才能把企业公关工作做得更好。"满招损，谦受益"，礼貌是最好的入场券和通行证，公关人员对公众的态度，直接影响企业的形象和利益，因此企业公关人员在公关活动中应做到彬彬有礼、态度亲切、举止典雅、语言谦虚，使公众感觉受到礼遇和尊重，进而产生好感，从而赢得公众的信任。

（3）平等互利，公正待人　平等待人是开展公关活动的基本准则。公关人员与人交往时，无论对方强弱都应一视同仁，平等相待，公正待人，切实朝着公正、公平方向努力，做到互惠互利，公关工作才会越做越好。

（4）奉公守法，不谋私利　良好的秩序必须依靠法律法规来维护，为了更好地推动公关活动的健康开展，公关人员必须自觉学法、知法、守法、用法，使自己从事的公关事业始终在法律允许的范围内开展，坚持原则，秉公办事，洁身自好，不谋私利，只有这样才能成为一名企业放心的高素质的公关人员。

（5）疾恶如仇，知错即改　企业公关人员不仅要自己坐得稳、行得正，而且还要敢于揭露公关活动中的丑恶现象，与弄虚作假、卑鄙欺诈行为作斗争，对自己工作中的失误和过错敢于承担责任、知错就改，这样才能赢得社会公众的信赖，树立很好的形象，推动公关事业健康发展。

四、现代企业公共关系策划

现代企业公共关系策划是指企业为实现某一具体的公关目标而选定公关主题、设计公关方案、谋划公关对策、攻克公关难关的运筹过程。

由于不同企业内部状况和外部环境各不相同，所面临的公共关系问题也就不同，对企业公共关系的认识和采取的策略也就各不相同。策划结果的优劣必然影响公关活动的效果，所以企业公共关系策划是公关活动成败的关键。

1. 工业企业公关活动的目标

工业企业的公关活动有多种活动目标,通常有以下几种:

1)新产品上市前,让消费者对新产品有足够的了解,设法提高产品的知名度。

2)企业转产时,改变企业自身形象,以适应新产品,争取消费者的认同,促进销售。

3)企业的产品或服务经营出现不良后果时,立即向新闻媒体、家属及相关部门解释原因,说明补救措施,对公众表示企业承担责任的诚意。

4)企业的意图被误解时,为了与消费者沟通,让公众更全面地了解企业,常常采用公关活动。

5)通过问卷调查、登门拜访、刊登广告等方式,增加与社会公众的联系,增进公众对产品的了解。

6)让政府有关部门和人士了解企业,争取得到社会各界尤其是政府部门和一些社会名流人士的支持。

7)提高投资者的投资信心和兴趣,以吸引更多的支持者和投资人。

8)加强同新闻界的沟通,改善与媒体间的关系。

9)赞助公益事业,宣传已做出的公益贡献,增加公众对企业的了解和好感。

10)利用企业纪念庆典、扩展、新产品开发等时机,举办得体适宜的公关活动,以扩大企业影响,提高知名度。

2. 企业公共关系策划的主要工作

现代企业公共关系的策划主要有以下几方面的工作:

1)分析开展公关活动的时机。捕捉和把握开展公关活动的时机是一种高超的公关艺术,也是获得企业公关活动战略实施效果的先决条件。抓住了最佳公关时机,就可事半功倍。优秀的公关人员,总会适时地抓住机遇,借机创造良好的公关条件和氛围,把握公关活动的主动权,推进公关方案的顺利实施。

2)研究开展公关活动的对象和范围。通过调查研究掌握的信息,了解企业所处的环境和公众的需求,分析企业所面临的问题之后,仔细研究自己的竞争对手、合作伙伴以及社会公众,确定与企业休戚相关的公关对象和范围,以便拟订公关策略和公关方案,针对性地开展公关活动。

3)选择开展公关活动的策略。开展公关活动的策略有多种多样,有进攻型策略、防御型策略、征询型策略、维系型策略和拓展型策略。应该根据企业和企业产品目前所处的实际状态以及市场状况,采取合理的策略展开公关活动。当企业的预定目标与所处环境发生冲突时,企业应及时抓住时机,积极主动地去改造环境,采取主动出击的进攻型策略来树立和维护企业的形象;企业为了防止自身的公共关系失调,则应采取防御型策略;企业为了自我生存与发展而了解社会民意,掌握社会发展趋势,则应采取征询型策略;企业在稳定发展之际,则应采取巩固良好形象的维系型策略;为了开创企业的新局面,或为了打开产品新市场,则应采取开拓型策略,以种种努力来引起公众的关注和社会的重视。

4)确定开展公关活动的方案。掌握公关时机、确定公关对象与范围、选择公关策略之后,接着便应制订周密的公关计划,将活动时间、区域、对象、步骤、目标等做出明确的规定,制订出一套完整的方案后交主管部门审定,然后付诸实施。

案例分析

【案例分析 4-1】 长城高级润滑油公司的战略选择

一、长城高级润滑油公司面临的市场环境

长城高级润滑油公司(以下简称长城公司)是一家属于中国石油化工总公司的大型高级润滑油企业,其前身是1958年成立的六二一厂,1982年成立长城高级润滑油公司,并以"长城"作为产品的注册商标。经过几十年的努力,"长城"牌润滑油已经成为国内广大润滑油经销商以及用户公认的名牌产品。长城公司目前在紧紧抓住面临的发展机会的同时,又要不断迎接严峻的挑战。一方面是来自国内润滑油厂商的挑战,除了正规润滑油生产企业开始打破地域界限,参与全国竞争外,由于国内润滑油市场的开放,造成了数以千计的非正规润滑油生产厂商涌入市场,这些非正规润滑油生产厂在利益的驱使下,制造低劣产品或仿冒名牌产品,冲击润滑油市场的正常秩序。另一方面是来自国外一些著名石油公司的挑战,他们看好我国润滑油市场的发展前景,在大量向我国出口成品油的同时,携带资金、技术、经营管理之优势,在我国各地建立独资、合资公司。

二、长城公司存在的问题

1)1997年,长城公司更加感觉到工作中面临的一些问题。包括:

① 面对复杂和激烈的竞争,公司从整体上如何面对?

② 如何进一步提高销售量?

③ 如何解决经销渠道混乱的现象?

④ 如何抵御假润滑油对长城公司销售和品牌形象的严重影响?

2)长城公司在外部调研机构的协助下,开展了大范围的市场调查,目的是进一步明确问题,找出原因以及解决问题的办法。因此市场调查的主要任务是:

① 对长城公司面临的竞争形势做出整体评价,研究长城公司的竞争战略。

② 对营销渠道和顾客需求做出较为准确的评估。

③ 找出市场增长点,找出完成销售目标的方法。

3)通过市场调查,长城公司得出了关于整体市场情况、用户情况、市场情况和企业内部工作的全面认识和判断。

① 关于公司的整体市场情况,调研结果表明,高档润滑油市场存在着较大的市场机会。这是因为:汽车和其他使用润滑油的机械设备等每年都有较大幅度的增长,同时不断有新的竞争者加入市场;低档润滑油的市场份额由于国家有关政策与用户的认识而逐渐下降。与此同时,高档润滑油的市场竞争越来越激烈。具体表现在,外国品牌大举进入,国内企业数量在增加,但许多品牌的市场份额在逐年下降,各企业在市场营销方面的投入都在迅速增加;对于高档润滑油的消费者来说,品牌的作用正在加强,外国品牌奉行的都是全国性的市场开拓策略,国内的许多地方品牌也在向其他地区渗透。

② 关于顾客需求,从调查分析中得出如下结论:消费需求发生了变化,顾客更加重视润滑油的质量和品牌形象,并希望对产品有更多的了解。长城公司的产品在中低档车用户中占有较大的市场份额,在高档车市场占有的份额较小,但在这两种市场中的份额都有下降趋势,长城公司的市场地位与用户对长城公司的认知是一致的。在不同地区,

长城润滑油的市场地位差别较大；在用户重视的产品属性上，长城公司的产品既有优势又有劣势。但如果这些劣势得不到扭转，则长城公司的市场份额将呈持续下降趋势。基本结论是，长城公司需要从多方面改进自己的市场营销工作，如产品质量、服务、销售渠道设计与管理、价格政策等。长城公司的产品有很好的用户基础，如果工作到位，则未来的发展仍是乐观的。但另一方面，如果公司不能认识到问题的严重性，或是不能及时采取措施，则下滑的势头很可能会加快。

【案例分析问题】

试运用环境与资源综合分析方法，分析长城公司应采取的战略。

【案例分析 4-2】 沃尔玛公司的新战略

沃尔玛公司是全球规模最大的零售巨头，其年销售额逾 3000 亿美元。如今它正面临着增长速度不断减缓的尴尬境地，并且公司在全球各地以及美国东北部地区的转型历程也并非一帆风顺，于是它开始踏上改革之路。在 2006 年 8 月份召开的公司年度股东会议上，沃尔玛公司首席执行官李·斯科特（Lee Scott）概要介绍了新战略的主要内容，他还引用公司创始人山姆·沃尔顿（Sam Walton）的名言说道："旧方法已经时过境迁，万事万物时刻都在变化。只有领先变化而动，我们才能获得成功。"

沃尔玛公司以前瞄准的目标市场是钟爱折扣购物的工薪阶层消费者。当这一市场已经达到饱和状态之后，沃尔玛开始将商品种类扩展到有机食品、中高档酒类、高端消费电子产品以及流行服饰等领域，从而将其低价战略逐渐对准中高端顾客群体。沃顿商学院的教员以及市场分析人士认为，虽然该战略蕴藏着一定程度的风险，但这也是沃尔玛公司在激烈的市场竞争以及缺乏其他增长机遇的双重压力之下的必然出路。

【案例分析问题】

1）沃尔玛公司在市场竞争中采用了何种新战略？
2）从沃尔玛公司的经验中你得到了什么启示？

【案例分析 4-3】 首创"打 1 折"销售的商店

商家打折大拍卖是常有的事，人们绝不会大惊小怪。但有人能从中创意出"打 1 折"的营销策略。实在是高明的枯木抽新芽的创意。

日本东京有个银座绅士西装店。这里就是首创"打 1 折"销售的商店，曾经轰动了东京。当时销售的商品是"日本 GOOD"。

具体的操作是这样的：先定出打折销售的时间，第一天打 9 折，第二天打 8 折，第三天、第四天打 7 折，第五天、第六天打 6 折，第七天、第八天打 5 折，第九天、第十天打 4 折，第十一天、第十二天打 3 折，第十三天、第十四天打 2 折，最后两天打 1 折。

商家的预测是：由于是让人吃惊的销售策略，所以前期的舆论宣传效果会很好。抱着猎奇的心态，顾客们将蜂拥而至。当然，顾客可以在这打折销售期间随意选定购物的日子，如果你想要以最便宜的价钱购物，那么你在最后的那两天去买就行了，但是你想买的东西不一定会留到最后那两天。

实际情况是：第一天前来的客人并不多，如果前来也只是看看，一会儿就走了。从第三天就开始一群一群地光临，第五天打6折时客人就像洪水般涌来开始抢购，以后就天天顾客爆满，当然等不到打1折，商品就全部卖完了。

【案例分析问题】

1) 商家究竟赔本了没有？理由何在？
2) "打1折"是一种什么营销策略？

【案例分析4-4】 明基通过企业文化促进公司分享知识

IT产业的核心竞争力都装在知识员工的大脑里。明基通过企业文化、信息化等各种手段形成公司分享知识的氛围，创造性地运用知识管理的三个阶段，弥补员工的流失对公司造成的有形和无形损失，再加上公司已经形成的学习氛围和分享氛围，任何新进员工将马上融入公司，创造价值，真正做到留住了员工的工作经验。

第一阶段：塑造竞赛中学习的企业文化。

自2000年明基大学成立起，它所肩负的重要使命之一，就是帮助企业塑造更好的员工风格，使员工更快地融入明基的企业文化氛围中。而明基一直在内部倡导在竞赛中学习，这种氛围对一个快速发展的企业来说非常重要。

第二阶段：让使用KM（Knowledge Management，知识管理系统）成为习惯。

明基拥有强大的信息化系统支持和保障企业大学的培训体系。在平时的工作中，给老板汇报，文档都是通过KM系统上传到公司资料库中，然后再由系统推荐给老板，这样一来，所有的报告文档都留了下来。

每个部门在KM地图上都有自己的分支，部门前人所有的工作文档、报告、模板、客户资料都在这里留有记录，新进员工马上就能接手；过去在工作中遇到的问题和解决办法也会作为心得保存下来，为后来者提供借鉴。久而久之，员工都习惯去KM上分享他人的新思想、新知识。

第三阶段：实现人和脑袋分开管理。

明基对于员工采取人和脑袋分开管理，即员工每创造一个价值，都要求他把知识留下来，等于把他的脑袋留住，然后再鼓励他创造更多的价值，鼓励他继续学习。这样的管理目标实现后，可以弥补大多数员工的流失对公司造成的无形损失，并把这种损失降到最低。

【案例分析问题】

试分析明基企业文化的特点。

思考与练习

1. 现代企业经营环境与资源的含义是什么？
2. 某公司生产某产品的固定成本为50万元，单位产品可变成本为400元，单位产品售价为500元。试用盈亏平衡点法确定其产量。
3. 简述决策的含义及其程序。
4. 市场预测的程序如何？

5. 何谓市场营销？市场营销有哪些观点？
6. 为什么要进行市场机会分析？企业如何寻找和识别市场机会？
7. 市场营销策略有哪些？
8. 试举例说明如何开展产品促销。
9. 怎样理解现代企业的用户关系管理？
10. 简述企业文化的内涵及特点。
11. 企业文化的主要功能有哪些？
12. 企业文化建设的意义如何？企业文化建设应遵循哪些原则？
13. 何谓公共关系？现代企业公共关系有哪些特点？
14. 企业开展公关活动应坚持哪些原则？企业的公关艺术有哪些？

第五章 ERP（企业资源计划）梗概

学习目标

【知识目标】

1. 了解 ERP 经历的发展阶段。
2. 熟悉 ERP 蕴涵的管理思想。
3. 熟悉 ERP 设置的功能模块。

【能力目标】

通过学习，能够合理选用适合本企业需要的 ERP 系统。

导读案例

【导读案例 5-1】 三角集团实施 ERP 项目的收获

三角集团的 ERP 项目采用美国的 Oracle 软件，由汉普咨询公司实施。项目从 2003 年 8 月 18 日正式启动，集团成立了以董事长丁玉华为组长的 ERP 领导小组和第一副总裁侯汝成为组长的实施小组，充分体现了公司领导的高度重视。在每个关键阶段上，公司领导都及时给予了正确的指导。双方项目组重点在基础数据、系统培训和报表开发等方面加强了项目的控制力度，在时间紧、任务重的情况下，扎扎实实地做好每步工作，于 2005 年年初实现了 ERP 系统的全部成功上线。ERP 系统的实施进一步理顺了业务流程，规范了业务操作，实现了财务业务一体化，并使精益化管理的思想深入人心，为企业提供了一个核心的、基础的管理信息平台。通过系统地实施和应用，三角集团目前已在以下几方面取得了显著的成效。

（1）采购管理方面　在采购管理方面，通过系统内外并行审批的控制方式，保证了公司所有的采购均在系统内有采购订单，且采购订单的系统内审批必须经过采购部长批准，采购订单批准后方可下达书面采购订单进行订货。这改变了以往无统一格式或无书面采购订单的采购状况，严格控制了无订单采购现象的发生，也进一步提升了公司对外的良好形象，规范了企业行为。

（2）库存管理方面　在库存管理方面，公司所有的库存物料都已经进入系统，可以方便、实时地查询某物料的库存量,为采购、生产、销售提供了可靠的决策依据。备件库存管理充分应用了 ERP 系统的 MRP 管理思想、最小最大库存管理方法及零库存管理,在生成采购订单时,通过 ERP 系统对各部门提报的采购计划进行平衡,充分考虑到库存现有量、物料的最小最大库存量及采购在途,使备件每月的库存资金占用降低了 20% 左右。例如,2004 年 7 月,各部门提报备件采购计划金额 184.5 万元,实际下达采购订单金额 155 万元左右,采购金额比上线前降低了 29.5 万元,约 16%。

(3) 销售管理方面　在销售管理方面,由于其业务比较适合先进的 ERP 系统的管理方式,所以效果显著。外贸的形式发票、出口价格审批表、备货通知单、商业发票、装箱单和出口退税发票等单据的数据源一致,使上线前需要手工多次录入的数据在上线后可以直接通过 ERP 报表从系统内提取数据打印,避免了重复劳动,提高了工作效率,保证了数据的一致性和准确性。

(4) 应收管理方面　在应收管理方面,上线前,销售核算采用用友系统,客户发货开发票管理利用雅琪系统,客户应收账款及对账靠小型机系统,销售情况分析由数据库系统完成。以上各系统重复录入多,工作量大且易出错。ERP 系统上线后,信息全面集成,达到了仅用 ERP 系统就能全面进行核算和管理的目的,可以实时掌握客户发货、开发票、发货在途以及收款等情况,实时掌握客户应收账款及账龄情况。另外,增值税发票、收款收据直接从 ERP 系统中打印,一改过去手工操作或书写的状况,提高了工作效率。

(5) 应付管理方面　在应付发票入账环节,通过严格的四维匹配(发票与采购单、检验、入库四项相匹配),有效杜绝了材料短缺、串规格、不合格、未入库先入账、应付债务串户等管理或业务操作漏洞,尤其使在途材料得到了很好的规范和理顺。以往仓库保管员和采购部门会计在日常和月末要花大量时间统计在途材料数据,现在系统可以随时提交在途明细,平均每月 1.2 亿的在途材料准确无误。通过系统数据共享,财务材料会计可以随时查询材料收发存情况,对材料实施有效监管。ERP 系统还加强了对应付账款的管理,动态掌握满足支付条件的应付账款金额,将 ERP 系统细化管理的功能与资金支付计划的制订有机结合在一起。

(6) 账务管理方面　在账务管理方面,ERP 系统使企业改变了过去业务数据平时在业务部门内部流转、月末集中传递财务入账的传统事后核算模式,变为实时监控,财务结账时间明显缩短。99% 的会计凭证由系统自动生成,使财务人员从以往繁杂的凭证制作、录入工作中解放出来,把主要精力放在财务数据的管理分析上,为财务职能从核算型向管理型转变提供了系统支持。

(7) 成本管理方面　在成本管理方面,ERP 系统使企业改变了原来那种"秋后算账"的事后核算局面。ERP 成本流程体现了实时、全员、业务与财务一体化等优点,系统内可以随时看到车间半成品或产成品的完工、入库、结存和成本等情况,改变了过去月末一次性修改定额的情况,提高了物料清单修改的及时性。技术部门和成本维护人员可以实时进行成本累计和更新,车间成本核算就能及时按照新的标准成本进行核算。系统上线前只有月底才能计算采购差异,上线后系统实时提交采购差异。集团现规定 10 天盘点一次,可以知道实际消耗与定额的差异,准确计算旬成本。如需随时核算实际成本(如日成本),可将实际采购价格差异输入,得到即时成本。应该说,通过 ERP 系统运行,标准成本逐步接近实际成本,可以实时知道各种形态的轮胎成本。

(8) 流程管理方面　ERP 系统是一套系统管理工具，它通过数据的共享来衔接公司的各个部门，从而提高公司的整体运作效率。从采购、库存到应付及付款，从销售、库存到应收及收款，从物料清单、库存、车间生产到成本，从销售预测、生产计划平衡、车间生产到物料需求，流程管理取代了原来孤立的职能管理。它通过严谨的业务流程消除了无效环节，减少了没有增值的活动，堵住了管理漏洞，实现了业务流程标准化和规范化。例如，原材料入库必须严格按照订单要求进行质量检验，只有质量符合订单要求的材料才能入库，从而能够把好原材料质量关。ERP 系统像一个整体运转的链条，通过环环相扣的运作能发现很多问题。例如，如果入库规格混淆，就会导致入不了库，这个问题就促使工作人员立即查找原因，问题解决了才能继续做下去。各个部门的工作环环相扣、相互协调与配合，逐步培养出全体员工的团队精神，消除了"推诿扯皮"现象。

【导读案例 5-2】　ERP 使联想集团的财务管理大为改观

联想集团在实施 ERP 之前，每一笔业务都要用计算机开出销售小票，晚上再把明细和金额录入到财务部门的计算机，财务以此计入当天收入。由于采集数据的时点不同，财务、商务、库存的数据往往对不上。这时财务人员就不得不把原始凭证（销售小票）翻出来核对。联想工作人员回忆说：1998 年做 1999 年预算时，集团财务部门得出的数据根本经不起集团企划办的推敲。那时，集团一百多人负责财务结算，需要 8 天时间才能完成工作，上个月的经营情况到一个月以后才能得到统计数据，管理层无法及时做出决策。

联想集团实施 ERP 后，平均交货时间从 11 天缩短到 5.7 天，应收账周转天数从 23 天缩短到 15 天，订单人均日处理量从 13 件增加到 314 件，集团结账天数从 30 天缩短到 6 天，平均打款时间由 11.7 天缩短到 10.4 天，结账天数由 20 天缩短到 1 天，加班人次由 70 人减到 7 人，财务报表从 30 天缩短到 12 天。财务不但能了解销售、采购、库存、生产的全部过程，而且伴随着每一个作业，财务都有相应的反应，同时都能监控。正是这种信息的通畅、透明，保证了成本的准确，使实时核算成为可能，杜绝了"客观造假"的隐患。财务信息化流程不仅大大简化了原来的流程，极大地提高了效率，而且由于采购和财务之"墙"被推倒，建立起了采购和财务之间相互制约和监督的机制。信息化财务可以延伸到资金的管理，实施 ERP 后，企业的财务能准确、实时地知道每个客户当前的账目情况、历史信誉记录，系统能自动实行能否发货的资金审核，减少了人为控制的难度和随意性，而且客户可以通过电子商务系统了解自己的账务情况，并根据联想的信誉政策选择最适合自己的还款方式，大大提高了客户的满意度。

第一节　ERP 的历史沿革

一、ERP 的基本概念

在制造业内部管理中，常遇到这样一些问题：企业可能拥有卓越的销售人员推销产品，但是生产线上的工人却没有办法如期交货，车间管理人员则抱怨说采购部门没有及时供应他们所需要的材料或配件；许多企业常常无法预测、计算出所需要的物料量；财务部门因不能及时得到准确的仓库部门的数据，无法按时计算出制造成本等。在我国的企业界逐渐意识到这一问题的严重性时，国内外的 ERP/MRP Ⅱ 的软件厂商走进了我国市场，并随着时间的推移，ERP 开始广泛被我国的企业界、理论界所认知。

ERP 是 Enterprise Resource Planning（企业资源计划）的简称。ERP 是 20 世纪 90 年代由美国著名的计算机技术咨询和评估集团 Gartner Group 公司根据当时计算机信息、IT 技术发展及企业对供应链管理的需求，预测在今后信息时代企业管理信息系统的发展趋势即将发生的变革而提出的一个概念。

关于 ERP 的概念，可以从管理思想、软件产品和管理系统三个层次来理解。

1）ERP 是 Gartner Group 提出的一整套企业管理系统体系标准，其实质是在 MRP Ⅱ（Manufacturing Resources Planning，制造资源计划）基础上进一步发展而成的面向供应链（Supply Chain）的管理思想。

2）ERP 是综合应用 B/S 和 C/S 体系、大型关系数据库结构、面向对象技术、图形用户界面、第四代语言（4GL）和网络通信等信息产业成果，以 ERP 管理思想为灵魂的软件产品。

3）ERP 是集企业管理理念、业务流程、基础数据、人力物力、计算机硬件和软件于一体的企业资源管理系统。

ERP 的概念层次如图 5-1 所示。管理界、信息界、企业界对 ERP 有着各自不同的表述要求，因而 ERP 在不同的表述中分别有着它特定的内涵和外延。由于此处主要是针对企业界的应用，因此采用的是第三种定义方式。

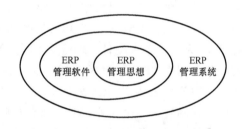

图 5-1 ERP 基本概念的三个层次

为了帮助读者理解 ERP 的概念，这里特做以下几点说明：

1）对于企业来说，要理解"企业资源计划"（ERP），首先要明确什么是"企业资源"。简单地说，"企业资源"是指支持企业业务运作和战略运作的事物，也就是人们常说的"人""财""物"。据此可以认为，ERP 就是一个有效地组织、计划和实施企业"人""财""物"管理的系统。它依靠计算机信息技术和手段来保证其信息的集成性、实时性和统一性。

2）ERP 最初是一种基于企业内部"供应链"的管理思想，在 MRP Ⅱ 的基础上扩展管理范围，给出新的结构。它的基本思想是将企业的业务流程看作是一个紧密连接的供应链，将企业内部划分成几个相互协同作业的支持子系统，如财务、市场营销、生产制造、质量控制、服务维护和工程技术等。

3）最早采用这种管理方式的是制造业，当时主要考虑企业的库存物料管理，于是产生了 MRP（物料需求计划）系统，同时企业的其他业务部门也都各自建立了信息管理系统，如会计部门的计算机财务处理系统、人事部门的人事档案管理系统等，而这些系统早期相互独立，彼此之间缺少关联，形成信息孤岛，不但没有发挥 IT 手段的作用，反而造成了企业管理的重复和不协调。在这种情况之下，MRP Ⅱ 应运而生。它围绕"在正确的时间制造和销售正确的产品"这样一个中心，将企业的"人""财""物"进行集中管理。

4) ERP 可以说是 MRP 的一个扩展。

① 它将系统的管理核心从"在正确的时间制造和销售正确的产品"转移到"在最佳的时间和地点,获得企业的最大增值"。

② 基于管理核心的转移,其管理范围和领域也从制造业扩展到了其他行业和企业。

③ 在功能和业务集成性方面,它都有了很大加强,特别是商务智能的引入使得以往简单的事物处理系统变成了真正智能化的管理控制系统。

二、ERP 的历史沿革

ERP 作为企业管理技术,它源于订货点法。随着工业化生产从离散型向规模化、集约化方向迅猛发展,以及科学技术的飞速进步,企业管理手段也在不断创新,经过较长时间的深化、拓展、蜕变和演化,特别是进入信息化时代以来,在网络通信技术、客户/服务器(C/S)体系结构和分布式数据处理技术发展的推动下,一种崭新的管理技术——ERP 也就应运而生了。ERP 的发展大致经历了以下几个阶段:

1. 订货点库存控制法阶段

在计算机出现之前,企业管理库存的方式主要是发订单和催货。管理人员通过缺料表列出马上要用但没有库存的物料,派人根据缺料表进行催货。由于信息沟通和物料运输都需要一定的时间,因而可能会发生停工待料的现象。为了改变这种被动的状况,人们根据"库存补充"的原则,提出了订货点库存控制法。"库存补充"原则是保证在任何时候仓库里都有一定数量的存货,以便需要时随时取用。订货点法依靠对库存补充周期内的需求量预测,并保留一定的安全库存储备来确定订货点。一旦库存量低于预先规定的数量(即订货点),则立即进行订货来补充库存。按这种方法建立的库存模型曾被称为"科学的库存模型",它有如下特点:

1) 各种物料的需求是独立的。
2) 物料的消耗是连续、稳定的。
3) 物料的提前期是已知、固定的。
4) 库存消耗之后,应被重新填满。

在实际应用中,订货点法还存在很多问题,在今天看来,它作为一个库存控制模型是非常不完善的。不过,它提出了许多在新的条件下应当解决的问题,从而引发了物料需求计划(Material Resource Planning,MRP)的出现。

2. 基本 MRP 阶段

如前所述,订货点库存控制法受到众多假设的限制,而且难以反映物料的实际需求,企业为了满足生产需求,避免停工待料,往往不断提高订货点的数量,从而造成库存积压。20 世纪 60 年代,美国 IBM 公司的约瑟夫·奥利基(Joseph A. Orlicky)博士提出把产品中的各种物料需求分为独立需求和相关需求两种类型,并按需用时间的先后及提前期的长短,分时段确定各个物料的需求量。如果某项物料的需求量不依赖于企业内其他物料的需求量而独立存在,则称为独立需求。它主要是由企业外部的需求决定的,如客户订购的产品、科研试制需要的样品、售后维修需要的备品和备件等。如果某项物料的需求量可由企业内其他物料的需求量来确定,则称为相关需求,如半成品、零部件和原材料的需求。时间分段就是给物料的库存状态数据加上时间坐标,即按照具体的日期或计划时区记录库存状态数据。在此基础上，人们形成了"在需要的时候提供需要的数量"的重要认识，逐步形成基本的 MRP 管理模式。

MRP 与订货点库存控制法的区别有三点：①通过产品结构将所有物料的需求联系起来；②将物料需求区分为独立需求和非独立需求并分别加以处理；③对物料的库存状态数据引入了时间分段的概念。传统的订货点法是彼此孤立地推测每项物料的需求量，而不考虑它们之间的联系，从而造成库存积压和物料短缺同时出现的不良局面。MRP 则通过产品结构把所有物料的需求联系起来，考虑不同物料需求之间的相互匹配关系，从而使各种物料的库存在数量和时间上趋于合理。

MRP 的基本任务就是从最终产品的生产计划（独立需求）导出相关物料（原材料、零部件等）的需求量和需求时间（相关需求），根据物料的需求时间和生产（订货）周期来确定其开始生产（订货）的时间。

MRP 的基本内容是编制零件的生产计划和采购计划。要正确编制零部件计划，首先必须落实产品的生产进度计划，用 MRP 的术语来说就是主生产计划（Master Production Schedule，MPS），这是 MRP 展开的依据；MRP 还需要知道产品的零件结构，即物料清单（Bill of Material，BOM），才能把主生产计划展开成零部件计划；同时，必须知道库存数量才能准确计算出零部件的生产（采购）数量。由此可见，MRP 的输入是主生产计划（MPS）、物料清单（BOM）和库存信息，输出是采购计划和生产作业计划。

3. 闭环式 MRP 阶段

基本 MRP 基于以下两个应用前提：①主生产计划是可行的，在已经考虑了生产能力是可能实现的情况下，有足够的生产设备和人力来保证生产计划的实现；②物料采购计划是可行的，有足够的供货能力和运输能力来保证完成物料的采购计划。但在实际运作中这两个前提是不可能完全具备的，甚至是不可能具备的。因此，用 MRP 方法所计算出来的物料需求日期，有可能因设备和工时不足而没有能力生产，或者因原料不足而无法生产。

基本 MRP 只局限在物料需求方面，但物料需求计划仅仅是企业生产管理的一部分，而且要通过车间作业管理和采购作业管理来实现，同时还必须受到生产能力的约束。虽然在 MRP 的制订过程中考虑了物料清单和库存相关信息，但是实际生产中的条件是变化的，而且可能还要受外部环境的影响。此外，基本 MRP 制订的采购计划可能受供应商供货能力的限制而无法实现，或者制订的生产计划未充分考虑生产能力而在执行时可能偏离计划。因此，利用基本 MRP 原理制订的采购计划和生产计划往往不一定可行，因为这种信息是单向的。实际的管理信息必须是闭环的信息流，由输入至输出再循环影响至输入端，从而形成信息回路，才能得到有效控制。于是，在基本 MRP 的基础上，人们又提出了闭环式 MRP 系统。所谓闭环有两层意思：一是指把生产能力计划、车间作业计划和采购作业计划纳入 MRP，形成一个封闭系统；二是指从控制论的观点出发，在计划执行过程中，必须有来自车间、供应商和计划人员的反馈信息，并利用这些反馈信息进行计划调整平衡，从而使生产计划方面的各个子系统得到协调统一。

闭环 MRP 系统的工作过程是一个"计划—实施—评价—反馈—计划"的过程。闭环 MRP 的结构原理如图 5-2 所示。下面对整个闭环 MRP 的过程进行介绍。

1) 企业根据发展的需要与市场需求来制订企业生产规划。
2) 企业根据生产规划制订主生产计划，同时进行生产能力与负荷的分析，该过程主要是针对关键资源的能力与负荷的分析过程，只有通过对该过程的分析，才能达到主生产计划基本可靠的要求。

3) 企业根据主生产计划、企业的物料库存信息、产品结构清单等信息来制订物料需求计划。

4) 企业由物料需求计划、产品生产工艺路线和车间各加工工序能力数据生成对能力的需求计划，通过对各加工工序的能力平衡，调整物料需求计划。如果这个阶段无法平衡能力，还有可能修改主生产计划。

5) 采购与车间作业按照平衡能力后的物料需求计划执行，并进行能力的控制，即输入输出控制，并根据作业执行结果反馈到能力需求计划层。

因此，闭环 MRP 能较好地解决计划与控制问题，是计划理论的一次大飞跃，但它仍未彻底地解决计划与控制问题。

结合图 5-2 中的信息，可以分析出闭环 MRP 具有以下特点：

1) 根据企业的生产经营规划与市场需求（如合同、订单等）来编制主生产计划。

2) 主生产计划和物料需求计划的运行（或执行）都伴随着能力与负荷的平衡，从而保证各项计划是可靠的。

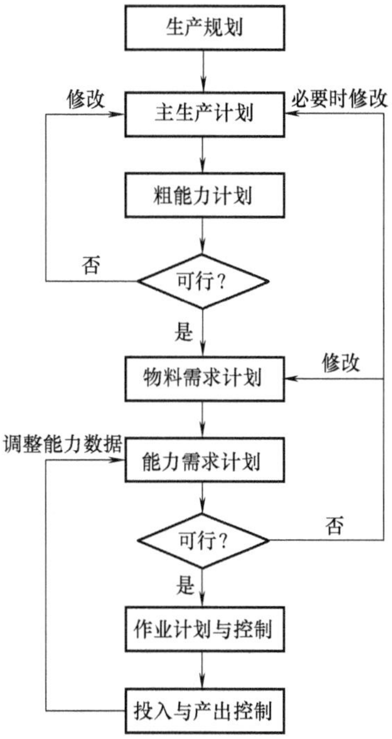

图 5-2 闭环 MRP 的结构原理

3) 采购与生产加工的作业计划与执行，既是物流的加工变化过程，又是控制能力的投入与产出过程。

4) 整个过程是能力的不断执行与调整的过程，能力的执行情况最终反馈到计划制订层。

4. MRP Ⅱ 阶段

闭环 MRP 的管理思想较为先进和实用，闭环 MRP 系统的出现解决了企业物料供需信息集成的问题，对生产计划的控制也比较完善，使生产计划方面的各种子系统得到了统一，可以很好地解决生产管理的基本问题。但这还不够，因为在企业管理中，生产管理只是一个方面。闭环 MRP 系统的运行过程主要是物流过程，而实际的生产运作过程中，从原材料的投入到成品的产出都会伴随着资金流通，因而资金的运作会影响到生产的运作。这就要求系统在处理物流信息的同时，同步处理资金流信息，实现物流信息和资金流信息的统一。

1977 年 9 月，美国著名的生产管理专家奥列弗·怀特（Oliver W. Wight）首先提出了一个物流、资金流信息集成的 MRP 系统的新名称——制造资源计划（Manufacturing Resource Planning）。它的简称也是 MRP，为了同物料需求计划相区别，用在 MRP 后加上罗马数字"Ⅱ"来表示，即 MRP Ⅱ。MRP Ⅱ 并不是取代 MRP，而是以 MRP 为核心，围绕企业的基本经营目标，以生产计划为主线，对企业制造的各种资源进行统一计划和控制的系统，也是企业的物流、资金流和信息流畅通的动态反馈系统。它用货币形式说明了执行企业"物料计划"带来的效益，实现了物料信息同资金信息的集成，将 MRP 的信息共享程度扩大，使生产、销售、财务、采购紧密地结合在一起，共享有关数据，组成一个全面生产管理的集成优化模式。

MRPⅡ的结构原理如图5-3所示。MRPⅡ包括决策层、计划层以及作业层的有关计划，集成了应收、应付、成本及总账的财务管理。其采购作业根据采购单、供应商信息、收货单及入库单形成应付款信息（资金计划）；销售商品后，根据客户信息、销售订单信息及产品出库单形成应收款信息（资金计划）；根据采购作业成本、生产作业信息、产品结构信息、库存领料信息等形成生产成本信息；把应付款信息、应收款信息、生产成本信息和其他信息等记入总账。产品的整个制造过程都伴随着资金流通的过程。通过对企业生产成本和资金运作过程的掌握，调整企业的生产经营规划和生产计划，得到更为可行、可靠的生产计划。

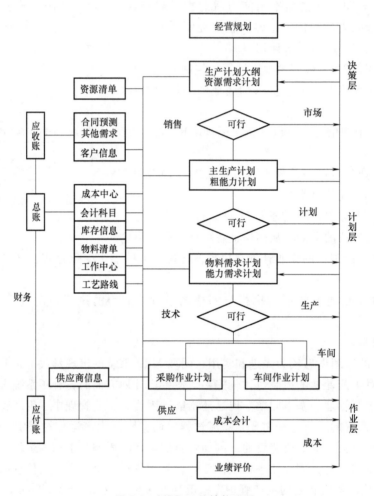

图 5-3　MRPⅡ的结构原理

概括起来讲，MRPⅡ有如下特点，每一项特点都包含管理模式的变革和人员素质或行为变革两方面。

（1）计划的一贯性与可行性　MRPⅡ是一种计划主导型管理模式，计划层次从宏观到微观、从战略到技术，始终保证与企业经营战略目标一致，并逐层优化。它把通常的三级计划管理统一起来，计划编制工作集中在职能部门，各项计划下达前反复验证和进行生产能力平衡，并根据反馈信息及时调整，处理好供需矛盾，保证计划的一贯性、有效性和可执行性。

（2）管理的系统性　MRPⅡ是一项系统工程，它将企业中所有与生产经营直接相关的部门的工作连接成一个整体，各部门都从系统整体出发、从企业全局出发做好本职工作，每个员工都知道自己的工作质量同其他部门职能的关系，使整个企业在"一个计划"下成为一个有机的整体。

（3）数据共享性　MRPⅡ是一种企业级管理信息系统，企业各部门依据同一数据信息进行经营管理，每种数据变动都能及时地反映给所有部门，做到数据共享。在统一的共享数据库支持下，按照规范化的流程进行管理和决策，一改过去因信息不通而酿成决策失误的窘境。

（4）动态应变性　MRPⅡ是一个闭环系统，它要求及时跟踪、控制和反馈信息变化的实际情况。在此基础上，管理人员可以及时掌握各种动态信息，随时根据企业内外环境条件的变化迅速做出响应，及时调整决策，保证生产正常进行，从而使企业具有较强的应变能力和适应能力。

（5）模拟预见性　MRPⅡ具有模拟预测功能。通过MRPⅡ的模拟预测功能，可以解决"如果这样……将会怎样……"的问题，可以预见在相当长的计划期内可能发生的问题，事先采取措施消除隐患。MRPⅡ还可提供多个可行方案供领导决策。

（6）物流、资金流的统一　MRPⅡ可以由生产活动直接生成财务数据，把实物形态的物料流动信息直接转换为价值形态的资金流动信息，保证生产和财务数据一致。财务部门及时得到资金信息用于控制成本，通过资金流动状况反映物料和经营情况，随时分析企业的经济效益，参与决策，以便指导和控制经营和生产活动。按照物料位置、数量或价值变化，定义"交易处理"，使与生产相关的财务信息直接由生产活动生成，保证了"资金流"与"物流（实物账）"的同步和一致，便于实时做出决策。

从MRPⅡ的以上几个方面的特点可以看出，它是一个比较完整的生产经营管理计划体系，是实现企业整体效益的有效管理模式。

5. ERP阶段

进入20世纪90年代，随着市场竞争的进一步加剧，企业竞争空间与范围进一步扩大。MRPⅡ已很难满足企业发展的要求，逐渐表现出其局限性，这些局限性主要体现在：①企业竞争范围的扩大对企业提出了更高的要求，要求企业有更高的信息化集成，要求对企业的整体资源进行集成管理等；还要求企业有更强的资金实力，更快的市场响应速度，与竞争有关的物流、信息及资金管理与集成要从制造部分扩展到全面质量管理，并且把企业的所有资源及市场信息和客户资源纳入全面质量管理的范畴，这些要求MRPⅡ是无法满足的。②随着企业经营规模的不断扩大，要求多集团、多工厂协同作战，统一部署，这已超出了MRPⅡ的管理范围；大型企业集团和跨国集团不断涌现，要求集团与集团之间、集团内部工厂之间要统一计划，协调生产，共同调配集团内部资源，这种既独立又统一的资源共享管理，MRPⅡ无法解决。③全球化的发展趋势要求企业之间加强信息交流和信息共享，企业之间既是竞争对手，又是合作伙伴，信息管理要求扩大到整个供应链的范围，这些更是MRPⅡ所不能解决的。在网络通信技术、客户/服务器（C/S）体系结构和分布式数据处理技术发展的推动下，面向企业内部资源全面计划管理的MRPⅡ思想逐步发展为怎样有效利用和管理整个供应链资源的管理思想，企业资源计划（ERP）也就应运而生了。

ERP 的结构原理如图 5-4 所示。ERP 主要包括以下几个模块（或子系统）：
①生产预测；②销售管理；③经营管理；④生产计划管理；⑤采购管理；⑥库存管理；⑦质量管理；⑧设备管理；⑨财务管理。

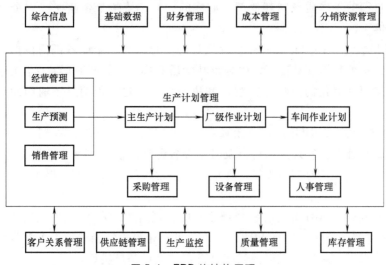

图 5-4　ERP 的结构原理

ERP 同 MRP Ⅱ 的主要区别如下：

1) 在资源管理范围方面的差别。MRP Ⅱ 主要侧重对企业内部人、财、物等资源的管理，ERP 系统在 MRP Ⅱ 的基础上扩展了管理范围，它把客户需求、企业内部的制造活动以及供应商的制造资源整合在一起，形成企业一个完整的供应链并对供应链上所有环节（如订单、采购、库存、计划、生产制造、质量控制、运输、分销、服务与维护、财务管理、人事管理、实验室管理、项目管理和配方管理等）进行有效管理。ERP 中的企业资源包括企业的物流资源、资金流资源和信息流资源，ERP 实质上就是对这"三流"资源进行全面集成管理的管理信息系统。

2) 在生产方式管理方面的差别。MRP Ⅱ 系统把企业归类为几种典型的生产方式进行管理，如重复制造、批量生产、按订单生产、按订单装配以及按库存生产等，对每一种类型都有一套管理标准。而到了 20 世纪 90 年代，为了紧跟市场变化，多品种、小批量生产以及看板式生产等则是企业主要采用的生产方式，单一的生产方式向混合型生产方式转化。ERP 能很好地支持和管理混合型制造环境，满足企业需求。

3) 在管理功能方面的差别。ERP 除了具有 MRP Ⅱ 系统的制造、分销、财务管理功能外，还增加了支持整个供应链上物料流通体系中供、产、需各个环节之间的运输管理和仓库管理，支持生产保障体系的质量管理、实验室管理、设备维修和备品备件管理，支持对工作流（业务处理流程）的管理。

4) 在事务处理控制方面的差别。MRP Ⅱ 是通过计划的及时滚动来控制整个生产过程的，它的实时性较差，一般只能实现事中控制。而 ERP 系统支持在线分析处理（Online Analytical Processing，OLAP）、售后服务及质量反馈，强调企业的事前控制能力，它可以将设计、制造、销售、运输等通过集成来并行地进行各种相关的作业，为企业提供了对质量、灵活性、客户满意、绩效等关键问题的实时分析能力。

5) 在财务管理方面的差别。在 MRP Ⅱ 系统中，财务系统主要是一个信息的归结者，它的功能是将供、产、销中的业务信息转变为价值信息，是物流的价值反映。而 ERP 系统将财务计划和价值控制功能集成到了整个供应链上。

6) 在跨国（或地区）经营事务处理方面的差别。ERP 系统应用完整的组织架构，支持企业内部各个组织单元之间、企业与外部的业务单元之间的协调，从而可以支持跨国经营中多国家地区、多工厂、多语种和多币制的应用需求。

7) 在信息技术应用方面的差别。信息技术的飞速发展和网络通信技术的应用，使 ERP 系统可以实现对整个供应链信息进行集成管理。ERP 系统采用 B/S 和 C/S 体系结构和电子商务式数据处理技术，支持 Internet/Intranet/Extranet、电子商务（E-business 或 E-commerce）、电子数据交换（EDI）应用技术。此外，ERP 系统还能实现在不同平台上的互动操作。

6. ERP Ⅱ 阶段

互联网技术的成熟为企业信息管理系统增加了与客户或供应商实现信息共享和直接的数据交换的能力，从而强化了企业间的联系，形成了共同发展的生态链，体现了企业为达到生存竞争的供应链管理思想。进入 21 世纪后，ERP 系统扩展实现了这方面的功能，使决策者及业务部门实现了跨企业的联合作战。

2000 年，Gartner Group 在原有 ERP 的基础上进行扩展，提出了新概念——ERP Ⅱ（Enterprise Resource Planning Ⅱ）。ERP Ⅱ 是通过支持和优化企业内部、企业之间的协同运作和财务过程，以创造客户和股东价值的一种商务战略和一套面向具体行业领域的应用系统。

为了与 ERP 对企业内部管理的关注相区别，Gartner 在描述 ERP Ⅱ 时，引入了"协同商务"的概念。协同商务（Collaborative Commerce 或 C-Commerce）是指企业内部人员、企业与业务伙伴、企业与客户之间的电子化业务的交互过程。它是一种各个经济实体之间的实时、互动的供需链管理模式。通过信息技术的应用，强化了供需链上各个实体之间的沟通和相互依存，ERP Ⅱ 不再局限于生产与供销计划的协同，还包含了产品开发的协同。ERP Ⅱ 是一种新的商业战略，它由一组行业专业化的应用组成，通过它们建立和优化企业内部及企业之间的流程，建立和优化协作运营，优化财务运作流程，从而将客户和股东价值优化。

ERP Ⅱ 重点强调并解决以下两个方面的问题：

1) 面向具体行业。ERP Ⅱ 应用是根据具体的领域（行业群）和具体的行业（包装消费品行业、服装业、采矿业等）而专门设计与开发的，行业应用深度更加专业化；而传统的 ERP 没有考虑到各个领域和各个行业的特性。

2) 强调企业之间的业务协同，而传统的 ERP 则更强调企业内部的业务协同。

ERP Ⅱ 对传统的 ERP 在角色、领域、功能、过程、架构、数据等各方面都进行了本质的扩展。ERP Ⅱ 在以下六个方面都远远超越了传统的 ERP。

1) 角色不同。ERP Ⅱ 从传统 ERP 的资源优化和业务处理扩展到利用企业间协作运营的资源信息，并且不仅仅是电子商务模式的销售和采购。

2) 领域不同。ERP Ⅱ 的领域已经扩展到非制造业，如金融业、高科技产业、通信业和零售业等。

3) 功能不同。ERP Ⅱ 功能超越传统通用的制造、销售、分销和财务部分，而扩展到那些针对特定行业或行业段的业务。

4）过程不同。ERP Ⅱ业务处理从注重企业内部流程管理发展到外部连接。

5）架构不同。与单调的 ERP 系统结构不同，ERP Ⅱ 系统结构是面向 Web 和面向集成设计的，同时是开放的、组件化的。

6）数据不同。与 ERP 系统将所有数据存储在企业内部不同，ERP Ⅱ 面向分布在整个商业社区的业务数据进行处理。

从 ERP Ⅱ 的提出可以看出，在电子商务环境下，市场竞争的激烈程度、市场竞争的范围以及市场与客户需求变化的速度等方面都发生了根本性的变化。

ERP 发展历程见表 5-1。

表 5-1　ERP 发展历程

发展阶段	时间	企业经营期望解决难题	解决问题	理论依据
订货点库存控制法	20世纪40年代	降低库存成本 降低采购费用	如何确定订货时间和订货数量	库存管理理论
基本 MRP	20世纪60年代	追求低库存成本 手工订货发货 生产缺货频繁	如何根据主生产计划确定订货时间、订货品种、订货数量	库存管理理论；主生产计划；BOM
闭环 MRP	20世纪70年代	计划偏离实际 手工完成车间作业计划	如何保证从计划制订到有效实施和及时调整	能力需求计划；车间作业计划；计划、实施、反馈与控制的循环
MRP Ⅱ	20世纪80年代	企求竞争优势 各子系统间缺乏联系，甚至彼此矛盾	如何实现管理体系一体化	决策技术；系统仿真技术；物流管理技术
ERP	20世纪90年代	企求新技术，管理创新 适应市场的快速变化	如何在企业及合作伙伴（客户、供应商）范围内利用一切可利用的资源	事前控制；混合生产；供应链管理；JIT 和 AM 技术
ERP Ⅱ	21世纪	互联网技术的成熟，强化了企业间的联系，形成了共同发展的生态链	如何利用协同商务资源，面向分布在整个商业社区的业务数据进行处理；超越传统制造、分散交易和财务管理的特定业务发展	协同商务理论；产业链理论；集成化、网络化、模块化、智能化；客户关系管理

第二节　ERP 的功能模块

一、ERP 的功用

1. ERP 的功能

ERP 是一个复杂的系统工程，自 20 世纪 40 年代由订货点库存控制法解决库存问题以来，经过半个多世纪的演化，发展到现在能帮助企业进行生产经营过程中物料、资源、生产计划、质量控制、销售、财务、人事、客户关系等各个领域的管理，现已具备十分强大的功能。

（1）ERP 超越 MRP Ⅱ 范围的集成功能　ERP 相对于标准 MRP Ⅱ 系统来说，扩展功能包括质量管理、试验室管理、流程作业管理、配方管理、产品数据管理、维护管理、管制报告和仓库管理。这些扩展功能仅是 ERP 超越 MRP Ⅱ 范围的首要扩展对象，并非包含全部的 ERP 的标准功能。目前尚不能像 MRP Ⅱ 标准系统那样形成一个"ERP 标准系统"，还缺少标准化和规范化。

（2）ERP 突破 MRP Ⅱ 的两个局限　ERP 支持混合方式的制造环境。混合方式的制造环境包括三种情况：生产方式的混合，经营方式的混合，生产、分销和服务等业务的混合。1）在标准 MRP Ⅱ 系统中，一直未涉及流程工业的计划与控制问题。MRP Ⅱ 系统适用于离散型生产方式的企业，ERP 扩展到流程企业，把配方管理、计量单位的转换、联产品和副产品流程作业管理、批平衡等功能都作为 ERP 不可缺少的一部分。2）MRP Ⅱ 是面向特定的制造环境开发的，即使通用的商品软件在按照某一用户的需求进行业务流程的重组时也会受到限制，不能适应所有用户的需求。而 ERP 是面向客户的需求，在瞬息万变的经营环境中，具有根据客户需求快速重组业务流程的灵活性。

（3）ERP 支持能动的监控能力　ERP 的能动式功能表现在它所采用的控制和工程方法、模拟功能、决策及图形能力。决策支持能力是 ERP "能动" 功能的一部分。传统 MRP Ⅱ 系统是面向结构化决策问题，ERP 的决策支持功能则要扩展到对那些半结构化或非结构化问题的处理。

（4）ERP 支持开放的客户机/服务器计算环境　ERP 的软件支持技术包括要求具备客户机/服务器体系结构、图形用户界面（GUI）、计算机辅助软件工程（CASE）、面向对象技术、关系数据库、第四代语言、数据采集和外部集成（EDI）。

ERP 的软件支持技术是面向供应链管理、快速重组业务流程、实现企业内部与外部更大范围内信息集成的技术基础。

2. ERP 给企业带来的效益

根据国内外的实践经验，由于 ERP 具有强大的管理功能，应用 ERP 系统能给企业带来巨大的效益。ERP 给企业带来的效益大致可以从定量和定性两个方面来分析。

（1）定量地分析 ERP 的功用　据美国生产与库存控制学会（APICS）和我国相关研究机构的统计，使用 ERP 系统，可以为企业带来如下经济效益：

1）降低库存（包括原材料、在制品和产成品的库存）。应用 ERP 系统不仅可以降低库存量，降低库存占用资金，还可以减少库存损耗。有资料表明，在使用该系统后，库存量降低了 30%~50%，库存周转率提高了 50%，库存资金占用降低了 15%~40%，库存资金周转次数提高了 50%~200%，可使一般用户的库存投资减少了 40%~50%，降低库存盘点误差，使盘点误差控制在 1%~2%。

2）提高劳动生产率。使用 ERP 系统后，零件需求的透明度得到提高，计划也做了改进，能够做到及时与准确，零件也能以更合理的速度准时到达，因此生产线上的停工待料现象减少了 60%。ERP 系统的实施可使企业合理地利用资源，缩短生产周期，制造成本降低 12%。有资料表明，应用 ERP 系统可使装配面积减少 10%~30%，加班工时减少 10%~50%，短缺件减少 60%~80%，生产率提高 5%~15%。

3）降低成本。ERP 系统把供应商看作是自己的长期合作伙伴，与之建立起稳定、共赢的关系。企业不仅可以从供应商那里获得及时的物料供应，使采购提前期缩短 50%，减少库存,而且能降低采购费用、缩短采购时间、提高采购效率。有资料表明,应用 ERP 系统使库存减少,进而使成本降低 7%~12%,增加利润 5%~10%。

4)按期交货,提高客户服务质量。当前市场竞争非常激烈,企业为了在市场上站稳脚跟,一要靠好的产品,这是提高市场竞争力的前提;二要靠高水平的客户服务,这是企业持续发展的保证。提高客户服务水平需要企业在生产和销售上相互配合。ERP 系统是计划主导型的生产计划与控制系统,通过模拟手段进行计划和调整,充分利用信息反馈,使生产和销售达到平衡。这样既可以缩短生产提前期,又可以及时响应客户需求,并按时交货,使延期交货减少 80%,误期率平均降低 35%。应用 ERP 系统一般可使按期交货履约率达到 90%以上,甚至接近 100%。

5)ERP 系统把财务、业务系统集成为一体。关键的财务子系统包括总账、应付账款、工资管理、库存事务处理和库存状态更新、成本管理、发票和应收账款。实现这些子系统的功能,财务人员可减少财务收支上的差错和延误,减少经济损失,销售人员可以准确核算成本,迅速报价,赢取市场业务。

6)管理水平提高。使用 ERP 系统后,全员使用先进的、规范化的管理技术,使企业管理水平全面提高,管理人员减少 10%,生产能力提高 10%~15%。

(2)定性地分析 ERP 的功用

1)为科学决策提供依据。企业领导和各级管理人员通过应用 ERP 系统,可以随时掌握市场销售、生产和财务等方面的运行状况,根据客户的需求、产品的变化、技术的创新等,不断改善经营决策,提高企业的应变能力和竞争地位。高层管理者可以把自己的战略意图层层向下传递,把企业运营各过程用高、中、低层管理计划确定下来,同时收集下级的反馈意见,实现有计划、有控制的管理。

2)全面提高企业员工的素质。ERP 系统为企业员工提供了一个共享信息、分享知识、交流经验、学习技术的平台。经验表明,实施 ERP 后,企业员工素质和精神面貌发生了明显变化,团队精神得到发扬,涌现出一大批努力学习、刻苦钻研,既懂管理和生产,又善于应用计算机的复合型人才。

3)提升企业的技术能力。ERP 系统带动了制造业的运行,压缩了企业与市场的空间和时间距离,实现了产品设计开发快、生产快、销售快、结算快、反馈快、决策快,企业技术部门对外界的创新信息、用户对产品的改进要求以及社会上对产品缺陷的反馈意见都能及时收集到,大大提升了企业的技术能力。

4)提高企业整体管理水平。从某种角度讲,管理就是对信息的处理。企业各个管理层相互联系形成等级链、矩阵链,链条上的某一环节只是发挥着信息的收集、挑选和转发的"中转站"作用。如果这些工作由正规的信息系统来承担,反而会更快、更准、更全面。缩短等级链的长度和矩阵链的规模,简化人为的协调,即可提高效率。ERP 系统实质上是现代企业管理思想与现代信息技术相结合的产物,所代表的不仅是管理手段的升级,更重要的是管理思想的创新。通过应用 ERP 系统,信息的接收和发布更为及时、全面,管理人员有更多的时间从事应该做的事情,即从事务主义中解脱出来,致力于实质性的管理工作,从而使管理工作更具成效。

5)提高全员工作质量。在 ERP 环境下,企业进行规范化管理,全体员工按企业运营计划完成自己的职务要求,企业的生产可以按部就班地进行,从而使企业的工作质量得以提高,并进一步影响生产效率和产品质量。

6)形成良好的企业外部效应。ERP 的影响最终归结为企业外部效应的形成。企业的外部效应主要体现在三方面:

① 企业创新效应,ERP 不仅可以在技术与工艺领域创新,而且还可以带动企业制度创新、组织结构创新;

② 企业形象效应,ERP 系统的建立和完善,既可以迅速地将企业的经营状况传递给社会相关成员,还可以因拥有一个完整、高效的 ERP 系统,在消费者面前树立良好的企业形象;

③ 企业营销效应,ERP 是企业营销最重要的推动力,也是企业将外部效应和内部条件进行治理,将产品设计、生产、管理、服务和市场营销融为一体的黏结剂。

ERP 系统带来了企业的根本性的变革,统一了企业的生产经营活动,让企业更加适应于现代社会的竞争,并能更充分地发挥出自己的优势,取得更辉煌的发展。

二、ERP 的功能模块

1. ERP 的一般业务流程

ERP 系统的一般业务流程如图 5-5 所示。

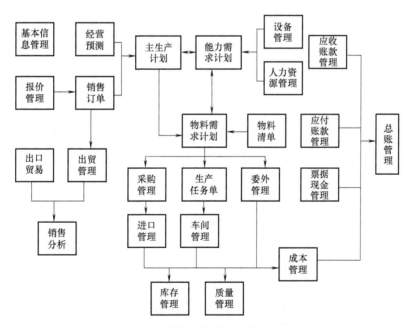

图 5-5　ERP 系统的一般业务流程

各种 ERP 系统的业务流程可能不同,但一般都包含如下流程:

1)设置 ERP 系统的基本信息。基本信息主要包括公司资料、生产车间信息、用户信息、物料信息、仓库信息、设备信息、会计科目、工作中心信息和系统运行参数等。

2)根据经营预测结果和订单数据生成主生产计划。通过粗能力计划验证主生产计划的可行性,最终确认主生产计划。

3)由主生产计划、物料清单和库存信息生成物料需求计划,根据能力需求计划调整物料需求计划，最终确认物料需求计划。

4）由物料需求计划生成采购订单、生产任务单和委外加工单等。

5）由采购管理系统处理采购订单，采购的材料通过质量检验后入库，产生的应付账款转至应付账款系统处理。

6）生产任务单下达到车间后按工艺路线生成工单，由车间安排生产，产品加工过程中要进行质量控制，生产过程中消耗的直接材料、直接人工和制造费用转至成本管理系统处理，最后完工产品通过验收后入库。

7）委外加工单下达到委外厂商，委外加工产品通过验收后入库，委外费用转至成本管理系统。

8）销售产品产生的应收账款转至应收账款系统处理。销售数据转至销售分析系统。

9）采购管理、委外管理、销售系统产生的票据和现金转至票据现金管理系统处理。由应收账款、应付账款、成本管理和票据现金系统产生的账务信息均需转至总账系统处理。

2. ERP 的主要功能模块

以前 ERP 系统只在大型企业中应用，面向大型企业的 ERP 系统主要包括 SAP 和 Oracle 公司的产品，它们的 ERP 系统非常庞大，价格也很昂贵，不适合一般中小企业。现在商品化的 ERP 软件非常多，其中有很大一部分是面向中小企业应用的，比较有代表性的国产 ERP 系统软件有金蝶 K/3 ERP、用友 ERP-U8 和神州数码易飞 ERP，它们的国内用户很多。这里选取金蝶 K/3ERP V12.1（标准版）进行介绍，希望读者能基于金蝶 K/3 ERP 系统初步了解 ERP 系统的主要功能。

（1）ERP 的整体结构　金蝶 K/3 ERP 系统（简称 K/3 ERP）的整体结构如图 5-6 所示。

K/3 ERP 集财务管理、供应链管理、生产制造管理、供应商及客户关系管理、分销管理、人力资源管理、企业绩效管理、商业智能分析、移动商务、集成引擎和行业插件等业务管理组件为一体，以成本管理为目标，以计划与流程控制为主线，通过明确目标和责任，进行有效的执行过程管理和激励，帮助企业建立科学的人、财、物、产、供、销管理体系。

K/3 ERP 构建于金蝶 K/3 BOS（业务操作系统）平台之上，具有极强的灵活性。通过配置 K/3 BOS 业务可以实现模块、功能、单据、流程、报表、语言、应用场景和集成应用等的灵活配置，帮助企业实现个性化管理。通过 K/3 BOS 集成开发可快速实现新增功能的定制开发和第三方系统的紧密集成，支持系统的灵活扩展与平滑升级，从而在最大程度上保护企业信息化投资，降低成本。

（2）ERP 的功能模块　无论什么类型的企业，一般企业管理都会涉及生产管理（生产计划、生产组织、生产过程、生产控制、质量控制和设备管理等）、供应链管理（销售、采购、库存管理和客户关系等）、财务管理（收付账、成本核算和资产核算等）和人力资源管理（组织规划、职员管理、考勤与绩效和招聘与培训），这也是 ERP 必须包括的四个主要方面。此外，根据需要，ERP 还会设置其他必要的管理模块。

K/3 ERP 系统主要包含以下模块：

1）销售管理。该模块是物料在企业内流动的终点，它从客户和购货机构获得订货需求，将信息传递给计划、采购和库存等系统，从库存、采购等系统获得货物并传递给购货单位，进行物流管理。

ERP（企业资源计划）梗概 第五章

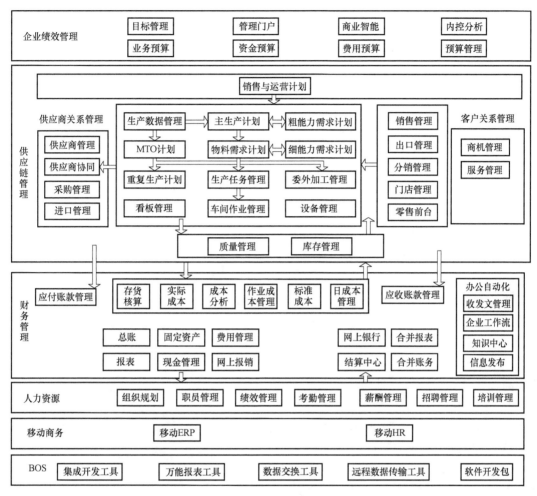

图 5-6 K/3 ERP 的整体结构

2）计划管理。该模块是平衡整个企业生产活动的重要工具。它能够将客户的订货需求和企业的预测数据分解为企业内部的具体工作任务，同时按照不同的要求将信息传送到生产管理和采购管理系统中，并提供各种可行性方面的信息。

3）采购管理。该模块是物料在企业内流动的起点，是从计划、销售等系统和采购系统（即本模块）获得购货需求信息，与供应商和供货机构签订订单，采购货物，并将信息传递给需求系统。

4）生产管理。该模块是生产执行系统，能够根据企业的生产任务，控制材料的领取，跟踪加工过程，监控产品状态。

5）库存管理。库存管理是物流管理的核心，该模块是控制货物流动和循环的系统。

6）存货核算。该模块对物料在其他系统中循环流转时产生的资金流动进行记录和核算，同时将财务信息传递到总账系统、应付账款系统等财务系统。

7）成本管理。该模块围绕"费用对象化"的基本成本理念，通过费用归集、费用分配和成本计算实现成本管理。同时，该模块在成本核算的基础上结合成本管理理论，建立了成本预测、成本控制、成本分析和考核体系，最终形成全面、科学的成本管理体系。

8）集团分销。该模块针对大型企业集团、工商一体化企业及采用销售公司、集团专卖等方式销售产品的企业，管理集团总部与下属分销单位的业务往来数据和集团统一数据，提供统一的业务模板，传递数据资料，控制和分析整体业务。

第三节　ERP 蕴涵的管理思想

一、ERP 与管理思想

人类自从有了社会生活，就有了管理，也就逐渐萌发了管理思想。20 世纪前期，美国工程师泰勒倡导把科学定量分析方法引入生产与作业管理，自此诞生了一套成熟的科学管理理论。随着工业化程度和生产水平的大幅度提高，生产管理的重点主要放在扩大生产批量、保证生产数量、确保质量稳定、控制生产成本和满足产品交货期等方面，出现了一系列新的管理技术，如工业工程（IE）、价值工程（VE）、成组技术（GT）、物料需求计划（MRP）和管理信息系统（MIS）等。20 世纪 80 年代后，信息技术迅猛发展，计算机大量进入企业管理领域，使企业制造过程组织更趋柔性化和高效化，并涌现出一批与信息技术紧密关联的先进管理技术，如制造资料计划（MRP Ⅱ）、准时制（JIT）生产、约束理论（TOC）、柔性制造系统（FMS）、计算机集成制造系统（CIMS）、业务流程再造（BPR）、

图 5-7　ERP 中蕴涵的管理思想

精益生产（LP）、敏捷制造（AM）和企业资源计划（ERP）等。管理思想的发展是一个漫长的历史过程，它来源于人类的管理实践。作为高度集成化的、当今国际上最先进的管理信息系统，ERP 蕴涵了上述许多行之有效的重要管理思想，如图 5-7 所示。

二、ERP 蕴涵的重要管理思想

1. 准时制（JIT）生产管理思想

准时制（Just In Time，JIT）生产是起源于日本丰田汽车公司的一种生产管理方法，这是综合了单件生产和批量生产的特点和优点，创造出的一种在多品种小批量混合生产条件下高质量、低消耗的生产方式。准时制生产方式的基本思想可以用一句话来概括，即"只在需要的时候，按需要的量，生产所需的产品"，这也就是 JIT 一词所要表达的本来含义。这种生产方式的核心是追求一种无库存生产方式，或使库存达到最小，由此开发了包括"看板"（Kan Ban）在内的一系列具体方法，并逐渐形成了一套独具特色的生产经营体系。JIT 生产方式的最终目标是获取利润，为了实现这个最终目标，降低成本就成为基本目标。JIT 生产方式力图通过彻底排除浪费来达到这一目标。所谓"浪费"，是指会使成本增加的生产诸因素，其中最主要的有人员利用上的浪费、不合格产品所引起的浪费以及生产过剩（库存）所引起的浪费。为了排除这些浪费，相应产生了弹性配置作业人数、质量保证、适时

适量生产这样的基本手段和看板这样的基本工具。在 JIT 生产方式中，生产的月度计划是集中制订的，同时传达到各个工厂以及协作企业。而与此相对应的日生产指令只下达到最后一道工序或总装配线，对其他工序的生产指令均通过看板来实现，即后工序"在需要的时候"用看板向前工序去领取"所需的量"时，同时向前工序发出生产指令。由于生产不可能完全按照计划进行，日生产量的不均衡以及日生产计划的修改都通过看板来进行微调。传统的看板是用纸制作的看板，随着信息技术的发展，一些先进的制造型企业开始采用电子看板进行生产的控制，甚至延伸到整个供应链的控制。

JIT 生产作为提高生产管理效率的一种思想和方法，在现代企业管理中占有十分重要的地位，为企业生产运作管理提供了理想目标和判断依据，成为精细化生产管理的精髓。JIT 生产为 ERP 系统的开发和流程管理提供了面向需求的管理模式，为流程优化和业务衔接活动设计提供了重要依据和标准，对于 ERP 系统的发展和应用具有重要的指导意义和促进作用。

2. 精益生产（LP）管理思想

精益生产（Lean Production，LP）方式是美国从丰田公司的生产经验中总结出来的一种生产管理方式，其核心思想是：从生产操作、组织管理和经营方式等各个方面，找出所有不能为生产带来增值的活动或人员并加以排除。这种生产方式综合了单件生产和大量生产的优点，既避免了单件生产的高成本，又避免了大量生产的僵化不灵活。精益生产的目标是要求产品尽善尽美，因此要在生产中精益求精，力求做到无废品、零库存和无设备故障等。

ERP 贯彻精益生产方式，在生产操作上对操作工人的要求大大提高，可减少非增值的人员和岗位，彻底消除各种浪费，充分调动员工的积极性、主动性和创造性，尽可能发挥每个人的最大能力，提高生产效率；在生产管理上为工人提供全面了解工厂信息的手段，使每个工人都有机会为工厂需要解决的问题出力，去掉了冗余的缓冲环节、超额的库存、超额的面积和超额的工人等，管理方式改变为"在现场按照日程进度的后续需要来决定前一道工序的生产"，形成"准时制生产"；在产品设计上强调集体协作，保证各成员对项目的充分参与，通过信息交流，避免可能发生的冲突，降低内耗，提高工作效率；在协作配套上加强了与协作伙伴之间的关系，鼓励协作伙伴之间经常交流技术，使售后服务更周到细致。

3. 柔性制造系统（FMS）管理思想

随着市场需求的多样化，降低制造成本和缩短制造周期等需求日趋迫切，传统的制造技术已不能满足多品种小批量生产的需求，于是产生了柔性制造系统（Flexible Manufacturing Systems，FMS）。"柔性"是相对于"刚性"而言的，传统的刚性自动化生产线主要实现单一品种的大批大量生产。其优点是生产率很高，单件产品的成本低。但它只能加工一个或几个相类似的零件，难以实现多品种小批量的生产。随着批量生产时代正逐渐被适应市场动态变化的生产所替换，一个制造自动化系统的生存能力和竞争能力在很大程度上取决于它是否能在很短的开发周期内生产出成本较低、质量较高的不同品种产品的能力。

ERP 贯彻柔性制造系统管理思想的技术经济效果是：能根据装配作业配套需要，及时安排所需零件的加工，实现及时生产，从而减少毛坯和在制品的库存量及相应的流动资金占用量，缩短生产周期；提高设备的利用率，减少设备数量和厂房面积；减少直接劳动力。

4. 敏捷制造（AM）管理思想

敏捷制造（Agile Manufacturing，AM）是美国为重振其在制造业中的领导地位而提出的一种新的制造模式。它的特点可概括为：通过先进的柔性生产技术与动态的组织结构和高素质人员的集成，着眼于获取企业的长期经济效益，用全新的产品设计和产品生产的组织管理方法，对市场需求和用户要求做出灵敏和有效的响应。敏捷制造的目标是要建立一种能对客户的需求（新产品或增值服务）做出快速反应并及时满足的生产方式。它的主要思路是：要提高企业对市场变化的快速反应能力，满足客户的要求，除了必须充分利用企业内部的资源外，还可以利用其他企业乃至全社会的资源，按前面提到的虚拟组织来组织生产。这种动态的组织结构容易抓住机会，赢得市场竞争。在这样一种全新的生产方式下，企业的竞争与合作共存，并且不断进行这种关系的变化交替。竞争提高了企业的创造性与积极性，而合作又使资源得到了最好的配置。这正是一个复杂系统为适应环境而进行的自组织过程，对全社会也是有利的。ERP 就是这样一个高效的信息平台。

ERP 贯彻敏捷制造管理思想具有以下特点：

1）从产品开发开始的整个产品生命周期中，ERP 采用柔性化、模块化的产品设计方法和可重组的工艺设备，使产品的功能和性能可根据用户的具体需要进行改变，并借助仿真技术可让用户很方便地参与设计，从而很快地生产出满足用户需要的产品。

2）采用多变的动态组织结构，以提升企业对市场反应的速度和满足用户的能力。ERP 可以最快的速度把企业内部的优势和企业外部不同机构的优势集中在一起，组成灵活的经营实体，即虚拟企业。当既定任务一旦完成，虚拟企业即行解体。当出现新的市场机会时，新的实体企业再重新组建成新的虚拟企业。虚拟企业这种动态组织结构大大缩短了产品上市时间，加速了产品的改进发展，使产品质量不断提高，也能大大降低成本。

3）ERP 将战略着眼点放在长期获取经济效益。传统的大批大量生产企业依靠大量生产同一产品，减少每个产品所分摊的制造费用和人工费用，来降低产品的成本。ERP 贯彻敏捷制造思想采用先进制造技术和具有高度柔性的设备生产多种产品，不需要像大批大量生产那样要求在短期内回收专用设备及工本等费用，而且变换容易，可在一段较长的时间内获取经济效益，使生产成本与批量无关，做到完全按订单生产，充分把握市场中的每一个机会。

4）ERP 可以建立新型的标准体系，实现技术、管理和人的集成，充分利用分布在各地的各种资源，把企业中的生产技术、管理和人集成到一个相互协调的系统中。

5）最大限度地调动、发挥人的作用。ERP 可以实现以人为中心的管理，用分散决策代替集中控制，用协商机制代替递阶控制机制，在保证全局的前提下把权力下放到项目组，各个项目组都能了解整体规划要求，完成任务的中间过程项目组可自主决定，以发挥人的主动性和积极性。

敏捷制造方式把企业的生产与管理的集成提到了一个更高的水平。它把有关生产过程的各种功能和信息集成扩展到企业与企业之间的不同系统的集成。这种集成将在很大程度上依赖于国家和全球的信息基础设施，以及企业内部先进的 ERP 信息技术支撑平台。

5. 计算机集成制造（CIM）管理思想

1974 年，美国的 Joseph Harrington 提出了计算机集成制造（Computer Integration Manufacture，CIM）的概念，并在 20 世纪 80 年代初开始付诸应用。CIM 是一种组织、管理和运行企业的理念。它将传统的制造技术与现代信息技术、管理技术、自动化技术和系统工程技术等有机地结合，借助计算机，使企业产品全生命周期，即市场需求分析、产品定义、研究开发、设计、生产、支持（包括质量、销售、采购、发送、服务）及产品最后报废、环境处理等，各阶段活动中有关的人/组织、经营管理和技术三要素及其信息流、物流和价值流有机集成，并优化运行，以使企业赢得市场竞争。

计算机集成制造系统是一种基于 CIM 理念构成的计算机化、信息化、智能化、绿色化和集成优化的制造系统。这里的制造是"广义制造"的概念，它包括了产品全生命周期各类活动的集合，可以分为工厂级、车间级、单元级、工作站级和设备级五个级别的分级控制结构。ERP 正是贯彻 CIM 理念，很好地实现了信息集成和业务过程集成和企业组织集成，解决资源共享、信息服务、虚拟制造、并行工程和网络平台等关键技术，以更快、更好、更省地响应市场。

6. 业务流程再造（BPR）管理思想

业务流程再造（Business Process Reengineering，BPR）这一概念的目标是对企业的业务流程进行根本性的重新思考并彻底改革，从而获得在成本、质量、服务和速度等方面业绩的飞跃性的改善。所谓"流程"，就是企业以输入各种原料和客户需求为起点，以创造出对客户有价值的产品或服务为终点的一系列活动。客户关心的是流程的终点，但企业必须安排好整个流程。组成流程的基本要素包括活动、活动之间的连接方式、活动的承担者和完成活动的方式。流程是由活动按一定的逻辑顺序组成的。这种逻辑关系是由分工所形成的活动间的内在联系所决定的。任何流程都可以由串行、并行、分叉和反馈这些基本关系组合而成。活动的承担者一般是具体的人员或组织，随着信息化、自动化程度的提高，也有一些信息设备、自动化装置充当承担者。完成活动的方式一方面受技术条件的限制，另一方面又要受到工作习惯以及企业文化的影响。在工业化时期，已经形成的流程可以在一定程度上符合流程目标和任务的要求，但当企业所处的环境发生变化时，就会发现原有的流程无法完成当前的任务，就需要进行再造。

环境的变化来自企业内外两个方面。外部环境的变化是由于客户需求的多样性与个性化以及市场竞争的日益激烈所引起的，而企业内部环境的变化则是由劳动者的工作方式和工作手段变化所引起的。工业化时代的高度分工的工作方式使完整的工作被分割成过细的碎块。为了实现工作的目标，需要把它们拼装起来。这种拼装需要不同部门大量的合作与协调，这不但使效率降低，而且会出现意想不到的问题。原有的职能部门组织（如计划、生产和市场）体制只对某个局部环节负责，无法对全流程负责。

ERP 技术的广泛应用使企业再造工程获得了有力的支持工具，对于生产过程的管理、人员的精简和调动等，都可以实现实时处理、平稳过渡。

7. 供应链管理（SCM）思想

20 世纪 90 年代以来，随着各种自动化技术和信息技术在制造企业中不断应用，制造生产率已被提高到了相当高的程度，制造技术本身的开发潜力开始变小。为了进一步挖掘降低产品成本和满足客户需要的潜力，人们开始将目光从企业内部生产过程转向产品全生命周期中的整个供应链，即从原材料和零部件采购、运输、加工制造、分销直至最终送到客户手中的过程。这一过程被看成是一个环环相扣的链条，这就是供应链。而供应链管理（Supply Chain Management，SCM）就是指对整个供应链系统进行计划、协调、操作、控制和优化的各种活动和过程，其目标是要将客户所需的正确的产品（Right Product）能够在正确的时间（Right Time），按照正确的数量（Right Quantity）、正确的质量（Right Quality）和正确的状态（Right Status）送到正确的地点（Right Place），即"6R"，并使总成本最小。

实施供应链管理,一是把企业内部以及节点企业之间的各种业务看作一个整体,二是在空间上重新规划企业的供销厂家分布,以充分满足客户需要,并降低经营成本。ERP 对所有的生产资源进行统一集成和协调,使之作为一个整体来运作,以实现节约交易成本、降低存货水平、降低采购成本、缩短循环周期、增加收入和利润的经营目标,让供应链管理真正成为有竞争力的武器。

8. 客户关系管理(CRM)思想

基于 Internet 技术的电子商务正在改变着社会经济各个行业的传统经营模式,尤其是彻底改变了企业与客户之间的关系。激烈的市场竞争要求企业的经营理念从"以产品为中心"转向"以客户为中心",即谁能把握住客户的需求并以最快的速度做出响应,谁能吸引新客户、保持老客户,谁就能取得最终的胜利。那么,如何实现"以客户为中心"的经营模式呢?客户关系管理(Custom Relationship Management,CRM)为这个问题提供了解决的方案。

客户关系管理是遵循客户导向的发展战略,对客户进行系统化的研究,通过改进对客户的服务水平,提高客户的忠诚度,不断争取新客户和商机,力争为企业带来长期稳定的利润。

ERP 贯彻客户关系管理思想,不仅可以实现企业与顾客之间良好的交流,也为企业与合作伙伴之间共享资源、共同协作提供了基础,还可以根据不同的客户提供不同的服务。ERP 在市场营销、销售实现、客户服务和决策分析四大业务领域都体现了巨大的价值。

第四节 ERP 产品介绍

一、金蝶 K/3 ERP 系统简介

金蝶国际软件集团于 1993 年在深圳成立,是我国目前较大的独立软件开发商之一,也是我国较大的企业管理软件及电子商务应用解决方案供应商之一。K/3 ERP 企业管理软件是金蝶国际软件集团 1999 年 4 月推出的 ERP 系统产品。

K/3ERP 系统主要由三大子系统组成:K/3 财务管理系统、K/3 工业管理系统和 K/3 商贸管理系统。三大子系统包括供应链管理(SCM)、客户关系管理(CRM)、价值链管理(VM)和知识管理(KM)四个功能管理系统,涉及供应市场、消费市场、资本市场、知识市场四个企业外部环境的信息管理,共 22 个应用模块及 10 个具有网络功能的应用模块。

K/3 ERP 抓住企业物流和资金流两条主线,集成企业物流、资金流、信息流的业务和财务管理功能,优化企业内部管理和控制的职能,帮助企业实现基础化的管理,提出和推行完善的"数据—信息—决策—控制"的企业管理解决方案。同时,K/3 ERP 支持基于 Internet 的 Web 应用,满足基于浏览器的软件应用,满足企业电子商务发展的需要。

二、其他典型 ERP 系统简介

1. SAP R/3

德国 SAP 目前是世界最大的 ERP 软件厂家，软件收入达 20 亿美元，占有最大的市场份额。其客户遍布全球，包括 Fortune 500 强中的很多大企业，涉及行业包括离散制造业、连续流程行业、服务业（金融、电信、商业等）。SAP R/3 是用于分布式客户机/服务器环境的标准 ERP 软件，SAP R/3 适用的服务器平台有 Novell、Netware、NT Server、OS400、Unix，适用的数据库平台有 IBM DB2、Informix、MS SQL Server、Oracle。SAP R/3 软件系统分成物流、财务与人力资源三大类模块，使得 R/3 能够处理公司中各种各样的业务管理任务。SAPR/3 具有以下特点：

1) 具有强大的成本管理、财务预算控制和决策支持能力。

2) 可以支持连续流程制造的特殊要求——配方管理、改变配料、批管理，以及能力计划、过程排序和废料处理。通过流程控制和实验室信息系统的集成，可对质量和流程进行严格的控制，以确保客户得到高质量的产品。

3) SAP 开发的"SAP 加速实施方案"成功地帮助客户大幅度减少了实施 ERP 的时间和成本，同时进一步确保了实施的质量，降低了风险。

因 SAP R/3 的功能比较丰富，各模块之间的关联性非常强，所以不仅价格偏高，而且实施难度也高于其他同类软件。SAP R/3 适用于那些管理基础较好、经营规模较大的企业。

SAP 公司近年来推出了新版 mySAP 电子商务解决方案，它能将企业的不同合作伙伴集成在同一电子商务平台上，让企业在此平台上管理、调整和协调销售活动、市场推广和客户服务，基于门户的 mySAP CRM 解决方案还能提供额外的业务环境和各种基于角色的新工作平台，帮助客户服务和市场销售人员更好地查看和管理关键业务信息，使他们能够更好地服务客户，实现业务目标。

2. Oracle Applications

Oracle 公司是数据库系统供应商，也是应用软件提供商，在世界软件产业排在第二的位置。Oracle 主打的管理软件产品 Oracle Applications R1 li 是目前全面集成的电子商务套件之一，能够使企业经营的各个方面全面自动化。Oracle 企业管理软件的主要功能模块包括销售订单管理系统、工程数据管理、物料清单管理、主生产计划、物料需求计划、能力需求管理、车间生产管理、库存管理、采购管理、成本管理、财务管理、人力资源管理和预警系统。Oracle 适用的服务器平台有：DEC Open VMS、NT、Unix、Windows 95/98，Oracle，支持的生产经营类型有：按订单生产、批量生产、流程式生产、合同生产、离散型制造、复杂设计生产、混合型生产、按订单设计和按库存生产。其用户主要分布在航空航天、汽车、化工、消费品、电器设备、电子和食品饮料等行业。

Oracle 凭借"世界领先的数据库供应商"这一优势地位，建立起构架在自身数据库之上的企业管理软件，其核心优势就在于它的集成性和完整性。用户可以从 Oracle 公司获得任何所需要的企业管理应用功能，这些功能集成在一个协同技术体系中。对于集成性要求较高的企业，Oracle 无疑是理想的选择。但企业如果对开放性要求较高，Oracle Applications 显然不能成为首选。

3. SSABPCS

SSA 公司的软件名称为 BPCS（Business Planning and Control System，商务计划与控制系统），产品套件包括 BPCS Client/Server。BPCS 最初是在 AS/400 上开发的，但是版本 6 已是一个面向对象的产品，可以运行在多种 Unix 平台上。

BPCS 软件支持的生产类型包括按订单装配、批量生产、按订单设计、离散型制造、按订单制造、按库存生产、混合型生产和连续型生产等，适用行业包括汽车、化工、电器设备、电子、食品饮料、保健品、工业品、机器制造、金属加工和制药业等。全球有 1200 多个制造商在 4000 多个地点应用该软件。

SSABPCS 系统的设计具有巧妙的功能和极大的使用弹性，各模块均包含许多用户自定义参数设计功能，可将系统加以裁剪组合，以符合用户特殊需求。SSA 也为用户设计了快速实施系统的方案，以降低实施的时间成本和风险成本。对于客户化设置要求较高，或者对于实施时间要求较高的企业，SSABPCS 是一个不错的选择。

4. J. D. Edwards

J. D. Edwards 公司的产品套件包括 OneWorld、Genesis、WorldSoftware 和 WorldVision。其 MRP Ⅱ/ERP 软件类别包括需求计划、ERP、MRP Ⅱ、财务、会计、供应链管理、运输计划和仓库管理等。

J. D. Edwards 公司产品支持的生产类型有：按订单装配、按订单设计、合同生产、离散型制造、按订单制造、按库存生产、混合型生产、连续型生产和大批量大生产。其适用行业包括汽车、化工、消费品、电器设备、电子、食品饮料、金属加工和制药业等。

JDE 在系统稳定性和运行速度上有优异表现，特别适用于大量生产型的工业企业，而且实施总成本不高。JDE 是完全基于 IBM AS/400 小型机开发的，在其他通用系统上的运行效果不理想。目前 JDE 也在向其他平台扩展。

5. Baan Series

荷兰 Baan 公司的产品套件为 Baan Series。软件类别包括 Configurators、需求计划、ERP、MRP Ⅱ 和高级供应链管理。Baan 公司还提供了 Orgware——一套组织工具和软件工具，它能帮助企业减少实施时间和成本，并能帮助企业实现对系统的不断改进。Baan ERP 适用的服务器平台有 NT、OS/400、Unix、Windows 95/98 和 IBM S390，适用的数据库平台有 IBM DB2、Informix、MS SQL Server 和 Oracle。

Baan Series 支持的生产类型有：按订单装配、批量生产、按订单设计、合同生产、客户服务行业、离散型制造、复杂设计生产、按订单制造、按库存生产、混合型生产、连续型生产和大批大量生产。其适用行业主要包括航空航天、汽车、化工、机器制造等。

Baan 提出了动态企业建模（Dynamic Enterprise Modeling，DEM）的思想，并在 Baan 的 ERP 软件系统中加以实现。Baan 通过 Orgware 系统件作为企业建模工具，以保证企业灵活运用软件。Baan 的动态建模思想和技术不仅有利于保障企业成功实施 ERP 系统，而且便于企业今后依据管理需要重新构建业务框架。Baan 公司也在我国与某高校合作开发 ERP 产品。

6. PeopleSoft Applications

PeopleSoft 公司的产品套件是 PeopleSoft Applications。软件类别有：Configurators、配送计划、ERP、MRP Ⅱ 和高级供应链管理。

PeopleSoft Applications 的特色在于人力资源管理方面，支持的生产类型有：按订单装配、按订单设计、离散型制造、按订单制造、按库存生产、混合型生产和大批大量生产。其适用行业包括汽车、消费品、电器设备、电子和半导体等。

7. Symix-SyteLine

Symix 公司成立于 1979 年，是在计算机服务器上开发 MRP Ⅱ 软件的第一家软件公司。Symix 公司提供的软件产品 SyteLine 套件包含的主要功能模块有总账、应收款系统、应付款系统、订单管理、采购管理、库存管理、资产管理、预算管理、成本管理和生产计划，适用的服务器平台有 NT、Unix，适用的数据库有 Progress、Oracle，支持的生产类型有按订单生产、按库存生产、离散型生产的企业。其用户主要分布在汽车制造、电子电器、机械制造和金属加工等行业。

近几年，CRM 逐步成为企业信息化建设的焦点。虽然 CRM 这一思想并非 Symix 公司确切提出的，但是 Symix 公司却将"以客户为中心"的生产经营理念最大限度地融合到软件中，并提出了客户同步资源计划（Customer Synchronized Resource Planning，CSRP）的概念。Symix 公司的 CSRP 系统能有效地以客户为导向，系统地组合企业各项生产经营资源，因此 Symix 公司自称 CSRP 是超越 ERP 的新型管理思想和软件系统。对于外部市场环境变化较快，或者完全根据客户需求生产的企业，Symix-SyteLine 能较好地实现客户需求拉动式生产。

8. BRITCCAPMS

北京利玛信息技术有限公司（简称 BRITC）是由北京机械工业自动化研究所与外方合资筹建的，是我国最早从事 MRP Ⅱ 软件研究和开发的专业机构。其主要产品是 CAPMS/DFN（DOS，Novell，FoxPro）、CAPMS/Oracle、CAPMS/95 和利玛 OA 办公业务自动化系统。

CAPMS 是一个真正的企业资源计划系统 ERP。它有完整的 MRP Ⅱ 模块内容，并在标准 MRP Ⅱ 基础上增加了诸如设备管理、工具管理、质量管理、人事管理、售后服务、分销管理和电子供应等功能，成为一个真正的 ERP 系统，为企业提供全方位的解决方案。CAPMS 成为国家 863 计划 CIMS 工程应用的首选。

CAPMS 系列产品可以满足多品种小批量及批量生产环境、大批大量连续生产环境、单件生产环境和混合制造环境的不同的生产类型及其混合模式，支持 MRP 与 JIT 的混合制造模式。CAPMS 系列产品采用开放式运行环境、关系数据库、CASE 工具、4GL、OLE 技术、客户机服务器模式、图形用户接口和开放式系统结构，结合联机操作帮助，使 CAPMS 更加便于使用，易于掌握。

CAPMS 系列产品结合我国企业运营管理特点，在管理术语、屏幕显示、报表格式、事务处理方式等方面体现了适合我国国情的软件特色，是中国特色软件产品的典范。

9. Fourth Shift ERP

Fourth Shift 是总部设在美国的全球性企业管理及供应链管理软件公司——思博公司（Soft Brands）旗下，面向中小型制造业的 ERP 及供应链解决方案的系统。

Fourth Shift 系统是一个可靠的、基于互联网完全集成的企业管理及供应链管理解决方案，其强大的功能有：①提供多个语言版本；②便于与其他应用程序集成；③全球第一个为中小企业提供支持互联网的 ERP 和供应链解决方案；④运行在微软 Windows 平台上。所有这些都确保了快速投资回报率和快速市场响应能力。

Fourth Shift ERP 系统包括 50 多个功能模块，可帮助用户提高核心运作能力，创造高的效率和效益。涉及的范围包括订单输入、会计和财务、库存控制、制造、决策支持、工程设计、采购、发货和信息系统（MIS）。Fourth Shift ERP 系统还为我国市场特别设置了中文财务报表模块、现金流量表工具、增值税发票套打接口和固定资产管理模块等。

10. DF IDA ERP U8

DF IDA ERP U8 即用友 U8 企业管理软件，它着眼于企业内部资源、关键业务流程的管理和控制，不仅考虑到信息资源在部门内、企业内和集团内共享的要求，还充分体现了预测、计划、控制、业绩评价及考核等管理方面的要求，实现了资金流、物流、信息流管理的统一。

从系统功能上讲，U8 管理软件包括 10 部分：财务系统（含总账、UFO、应收应付、工资、固定资产、资金管理、成本管理、现金流量表和财务分析等模块）、购销存系统（含采购计划、采购管理、销售管理、库存管理和存货核算模块）、分销业务管理、人力资源、生产制造、决策支持、行业报表、合并报表、商业智能和客户化工具。以上各功能模块共同构成了 U8 管理软件的系统架构，各模块既相对独立（分别具有完善和精细的功能，能最大限度地满足用户全面深入的管理需要），又能融会贯通（有机地结合为一体化应用，满足用户经营管理的整体需要）。

该系统适用于各类工业、商品批发、零售企业及宾馆饭店等，还支持全球范围内的物流控制。

案例分析

【案例分析】 运用 ERP 管理的成功与失败案例

一、广州市某知名面粉厂的原料库存管理的失败

该厂一贯非常重视原料采购管理，早年已引入了 ERP 管理，每个月都召开销、产、购联席会议，制订销售、生产和原料采购计划。采购部门则"照单抓药"，努力满足生产部门的需要，并把库存控制在两个月的生产用量之下，明显地降低了原料占用成本。

但是，从 2000 年下半年开始，国内外的小麦价格大幅度上涨，一年内涨幅接近 30%，而由于市场竞争激烈，面粉产品的价格不能够同步提高，为了维持经营和市场的占有率，该厂不得不一边买较高价的原料，一边生产销售相对低价的产品，产销越多，亏损也越厉害，结果当年严重亏损。

二、佛山市白燕粮油实业公司的原料库存管理的成功

同是粮食行业的白燕粮油实业公司，也非常重视原料的采购库存管理，但他们没有生硬地按照 ERP 的原理去做。他们也有类似的月度联席会议，讨论销、产、购计划，但会议最重要的内容是分析小麦原料价格走势，并根据分析结论做出采购决策（请注意：白燕粮油实业公司不是根据生产计划来做采购计划）。当判断原料要涨价时，他们就会加大采购量，增加库存；相反，就逐渐减少库存。

该公司有 3 万吨的原料仓库容量，满仓可以满足 6 个月的生产用量，在 1994 年、2000 年等几个小麦大涨价的年份，白燕粮油实业公司都是超满仓库存，仓库不够用，就想办法在仓库之间和车间过道设临时的"帐篷仓"，有时候还让几十艘运粮船在码头附近排队等候卸货，无形中充当了临时仓库。

正是通过这种"低价吸纳，待价而沽"的原料管理绝招，白燕粮油实业公司在过去的十多年里不但能够平安顶住原料价格波动所带来的冲击，而且从中获得了丰厚的价差利润。

白燕粮油实业公司基于经营战略的 ERP 管理的胜利，是单纯实施 ERP 管理所不能够做到的。

【案例分析问题】

对照广州市某知名面粉厂和佛山市白燕粮油实业公司的经营效果，你从中吸取了哪些成功的经验和失败的教训？

思考与练习

1. ERP 的发展经历了哪几个主要阶段？
2. ERP 的功用是什么？它设置了哪些功能模块？
3. ERP 蕴涵了哪些管理思想？
4. 试将金蝶 K/3 ERP 系统做一简要介绍。

第六章 ERP系统应用举例
CHAPTER 6

学习目标

【知识目标】

1. 了解 ERP 各模块的功能与结构，熟悉 ERP 各功能模块的业务流程。
2. 以金碟 K/3 为例，掌握 ERP 的使用方法。

【能力目标】

通过学习，能够基本掌握 ERP 的使用方法。

导读案例

【导读案例】 深圳皇裕五金制品厂 ERP 实施案例

"三分软件，七分实施。任何 ERP 软件都需要和企业各业务流程、规范和制度相结合，形成完整的解决方案，并制订和执行流程化、标准化的实施程序。在这个过程中，企业必须参与并主导 ERP 的应用才可安心无忧，达到大器安天下的境界。" 皇裕 ERP 项目负责人袁经理回顾 ERP 实施体会时表示。

深圳皇裕五金制品厂（以下简称深圳皇裕）自 1996 年成立以来发展迅速，于 2000 年成立扬州皇裕精密冲件公司，2002 年成立昆山皇裕精密冲件公司。公司主要从事模具设计、制造各种端子弹片五金制品的冲压制造。

2004 年年底，深圳皇裕选用正航软件 T357 订单、库存、账款、财务、生管、物料和成本模块实施信息化，其信息化范围涉及采购、销售、生产、品管、仓库和财务等所有日常作业，其目的在于实现财务业务一体化、生产管理信息化。

2005 年年初，深圳皇裕和正航软件成立以深圳皇裕副总、正航软件华南实施总监为负责人的项目小组实施 ERP 系统。在项目小组中，除了信息管理部门，深圳皇裕主动从涉及信息化的部门选派了骨干成员以及负责人参与。深圳皇裕认为，要确保良好的实施效果以及后续应用效果的不断优化，必须让企业人员亲身参与其中。在此前提下，双方利用半个月时间对前期的调研报告进行完善，在确认了实施方案书后，按方案书正式开始实施。

（1）产品和专业知识培训　ERP 实施实质上是厂商行业经验和产品知识向用户转移的过程。因此，培训工作应该贯彻到实施的全过程。正航软件的培训课程根据各个模块的实施时间和进度安排，与学员进行深入讨论。双方共同讨论软件产品与企业流程结合的解决方案，完善实施方案。

（2）基础资料和准备和导入　其中包括将旧编号转换成新编码，由此增加的工作量容易造成项目的拖延。因此，正航软件的顾问向深圳皇裕领导层建议，配合出台相应的奖惩制度，而当某一个环节出现异常时，立即采取措施使整个数据导入工作得以顺利完成。

（3）模拟运行　组织所有操作人员集中进行按脚本的模拟运行，并进行不同参数设置的模拟。此阶段，深圳皇裕项目负责人余经理亲自到场监督，并确定参数方案。同时要求操作人员每日输入 5 张单据，并每日检查。

（4）参数设定　经过模拟运行之后，应用人员也提出了不少建议。因此，由各部门人员配合正航软件的实施顾问再度对参数进行调整和确认。

（5）期初资料准备和导入　正式导入期初库存量、客户厂商期初余额和会计科目期初余额等基础资料，并明确定义要求完成时间。

（6）并线运行　操作人员进行手工与 ERP 系统的并行工作；正航软件的顾问和深圳皇裕老总给予了充分的重视，督促操作人员做到日清日结，有力地促进了人员的应用。

（7）正式上线　经过并行运行，在确保各个应用人员都能够正确操作，并保证数据的准确性后，系统正式上线。深圳皇裕管理层也明确要求，今后相关报表和数据都要通过系统实现，使企业都能够充分利用系统，提升管理效率。

虽然整个实施过程严格按照实施方案书进行，深圳皇裕的各级人员也参加了正航软件组织的多次培训，但在实际应用过程中，深圳皇裕还是碰到了不少问题。对此，正航软件服务人员通过上门、远程连线和 Call Center 服务提供快速、规范的服务。例如，2005 年 12 月，深圳皇裕曾向正航软件服务部门反映一个生产管理多次加工问题。当产品从上游工序移转到下游工序时，数量是 1000 个，其中 950 个是合格品，50 个是不合格品，与生产的数量有差异。而差异部分有时不需要重新生产，因为在下计划时就已经考虑了损耗。Call Center 服务中心当即给出完善的解决方案：在登打"多次加工移转单"时，在移转数量中输入实际移转的数量。如果已转到下一制程，还需要返回到上一制程返工时，则可登打"移转退回单"，对报废掉的产品所耗用的料登打"用料差异单"。考虑到用户刚刚开始并线运行，Call Center 服务中心专门制作了完整的文档，并把它传递给深圳皇裕，而且在实施人员回访时，特别要求实施人员针对这一状况，检查系统的运行和人员的操作情况，确认深圳皇裕是否已经妥善解决了这一应用问题。

用户和厂商的良好互动帮助深圳皇裕更好地完善了 ERP 系统，获得了更好的投资回报。ERP 系统上线后的深圳皇裕变得更有效率，企业经营也更加稳健了。

（1）管理效率提升　ERP 系统可以全程追踪和控制采购状况、业务状况和生产进度，并产生数据，帮助优化库存管理，实现各部门数据的全面集成和整合。物流和资金流也实现了一致性动态控制，有力地支持了企业决策。

（2）企业经营更加规范　不论是谁，只要不按照既定的流程走，信息流就"流"不下去，工作就完不成。"计算机面前人人平等"，政策得以不折不扣地执行。

(3)精细化成本管理 准确掌握生产过程中的料、工、费动态信息，通过系统灵活的成本管理模式，不仅使企业销售策略更加灵活，产品更具市场竞争力，也避免了业务部门由于不了解产品实际成本，发生订单利润为零或者为负值的现象。

一个企业就是一个小世界，在这个世界里，有它自己的规则存在，这些规则运行是否顺畅，是决定这个企业是否具有竞争力的关键。诚如深圳皇裕袁经理所言，ERP 软件是管理工具，系统如何与企业融为一体，并良好运转，需要可靠的厂商提供良好的实施以及 ERP 服务，实现并优化 ERP 价值。

第一节 金蝶 K/3 ERP 系统的安装与配置

一、K/3 ERP 系统需要的软硬件环境

1. K/3 ERP 系统结构

K/3 ERP 具有典型的三层结构：数据库、中间层和客户端，HR/Web 系统为可选部件。典型的 K/3 ERP 系统结构如图 6-1 所示。

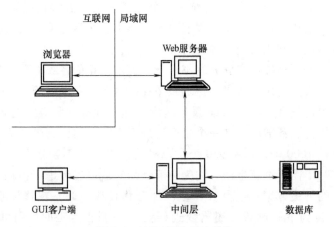

图 6-1 K/3 ERP 系统结构

在图 6-1 中，数据库表示数据库产品和 K/3 数据库服务部件，所有的业务数据都存储在这里。目前，K/3 ERP 系统支持的数据库产品是 MicrosoftSQL Server。

中间层包括所有业务系统的业务逻辑组件，这些组件会被客户端调用，是 K/3 ERP 系统的核心部分。

客户端表示 K/3 客户端桌面应用程序，该程序基于 Windows 图形用户界面（Graphical User Interface，GUI），安装在系统操作人员的机器上。

HR/Web 系统基于互联网信息服务（Internet Information Services，IIS）提供人力资源管理、门户管理和客户关系管理等 Web 服务。

2. 服务器的运行环境

(1) 处理器

1) 处理器类型：Intel Xeon 或 AMD Opteron。

2) 处理器速度：处理器主频最低为 1.6GHz，2.4GHz 更佳。

3) 处理器核心总数：至少采用 2 核心处理器；并发用户数为 200 以内时，推荐采用 4 核心处理器；并发用户数为 200~400 时，推荐采用 8 核心处理器；并发用户数为 400 以上时，应增加中间层服务器。

（2）内存　物理内存容量最低为 1 GB，2GB 及以上更佳。

（3）存储介质类型和空间

1) 存储介质类型：推荐使用具有小型计算机系统接口（Small Computer System Interface，SCSI）的硬盘或速度更快的企业级存储介质，将磁盘的容错级别设置为独立磁盘冗余阵列（Redundant Array of Independent Disk，RAID），RAID 1 或 RAID 5。

2) 存储空间：至少要有 10GB 空闲磁盘空间，20GB 及以上更佳。

（4）网络

1) 网络质量：要求使用数据传输速率为 100MB/s 的网络，使用数据传输速率为 1000MB/s 的网络与数据库服务器连接。

2) 延时：小于 20ms（以大小为 1024B 的测试数据包的返回结果为准）。

3) 丢包率：小于 0.1%（以大小为 1024B 的测试数据包的返回结果为准）。

（5）中间层服务器支持的操作系统　中间层服务器支持的操作系统有：Windows Server 2003 Standard/Enterprise/Datacenter SP1/SP2，Windows Server 2008 Standard/Enterprise/Datacenter SP1/SP2，Windows 2000 Server/Advanced Server/Datacenter Server SP4。

中间层服务器在其他操作系统上可能可以运行，但未经严格测试，也可能完全不能运行。

3. 客户端运行环境

（1）处理器

1) 处理器类型：Intel Pentium 4 或速度更快的处理器。

2) 处理器速度：处理器主频最低为单核 1.7GHz 或双核 1.0GHz，2.4GHz 及以上更佳。

（2）内存　物理内存容量至少为 512MB，1.0GB 及以上更佳。

（3）存储空间　至少有 4GB 空闲磁盘空间，8GB 及以上更佳。

（4）网络

1) 网络质量：要求使用数据传输速率为 100MB/s 的网络。

2) 延时：小于 20ms（以大小为 1024B 的测试数据包的返回结果为准）。

3) 丢包率：小于 0.1%（以大小为 1024B 的测试数据包的返回结果为准）。

（5）客户端支持的操作系统　客户端支持的操作系统有：Windows XP Professional SP2/SP3，Windows Vista Ultimate/Enterprise/Business SP1，Windows 7 Home Basic/Home Premium/Professional/Ultimate，Windows Server 2003 Standard/Enterprise/Datacenter SP1/SP2，Windows 2000 Professional/Server/Advanced Server/Datacenter Server SP4。

客户端在其他操作系统上可能可以运行，但未经严格测试，也可能完全不能运行．

（6）K/3 HR/CRM/Portal 支持的 Web 浏览器版本　K/3 HR/CRM/Portal 支持的 Web 浏览器版本为 Microsoft Internet Explorer 6.0 SP1/SP2 或 Microsoft Internet Explorer 7.0。

仅 HR 模块的 Web 客户端需要 Web 浏览器，普通 K/3 GUI（图形用户界面）的客户端并不需要。

HR 模块的 Web 客户端在其他 Web 浏览器上可能可以运行，但未经严格测试，也可能完全不能运行。

二、K/3 ERP 系统的安装与配置方法

在单机环境中，同一台计算机既是服务器又是客户机，数据库服务器、中间层服务器、Web 服务器、客户端都安装在同一台计算机上，需先安装 SQL Server 数据库，再安装 K/3 ERP 系统，单机环境下的操作系统可以是 Windows XP/2000/2003/Vista。

在局域网环境中，可以配置一台或多台服务器。配置一台服务器时，数据库服务器、中间层服务器和 Web 服务器都安装在这台服务器上，在其他计算机上安装客户端软件。配置多台服务器时，数据库服务器、中间层服务器和 Web 服务器可以分别安装在不同的服务器上，以提高多用户操作的性能。安装时也应先在数据库服务器上安装 SQL Server 数据库，再安装 K/3ERP 系统。服务器操作系统可以是 Windows 2000 Server、Windows Server 2003/2008，客户机操作系统可以是 Windows XP/2000/2003/Vista。

安装 K/3 ERP 系统的步骤为：首先，进行环境检测，根据检测结果安装支撑软件。其次，当支撑软件都安装好以后，环境检测结果显示可以安装 K/3 ERP 系统时才可安装。下面以 K/3 ERP V12.1 标准版为例说明软件的安装过程。V12.1 标准版提供了两个 DVD 光盘，一个是资源盘，用于安装支撑软件；另一个是安装盘，用于安装 K/3 ERP 系统。

1. 检测环境

1）运行资源盘的安装程序，将出现如图 6-2 所示的安装界面。选择"环境检测"选

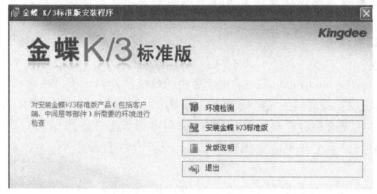

图 6-2 K/3 ERP 系统的安装界面

项，出现如图 6-3 所示的"环境检测"对话框。若只安装客户端软件，则只勾选"客户端部件"复选框；若把数据库、中间层和 Web 服务器都安装在同一台服务器上，则勾选"中间层服务部件""数据库服务部件"和"WEB 服务部件"复选框；若将客户端和服务器安装在同一台机器上，则应勾选全部选项。勾选完毕，单击"检测"按钮，开

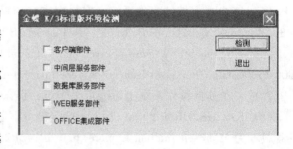

图 6-3 环境检测对话框

始检测。

2）检测完毕后，若缺少相应组件，会弹出环境检测结果对话框，如图6-4所示。其中列出了缺少的组件清单，单击"确定"按钮，将按顺序安装相应的组件。若通过环境检测，则提示环境更新完毕，这时可以正式开始安装 K/3 ERP 系统。

2. 安装 K/3 ERP 系统

1）在图6-2所示的安装界面中，选择"安装金蝶 K/3 标准版"选项，弹出欢迎界面。选择接受许可证协议、阅读自述文件、输入用户信息、选择安装文件夹等信息之后，选择安装类型（见图6-5）。

图 6-4　环境检测结果对话框

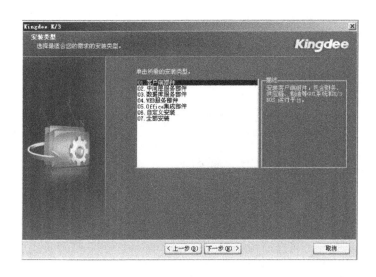

图 6-5　选择安装类型

若只安装客户端，则选择"客户端部件"选项；若在服务器上安装服务部件，则分别选择"中间层服务部件"选项、"数据库服务部件"选项和"WEB 服务部件"选项。此处假设软件全部安装在一台计算机上，因此选择"全部安装"选项。

2）单击"下一步"按钮，安装程序开始复制文件、注册组件，之后出现"中间层组件安装"界面，如图6-6所示。在"系统选择"列表框中选择"全选"选项，在"安全认证方式"选项组中选择"信任方式"单选按钮，输入系统管理员的用户名和密码，然后单击"安装"按钮，开始注册中间层。

3）中间层组件注册完毕后，出现"Web 系统配置工具"界面，如图6-7所示。保持默认设置，单击"完成"按钮。配置完成后，出现"配置情况"提示框，如图6-8所示。

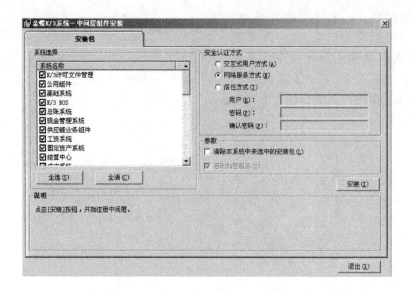

图 6-6 "中间层组件安装"界面

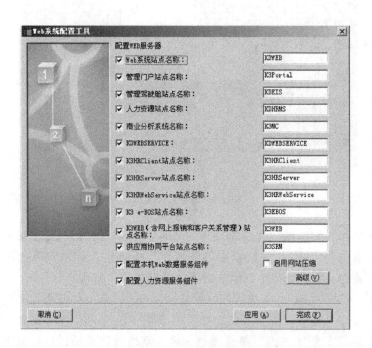

图 6-7 "Web 系统配置工具"界面

4)全部安装步骤执行完毕后,出现图 6-9 所示的"安装完毕"界面,单击"完成"按钮即可。

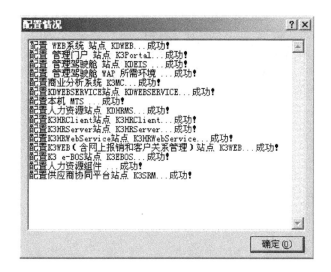

图 6-8 "配置情况"提示框

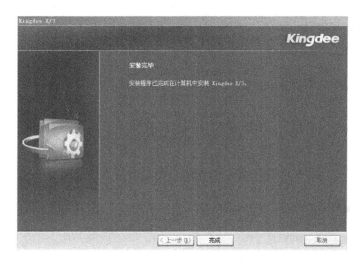

图 6-9 "安装完毕"界面

三、K/3 ERP 系统的运行

K/3 ERP 系统安装完毕后，还不能立即运行，必须先建立账套数据库。

1. 新建账套

1）运行 K/3 服务器配置工具中的账套管理程序，打开系统登录界面，如图 6-10 所示。默认用户名为 Admin，密码为空。登录后进入账套管理界面，如图 6-11 所示，单击工具栏上的"新建"，出现"新建账套"对话框，如图 6-12 所示。输入相关信息后即开始新建账套。

2）必须设置新建账套的属性并启用后才可使用账套。在图 6-11 所示的"账套管理"界面中选择新建的账套，单击工具栏上的"设置"，打开如图 6-13 所示的"属性设置"对话框。在"系统"选项卡中设置机构名称，在"总账"选项卡中设置本位币，在"会计期

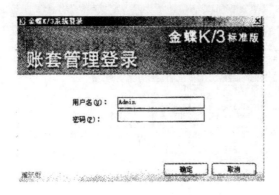

图 6-10　系统登录界面

图 6-11　账套管理界面

间"选项卡中单击"更改"按钮设置会计期间，然后启用账套。

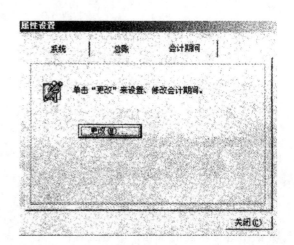

图 6-12　"新建账套"对话框　　　　　图 6-13　"属性设置"对话框

2. 运行 K/3ERP 系统

运行金蝶 K/3 标准版程序，显示如图 6-14 所示的登录界面。在"当前账套"下拉列表框中会显示刚才新建的账套，选择"命名用户身份登录"单选按钮，以管理员（administrator）身份登录，即可启动 K/3 ERP 系统。

图 6-14　金蝶 K/3 标准版登录界面

第二节　生产作业管理

一、生产作业管理的业务流程及内容

1. 生产作业管理的概念

生产作业控制（Production Activity Control，PAC）是处于 ERP 的计划执行与控制层的管理，是离散式生产和流程式生产的生产作业管理的统称，包括车间作业管理和委外加工管理。PAC 的管理目标是按物料需求计划（MRP）输出订单的要求，根据交货期的先后和生产优先级的选择原则，以及车间人员、设备、加工能力等生产资源情况，按时、按质、按量以低成本完成加工制造任务。车间作业管理的过程主要是依据 MRP、加工工艺路线与各工序的能力编排工序加工计划，向车间下达生产任务单，控制生产进度，最终使产品完工入库。委外加工包括加工零件委外和工序委外，是指由企业给委外加工商发料，委外加工商加工完毕后产品通过检验最终入库。

2. 生产作业管理的业务场景和业务流程

（1）生产作业管理的业务场景　某公司根据客户订单和产品预测数据，制订了公司的主生产计划和物料需求计划，针对需要外购的原材料，采购部门已完成采购作业，相关原材料已入库，对于公司自制的零部件，审核计划订单后已投放了生产任务单。

1）对于由主生产计划和物料需求计划生成的生产任务单，首先要根据车间的实际加工情况确认任务是否可按期完成，要检查工作中心、工具、物料、生产提前期等的有效性，修改与实际生产能力不符的生产任务单，然后确认生产任务单的可行性，最后将其下达到相应的生产车间。

2）生产车间收到生产任务单后，首先要准备加工所需的物料，根据用料计划填写领料单，到仓库领料。

3）针对普通订单、工序跟踪普通订单或流转卡跟踪普通订单的管理路径不同。

① 普通订单。生产任务单下达到车间后，具体生产细节由车间管理，加工结束后车间应填写生产任务单完成情况报告并上报，完工产品经检验后入库。

② 工序跟踪普通订单。首先把生产任务单按工艺路线分解为工序计划单，工序计划单的相关加工任务会被安排给对应的工作中心。要按照工序计划单的优先级别对各工作中心的工序计划单进行排序，形成派工单。各工作中心按派工单的顺序安排加工，当某工序的产成品需进行检验时，则填写工序检验申请单，交质检部进行工序检验。一道工序完工后，按工艺路线移转到下一道工序，直到该物料的全部工序都结束，这时该物料完工入库。

③ 流转卡跟踪普通订单。处理这种订单的过程与处理工序跟踪普通订单的过程类似，不同之处在于要启用流转卡跟踪工序的执行过程。

4）对生产过程进行监控。通过查询工序状态、完成工时、物料消耗、废品和投入产出等报告，控制排队时间、分析投料批量、控制在制品库存、预计是否会出现物料短缺或拖期现象。

5）如果预计会出现物料短缺或拖期现象，应采取措施，如通过加班、转包或分解生产订单来改变能力及负荷。如果仍不能解决问题，则应给出反馈信息，修改物料需求计划甚至主生产计划。

6）完成生产订单后，应统计实耗工时和物料，计算生产成本，分析差异，使产品入库。

(2) 生产作业管理的业务流程　生产作业管理的业务流程如图6-15所示。

1）根据 MPS/MRP 自动生成生产任务单，或根据其他独立需求建立生产任务单。建立生产任务单时，应选择合适的产品 BOM。如果需要跟踪工序，则应选择合适的生产类型与工艺路线。

2）生产任务确认无误后，应下达生产任务单，系统自动建立生产投料单。如果要跟踪工序，则系统自动建立工序计划单。设置系统参数之后，系统可以自动审核生产投料单与工序计划单。

系统自动建立生产投料单时，根据系统参数决定是否使用物料替代清单。系统根据物料清单或替代物料清单生成子项物料需求清单。

建立投料单后，可以查询物料的库存状态与工作中心的负荷情况，确定是否需要增删生产投料或替换某些物料。

建立工序计划单后，可以利用工序排程功能查询工作中心与资源的负荷状况，并采取措施均衡工作中心的能力与负荷。

3）工序计划单通过审核后，在正式下达到工作中心之前可能需要确定生产任务的优先顺序。此时，需要先对工序计划单进行排序，然后生成派工单。

4）生产投料单通过审核后，可以依据生产投料单生成领料单，或直接根据生产任务生成领料单，还可以手工建立领料单。领料单也可以在产品入库时倒冲生成，其生成方式取决于投料时确定的领料方式。对于生产过程中发生的物料损耗，则在生产物料报废

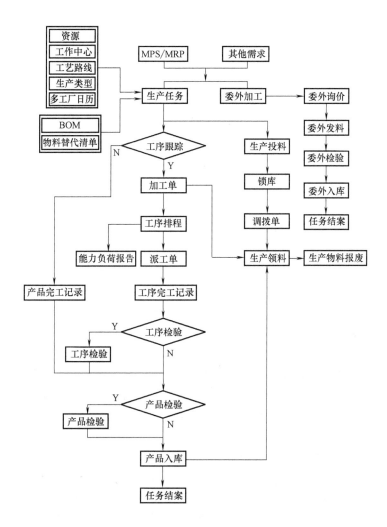

图 6-15 生产作业管理的业务流程

单中进行记录、统计与分析。生产结束后的剩余物料则可通过在制品退料流程进行处理。

5) 对于需要跟踪工序的生产任务，要进行工序完工记录，主要记录产量信息，还可以选择记录日期、质量和工时等信息作为考核绩效的依据。如果需要检验工序，要使用工序检验单。

6) 对于没有必要跟踪工序的生产任务，可以直接针对生产任务记录产品完工情况。有关质量信息既可由产品检验单生成，也可由相关人员直接输入。

7) 记录生产完工情况后，可以使用车间业务报表对物料、生产资源的消耗和质量等情况进行统计分析。

8) 完成部分生产任务后，可以将产品提交仓库入库。如果生产任务全部完成且产品全部入库，系统将自动关闭生产任务。如果生产任务下达后要暂缓执行，可将生产任务挂起。如果下达生产任务后要取消后续的生产任务，可以以手工方式强制关闭生产任务。

9) 对于重复生产业务，可以通过重复生产计划进度表与重复生产投料计划进度表控制生产与投料进度。

10) 在按工时或工件统计工资时, 可以根据计时或计件数据录入工资信息, 也可以根据工序完工记录生成工资信息。

3. 生产作业管理业务内容

(1) 明确车间工作任务 明确车间任务就是要把 MRP 中的物料制造任务下达给车间。一般来说, 由于企业的不同车间可以完成相同的加工任务, 而不同的车间可能会有不同的加工工艺路线, 因而必须把物料需求计划明确下达给某个车间, 当然也允许将同一个物料需求计划分配给不同的车间。因此, 车间任务可以根据 MRP 自动生成, 也可以通过手工方式建立或进行 MRP 任务分割。有时车间会有一些临时任务, 如返工、翻修和改装等。车间任务建立并经过确认后, 要再次落实任务涉及的物料, 也就是说要针对车间任务进行物料分配, 完成物料分配后就可以下达任务。物料分配后会影响库存物料的可分配量。

(2) 生成加工单 在明确车间工作任务后, 系统将生成该任务的工序作业计划, 即面向物料的加工说明文件 (也称为加工单)。它用来说明某任务的加工工序、工作中心和工作进度等。由于加工单是针对物料的加工计划, 因此物料的加工计划有时也称为物料加工单, 相当于进行手工管理时使用的加工传票。生成物料的加工单的依据是车间任务、工艺路线和工作中心文件。

(3) 下达派工单并为作业排序 生成物料的加工单后, 要根据各个工作中心当前正在执行的加工任务、排队任务等对各个工序进行安排, 即下达派工单。派工单是面向工作中心 (工序) 的任务说明文件。计划员派工时, 应充分考虑各个任务的优先级、工序能力 (工作中心能力) 以及任务需用物料的分配等。

(4) 控制投入产出 投入产出控制 (或称为输入/输出控制, Input/Output Control) 是评价能力执行情况的一种方法。投入产出报告即 I/O 报告, 是一个展示计划与实际投入以及计划与实际产出的报告。内容主要包括某一时间段内各工作中心的计划投入工时 (机时、能力标准)、计划产出工时 (机时、能力标准) 以及其他信息 (如初始队列等)。用户可在每周初制作该报告。实际输入工时 (机时、能力标准) 和实际输出工时 (机时、能力标准) 数据由车间人员根据实际情况录入和维护。I/O 报告中的数据一般包括计划投入、实际投入、计划产出、实际产出、计划排队时间、实际排队时间和偏差等。比较计划与实际投入可以了解输入到工作中心的订单的流动情况。比较实际投入与产出可以了解工作中心是否正在执行所有到达的任务, 工作中心的拖欠及排队情况。比较计划和实际产出可以了解工作中心执行计划的情况。

二、生产作业管理系统的功能及结构

1. 生产作业管理系统的功能

生产作业管理系统主要用于管理基础资料, 设置系统参数, 管理生产任务单, 为工序排序, 生成派工单, 处理领料、退料和报废业务, 记录生产完工情况, 检验工序与产品, 处理产品完工入库业务, 管理委外加工业务等。

(1) 管理生产作业基础资料 生产作业的基础资料除整个 ERP 系统共用的基本资料外, 还包括生产类型、替代工序、工种类别、班组与职员的对应关系。

1）生产类型。生产类型包括普通订单生产、工序跟踪普通订单生产、流转卡跟踪普通订单生产、委外加工单生产、返工单生产、重复生产和受托加工生产等。普通订单是指不需要针对其进行工序管理的订单。下达生产任务单后对车间加工情况不进行控制，加工完毕后直接送检入库。进行工序跟踪普通订单生产时要对车间作业进行控制，要按加工单、派工单组织车间生产，跟踪每一道工序的执行情况，工序加工任务执行完毕后要记录工序完工数据。

2）替代工序。为了便于调整工作中心的负荷，可以针对某些工序设置一些替代方案，如电动葫芦端盖零件的端面既可以在车床上用车端面加工，也可以在铣床上用铣平面加工。

3）工种类别。为便于管理车间工人，可以按工种对工人进行分类。

（2）设置生产作业管理参数 生产作业管理系统参数包括下达生产任务单时是否自动审核投料单、审核投料单时是否锁库以及是否启用替代工序等。

（3）管理生产任务单 生产任务单的来源可以是由 MPS/MRP 生成的计划订单，也可以是以手工方式建立的生产任务单。管理生产任务单即建立、查询、维护、下达、挂起以及结束生产任务单。

1）生产任务单的生成、查询和维护：实现按时间、单据状态查询各种任务单，以及对生产任务单进行新增、修改和删除操作。

2）生产任务单的下达、挂起和结案。生产任务单的下达是指将生产任务单以指令的形式下达给生产车间，作为生产车间可以正式开工的依据。下达生产任务单时可自动生成投料单，如果生产任务单属于工序跟踪订单，还可自动生成工票（加工单）。生产任务单的挂起是暂停执行已下达的生产任务单，执行过程中，因客户推迟收货、设备发生故障、生产或材料出现问题、供应商供应不及时等都可能导致生产任务无法继续执行，如果不希望取消任务，则应使用挂起功能。生产任务单的结束是指产品完工入库后结束生产任务或因生产情况变化结束生产任务。

（4）为工序排序 当一系列工作任务（工票）被预分配给某一个工作中心或资源时，生产计划员或车间管理者需要对这些任务进行调整，平衡工作中心或资源在各个时间段的负荷，以使工作中心或资源不至于过载，也可以设法提高工作中心或资源的能力，以使生产任务顺利完成。这就需要为工序排序。

（5）生成派工单 在生产作业管理系统中可以设置工序的优先级规则，系统按设置的优先级规则为分配到某个工作中心的所有工序排序，根据排序结果生成派工单。同时，用户也可以根据生产实际情况以人工方式调整生产顺序并生成派工单。

（6）处理投料、领料、退料和报废业务

1）投料。下达生产任务单后，生产计划员或物料计划员会进行物料分配。下达生产任务单时也可以自动生成投料单。投料单被确认并通过审核后，系统进行锁库操作。锁库是指将仓库中的一定数量的物料或产品硬性分配给特定的生产任务或销售订单的一种操作。物料一旦被某个特定的生产任务锁定，则在解锁之前，其他生产任务不能使用该物料。

2）领料和退料。生产作业管理系统可针对集成离散加工、重复性装配和流程型生产等行业特点，提供不同的生产领料方式，主要有以下几种：

① 既可按标准限额领料，也可由系统自动倒冲领料。

② 既可针对单一生产任务进行一次性领料，也可以多次配套领料。

③ 可任意合并多个生产任务后领料。

④ 既可自动配套领料，也可自动配套退料。

3）报废：系统提供记录、统计与分析物料报废情况的功能。物料报废记录是车间补料的依据，也有助于分清各方责任。

（7）记录生产完工情况　生产完工记录可分为工序完工记录和生产任务单（零件）完工记录。

1）工序完工记录。在工序的执行过程中或在完成工序后可将生产日期、数量、质量和工时等信息录入系统。工序完工记录可帮助生产计划员或车间管理员安排生产工序计划、跟踪工序过程，进而监控工序进度和在制品库存状态。

2）生产任务单（零件）完工记录。在生产任务单执行完毕后可以记录开工与完工时间、生产数量与生产工时以及生产质量情况。

（8）检验工序与检验产品如果加工单（工票）的检验方式不是"免检"，则需要进行工序检验。在物料主文件中，若物料的检验属性不是"免检"，则要进行产品检验。检验方式为抽检或全检。在录入检验单时要录入报检数量、检验数量、合格数量和报废数量。系统提供查询、维护和统计质量检验数据的功能。

（9）处理产品完工入库业务。在生产任务单部分或全部执行完毕后，生产部门将产品提交给仓库部门做入库记录，填写产品入库单，这是完成下达的生产任务的标志，系统提供录入、查询、维护和汇总产品入库单的功能。

2. 生产作业管理系统的结构

生产作业管理系统的结构如图 6-16 所示。

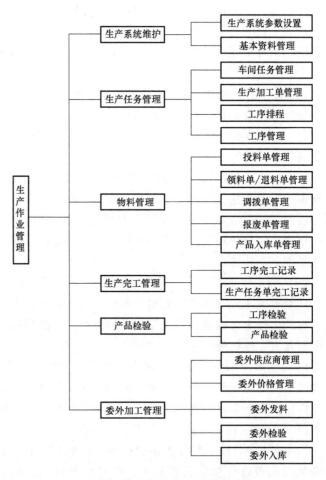

图 6-16　生产作业管理系统的结构

三、生产作业管理系统的应用

下面以 K/3 ERP 系统为例，说明生产作业管理系统的应用。生产作业管理系统主要用于进行生产任务管理和车间作业管理，如图 6-17 和图 6-18 所示。

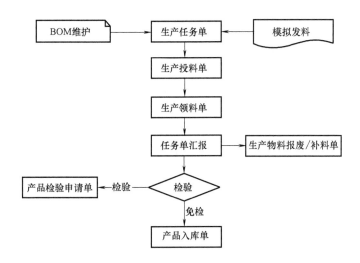

图 6-17 生产任务管理业务流程

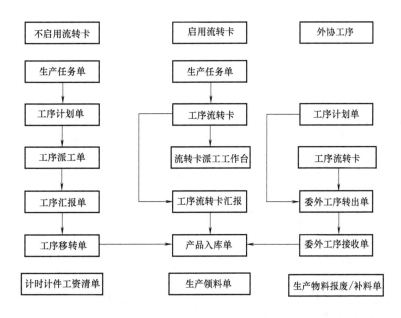

图 6-18 车间作业管理业务流程

1. 案例数据

为减少数据量,本案例数据只对因初始库存达不到安全库存产生的生产任务单,由计划完工日期为 2011 年 4 月 25 日的销售订单生成的生产任务单进行处理,相应的案例数据如图 6-19 所示。

2. 设置系统参数与管理基础资料

(1) 设置系统参数 系统参数包含两部分:生产任务管理参数和车间作业管理参数。

图 6-19 案例数据

选择"系统设置"→"系统设置"→"生产管理"→"系统设置"命令,选择"生产任务管理选项"和"车间作业管理选项",设置生产任务管理参数和车间作业管理参数,如图 6-20 所示。

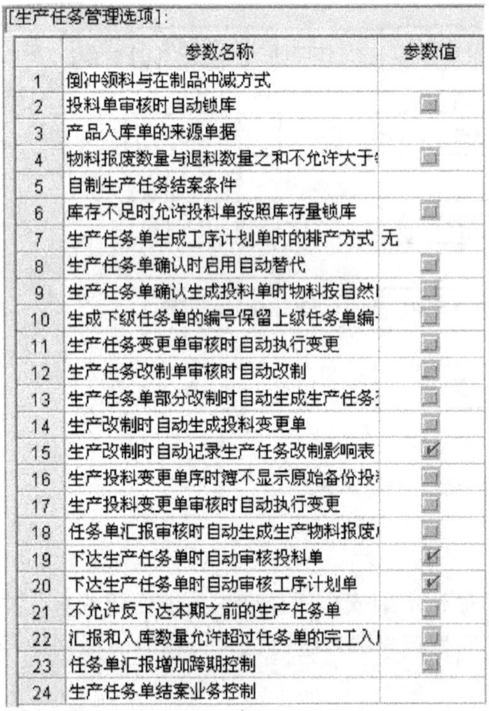

图 6-20 设置生产作业管理系统参数
a)生产任务管理选项 b)车间作业管理选项

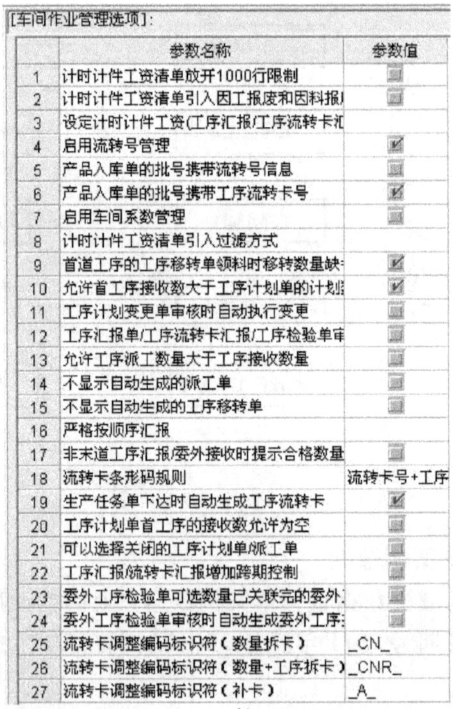

（2）定义业务流程　选择“系统设置”→“系统设置”→“生产管理”→“业务流程设计”命令，分别选择“生产任务单”“生产领料单”和“产品入库”这几种单据类型，可将这些单据对应的业务的前序业务设置为可选或必选，如图 6-21 所示，据此定义生产管理相关业务的流程。

[生产任务单] 的选单信息--共计：1条记

选单单据(源单)	可选	必选
销售(外销)订单	√	

a)

[生产领料单] 的选单信息--共计：5条记录

选单单据(源单)	可选	蓝字必	红字必选
工序流转卡	√		
其他入库	√		
生产领料	√		
生产任务单	√		
外购入库	√		

b)

[产品入库] 的选单信息--共计：8条记录

选单单据(源单)	可选	蓝字必选	红字必选
产品检验单	√		
产品入库	√		
工序流转卡汇报	√		
工序移转单	√		
任务单汇报	√		
生产任务单	√		
委外工序接收单	√		
销售订单	√		

c)

图 6-21　定义生产作业管理业务流程

a）生产任务单流程定义　b）生产领料单流程定义　c）产品入库流程定义

（3）设置生产类型　K/3 ERP 系统提供了 7 种默认生产类型，选择“计划管理”→“生产数据管理”→“基础资料”→“生产类型”命令，可查询系统中的默认生产类型，如图 6-22 所示。用户也可增加新的生产类型。

代码	名称	是否跟踪工序	生产类型属性	工序检验来源	启用流转卡
LX1	普通订单	否	普通订单	生产任务	否
LX2	返工	否	返工	生产任务	否
LX3	委外加工	否	委外加工	生产任务	否
LX4	重复生产	否	重复生产	生产任务	否
LX5	工序跟踪普通订单	是	普通订单	工序汇报/流转卡汇报	否
LX6	受托加工	否	受托加工	生产任务	否
LX7	流转卡跟踪普通订单	是	普通订单	工序汇报/流转卡汇报	是

图 6-22　默认生产类型

（4）设置替代工序　选择“计划管理”→“生产数据管理”→“基础资料”→“工序替代”命令，打开如图 6-23 所示的替代工序设置界面，将端盖车端面工序设置为可以用铣端面工序替代。

3. 处理生产任务单

（1）生产投料单和工序计划单　生产任务单可由 MPS 或 MRP 生成，也可以通过手工录

[RT2(端盖)] 的内容

行号	工序		工作中心			时间单位	排队时间	准备时间	加工批量	运行时间	移动批量	移动时间	是否计费	基本单位成本(元)	检验方式	设备	单位计件工资
	代码	名称	代码	名称	部门												
1	Q001	下料	ZC006	下料中心	一车间	小时	0.04	0.05	15.00	0.60	15.00	0.04	是	0.100000	免检	切断机	0.000000
2	Z001	钻孔	ZC005	钻削中心	二车间	小时	0.02	0.03	15.00	0.50	15.00	0.04	是	0.150000	免检	钻床	0.000000
3	C001	车外圆	ZC001	车削中心	二车间	小时	0.03	0.03	15.00	0.40	15.00	0.00	是	0.120000	免检	车床2	0.000000
4	C003	车端面	ZC001	车削中心	二车间	小时	0.00	0.04	15.00	0.30	15.00	0.00	是	0.100000	免检	车床2	0.000000
5	C002	车内孔	ZC001	车削中心	二车间	小时	0.00	0.02	15.00	0.50	15.00	0.03	是	0.150000	免检	车床3	0.000000

行号	替代工序		工作中心			时间单位	排队时间	准备时间	加工批量	运行时间	移动批量	移动时间	是否计费	基本单位成本(元)	检验方式	设备	单位计件工资
	代码	名称	代码	名称	部门												
1	X003	铣端面	ZC004	铣削中心	二车间	小时	0.05	0.06	15.00	0.40	15.00	0.00	是	0.120000	免检	铣床	0.140000

图 6-23 替代工序设置界面

入的方式生成。当确认生产任务单时，会自动生成生产投料单，针对工序跟踪生产类型，则会自动生成工序计划单，下达生产任务单时，则自动审核生产投料单和工序计划单。首先确认和下达本案例的所有生产任务单，图 6-24 所示为卷筒的生产投料单，图 6-25 所示为加工轴套的工序计划单。

生产投料单

销售订单号：SEORD000002

生产/委外订单号：WORK000006　　编　号：PBOM000009

生产类型：工序跟踪普通订单　　日　期：2011-04-14　　产品规格：

产品代码：BP002　　产品名称：卷筒　　生产车间：二车间

单　位：件　　生产数量：20　　打印次数：0

行号	物料代码	物料名称	规格型号	子项类型	单位用量	单位	标准用量	损耗率(%)	应发数量	计划投料数量	已领数量	报废数量	计划发料日期	仓库	倒冲	工序	禁用	关键件	使用状态	补料数量	工序号	存在替代关系
1	BP005	筒体		普通件	1.0000000000	件	20	0.00	20	20	0	0	2011-04-14	半成品仓	否		否	否	使用	0		N
2	BP003	轴套		普通件	2.0000000000	件	40	0.00	40	40	0	0	2011-04-14	半成品仓	否		否	否	使用	0		N
3	BP004	端盖		普通件	2.0000000000	件	40	0.00	40	40	0	0	2011-04-14	半成品仓	否		否	否	使用	0		N
4																						
5																						
6																						
7																						
8																						

审核人：　　审核日期：　　制单人：Administrator

图 6-24 卷筒的生产投料单

工序计划单

批　号：

生产任务单号：WORK000014　　日　期：2011-04-14　　产品名称：轴套

产品代码：BP003　　产品规格：　　单　位：件

生产数量：40　　计划开工日期：2011-4-7　　计划完工日期：2011-4-11

类型：普通　　工序移转单编号：　　原工序计划单编号：

销售订单号：SEORD000002　　销售订单行号：1

行号	时间单位	排队时间	准备时间	基本单位加工批量	运行时间	计划数量	总加工时间	基本单位移动批量	移动时间	是否计费	工序计划开工日期	工序计划完工日期	单位成本(元)	费用(元)	检验方式	单位工
1	小时	0.05	0.10	10	0.30	40	1.20	10	0.00	是	2011-04-08:00	2011-04- 17:00	.500000	20	免检	0000
2	小时	0.02	0.05	10	0.40	40	1.60	10	0.00	是	2011-04-08:00	2011-04- 17:00	.500000	20	免检	0000
3	小时	0.02	0.03	10	0.20	40	0.80	10	0.02	是	2011-04-08:00	2011-04- 17:00	.300000	12	免检	0000
4	小时	0.05	0.15	10	0.60	40	2.40	10	0.02	是	2011-04-08:00	2011-04- 17:00	.500000	20	免检	0000
5																
6																

制单人：Administrator

图 6-25 加工轴套工序计划单

（2）能力负荷分析报告与工序排序报告

工序计划单通过审核后，可以使用能力负荷分析功能查询各工作中心的能力与负荷状况，并采取措施以均衡工作中心的能力与负荷。选择"生产管理"→"车间作业管理"→"工序计划"→"能力负荷分析"命令，打开如图6-26所示的"能力负荷分析"对话框，输入工作中心代码、计划开工和完工日期、负荷分配策略等条件后，可得出该工作中心的能力负荷分析报告，如图6-27所示。再选择"生产管理"→"车间作业管理"→"工序计划"→"任务优先级设置"命令，打开如图6-28所示的"任务优先级设置"界面，

图 6-26 "能力负荷分析"对话框

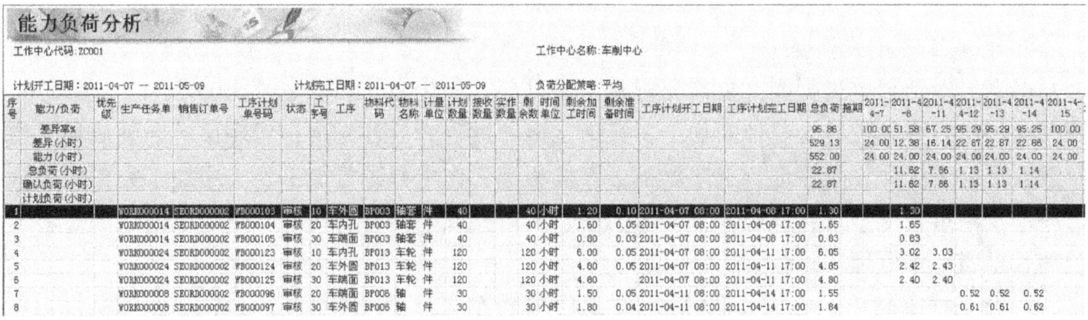

输入相应的工作中心代码、计划开工日期、优先级法则，单击工具栏上的"排序"，可对该工作中心计划开工日期当天的工序任务进行排序。优先级法则有剩余时间最短优先法、最早完工优先法和先到先服务优先法三种。任务优先级排序的结果可作为投放派工单的依据。

图 6-27 能力负荷分析报告

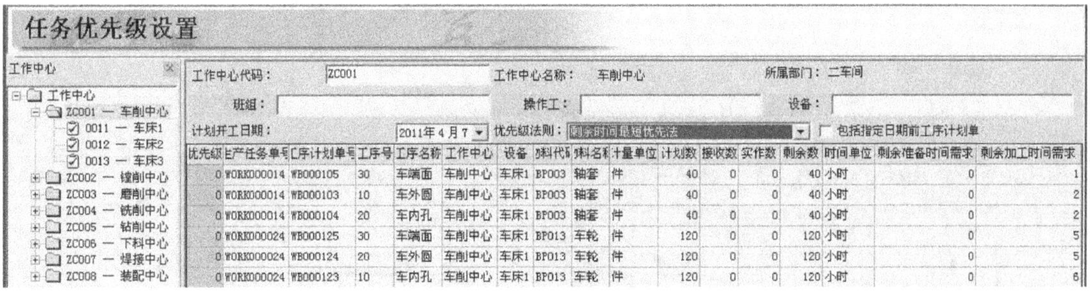

图 6-28 "任务优先级设置"界面

4．处理领料单

投料单通过审核后才可以领料，在生产作业管理系统中可选择审核投料单时是否自动锁库。

本案例暂不考虑自动锁库。在生产任务管理业务流程中（见图6-17），执行"生产领料

单”对应的任务后，输入过滤条件，打开生产领料序时簿，单击工具栏上的“新增”，打开领料单录入界面，如图 6-29 所示。在“源单类型”文本框中输入“生产任务单”，在“选单号”文本框中输入该生产任务单对应的投料单物料，则投料单中相关物料的数据会自动进入领料单，输入相关人员姓名后保存，领料单通过审核后，领料单处理流程执行完毕。

领料单

审核

领料类型：一般领料　对方科目：
领料部门：二车间　领料用途：　编　号：SOUT000003
源单类型：生产任务单　选单号：　日期：2011-04-07　发料仓库：

行号	物料代码	物料名称	规格型号	成本对象	成本对象代码	产品规格型号	单位	申请数量	实发数量	计划单价	计划价金额	单价	金额	生产/采购日期	发料仓库	源单单号	生产任务单号
1	BP009	轴套铸件	HT200	轴套	BP003		件	40	40	10.00	400.00	10.00	400.00		半成品仓	WORK000014	WORK000014
2																	
3																	
4																	
5																	
6																	
7																	
8																	
9																	
								40	40		400.00		400.00				

审核：administrator　审核日期：2011-04-0?　记账：　领料：汤建军　发料：江保　制单：Administrator

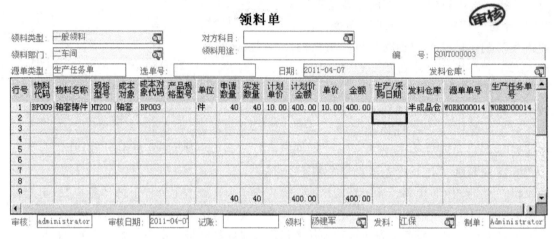

图 6-29　领料单录入界面

5. 处理工序相关单据

根据工序计划单进行能力负荷分析和工序排序，确定各工作中心的物料加工工序顺序，领用材料后，开始进行自制件的加工，管理工序的过程为：首先进行工序移转，确认加工物料进入下一道工序；然后进行工序派工，安排相应工作中心进行加工；工序加工完毕后进行工序汇报。重复这个过程，进入下一道工序，最后完成该物料的所有工序。下面以加工轴套为例，说明工序管理的过程。

（1）工序移转单　在图 6-30 所示的工序移转单录入界面中设置移转类型（领料、移转、报工等），在第一道工序开始前选择领料，最后一道工序结束后选择报工，在其他情况

销售出库单

审核

打印次数　0　对方单据号：
销售业务类型：销售出库类型　收款日期：2011-04-05　交货地点：
购货单位：广州工具公司　销售方式：赊销　摘要：　编　号：XOUT000001
源单类型：发货通知　选单号：　日期：2011-04-05　发货仓库：

行号	产品代码	产品名称	规格型号	单位	应发数量	实发数量	计划单价	计划价金额	单位成本	成本	发货仓库	销售单价	销售金额	源单单号	订单单号	开票数量
1	CP001	电动葫芦	WA-01	件	10	10	1,200.00	12,000.00	900.00	9,000.00	成品仓	1,176.00	11,760.00	SEOUT000001	SEORD000001	
2																
3																
4																
5																
6																
7																
8																
9																
					10	10		12000.00		9000.00			11760.00			

发货：江保　部门：销售部　主管：钱绝伦　业务员：吴销　制单：Administrator
审核：Administrator　审核日期：2011-04-05　记账：　保管：江保

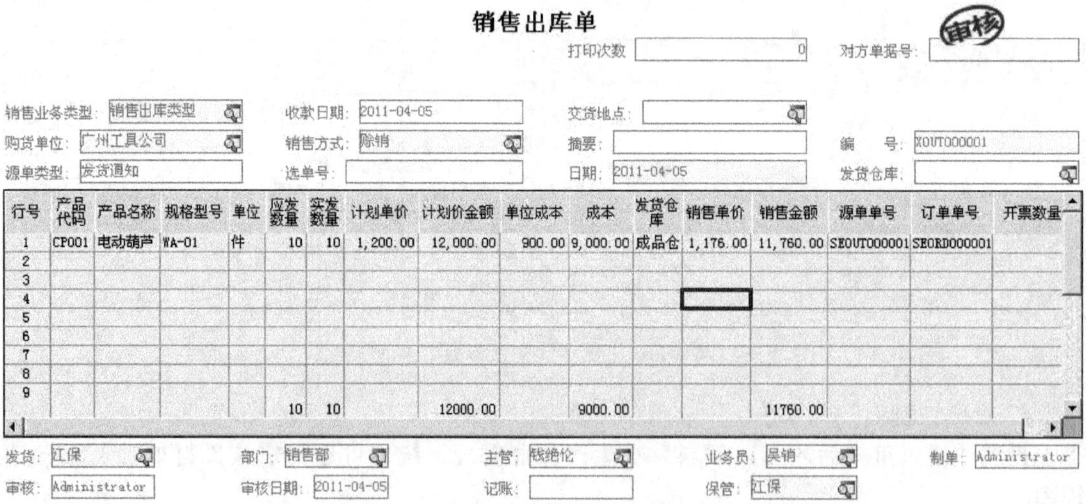

图 6-30　工序移转单录入界面

下则选择移转。对于第一道工序，不用填写转出资料，只填写转入资料，移转数量是自动生成的，是领料数量或上道工序的加工合格数量。

（2）工序派工单　在图 6-31 所示的派工单录入界面中选择工序计划单号，则相应数据会进入派工单中，保存并审核派工单。

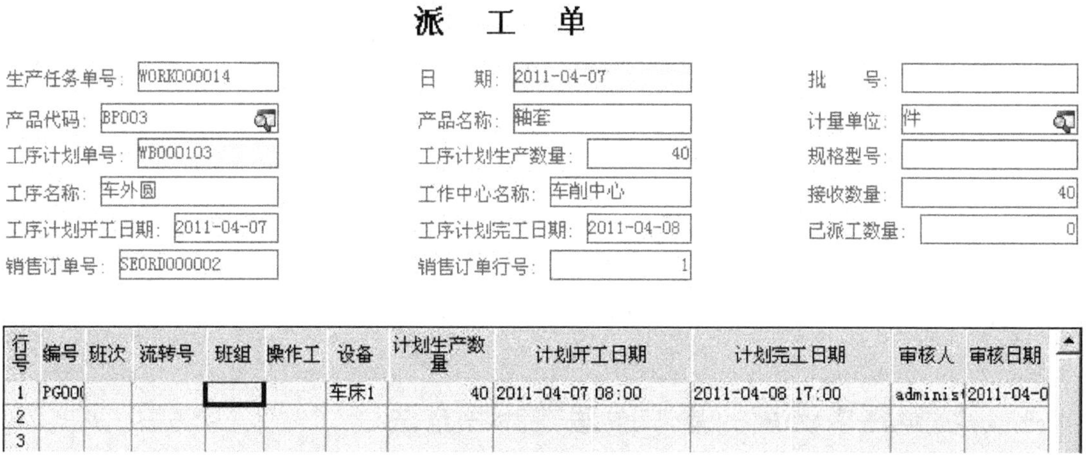

派　工　单

生产任务单号：WORK000014　日　期：2011-04-07　批　号：
产品代码：BP003　产品名称：轴套　计量单位：件
工序计划单号：WB000103　工序计划生产数量：40　规格型号：
工序名称：车外圆　工作中心名称：车削中心　接收数量：40
工序计划开工日期：2011-04-07　工序计划完工日期：2011-04-08　已派工数量：0
销售订单号：SEORD000002　销售订单行号：1

行号	编号	班次	流转号	班組	操作工	设备	计划生产数量	计划开工日期	计划完工日期	审核人	审核日期
1	PG00(					车床1	40	2011-04-07 08:00	2011-04-08 17:00	adminis(	2011-04-0
2											
3											

图 6-31　派工单录入界面

（3）工序汇报单　在图 6-32 所示的工序汇报录入界面中选择派工单号，则相应数据会进入工序汇报单中，填写合格数量、报废数量、实际准备时间和加工时间后保存并审核工序汇报单。

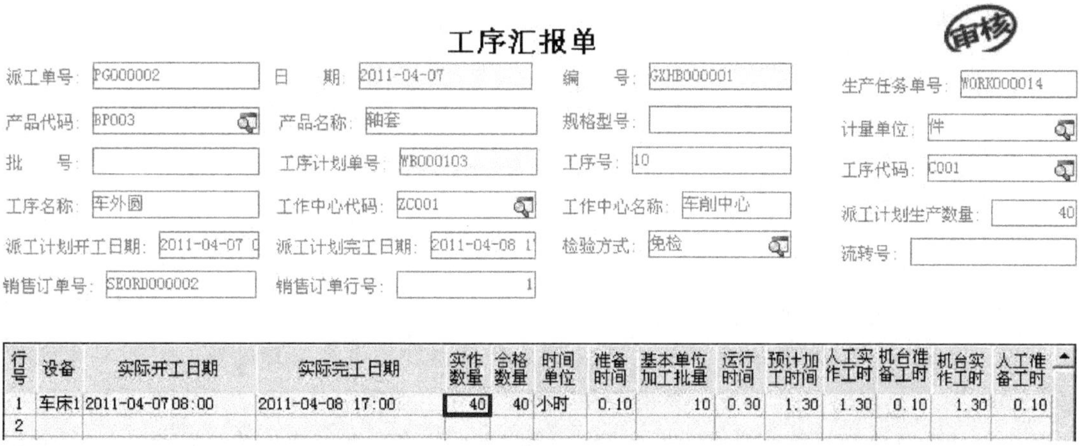

工序汇报单　审核

派工单号：PG000002　日　期：2011-04-07　编　号：GXHB000001　生产任务单号：WORK000014
产品代码：BP003　产品名称：轴套　规格型号：　计量单位：件
批　号：　工序计划单号：WB000103　工序号：10　工序代码：C001
工序名称：车外圆　工作中心代码：ZC001　工作中心名称：车削中心　派工计划生产数量：40
派工计划开工日期：2011-04-07 0　派工计划完工日期：2011-04-08 1　检验方式：免检　流转号：
销售订单号：SEORD000002　销售订单行号：1

行号	设备	实际开工日期	实际完工日期	实作数量	合格数量	时间单位	准备时间	基本单位加工批量	运行时间	预计加工时间	人工实作工时	机台准备工时	机台实作工时	人工准备工时
1	车床1	2011-04-07 08:00	2011-04-08 17:00	40	40	小时	0.10	10	0.30	1.30	1.30	0.10	1.30	0.10
2														

图 6-32　工序汇报单录入界面

6. 处理入库业务

物料的最后一道工序完成后，表示该物料已完成加工，可以入库。在图 6-33 所示的产品入库单录入界面中选择完成加工的生产任务单号，则相应的数据会进入产品入库单，保存并审核入库单。

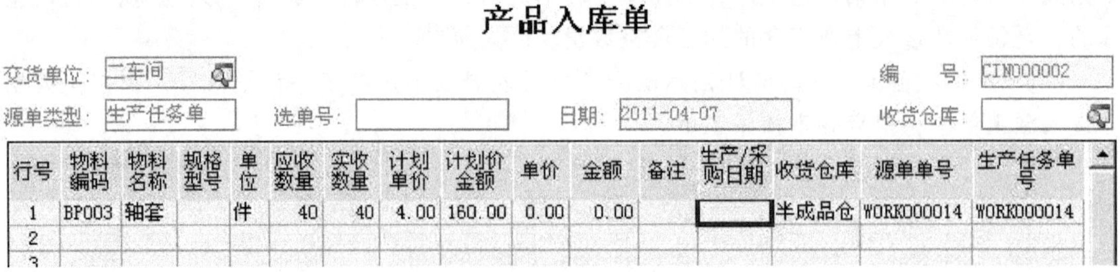
产品入库单

交货单位：二车间　　编　号：CIN000002

源单类型：生产任务单　　选单号：　　日期：2011-04-07　　收货仓库：

行号	物料编码	物料名称	规格型号	单位	应收数量	实收数量	计划单价	计划价金额	单价	金额	备注	生产/采购日期	收货仓库	源单单号	生产任务单号
1	BP003	轴套		件	40	40	4.00	160.00	0.00	0.00			半成品仓	WORK000014	WORK000014
2															
3															

图 6-33　产品入库单录入界面

第三节　物料需求计划

一、物料需求计划的基本原理与计算方法

本节将对 MRP 的处理逻辑做详细的介绍。

1. MRP（物料需求计划）的定义与作用

MRP 是指主生产计划（MPS）中各个项目所需的全部制造件和采购件的网络支持计划和时间进度计划。MRP 根据主生产计划、物料清单和库存记录，对每种物料进行计算，指出何时将会发生物料短缺，并给出建议，以最小库存量来满足需求并避免物料短缺。MPS 的计划对象是最终产品，但这个产品的结构具有多个层次，一个产品可能会包含成百上千种需要制造的零配件与外购材料，而且所有物料的提前期（加工时间、准备时间和采购时间等）各不相同，各零配件的投产顺序也有差别。在这种情况下，MRP 需要解决以下五个问题：

1）根据 MPS 决定要生产什么、生产多少。

2）根据 BOM（物料清单）决定要用到什么。

3）根据物品库存信息、即将到货信息或产出信息确定已经有了什么。

4）通过计算获知还缺什么。

5）通过计算获知如何安排生产。

MRP 与 MPS 一样处于 ERP 系统的计划层。MRP 系统是生产管理的核心（也是生产计划部分的核心），它把根据 MPS 排产的产品分解成各个自制零部件的生产计划和采购件的采购计划。MRP 系统能帮助企业摆脱旧的按台套组织生产的管理方式，给企业提供一套全新的、科学的管理方式。

2. MRP 的计算过程

MRP 的计算过程为：根据 MPS 计算得出最终产品或模块化部件的需求及其他独立需求数据，按 BOM 计算得出各个下层物料的需求，在计算各个下层物料的需求时要考虑物料库存信息，最后得出各物料的净需求。

例如，假定要生产 120 辆卡车，库存情况（库存量和已订货量之和）见表 6-1。

表 6-1　库存情况

层次	类别	零(部)件名称	统 计 项 目	数量
	产品	卡车		120
第一层	总成	传动器	生产 120 台汽车对传动器的毛需求量	120
			库存量和已订货量	12
			净需求量	108
第二层	组件	齿轮箱	生产 108 台传动器对齿轮箱的毛需求量	108
			库存量和已订货量	15
			净需求量	93
第三层	零件	齿轮	生产 93 台齿轮箱对齿轮的毛需求量	93
			库存量和已订货量	8
			净需求量	85
第四层	零件半成品	齿轮钢坯	生产 85 个齿轮对齿轮钢坯的毛需求量	85
			库存量和已订货量	36
			净需求量	49

下面对齿轮锻坯的净需求量核实一下。卡车生产数量为 120，齿轮锻坯的总需求量，即以下 5 项之和亦应为 120。

齿轮锻坯的库存量和已订货量	36
含有齿轮锻坯的齿轮的库存量和已订货量	8
含有齿轮的齿轮箱的库存量和已订货量	15
含有齿轮箱的传动器的库存量和已订货量	12
齿轮锻坯的净需求量	49
总计	120

净需求量的计算是根据产品结构自上而下逐层进行的。这个计算过程把隐藏在较高层次的物料项目传动器、齿轮箱和齿轮中的齿轮锻坯都计算出来。净需求量是通过一层一层地把库存量和已订货量分配给各个相应层次上的毛需求量而逐步求得的。只有在确定了上属层次的净需求量以后，才能确定下属层次的净需求量。

应当注意的是，毛需求量是为了满足上属项目的订货要求产生的，而不是最终产品所消耗的数量。这两个量不一定相同。

在上例中，要生产 120 辆卡车，每一辆卡车含有一个齿轮锻坯，因此齿轮锻坯的总需求量是 120。这个数字虽然对成本核算是有用的，但对于物料需求计划却没有直接的意义。因为我们关心的不是与产品一起出厂的组件的数量，而是需要采购或制造的数量，即净需求量。计算出的齿轮锻坯的毛需求量是 85，净需求量是 49。只有在上层物料（齿轮、齿轮箱和传动器）库存为零时，齿轮锻坯的毛需求量才可能是 120。在物料需求计划里，下属项目的毛需求量取决于父项的净需求量，而不是取决于最终项目的需求量。

注意：一个给定的物料项目可能有多个需求源，因此毛需求量也可来自多方。一项物料可能包含在几个父项物料中，也可能用于来自外部的独立需求，如用作备件。

物料需求计划的全过程，即在展望期内把最终项目的独立需求从主生产计划开始向下逐层分解为各个零部件需求的过程。在此过程中，一个关键的问题是父项记录和子项目录之间的衔接问题：对一项物料的计划订单下达就同时产生了其子项物料的毛需求，它们在时间上完全一致，在数量上有确定的对应关系。此过程沿 BOM 的各个分支进行，直到达到外购件（零部件或原材料）为止。

获得数据处理高效率的方法称为逐层处理法。做法是先对所有 BOM 算出第一层上所有物料项目的毛需求，按通用件相加，用来确定第二层物料项目的毛需求。以此类推，直至外购件。

在这个过程中，物料的低层代码起到重要的控制作用。一项物料可以出现在多个 BOM 中，在不同的 BOM 中所处的层次也会有不同。所以每项物料都有一个低层代码，用来指明在包含该项物料的所有 BOM 中，该项物料所处的最低层次。在需求展开的过程中，对该项物料的处理被延迟到其出现的最低层次上进行。此时，在所有较高层次上可能出现的对该项物料的毛需求量都已确定，于是可以把所有这些毛需求量按时区合并起来，再继续处理。因此，对每项物料只做一次需求展开，避免了重复检索和处理，提高了效率。

3. MRP 计算的基本原理

（1）MRP 系统的运行方式　MRP 系统有两种基本运行方式：全重排式和净改变式。两种方式最主要的不同之处在于计划更新的频繁程度以及引起计划更新的原因。在第一种方式中，计划更新是由主生产计划的变化引起的；在第二种方式中，计划更新是由库存事务处理引起的。

使用全重排式，主生产计划中的所有最终项目的需求都要重新加以分解；每一个 BOM 文件都要被访问到；每一个库存状态记录都要经过重新处理；系统输出大量的报告。全重排式运行方式是通过批处理作业完成的。因此只能按一定时间间隔（通常为一周）定期进行。在两次批处理之间发生的所有变化，以及计划因素的变化等，都要累计起来，等到下一次批处理一起处理，所以计划重排结果报告常有延迟。这就使系统反应的状态总是在某种程度上滞后于现实状态。在具体情况下，这个缺点的严重程度取决于 MRP 系统的作业环境。

在一个动态的生产环境中，客户需求时时波动，订货每天都可能发生变化，主生产计划经常更改，产品的设计不断更新，所有这些都意味着每项物料的需求数量和需求时间也要随之迅速改变。在这类生产环境中，要求系统有迅速适应变化的能力。

在比较稳定的生产环境中，仅就物料需求而论，全重排式 MRP 系统或许能满足需求。然而 MRP 并不只局限于库存管理，它还要确保已下达订单的到货期符合实际需求。因此，一个以周为时间间隔重排计划的 MRP 系统显然不能使订单的完成日期时时与需求情况相符。

由此可以看出，MRP 系统重排计划的时间间隔是一个重要问题。为了能以更小的时间间隔重排计划，必须既考虑到数据处理的经济性（重排计划的范围、时间段和输出数据量），又能避免批处理作业滞后的弊端。于是，净改变式 MRP 系统应运而生。

需求分解是 MRP 最基本的作业。净改变方式采用局部分解的作业方式，对计划进行连续的更新，取代以较长时间间隔进行全面分解的作业方式。

局部分解是问题的关键，因为缩小了每次的运算范围，从而可以提高重排计划的频率，而且每次的输出结果数据也少了。所谓局部分解，一是每次运行只分解主生产计划中的一部分内容；二是由库存事务处理引起的分解只局限于直接涉及的物料及其下属物料。

从净改变的角度看，主生产计划是一份不断更新、连续存在的计划，而不是一份一份间断产生的计划。

（2）MRP 计算的基本原理与关键信息　计算与制订 MRP 的基本原理如下：

1）由最终产品的主生产计划导出有关物料（组件、材料）的需求量与需求时间。

2）根据物料的提前期确定投产或订货时间。

MRP 计算所需要的数据来源有以下两种：

1）主生产计划数据。从主生产计划中得到需要在何时产出产品的种类及数量，这是根据较高层的物品或成品的需求派生出来的需求。

2）独立需求数据。在极少数情况下，由于某些原因，对零部件的独立需求不包含在主生产计划中，如维修、服务时要使用的备件，用于满足特殊需要的物料等。

制订 MRP 时依据的关键信息如下：

1）主生产计划（MPS）。

2）物料清单（BOM）。由于最终产品的各个子件加工周期不同，即对 BOM 中的同一物料的需求时间不同，因此，制订 MRP 时要根据产品的 BOM 将 MPS 按需求展开（包括数量与提前期信息），用时间坐标表示 BOM 的结构，如图 6-34 所示。

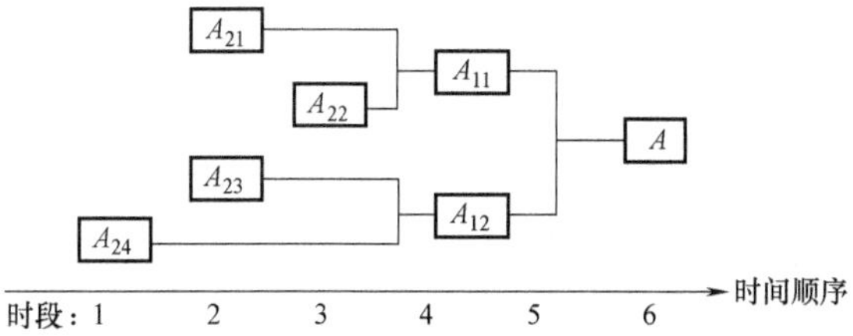

图 6-34　利用时间坐标表示的 BOM

3）库存信息。依据物料库存信息确定各个物料的需求量。

二、物料需求计划的应用

物料需求计划的计算逻辑与主生产计划的计算逻辑相同。MRP 的需求来源可以是 MPS 的结果，也可以直接根据销售订单和产品预测结果生成物料需求计划，只针对物料属性为 MRP 的物料制订物料需求计划。

通过 MPS 计算生成的计划订单经粗能力计算确认可行后，要对 MPS 计划订单进行确认，确认后的 MPS 计划订单即为生成物料需求计划所需的数据。

1. 物料需求计划的业务流程

物料需求计划的业务流程如图 6-35 所示。

1）设置物料的计划属性：在物料基础资料里将物料的计划策略设置为物料需求计划，如需考虑批量法则，则设置批量参数。

2）设置计划展望期：与主生产计划中设置的计划展望期相同。

3）设置 MRP 计算的运算方案：设置方法与 MPS 运算方案的设置方法基本相同。

4）计算物料需求计划。

5）调整物料需求计划结果：根据能力需求计划计算的结果，考虑能力限制，调整物料需求计划结果。

6）审核和投放物料需求计划结果：审核和投放调整后的计划订单，生成对应的生产任务单和采购申请单。

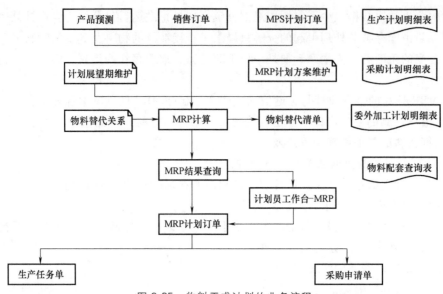

图 6-35 物料需求计划的业务流程

2. 设置系统参数

1）设置物料需求计划物料。在电动葫芦产品的物料中，将电动机、传动箱和电动葫芦设置为 MPS 物料，将螺栓、螺母和垫圈的订货策略设置为再订货点（Re-Order Point, ROP），其他物料的订货策略均为物料需求计划。

2）设置计划展望期。

3）设置 MRP 的计划方案。MRP 的计划方案包括需求参数、计算参数、合并参数、投放参数、仓库参数和其他参数，如图 6-36 所示。

3. 计算 MRP

设置好上述参数后，进行 MRP 计算，打开 MRP 运算向导，按向导中的提示进行 BOM 单嵌套检查和低位码维护，然后打开图 6-37 所示的界面设置 MRP 运算方案，之后开始计算 MRP。计算过程完全由计算机自动控制，不需操作员干预。

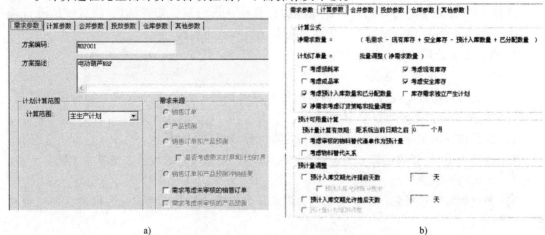

a)   b)

图 6-36 MRP 计划方案的参数
a)"需求参数"设置 b)"计算参数"设置

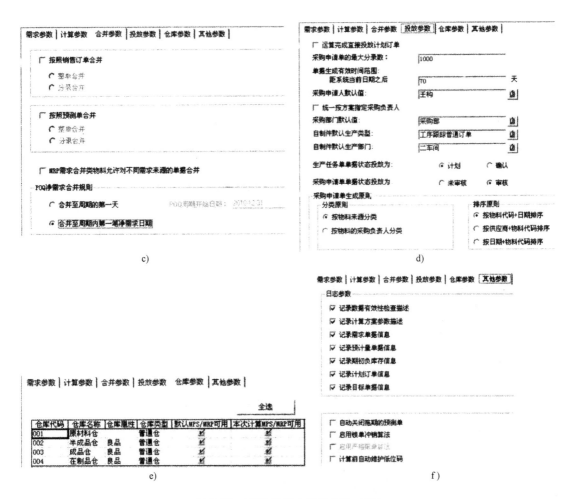

图 6-36 MRP 计划方案的参数（续）
c)"合并参数"设置 d)"投放参数"设置 e)"仓库参数"设置 f)"其他参数"设置

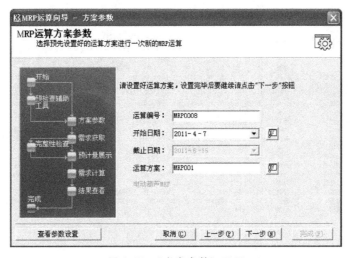

图 6-37 "方案参数"界面

4. 分析 MRP 计算结果

计算完成后，可以查询 MRP 计算结果的明细数据，如图 6-38 所示。也可查询 MRP 计算产生的计划订单，如图 6-39 所示。

图 6-38　MRP 计算结果

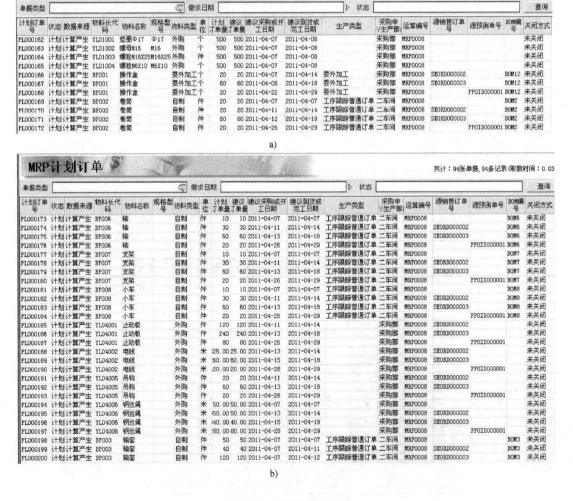

图 6-39　MRP 计划订单

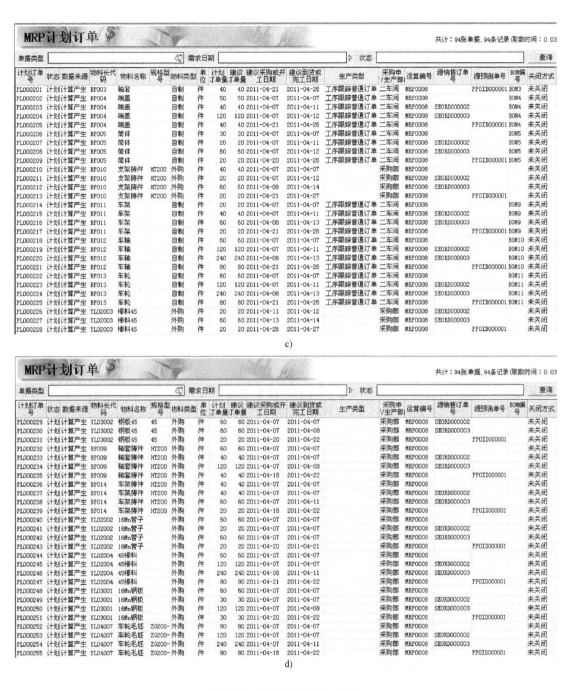

图 6-39 MRP 计划订单（续）

根据 MRP 运算结果可知：卷筒的即时库存为 0，安全库存为 15，固定提前期为 2，变动提前期为 2，变动提前期批量为 100，固定批量为 10，因为要保证仓库的即时库存不小于安全库存，因此在进行 MRP 计算的当天（2011 年 4 月 7 日）产生的净需求为 15（等于安全库存量），再根据批量为 10，产生计划订单量为 20 的 MRP 计划订单，同时由于实际计划订单量大于安全库存，因此下一阶段产生的期初库存为 5（即 20-15）。

在处理 MPS 的计算结果时,已根据完工日期为 2001 年 4 月 25 日的电动葫芦订单投放生产任务单,其中的生产任务处于计划状态,因此该生产任务单对应的物料需求计划中处于计划状态的已分配量出现在 MRP 计算结果中,处于计划状态的卷筒的已分配量 25 同样产生净需求,扣除期初库存(5 件),实际的净需求=25-5=20,按批量规则调整后的计划订单量仍为 20。

根据 MRP 计划订单可知:由于建议完工日期为 2011 年 4 月 14 日的卷筒物料的固定提前期为 2 天,变动提前期为 2 天,变动提前期批量为 100,即每生产 100 件所需时间为固定提前期再增加 2 天,现需生产 20 件,因此实际变动提前期应为 1 天,实际的生产提前期=2 天+1 天=3 天,按工作日历去掉休息日,得出建议开工日期为 2011 年 4 月 11 日。

5. 处理 MRP 计算结果

由 MRP 产生的计划订单的初始状态为"计划",判断 MRP 是否可行需进行细能力计算。若根据细能力计算结果判断 MRP 可行,则执行 MRP 审核操作,确认 MRP 计划可行。若根据细能力计算结果判断 MRP 不可行,则需调整 MRP 计划,调整后若 MRP 可行,则执行 MRP 审核操作。在图 6-39 所示的界面中,选择某个 MRP 计划订单,单击工具栏上的"审核",对该计划订单进行审核,这时该计划订单的状态变为"审核"。

MRP 计划订单通过审核后,可以转为可执行计划。在图 6-39 所示的界面中,选择某个已审核的计划订单,单击工具栏上的"投放",将根据该计划订单投放生产任务单(针对自制类型的物料)或采购申请单(针对外购类型的物料),这时相应的计划订单状态为"关闭",表示计划订单已执行完毕。注意:根据物料类型为"委外加工"的计划订单投放的是采购申请单。

第四节 销售业务管理

一、销售管理的业务流程

1. 销售管理系统的定义及任务

(1) 销售管理系统的定义 ERP 的销售管理系统是提供报价、订货、发货和开票的完整销售流程,支持普通销售、委托代销、分期收款、直运、零售和销售调拨等多种类型的销售业务,并可对销售价格和信用进行实时监控的管理系统。

(2) 销售管理系统的任务 销售管理系统的核心功能是预测管理、订单管理和销售业务管理。由于企业所属行业不同,销售形式也多种多样,但企业销售管理的主要任务大致是相同的。具体来说,销售管理系统主要包括以下任务:

1) 对客户进行有效管理,建立长期稳定的销售渠道。
2) 根据市场需求信息,进行产品销售预测。
3) 按照客户订单、市场预测情况和企业内部生产情况,针对企业的销售品种、各品种的销售价格及销售量制订销售计划。
4) 按照客户的需求,与客户签订销售订单,并按销售订单将客户情况和交货情况通知给生产计划人员以便安排生产，同时跟踪销售订单执行进度。

5）按销售订单的交货日期组织货物，并下达发货单，组织发货，然后将发货情况提供给财务部门。

6）给客户开具销售发票并及时催收货款，将发票转给财务部门记账。

7）从各种角度对各种销售信息进行分析统计。

销售管理系统用于进行销售规划和销售业务管理。销售规划包括对产品族总需求的预测，销售业务管理的目的是为客户提供产品及服务，使企业获取利润，为企业提供生存与发展的动力和源泉。由于不同行业的产品结构、销售形式各不相同，生产类型千差万别，生产的组织形式也多种多样，因此针对它们的计划与控制方法不同，ERP销售管理系统应与企业的销售环境和生产类型相适应。

2. 生产类型与销售业务类型

（1）销售环境与生产类型　销售环境是指不同产品的需求特性，不同的销售环境对应着不同的生产组织形式。

1）现货生产（Make To Stock，MTS）。现货生产也称为备货生产，是在未收到市场订单的前提下计划并组织生产。现货生产的计划对象是最终销售产品，根据收集的市场信息（通过市场调查获得或来源于分销网点、渠道），针对各种类型的产品按不同的比例组织生产，产生产品库存后供客户选择。现在很多企业主要采用这种方式计划和组织生产。由于不受销售订单的约束，生产活动井然有序，企业的主动权大，制订计划后一般不怎么修改。在进行现货生产时，必须重点控制生产进度、车间投入产出，协调各生产服务部门的关系。库存部门要不断反馈产品库存信息，在下达生产订单时应考虑产品的库存控制，针对预测与销售出入较大的情况要及时调整，拖后或提前安排生产。

2）订货生产（Make To order，MTO）。订货生产有时也称为定货生产，是按销售合同来安排生产。它的特点是必须保证合同上说明的交货期，计划的对象也是最终产品。订货生产可以避免库存积压。在这种销售环境下，生产的相关数据要尽量准确，要平衡好生产能力，解决因关键（瓶颈）资源产生的约束问题，同时做好设备、仪器的维护和保养工作，制订合理的维修计划，对生产工艺的优化、车间作业的控制也非常重要（但最重要的是保证符合交货期要求）。

3）订货组装（Assemble To Order，ATO）。订货组装又称为装配生产，是根据现有库存中的组件按客户的订单要求有选择地进行组装，主要要制订总装计划（Final Assembly Schedule，FAS），控制产品的产出进度。

4）工程生产（Engineer To Order，ETO）。工程生产也称为专项生产，它是在接到客户订单后，按客户的订单要求专门组织生产，按工程管理的方法进行过程管理。它适用于具有复杂结构的产品的生产，如船舶、电梯、专用测试设备及锅炉等，其计划的对象是最终产品。

多数企业可能同时有好几种销售环境，因此企业的生产类型经常是多种形式的组合，企业应该适应生产类型的变化。

（2）销售业务类型　企业按照销售业务的不同处理方式，有不同的销售业务类型，大致将销售业务分为以下六种业务类型：

1）普通销售业务。普通销售业务支持正常的销售业务，适用于大多数企业的日常销售业务。普通销售业务根据业务流程不同，又可分为先发货后开票业务和开票直接发货业务两种业务模式。先发货后开票业务是指根据销售订单或其他销售合同，向客户发出货物，发货之后根据发货单开具发票并结算。开票直接发货业务是指根据销售订单或其他销售合同，向客户开具发票，客户根据发票到指定仓库提货。系统处理这两种业务模式的流程不同，但允许两种流程并存。系统判断两种流程的依据是先录入发货单还是先录入发票。

2）委托代销业务。委托代销业务是指企业将商品委托他人进行销售但商品所有权仍归本企业的销售方式。委托代销商品销售后，双方进行结算，并开具正式的销售发票，形成销售收入，商品所有权转移。

3）直运销售业务。直运销售业务是指产品无须入库即可完成购销业务，由供应商直接将商品发给企业的客户，结算时，由购销双方分别与企业结算。

4）分期收款业务。分期收款发出商品业务是将货物提前发给客户，分期收回货款。在财务处理上的特点是：一次发货，当时不确认收入，分次确认收入，在确认收入的同时配比性地转成本。

5）销售调拨业务。销售调拨一般是处理集团企业内部有销售结算关系的销售部门或分公司之间的销售业务，销售调拨业务不涉及销售税金。销售调拨业务必须在当地税务机关许可的前提下方可使用，否则处理内部销售调拨业务必须开具发票。

6）零售日报业务。零售业务是指商业企业将商品销售给零售客户的销售方式，如商场、超市。本系统通过零售日报的方式接收用户的零售业务原始数据。零售日报不是原始的销售单据，是零售业务数据的日汇总。

3. 销售管理业务流程

（1）产品销售过程　为了销售本公司生产的产品，企业会在年度末制订下一年度的销售目标、销售规划和销售计划，公司销售部负责完成销售任务，其销售过程大致如下：

1）销售部会整理现有客户和潜在客户的相关资料，按地域、销售额、信用情况等对客户进行分类，确定不同类型客户的付款条件。

2）制订具体产品的销售策略。针对产品的成本、销售规模、客户类型制订销售价格、折扣比例，针对不同类型客户确定信用额度、信用期限。

3）新客户在购买产品前，会首先咨询售前工程师，获得产品的功能、性能和参数等技术资料，这时售前工程师会记录客户的基本信息以便将来联系。当客户基本了解了产品之后，会向销售员询价，这时销售员会给出报价，说明公司的产品价格政策。老客户在购买产品前，也会先向销售员询价，了解价格优惠政策，进行价格谈判，签订销售合同或者直接确认产品报价单。销售合同或报价单经销售主管审核后生效。

4）销售员根据销售合同或产品报价单制作销售订单，销售订单经销售主管审核后生效。销售员根据销售订单中确认的产品规格和数量查询仓库库存，若库存满足销售订单的要求，则开具产品发货通知单，通知仓库发货。若库存不足，则销售员将销售订单传递给生产计划部门，作为制订生产计划和采购计划的依据，当生产的产品完工入库后，销售员再开具产品发货通知单，通知仓库发货。

5）客户下达销售订单后发现情况有变，需要由销售员更改销售订单，然后按更改的销售订单安排生产。

6）当销售员把销售订单传递给生产计划部门，生产部门制订计划、安排生产后，销售员会跟踪订单的执行过程，及时与客户沟通，反馈订单的执行进度。

7) 仓库收到销售部门传递的发货通知单后，开具销售出库单，进行发货处理。同时将出库单传递给财务部门，由财务部门的会计给客户开具销售发票，客户向财务部门缴纳货款，销售过程结束，进入售后服务阶段。

（2）销售管理业务流程　ERP 中的销售管理模块包括基础数据设置、销售、销售服务、销售分析以及销售业务报表生成。企业的实际情况比较复杂，涉及的流程也各不相同。下面主要说明各个部分的基本业务流程。

1）基础数据设置。基础数据包括系统参数和基本资料两部分。基础数据设置的业务流程如图 6-40 所示。

图 6-40　基础数据设置的业务流程

2）销售。销售业务流程如图 6-41 所示。

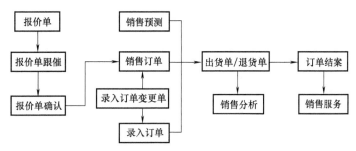

图 6-41　销售业务流程

3）销售服务。销售服务业务流程如图 6-42 所示。

4）销售分析。销售分析业务流程如图 6-43 所示。

5）销售业务报表生成。销售业务报表生成的业务流程如图 6-44 所示。

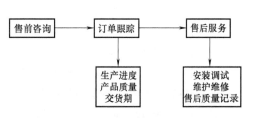

图 6-42　销售服务业务流程

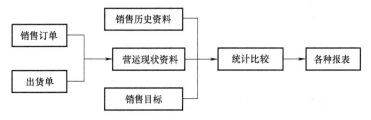

图 6-43　销售分析业务流程

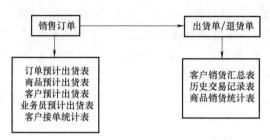

图 6-44　销售业务报表生成的业务流程

二、销售管理系统的功能与结构

1. 销售管理系统的功能

（1）设置销售管理系统参数

1）设置供应链整体参数。供应链管理系统包含销售管理、采购管理、仓储管理及核算管理等模块，因此供应链整体参数会影响销售系统的功能，它也是销售管理系统参数的一部分。

2）定义业务流程。某些业务流程与前序流程和后序流程存在关联，有些关联是必需的，有些是可选的，因此可以在系统中改变业务流程的关联关系，如可以根据报价单制作销售订单，也可以直接制作销售订单，可以根据销售订单制作销售出库单，也可以直接生成销售出库单。

3）设置多级审核参数。可以设置销售管理业务单据是否需要经过多级审核，若选择进行多级审核，则需确定审核级次以及每一级的审核人。

（2）管理销售管理系统基础数据

1）管理客户信息。记录客户编号、名称、税号、联系电话、邮编和地址等基本信息，信用额度控制方式、信用额度、付款条件、收款方式、付款银行、账号、客户类别等交易信息。

2）管理客户物料。给出客户方为本公司物料设置的名称和代码。

3）管理客户商品价格。对于同一种物料，针对不同类型的客户（如总代理、地区代理、销售商和最终消费者）会有不同的报价。针对同一客户，由于销货数量不同，价格也会不同。因此需要针对不同类型的客户和不同的销货量制定不同的价格政策。

4）管理客户信用。针对不同客户确定信用额度、信用期限、信用物料和信用数量。

5）管理收款条件。确定预计收款日期和资金实现日期。

（3）处理报价单　根据 APICS 的定义，报价单是一种文件，叙述供货商向潜在客户提出的价格、销售条件以及对产品和服务的说明。

1）查询客户历史报价。报价前，首先查看针对该客户对某种物料最近三次的报价，将销售订单、出货单和退货单中的价格信息作为报价的依据。

2）输入报价单。输入报价单对应的客户资料、币种、汇率、报价日期、报价生效日和失效日、付款条件、物料名称、数量和价格、报价确认状态和审核状态。

3）审核报价单。报价单经主管审核后才能传给客户。

4）跟催报价单。将报价单传给客户后，要及时获取并记录客户的反馈信息，这一过程称为跟催。

5) 确认客户报价单。客户确认报价后，在报价单中记录客户确认状态。

6) 更新客户商品价格。经客户确认的报价单中的报价是针对该客户的最新报价，用此报价更新基础资料中的产品价格。

(4) 处理订单

1) 录入客户订单。客户订单数据包括订单号，客户编号，订单日期，付款条件，业务员，订金比率，增值税率，币种，汇率，销售方式，交货方式，交货日期，折扣，所订购物料名称、编码、规格、所在仓库、数量及单价等。

2) 将报价单转为销售订单。将客户确认的报价单自动转为销售订单，销售订单格式与客户订单格式相同。

3) 录入订单变更单。要修改已审核过的订单时，为保存原始记录，不能直接修改原订单，应录入订单变更单，即增加一张新的订单。对于原订单，若已部分交货，则可结束订单处理过程。若全部未交货，可将原订单作废。

4) 审核订单。订单经主管审核确认后才生效，接下来应安排采购和生产。

5) 订单结案。对执行完毕的订单（即所订购物料已全部交给客户），结束该订单的操作称为订单结案。已结案的订单不再参与计算。

6) 跟踪订单。根据销售订单，分别给出按订单、物料、客户和业务员统计得出的预计出货表，说明出货进度，统计客户下达订单的情况。

(5) 预测销售情况　销售预测是根据过去的销售需求量来预测未来的销售需求量的过程。

1) 录入预测单。预测单数据包括预测编号、客户编号、业务员、是否纳入生产计划和预测的产品明细数据，如物料编号、名称、规格、日期、已接受订量、币种、单价和需求日期。

2) 审核预测单。由主管审核预测单是否合理，通过审核的预测单可参与计算。

(6) 出货/退货处理　可根据销售订单自动生成出货单，也可在无销售订单的情况下直接出库，出库单经审核确认后应更新物料库存数量，使库存物料减少，同时更新客户订单中的已交货量，并自动生成应收账款。当已交货量达到或超过订单数量时，订单自动结案。

1) 录入出货单。出货单数据包括单头和单体，单头数据包括出货单号、出库日期、客户编号、业务员、付款条件、送货地址、币种、汇率、审核人和销售发票号等。单体数据包括物料编号、名称、型号、规格、批号、单位、数量、单价、折扣、所在仓库和销售订单号等。一张出货单可涵盖多种物料的出货信息。

2) 审核确认出货单。录入出货单后，由主管人员进行审核、确认，同时更新库存和已订量。

3) 处理退货。在实际业务中，常会因产品质量或其他原因导致客户要求退货。发生退货情况时，应填写退货单。退货处理流程与出货相同，只是要在更新库存和订单已交货量时增加库存，减少已交量。

4) 统计出货情况。按客户统计销售情况，按物料统计不同时间段的销售情况。

(7) 分析销售情况　通过分析销售历史资料和销售现况资料，可以从不同的角度对数据进行挖掘，分析市场趋势和产品结构，协助企业制订销售目标，比较销售目标与销售实绩

(实际销售业绩的简称),实现对营销业务的控制,促进销售目标的实现。

1)设定销售目标 销售目标是指企业在一定时期内想要达到的销售数量和金额,可按产品类别、业务员、客户和地区等设定销售目标。

2)分析实际销售业绩数据 销售实绩数据主要有两个来源:一是系统上线之前各产品在以往各年、月的接单或销售资料,二是系统上线以后,通过销售订单模块和出货模块输入的销售交易资料。

3)分析销售情况。通过比较销售实绩和销售目标,可得出产品的达成率、成长率、贡献率、占有率,销售实绩和目标可以用数量表达,也可以用金额表达。

① 达成率=实际销售业绩/计划销售目标。

② 成长率:本年的销售金额或数量与上一年同期相比超出的部分(或不足的部分)与上一年同期销售金额或数量的比值。

③ 贡献率=(销售金额-销售成本)/销售成本。

④ 占有率:包括客户占有率和产品占有率。在指定期间内,占有率是某一客户(或产品)的交易金额与企业所有交易金额的比值。

销售分析结果可以用图形表示,如条形图、柱状图、折线图和饼图等。

(8)提供销售服务 销售服务包括售前、售中和售后服务,以及对业务执行情况的跟踪。售前服务指为客户介绍产品和技术。售中服务指跟踪合同执行情况、订单的交货情况及客户对产品质量、交货期的满意程度。售后服务包括产品安装、调试、维护、维修等,以及向质量部门和技术部门提供产品的售后服务质量记录。

2. 销售管理系统的结构

(1)销售管理系统模块 销售管理系统模块如图6-45所示。

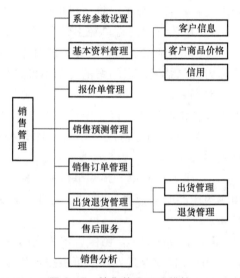

图6-45 销售管理系统模块

(2)销售管理系统与其他系统的关系 销售管理系统与库存管理、成本管理、财务管理、主生产计划和分销计划等系统有紧密的联系,销售管理系统与其他系统的关系如图6-46所示。

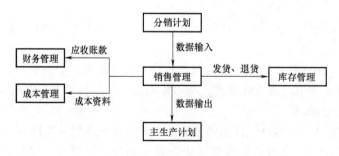

图6-46 销售管理系统与其他系统的关系

三、销售管理系统的应用

下面以 K/3 ERP 系统为例,说明销售管理系统的应用。销售管理系统的主流程如图 6-47 所示。

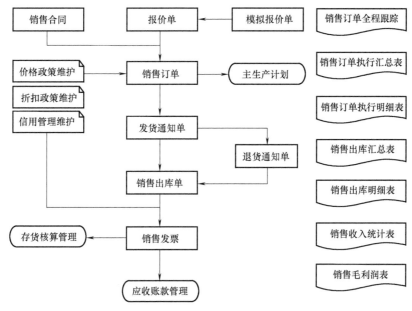

图 6-47 销售管理系统的主流程

1. 案例数据

华南机械制造股份有限公司的客户包括广州机床制造有限公司、广州工具公司和哈尔滨汽车贸易公司,公司针对这三个客户制定了不同的价格政策、折扣方案和信用政策,见表 6-2。

表 6-2 客户报价、折扣与信用资料

客 户	报价(元)			折扣率		信用额度(元)	信用数量(件)
	1~20(件)	21~50(件)	51~100(件)	1~50(件)	51~100(件)		
广州机床制造有限公司	1200	1150	1100	2%	5%	48000	40
广州工具公司	1200	1150	1100	2%	5%	36000	30
哈尔滨汽车贸易公司	1200	1150	1100	2%	5%	60000	50

公司根据价格和折扣政策向广州工具公司报价,广州工具公司下达了购买 10 件电动葫芦的销售订单,电动葫芦的库存数量为 10 件。

2. 设置系统基本参数

(1) 设置供应链整体选项 选择"系统设置"→"系统设置"→"销售管理"→"系统设置"命令,打开图 6-48 所示的界面,在左边的窗格中选择"供应链整体选项",在右边的窗格中设置相关参数。参数主要包括:是否使用双计量单位、是否启用多级审核以及是否启用锁库功能等。

(2) 设置销售系统选项 在图 6-48 所示的界面中,在左边的窗格中选择"销售系统选

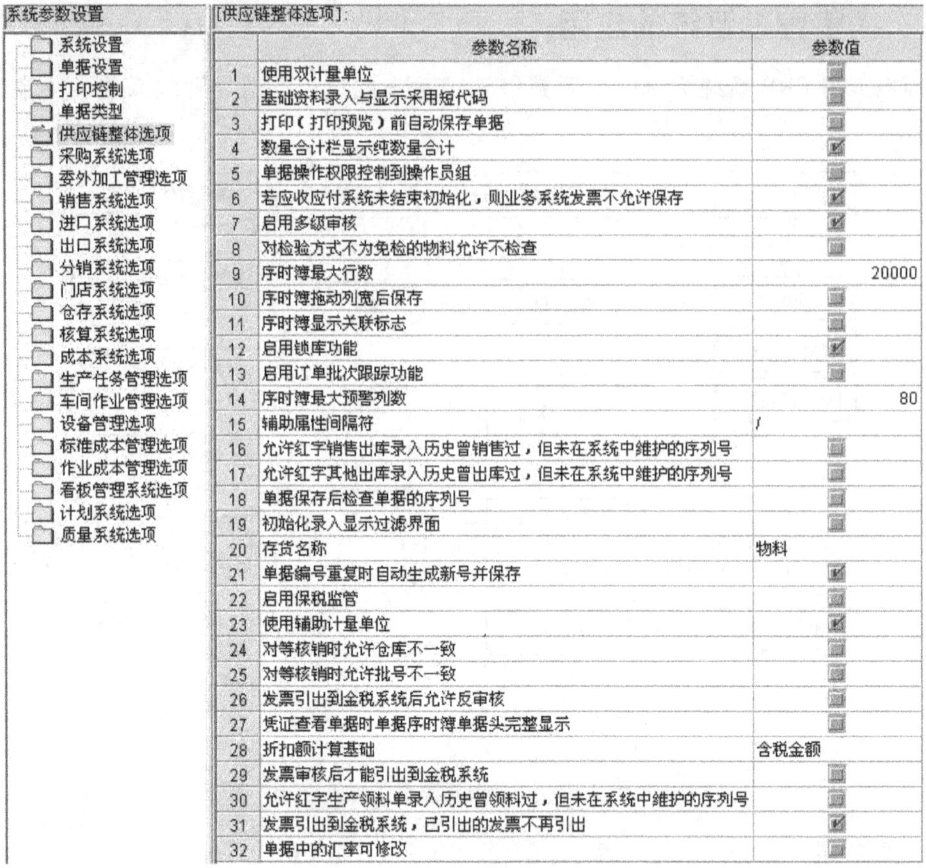

系统参数设置

系统设置
单据设置
打印控制
单据类型
供应链整体选项
采购系统选项
委外加工管理选项
销售系统选项
进口系统选项
出口系统选项
分销系统选项
门店系统选项
仓存系统选项
核算系统选项
成本系统选项
生产任务管理选项
车间作业管理选项
设备管理选项
标准成本管理选项
作业成本管理选项
看板管理系统选项
计划系统选项
质量系统选项

[供应链整体选项]:

	参数名称	参数值
1	使用双计量单位	☐
2	基础资料录入与显示采用短代码	☐
3	打印（打印预览）前自动保存单据	☐
4	数量合计栏显示纯数量合计	☑
5	单据操作权限控制到操作员组	☐
6	若应收应付系统未结束初始化，则业务系统发票不允许保存	☑
7	启用多级审核	☑
8	对检验方式不为免检的物料允许不检查	☐
9	序时簿最大行数	20000
10	序时簿拖动列宽后保存	☐
11	序时簿显示关联标志	☐
12	启用锁库功能	☑
13	启用订单批次跟踪功能	☐
14	序时簿最大预警列数	80
15	辅助属性间隔符	/
16	允许红字销售出库录入历史曾销售过，但未在系统中维护的序列号	☐
17	允许红字其他出库录入历史曾出库过，但未在系统中维护的序列号	☐
18	单据保存后检查单据的序列号	☐
19	初始化录入显示过滤界面	☐
20	存货名称	物料
21	单据编号重复时自动生成新号并保存	☑
22	启用保税监管	☐
23	使用辅助计量单位	☑
24	对等核销时允许仓库不一致	☐
25	对等核销时允许批号不一致	☐
26	发票引出到金税系统后允许反审核	☐
27	凭证查看单据时单据序时簿单据头完整显示	☐
28	折扣额计算基础	含税金额
29	发票审核后才能引出到金税系统	☐
30	允许红字生产领料单录入历史曾领料过，但未在系统中维护的序列号	☐
31	发票引出到金税系统，已引出的发票不再引出	☑
32	单据中的汇率可修改	☐

图 6-48　供应链整体选项设置界面

项”，打开图 6-49 所示的界面，可在右边的窗格中设置相关参数。参数主要包括已关闭的销售订单是否可以变更物料、是否允许订单执行数量超过订单数量等。

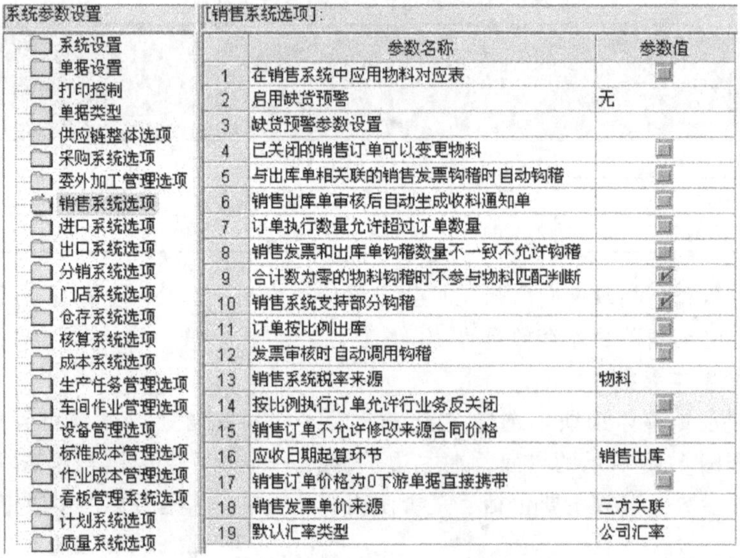

系统参数设置

系统设置
单据设置
打印控制
单据类型
供应链整体选项
采购系统选项
委外加工管理选项
销售系统选项
进口系统选项
出口系统选项
分销系统选项
门店系统选项
仓存系统选项
核算系统选项
成本系统选项
生产任务管理选项
车间作业管理选项
设备管理选项
标准成本管理选项
作业成本管理选项
看板管理系统选项
计划系统选项
质量系统选项

[销售系统选项]:

	参数名称	参数值
1	在销售系统中应用物料对应表	☐
2	启用缺货预警	无
3	缺货预警参数设置	
4	已关闭的销售订单可以变更物料	☐
5	与出库单相关联的销售发票钩稽时自动钩稽	☐
6	销售出库单审核后自动生成收料通知单	☐
7	订单执行数量允许超过订单数量	☐
8	销售发票和出库单钩稽数量不一致不允许钩稽	☐
9	合计数为零的物料钩稽时不参与物料匹配判断	☑
10	销售系统支持部分钩稽	☑
11	订单按比例出库	☐
12	发票审核时自动调用钩稽	☐
13	销售系统税率来源	物料
14	按比例执行订单允许行业务反关闭	☐
15	销售订单不允许修改来源合同价格	☐
16	应收日期起算环节	销售出库
17	销售订单价格为0下游单据直接携带	☐
18	销售发票单价来源	三方关联
19	默认汇率类型	公司汇率

图 6-49　销售系统选项设置界面

(3) 定义业务流程　选择“系统设置”→“系统设置”→“销售管理”→“业务流程设计”命令，分别将单据类型设置为销售订单、销售出库、发货通知、退货通知和销售发票，可将这些业务的前序业务设置为可选或必选，如图 6-50 所示。

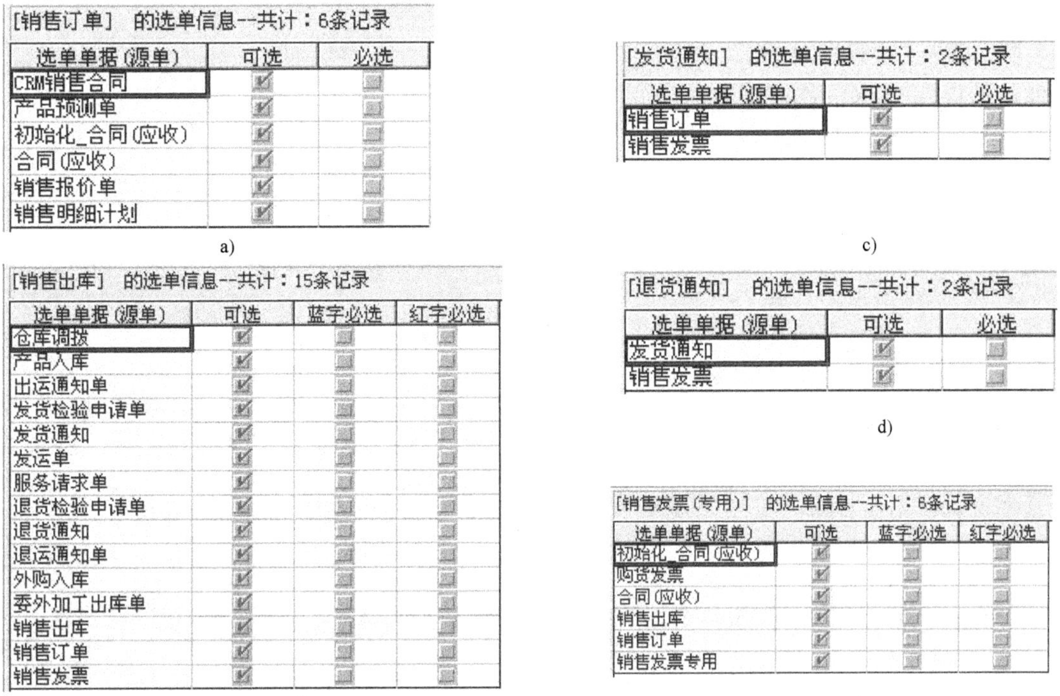

[销售订单] 的选单信息--共计：6条记录

选单单据(源单)	可选	必选
CRM销售合同	☑	☐
产品预测单	☑	☐
初始化_合同(应收)	☑	☐
合同(应收)	☑	☐
销售报价单	☑	☐
销售明细计划	☑	☐

a)

[销售出库] 的选单信息--共计：15条记录

选单单据(源单)	可选	蓝字必选	红字必选
仓库调拨	☑	☐	☐
产品入库	☑	☐	☐
出运通知单	☑	☐	☐
发货检验申请单	☑	☐	☐
发货通知	☑	☐	☐
发运单	☑	☐	☐
服务请求单	☑	☐	☐
退货检验申请单	☑	☐	☐
退货通知	☑	☐	☐
退运通知单	☑	☐	☐
外购入库	☑	☐	☐
委外加工出库单	☑	☐	☐
销售出库	☑	☐	☐
销售订单	☑	☐	☐
销售发票	☑	☐	☐

b)

[发货通知] 的选单信息--共计：2条记录

选单单据(源单)	可选	必选
销售订单	☑	☐
销售发票	☑	☐

c)

[退货通知] 的选单信息--共计：2条记录

选单单据(源单)	可选	必选
发货通知	☑	☐
销售发票	☑	☐

d)

[销售发票(专用)] 的选单信息--共计：6条记录

选单单据(源单)	可选	蓝字必选	红字必选
初始化_合同(应收)	☑	☐	☐
购货发票	☑	☐	☐
合同(应收)	☑	☐	☐
销售出库	☑	☐	☐
销售订单	☑	☐	☐
销售发票专用	☑	☐	☐

e)

图 6-50　定义业务流程

(4) 设置多级审核参数　选择“系统设置”→“系统设置”→“销售管理”→“多级审核管理”命令，将单据类型设置为销售订单、发货通知、销售出库、退货通知和销售发票等，单击工具栏上的“管理”，打开图 6-51 所示的“销售订单多级审核设置”对话框，设置多级审核的级次、审批人等资料，这里假设只进行单级审核。

图 6-51　“销售订单多级审核设置”对话框

3. 管理系统基础资料

可以通过选择“系统设置”→“基础资料”→“销售管理”命令管理系统基础资料，以在相应的业务系统中管理部分基础资料。销售管理系统的基础资料包括客户资料、

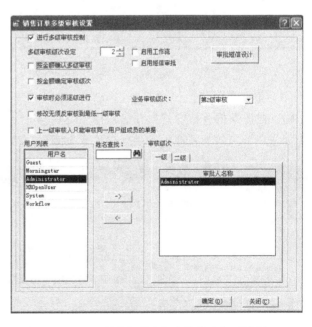

收款条件、价格资料、折扣资料、信用资料和批号等,其中客户资料属于公共基础资料。

(1) 收款条件　选择"系统设置"→"基础资料"→"销售管理"→"收款条件"命令,将出现图 6-52 所示的"收款条件-修改"界面,可以选择按信用天数结算或以月结方式结算,然后输入起算日和收款日。

(2) 价格资料　选择"系统设置"→"基础资料"→"销售管理"→"价格资料维护"命令,输入过滤条件后新增价格方案,打开图 6-53 所示的"价格方案维护"界面,输入价格政策编号、价格政策名称后保存价格政策头

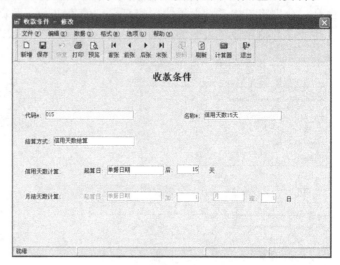

图 6-52　"收款条件"界面

信息,然后在左侧窗格中选择具体客户,单击工具栏上的"新增",输入针对该客户的价格政策内容。价格政策内容包括物料名称、销货量范围和报价等。

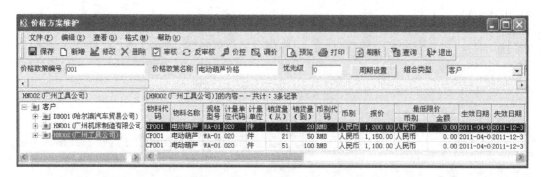

图 6-53　"价格方案维护"界面

(3) 折扣资料　选择"系统设置"→"基础资料"→"销售管理"→"折扣方案维护"命令,输入过滤条件后新增折扣方案,打开图 6-54 所示的"折扣方案维护"界面,输入折扣政策编号、折扣政策名称后保存折扣政策头信息,然后在左侧窗格中选择具体客户,单击工

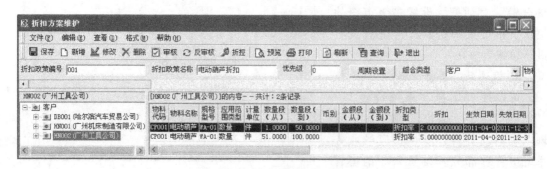

图 6-54　"折扣方案维护"界面

具栏上的"新增",输入针对该客户的折扣政策内容,折扣政策内容包括物料名称、数量或金额范围、折扣率等。

(4)信用资料 选择"系统设置"→"基础资料"→"销售管理"→"信用管理维护"命令,将出现如图 6-55 所示的"系统基本资料(信用管理)"界面,在左侧窗格中选择具体客户,单击工具栏中的"管理",设置该客户的信用额度、信用期限、信用日期、现金折扣和信用数量等。设置好信用数据后,单击工具栏中的"启用",启用信用管理。要启用信用管理,必须首先做好应收账款系统的初始化工作,否则不能启用信用管理。

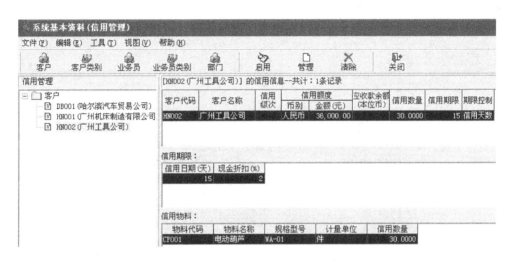

图 6-55 "系统基本资料(信用管理)"界面

4. 处理销售报价单

客户下订单之前,首先会询问产品价格,通过在报价单上记录报价信息,执行销售管理系统主流程中展示的报价单业务,确定过滤条件后,单击"新增",这时将出现销售报价单录入界面,如图 6-56 所示。在单据头部分输入购货单位、收款条件,在单据体部分输入物料名称、数量后,针对该客户的价格政策和折扣政策的内容会自动进入报价单。当然用户也

图 6-56 销售报价单录入界面

可以自行修改报价单中的单价和折扣。最后，报价单经主管审核后生效。

只有取得授权的用户才可以审核报价单，要将审核报价单的权力授予用户，需选择"系统设置"→"系统设置"→"销售管理"→"新单多级审核管理"命令，打开图6-57所示的"销售报价单_多级审核工作流"界面。在左侧窗格中选择"销售报价单"选项，在右侧窗格中选择"用户设置"标签，从"用户姓名"列表中选择用户并添加到右侧的"用户姓名"列表中，这时该用户具有审核报价单的权限。

图6-57 "销售报价单_多级审核工作流"界面

5. 处理销售订单

（1）录入销售订单　执行销售管理系统主流程中展示的销售订单业务，确认过滤条件后，单击"新增"，将出现销售订单录入界面，如图6-58所示。在单据头部分的"源单类型"文本框中输入"销售报价单"，按<F7>键后选择一张报价单，"选单号"文本框中将出现该报价单单号，刚才在报价单中录入的相关数据会自动进入销售订单，可根据需要修改单据体中的数量、单价、折扣率和交货日期等信息，之后应填写部门、业务员及主管等内容并保存单据。销售订单经主管审核后生效。

（2）变更销售订单（简称订单）　对于未经审核的订单，可通过直接修改订单数据来改变订单内容。对于已经通过审核的订单，可以在销售订单序时簿中选择"编辑"→"订单变更"命令，打开销售订单修改界面，输入变更的内容并保存即可。

6. 处理发货通知单

销售部门在向客户发货时要向仓库发出发货通知单，发货通知单是连接销售系统与库存系统的关键接口。若查询到仓库中有库存产品，则可通知仓库发货，若无库存产品或库存产品不足，则需通知生产部门安排生产。执行销售管理系统主流程中展示的发货通知单业务，确定过滤条件后，单击"新增"，打开图6-59所示的发货通知单录入界面。在"源单类型"文本框中输入"销售订单"，在"选单号"文本框中输入相应的销售订单单号，则销售订单

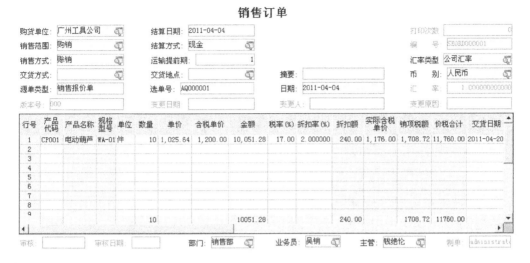

图 6-58 销售订单录入界面

中的相关数据会自动进入发货通知单，录入或修改相关数据后保存录入或修改结果，发货通知单经部门主管审核后生效。

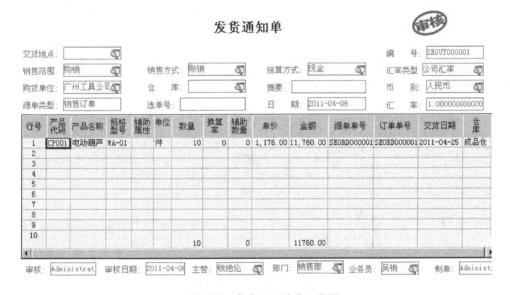

图 6-59 发货通知单录入界面

7. 处理销售出库单

当仓库收到发货通知单后，即可开始发货。执行销售管理系统主流程中展示的销售出库单业务，确定过滤条件后，单击"新增"，打开图 6-60 所示的销售出库单录入界面。在"源单类型"文本框中输入"发货通知"，在"选单号"文本框中输入相应的发货通知单单号，则发货通知单的相关数据会自动进入销售出库单，录入发货人、保管人等信息后保存结果，提交给主管审核。完成销售出库后，查询库存数据时会发现电动葫芦的库存减少了10个。

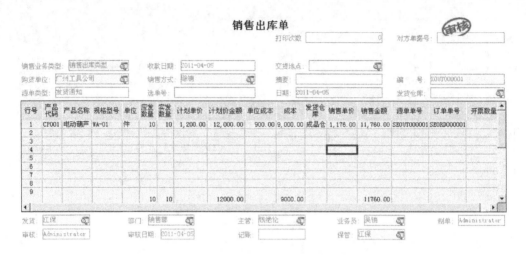

图 6-60　销售出库单录入界面

8. 处理销售发票

产品出库后，财务部需给客户开具发票。执行销售管理系统主流程中展示的销售发票业务，确定过滤条件后，单击"新增"，打开图 6-61 所示的销售发票录入界面。在"源单类型"文本框中输入"销售出库"，在"选单号"文本框中输入相应的销售出库单单号，则销售出库单的相关数据会自动进入销售发票，保存销售发票数据后提交给主管审核。

图 6-61　销售发票录入界面

9. 处理销售退货

客户因各种原因退货时需要进行退货处理。其过程如下：根据发货通知单开具退货通知单，通知仓库接收退货，仓库根据退货通知单开具红字销售出库单接收退货，最后财务部根据红字销售出库单开具红字销售发票。

（1）退货通知单的录入和审核　执行销售管理系统主流程中展示的退货通知单业务，确定过滤条件后，单击"新增"，打开图 6-62 所示的退货通知单录入界面。在"源单类型"文本框中输入"发货通知"，在"选单号"文本框中输入相应的发货通知单单号，则发货通知单的相关数据会自动进入退货通知单，保存退货通知单数据后提交给主管审核。

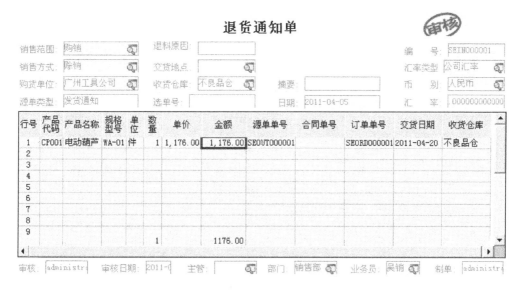

图 6-62　退货通知单录入界面

（2）红字销售出库单的录入和审核　执行销售管理系统主流程中展示的销售出库单业务，确定过滤条件后，单击"新增"，打开图 6-63 所示的销售出库单录入界面。在工具栏上单击"红字"，表示所做的销售出库单为红字出库单，在"源单类型"文本框中输入"退货通知"，在"选单号"文本框中输入相应的退货通知单单号，则退货通知单的相关数据会自动进入红字销售出库单，录入发货人、保管人等信息后保存录入结果，最后将红字销售出库单提交给主管审核。

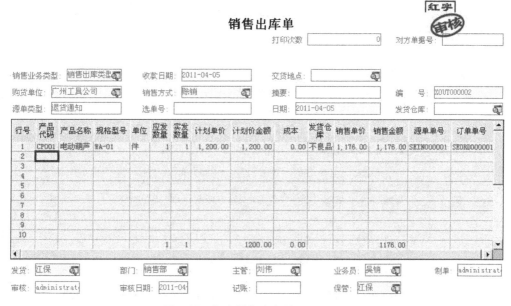

图 6-63　红字销售出库单录入界面

（3）红字销售发票的录入和审核　执行销售管理系统主流程中展示的销售发票业务，确定过滤条件后，单击"新增"，打开图 6-64 所示的红字销售发票录入界面。在工具栏上单击"红字",表示所做的销售发票为红字发票,在"源单类型"文本框中输入"销售出库",在"选单号"文本框中输入相应的红字销售出库单单号,则红字销售出库单的相关数据会自动进入红字销售发票,录入主管、部门、业务员等信息后保存录入结果,最后将红字销售发票提交给主管审核。

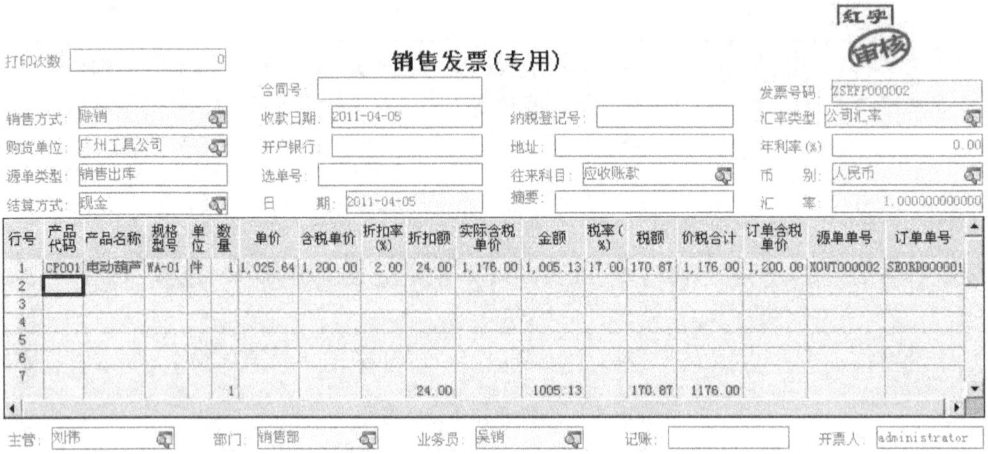

图 6-64 红字销售发票录入界面

10. 分析销售报表

销售管理系统提供了一系列报表分析功能,能生成销售订单执行汇总表和明细表、销售出库汇总表和明细表、销售收入统计表、销售毛利润表,能进行销售订单全程跟踪等。

执行销售管理系统主流程中展示的销售订单全程跟踪业务,打开图 6-65 所示的"销售

图 6-65 "销售订单全程跟踪"界面

订单全程跟踪"界面。在"选单"文本框中输入要跟踪的销售订单单号,则会显示该订单的全程跟踪数据。

案例分析

【案例分析】 格力小家电的 ERP 应用效益

格力小家电有限公司是珠海格力集团属下开发、研究、生产和销售小型家用电器的专业骨干公司,自 2000 年 2 月组建以来得到了长足发展,到目前已具有相当规模,主要生产格力牌电风扇、电暖器、电热水器、电磁灶、电饭煲、抽油烟机及电子消毒柜七大类、一百多种型号系列小家电产品,自产小家电产品生产能力达 800 多万台。企业规模的迅速扩张、批量化生产给企业管理提出了更高的要求。为满足企业发展需要,格力小家电决定导入先进的信息化管理系统,解决因信息不畅导致的一系列管理症结。

经过认真调研和严格的选型,格力小家电选择了具有功能强大、性能稳定以及实施方案合理等较多优势的通软阳光,帮助企业推进信息化进程。通软阳光 Tonsoft/ERP 系统在格力小家电实施和试运行的一年多来,格力小家电与通软阳光双方项目组的人员为之付出了大量心血。据该项目负责人介绍,从目前系统运行和企业管理情况分析,通软阳光 ERP 系统不仅为格力小家电解决了企业管理上存在的诸多问题,而且帮助企业提升了管理水平和经济效益,基本达到了预期效果。具体表现在以下几个方面:

1)规范了企业管理。在 Tonsoft/ERP 系统实施的过程中,根据系统的具体要求,通软阳光对企业的物料进行了统一编码和统一命名,对供应商和经销商进行了统一的编码和分类,对仓库和外地中转仓进行了统一编码和分类。由此解决了企业长期物料不清和不明的状态,解决了对供应商和经销商的不规范管理状态,解决了仓库物料管理粗放、分类不清等状态。

2)为企业的决策提供了依据。在 Tonsoft/ERP 系统实施和运行的过程中,由于信息共享,数据及时可靠,使企业领导对企业的状况一清二楚,为经营决策和加强管理提供了充分的依据。对库存状态的充分了解,为企业领导提供了如何降低库存的依据;对销售状态的充分了解,为企业领导提供了如何加强产品销售和市场营销的依据;对采购状态的充分了解,为企业领导提供了如何改善和加强对采购瓶颈的管理的依据;对生产状态的充分了解,使企业领导看清了如何充分利用现行产能生产出更多符合市场需要的产品。

3)明显提高了企业效益。在 Tonsoft/ERP 系统实施和运行的过程中,企业通过库存管理系统能充分了解厂内和中转仓库存产品积压状态,之后,企业可以制订减少积压产品的生产计划和加强积压产品的销售计划,以使生产占用和库存占用的资金大大下降,同时又使企业的销售资金大大回笼。另外,根据 Tonsoft/ERP 系统计算的物料需求数据的准确性与以往的手工管理得出的数据的准确性大不一样。总的来说,Tonsoft/ERP 系统的实施和运行既加强了采购管理,提高了采购物料的准确性,又降低了物料的库存积压状态。

4)提高了计划的准确性和可执行性。由于充分应用了 Tonsoft/ERP 系统,建立了企业内部及供应商和经销商等各方面的基础数据,使企业的销售计划、生产计划和采购计划的准确性大大提高。Tonsoft/ERP 系统提供的主生产计划反复排程功能,使计划的可执行性得到充分反映。

5）解决了企业财务管理存在数据不清、不明的问题。长期以来，企业资金账和实物账不能保持一致，使财务数据与实际数据不清、不明和不准确。自从使用 Tonsoft/ERP 系统，通过对企业的应收账和应付账进行及时收集和处理，解决了这一问题。

【案例分析问题】

格力小家电有限公司通过使用 Tonsoft/ERP 系统，公司状况有了哪些改变？为什么应用 ERP 系统能解决这些问题？

思考与练习

1. 上网查资料，了解金蝶 K/3 ERP 软件的最新版本，说明新版本的主要功能及特点。
2. 上网查资料，列出其他主流 ERP 软件的功能、特点及应用领域。
3. 结合 K/3 ERP，说明 ERP 系统中销售管理、物料管理和生产作业管理等模块的业务流程。
4. 生产作业管理包含哪些工作内容？
5. 绘出工序跟踪型生产的生产作业管理业务流程图。
6. 试说明 MRP 计算的基本原理，以及需要的关键信息。
7. 试说明生产类型与销售环境的关系。
8. 简要说明销售管理系统主要包括哪些任务。

参 考 文 献

［1］吴拓. 现代工业企业管理［M］. 北京：电子工业出版社，2012.
［2］吴拓. 现代企业管理［M］. 3 版. 北京：机械工业出版社，2017.
［3］陈旭东. 现代企业车间管理［M］. 2 版. 北京：清华大学出版社，2016.
［4］汪清明. ERP 原理·应用·实训［M］. 北京：高等教育出版社，2011.
［5］张平. ERP 理论、应用与实训教程［M］. 北京：经济管理出版社，2011.
［6］胡凡启. 现代企业车间和班组管理［M］. 北京：中国水利水电出版社，2010.
［7］孙福权. ERP 实用教程［M］. 2 版. 北京：人民邮电出版社，2016.
［8］晏再庚，叶怡雄，刘江辉. 企业资源计划（ERP）实训教程［M］. 北京：机械工业出版社，2015.
［9］田军. 企业资源计划（ERP）［M］. 北京：机械工业出版社，2007.
［10］郭研，刘伟. ERP 理论与实践［M］. 北京：化学工业出版社，2010.